高等院校国际经济与贸易类系列教材

国际投资与融资

（第二版）

主　编　袁晓玲

副主编　江永洪　郭轶群

　　　　赵　锴　白津卉

科学出版社

北　京

内 容 简 介

本书内容涵盖了国际投资与融资的基础理论、研究成果和最新发展动态。全书分为国际投资和国际融资两篇，共 14 章内容，各章都配有学习目标、本章小结、知识拓展等，方便读者学习使用。

本书可作为高等院校经济类本科生、高职生和各类函授生的专业学习用书，也可作为社会投融资领域人员的学习和参考用书。

图书在版编目(CIP)数据

国际投资与融资/袁晓玲主编. —2 版. —北京：科学出版社，2022.5
（高等院校国际经济与贸易类系列教材）

ISBN 978-7-03-072139-6

Ⅰ.①国…　Ⅱ.①袁…　Ⅲ.①国际投资-高等学校-教材　②国际金融-融资-高等学校-教材　Ⅳ.①F831.6

中国版本图书馆 CIP 数据核字（2022）第 067057 号

责任编辑：纪晓芬　周春梅 / 责任校对：王万红
责任印制：吕春珉 / 封面设计：东方人华平面设计部

科 学 出 版 社 出版
北京东黄城根北街 16 号
邮政编码：100717
http://www.sciencep.com
天津翔远印刷有限公司 印刷
科学出版社发行　各地新华书店经销

*

2009 年 6 月第　一　版　　开本：787×1092　1/16
2022 年 5 月第　二　版　　印张：20 1/4
2022 年 5 月第十一次印刷　　字数：480 000

定价：61.00 元

（如有印装质量问题，我社负责调换〈翔远〉）

销售部电话 010-62136230　编辑部电话 010-62135397-2021（HF02）

第二版前言

改革开放四十多年，尤其是从 2001 年加入世界贸易组织以来，中国经济发展取得了举世瞩目的成就，无论是商品、服务贸易还是资金、资本国际流动等，各个方面都取得了巨大进步。作为世界第二大经济体，中国的企业、商品、资金、资本国际化的步伐在不断加大。随着国际金融市场全球化、证券化和自由化的加深，国际资本的跨国流动日趋活跃，并表现出许多新的特点。国际投资，特别是外国直接投资及对外直接投资正在发挥着日趋重要的作用，成为中国经济发展中极其活跃的组成部分。

本书正是在充分吸收国内外对国际投资和融资方面的前沿性研究成果并总结教学实践经验的基础上，以国际投资和融资体系为主线索，分为上下两篇，分别介绍国际投资和国际融资的基础理论、方式、管理以及中国的国际投资和融资的情况，分析国际投资和融资发展提出的新问题，透视面临的新趋势，从理论和实践层面去分析这一热点主题。全书着重体现以下特色。

1）全面性和系统性。本书力图对国际投资、国际融资进行理论上的系统论述，试图提供一个最新的和易于理解的分析框架。

2）逻辑性。本书分为两篇，分别针对国际投资和国际融资问题，两篇自成体系，方便课程教授和自我学习。章节前后顺序安排遵循学生的认知过程与先易后难、循序渐进的逻辑顺序。

3）新颖性和前沿性。本书力图把成熟理论与最新成果进行完美结合，体现国际投资和融资方面的最新学术成果。

4）实践性和应用性。本次修改特别强调了中国对外投融成果、经验，同时对国际投资与融资的发展机会、挑战、趋势进行分析论述。

本次修改从结构上依然沿用原有安排，分为两篇，共 14 章。

上篇为国际投资，包括第一章至第七章。其中，第一章主要介绍国际投资的内涵、发展过程、特点和经济效用，第二章介绍国际直接投资和间接投资的主要理论和发展渊源，第三章介绍国际投资环境的构成及评价方法，第四章和第五章分别介绍国际直接投资和国际间接投资，第六章介绍国际投资管理，第七章介绍中国的国际投资情况。

下篇为国际融资，包括第八章至第十四章。其中，第八章主要介绍国际融资的内涵、发展过程及特点和经济效用，第九章介绍政府和企业的国际融资理论，第十章介绍国际融资环境及评估原则和方法，第十一章和第十二章分别介绍国际直接融资和国际间接融资，第十三章介绍国际融资管理，第十四章介绍中国的国际融资情况。

本书由袁晓玲（西安交通大学经济与金融学院）任主编，负责整体设计和审核统稿，江永洪（陕西国际商贸学院）、郭轶群（西安体育大学）、赵锴（西安交通大学经济与金融学院）、白津卉（陕西省经济研究中心）任副主编，具体分工如下：第一、二章由袁晓玲、张慧明（西安交通大学经济与金融学院）、王美霞（西安理工大学）编写；第三～五章由赵锴、方莹（上海开放大学）、杨建全（西安交通大学经济与金融学院）、汪辉平（西安财经大学）、王玉梅（中国银行山东省分行）编写；第六～九章由江永洪、李政大（西安建筑科技大学）、郭轶群、赵锴、李平（华泰证券股份有限公司）编写；第十~十四章由赵锴、李政大、杨欣（西安石油大学）、任毅（西部证券股份有限公司）、杨万平（西安交通大学经济与金融学院）编写。

由于编者水平所限，书中难免存在不足之处，敬请广大读者批评指正。

第一版前言

随着全球经济一体化，国际金融市场全球化、证券化及自由化程度的进一步加深，国际资本的跨国流动日趋活跃，并表现出许多新的特点。国际投资，特别是外国直接投资，在不断自由化和全球化的世界经济中正发挥着日趋重要的作用，对资金需求的增加使国际融资越来越成为一国融资的重要手段之一。国际投融资已成为世界经济极其活跃的组成部分。

本书正是在充分吸收国内外对国际投资和融资方面的前沿性研究成果并总结作者教学实践经验的基础上，以国际投资和融资体系为主线索，分为两部分，分别介绍国际投资和国际融资的基础理论、方式、管理及中国国际投资和融资的情况，分析国际投资和融资发展提出的新问题，透视面临的新趋势，从理论和实践层面去分析这一热点主题，着重体现以下特色。

1）全面性和系统性。本书力求对国际投资、国际融资进行理论的高度概括及系统论述，试图提供一个最新的和易于理解的国际投资、融资分析框架。

2）逻辑性。本书分为两部分，分别介绍国际投资和国际融资问题，两部分自成体系，方便课程讲授和自学。章节前后顺序安排遵循学生的认知过程与先易后难、循序渐进的逻辑顺序。

3）新颖性和前沿性。本书力求把成熟理论与最新成果完美结合，体现国际投融资方面的最新学术成果。

4）实用性。本书试图把国际投融资中的热门话题带进课堂，在每一章用相关资料或案例来激发读者对理论知识学习的兴趣。

本书主体框架如下。

1）本书共14章。

2）第一部分为国际投资，包括第一至七章。其中，第一章介绍国际投资的内涵、发展过程、特点和经济效用；第二章介绍国际直接投资和间接投资的主要理论和发展渊源；第三章介绍国际投资环境的构成和评价方法；第四章和第五章分别介绍国际直接投资和国际间接投资；第六章介绍国际投资管理；第七章对中国的国际投资情况进行分析。

3）第二部分为国际融资，包括第八至十四章。其中，第八章介绍国际融资的内涵、发展过程、特点及经济效用；第九章介绍政府和企业的国际融资理论；第十章介绍国际融资环境及评估原则和方法；第十一章和第十二章分别介绍国际直接融资和国际间接融资；第十三章介绍国际融资管理；第十四章对中国的国际融资情况进行分析。

本书由西安交通大学经济与金融学院国际经济与贸易系袁晓玲教授（博士生导师）拟订大纲，进行整体设计并组织编写工作。具体编写分工如下：第一、二章由袁晓玲撰写；第三～五章由西安交通大学经济与金融学院博士生方莹（西安科技大学副教授）和硕士生王玉梅共同撰写；第六～九章由西安交通大学经济与金融学院博士生郭轶群（西安体育学院讲师）和硕士生李平共同撰写；第十～十四章由西安交通大学经济与金融学院博士生杨欣（西安石油大学讲师）和硕士生任毅共同撰写。

由于作者水平所限，书中难免存在不足之处，敬请广大读者批评指正。

袁晓玲

2009 年 6 月 2 日

于西安交通大学

目　录

上篇　国际投资

第一章　国际投资概论 …………………………………………………………… 3

　　第一节　国际投资的内涵 ………………………………………………………… 3

　　　　一、投资的含义 …………………………………………………………… 3

　　　　二、国际投资的含义和分类 ……………………………………………… 4

　　　　三、国际投资学的基本范畴 ……………………………………………… 5

　　第二节　国际投资的产生和发展 ……………………………………………… 8

　　　　一、国际投资的产生 ……………………………………………………… 8

　　　　二、国际投资的发展 ……………………………………………………… 9

　　　　三、国际投资不断发展的原因 …………………………………………… 17

　　第三节　国际投资的经济效用 ………………………………………………… 18

　　　　一、国际投资对世界经济整体的影响 …………………………………… 18

　　　　二、国际投资对各国的影响 ……………………………………………… 20

　　本章小结 ………………………………………………………………………… 23

　　课后思考题 ……………………………………………………………………… 23

第二章　国际投资理论 …………………………………………………………… 24

　　第一节　国际直接投资理论 …………………………………………………… 24

　　　　一、西方主流国际直接投资理论 ………………………………………… 24

　　　　二、国际直接投资理论近年来的发展 …………………………………… 38

　　　　三、发展中国家国际直接投资理论 ……………………………………… 40

　　第二节　国际间接投资理论 …………………………………………………… 42

　　　　一、马柯维茨证券组合理论 ……………………………………………… 42

　　　　二、夏普的资本资产定价模型 …………………………………………… 45

　　　　三、罗斯的套利定价模型 ………………………………………………… 48

　　　　四、现代证券投资组合理论的评述 ……………………………………… 51

　　本章小结 ………………………………………………………………………… 52

　　课后思考题 ……………………………………………………………………… 53

第三章　国际投资环境 …………………………………………………………… 54

　　第一节　国际投资环境概述 …………………………………………………… 54

　　　　一、国际投资环境的含义 ………………………………………………… 54

　　　　二、国际投资环境的特征 ………………………………………………… 54

　　　　三、国际投资环境的影响 ………………………………………………… 56

第二节　国际投资环境的评估原则和方法 ·· 58
　　一、国际投资环境的评估原则 ·· 58
　　二、国际投资环境的评估方法 ·· 59
第三节　国际投资环境因素分析 ·· 66
　　一、国际投资环境因素分析概述 ·· 66
　　二、不同类型国家的投资环境评析 ·· 76
第四节　当代国际投资环境的现状及发展趋势 ·· 78
　　一、当代国际投资环境的现状 ·· 78
　　二、当代国际投资环境发展的趋势 ·· 79
本章小结 ·· 81
课后思考题 ·· 81

第四章　国际直接投资 ·· 82
第一节　国际直接投资概述 ·· 82
　　一、国际直接投资的含义和分类 ·· 82
　　二、国际直接投资的发展 ·· 83
　　三、国际直接投资的作用 ·· 85
第二节　国际直接投资的企业形式 ·· 87
　　一、外商独资企业 ··· 88
　　二、国际合资经营企业 ·· 92
　　三、国际合作经营企业 ·· 94
　　四、外国企业常驻代表机构 ·· 96
第三节　跨国公司 ·· 97
　　一、跨国公司的定义 ··· 97
　　二、跨国公司的特征 ··· 98
　　三、跨国公司的产生和发展 ·· 99
　　四、跨国公司的组织结构 ·· 101
　　五、跨国公司的经营战略 ·· 104
　　六、跨国公司对世界经济的影响 ·· 106
第四节　跨国银行 ·· 106
　　一、跨国银行的定义 ··· 106
　　二、跨国银行的形成与发展 ·· 106
本章小结 ·· 110
课后思考题 ·· 111

第五章　国际间接投资 ·· 112
第一节　国际信贷投资 ·· 112
　　一、国际信贷投资概述 ·· 112

　　二、国际信贷的期限、偿还方式、利息计算以及币种选择 ················ 115

　第二节　国际证券投资 ·· 117

　　一、国际证券投资概述 ··· 117

　　二、国际证券投资的主要类型 ·· 118

　第三节　国际间接投资的灵活方式 ·· 125

　　一、风险投资 ·· 125

　　二、国际基金投资 ·· 127

　　三、国际租赁 ·· 130

　　四、国际工程承包 ·· 132

　　五、国际信托投资 ·· 134

　本章小结 ·· 135

　课后思考题 ··· 136

第六章　国际投资管理 ··· 137

　第一节　国际投资风险管理 ··· 137

　　一、国家风险管理 ·· 137

　　二、利率风险管理 ·· 140

　　三、外汇风险管理 ·· 141

　第二节　国际投资经营战略管理 ··· 144

　　一、经营战略的制定 ·· 144

　　二、经营战略的实施 ·· 147

　　三、经营战略的评价 ·· 147

　　四、经营风险管理 ·· 148

　第三节　国际投资政策与法规管理 ·· 149

　　一、投资国的鼓励性政策和法规 ··· 149

　　二、投资国的保护性政策和法规 ··· 151

　　三、投资国的限制性政策和法规 ··· 151

　本章小结 ·· 152

　课后思考题 ··· 153

第七章　中国的国际投资 ·· 154

　第一节　中国的国际投资概况 ·· 154

　　一、中国对外投资概述 ··· 154

　　二、当前中国对外投资发展情况 ··· 156

　　三、中国对外投资的特征 ·· 158

　第二节　中国的国际投资模式 ·· 160

　　一、中国对外投资模式概况 ·· 160

　　二、当前中国对外投资模式情况 ··· 161

第三节　中国的国际投资发展趋势 ··· 162
　　一、中国对外投资的优势 ··· 162
　　二、中国对外投资存在的问题 ·· 163
　　三、中国对外投资面临的挑战 ·· 164
　　四、中国国际投资的策略 ··· 165
　　五、对外直接投资战略调整与"一带一路"建设 ··· 168
　　六、中国国际投资未来发展趋势 ·· 170
本章小结 ·· 171
课后思考题 ·· 172

下篇　国际融资

第八章　国际融资概论 ··· 175
第一节　国际融资的内涵 ··· 175
　　一、融资的含义 ··· 175
　　二、国际融资的含义 ·· 175
　　三、国际融资的分类 ·· 177
　　四、国际融资的特征 ·· 179
第二节　国际融资的产生、发展和近代国际融资的特征 ·· 180
　　一、国际融资的产生和发展 ··· 180
　　二、近代国际融资的特征 ·· 184
第三节　国际融资的经济效用 ·· 186
　　一、积极的作用 ··· 186
　　二、消极的作用 ··· 187
本章小结 ·· 188
课后思考题 ·· 188

第九章　国际融资理论 ··· 189
第一节　政府融资理论 ·· 189
　　一、政府的公债融资理论 ·· 190
　　二、政府的货币融资理论 ·· 193
　　三、李嘉图等价定理及其争论 ·· 195
　　四、对政府融资理论的评价 ··· 198
第二节　企业融资理论 ·· 198
　　一、早期的企业融资理论 ·· 199
　　二、现代资本结构理论 ··· 200
　　三、新企业融资理论 ·· 202
　　四、对企业资本结构理论的评价 ·· 204

本章小结 ………………………………………………………………… 204

课后思考题 ……………………………………………………………… 206

第十章 国际融资环境 ………………………………………………… 207

第一节 国际融资环境概述 ………………………………………… 207

一、国际融资环境的含义和特征 ………………………………… 207

二、研究国际融资环境的重要意义 ……………………………… 207

三、国际融资环境的分类 ………………………………………… 208

第二节 国际融资环境的评估原则和方法 ………………………… 208

一、赤道原则形成与发展 ………………………………………… 209

二、主要内容 ……………………………………………………… 210

三、特别条款和条件细则 ………………………………………… 210

四、赤道原则的意义与实践 ……………………………………… 211

第三节 国际融资环境分析 ………………………………………… 212

一、国际金融市场结构 …………………………………………… 212

二、金融国际化 …………………………………………………… 215

第四节 当代国际融资环境现状及发展趋势 ……………………… 217

一、国际融资环境现状 …………………………………………… 217

二、国际融资环境发展趋势 ……………………………………… 219

本章小结 …………………………………………………………… 220

课后思考题 ………………………………………………………… 221

第十一章 国际直接融资 ……………………………………………… 222

第一节 国际债券融资 ……………………………………………… 222

一、国际债券及国际债券市场 …………………………………… 222

二、国际债券融资的优点和缺点 ………………………………… 222

三、国际债券的分类 ……………………………………………… 223

四、主要国际债券市场 …………………………………………… 225

第二节 国际股票融资 ……………………………………………… 227

一、国际股票及国际股票市场 …………………………………… 227

二、国际股票融资的特征 ………………………………………… 229

三、中国企业国际股票融资的主要方式 ………………………… 229

第三节 国际投资基金融资 ………………………………………… 233

一、国际投资基金 ………………………………………………… 233

二、世界上主要的投资基金 ……………………………………… 234

第四节 国际项目融资 ……………………………………………… 236

一、国际项目融资概述 …………………………………………… 236

二、国际项目融资的特征 ………………………………………… 237

三、国际项目融资模式 ·· 238

第五节　无形资产融资 ·· 240
　　一、无形资产概述 ·· 240
　　二、无形资产融资模式与运作 ·· 240

本章小结 ·· 244
课后思考题 ··· 245

第十二章　国际间接融资 ··· 246

第一节　国际信贷融资 ·· 246
　　一、国际商业银行贷款 ··· 246
　　二、国际银团贷款 ·· 247
　　三、外国政府贷款 ·· 249
　　四、国际金融机构贷款 ··· 251
第二节　国际贸易融资 ·· 253
　　一、国际贸易融资概述 ··· 253
　　二、传统的国际贸易结算融资方式 ·· 255
　　三、创新的国际贸易结算融资方式 ·· 257
　　四、出口信贷 ··· 261
第三节　国际租赁融资 ·· 262
　　一、租赁融资概述 ·· 263
　　二、国际租赁融资的基本形式和特征 ······································· 264
　　三、国际租赁融资的租金 ·· 265
　　四、国际租赁的一般程序 ·· 266
第四节　国际风险投资 ·· 267
　　一、风险投资的含义 ·· 267
　　二、风险投资的要素和特征 ··· 268
　　三、风险投资的发展阶段 ·· 271
　　四、风险投资的营运过程 ·· 272

本章小结 ·· 273
课后思考题 ··· 274

第十三章　国际融资管理 ··· 275

第一节　国际融资风险管理 ··· 275
　　一、国际融资风险管理概述 ··· 275
　　二、国际融资中的汇率风险及其管理与防范 ······························ 276
　　三、国际融资中的利率风险及其防范 ·· 279
第二节　国际融资经营战略管理 ··· 280
　　一、国际融资经营战略概述 ··· 281

二、国际融资经营战略决策的过程 …………………………………………… 282

三、国际融资经营战略管理的内容 …………………………………………… 283

第三节　国际融资政策法规管理 ………………………………………………… 284

一、国际融资法规 ……………………………………………………………… 284

二、国际融资法规的特征 ……………………………………………………… 285

三、对国际融资的依法规制和依法自律 ……………………………………… 287

本章小结 …………………………………………………………………………… 288

课后思考题 ………………………………………………………………………… 288

第十四章　中国国际融资 …………………………………………………………… 289

第一节　中国国际融资概况 ……………………………………………………… 289

一、中国国际融资来源 ………………………………………………………… 289

二、中国国际融资发展历程 …………………………………………………… 290

三、中国国际融资中应注意的几个问题 ……………………………………… 294

第二节　中国国际融资方式 ……………………………………………………… 295

一、发行股票融资 ……………………………………………………………… 295

二、发行国际债券 ……………………………………………………………… 296

三、海外投资基金融资 ………………………………………………………… 296

四、国际贷款融资 ……………………………………………………………… 297

五、合资经营融资 ……………………………………………………………… 297

六、国际项目融资 ……………………………………………………………… 297

七、国际贸易融资 ……………………………………………………………… 298

八、国际租赁融资 ……………………………………………………………… 298

九、补偿贸易融资 ……………………………………………………………… 298

十、BOT 融资 …………………………………………………………………… 298

第三节　中国国际融资发展趋势及中长期战略的政策措施 …………………… 299

一、中国国际融资的发展趋势 ………………………………………………… 299

二、实施中国国际融资中长期战略的政策措施 ……………………………… 304

本章小结 …………………………………………………………………………… 305

课后思考题 ………………………………………………………………………… 305

参考文献 ……………………………………………………………………………… 306

上 篇

国 际 投 资

第一章　国际投资概论

📖 学习目标

- 理解和掌握国际投资的内涵;
- 理解国际投资的发展过程及各个阶段的特点;
- 知晓国际投资的经济效用。

第一节　国际投资的内涵

一、投资的含义

投资是经济学的重要范畴。国外学者关于投资的内涵大致是从宏观经济学和投资学两个角度来界定的,并侧重于前者,即将投资界定为生产能力的形成过程。

马克思认为:"投资,即货币转化为生产资本。"马克思所讲的投资,实际上特指货币转化为不变资本的经济行为,即由货币转化为以设备、建筑物等表现的固定资本和以原材料、动力、燃料及辅助材料等表现的流动资本。

《新帕尔格雷夫经济学大辞典》对投资的解释是:投资就是资本形成获得或创造用于生产的资源。资本主义经济中非常注重在有形资本(如建筑、设备和存货)等方面的企业投资。但是政府、非营利公共团体、家庭也进行投资,投资不但包括有形资本,而且包括人力资本和无形资本的获得、土地改良或自然资源的开发,而相应地,生产度量除包括生产出来用于出售的商品和劳务外,还应包括非市场性产出。

美国著名学者保罗·萨缪尔森和威廉·诺德豪斯认为:宏观经济学家所使用的"投资"一词,指的是有形资本,包括设备、房屋、工厂等,或当史密斯先生盖了一座新房子时及库存品等存量的增加。许多人把购买一块土地、一种旧证券或任何名义的财产都叫作"投资"。对于经济学而言,这些买卖只涉及金融交易或有价证券变化,因为一个人购买的正是另一个人所出售的。只有当真实的资本品被创造出来时,才有投资发生。

美国学者麦克杜格尔等认为:从金融意义上来讲,投资就是投放现有资金,以便以利息、股息、租金或退休金的形式,或者以本金价值升值的形式,取得将来的收入;从经济意义上来讲,投资是指新建筑、新耐用设备或以额外库存的形式所表现的新生产资本形成。

《简明不列颠百科全书》对投资的解释是:投资是指"在一定时期内期望在未来能产生收益而将收益变换成资产的过程"。从个体的观点来看,投资可分为生产资料投资和纯金融投资。就个体而言,二者均对投资者提供货币报酬;但就整体而论,纯金融投资仅表现为所有权的转移,并不构成生产能力的增加;生产资料投资能增加一国经济生产的能力,它是反映经济增长的因素。

二、国际投资的含义和分类

（一）国际投资的含义

国际投资（international investment），是指一国的企业或个人以资本增值和生产力提高为目的的跨越国界的投资，即将本国的资金、设备、技术、商标作为资本投资于其他国家，以求获得较国内更高经济效益的经济行为。与国内投资一样，国际投资既有趋利性也有风险性，而且风险性更大。国际投资有广义和狭义之分：广义的国际投资包括直接投资和间接投资，既包括本国对其他国家的海外投资，也包括本国吸收的外国投资；而狭义的国际投资是指外国来本国或本国到外国的私人直接投资。

国际投资活动的主体是指进行国际投资活动的组织或个人。国际投资的主体通常可以分为四类：官方和半官方的机构、跨国公司、跨国金融机构和自然人。国际投资的投资客体是指投资所使用的资产形式，最常见的是货币，也可以是其他的金融资产或机械设备等有形资产，还可以是技术或者品牌等无形资产。

（二）国际投资的分类

国际投资按照不同的标准进行分类，主要有以下三种。

1. 以投资期限长短为依据进行划分

以时间长短为依据，国际投资可分为长期投资（long-term investment）和短期投资（short-term investment）。这种划分原则上是以投资期限为基础，一年以上的债权、股票及实物资产被称为长期投资，一年以内的债权被称为短期投资。此种分类的依据过于简单，且不能准确反映国际投资活动的实际情况。

2. 以有无投资经营权为依据进行划分

以有无投资经营权为依据，国际投资可分为国际直接投资（foreign direct investment，FDI）和国际间接投资（foreign indirect investment，FII），这种划分原则在现实的理论研究中具有重要意义。

国际直接投资是以控制企业经营管理权为核心，以获取利润为目的的投资活动。特征是：投资者拥有对企业的经营管理权和控制权；直接投资不仅涉及货币资本的流动，而且带动商品及生产要素的转移。近年来，国际直接投资的规模和比重不断增加，形式也呈现出多样化的趋势。

国际间接投资是指发生在国际资本市场中的投资活动，包括国际信贷投资和国际证券投资。前者是指一国政府、银行或国际金融组织向第三国政府、银行、自然人或法人提供信贷资金；后者是指以购买外国股票和其他有价证券为内容，以实现货币增值为目标而进行的投资活动，国际间接投资者并不参与国外企业的经营管理活动。

3. 以资本来源及用途为依据进行划分

以资本来源及用途为依据，国际投资可分为国际公共投资（international public

investment）和国际私人投资（international private investment）。国际公共投资是指一国政府或国际经济组织为了社会公共利益而进行的投资，一般带有国际援助的性质。这类投资的特点多为项目贷款，如某国政府投资为东道国兴建机场、铁路、体育场所等。

一般情况下，国际公共投资的流向多是民间资本认为收益低且风险大的国家。这类投资的目的并不仅仅是自身的经济效益，它们可能是为了向国际收支困难的国家提供援助，以避免出现由于一国经济不景气而造成其他国家经济衰退的连锁反应，也可能是以提供出口信贷的方式促进出口国产业的发展，或是仅以援助借款国经济的恢复及发展为目的。总之，这种投资一般不以营利为主要目的，而是以友好关系为前提并带有一定的国际经济援助的性质。例如，世界银行 2019 年 12 月 5 日宣布，在 2025 年 6 月之前每年向中国提供 10 亿～15 亿美元（约合 70 亿～106 亿元人民币）的低息贷款额度，旨在推进中国市场和财政改革，以鼓励私营部门发展；通过减少污染和碳排放促进更绿色的增长；以及增加中国公民获得医疗和社会服务的机会。

国际私人投资是指一国的个人或企业以营利为目的而对东道国经济活动进行的投资，如私人或私人企业购买其他国家企业发行的股票或公司债券，或将资本投放到另一个国家兴办企业的行为。国际私人投资的投资主体多为私有跨国公司。这些跨国公司除在国内从事生产经营活动以外，还在国外从事投资，设立自己的子公司，它们的生产和经营在世界的生产和贸易中占有相当大的比重，对世界经济的发展具有很大的推动作用。因此，私人投资无论是从投资者的数目，还是从投资的总额来看，都是当前国际投资中最活跃和最主要的部分，因而这类投资也是国际投资学研究的主要内容。此外，需要指出的是，在国际直接投资的统计中，一国政府或国际组织进行的投资，也归入私人直接投资的范围。以国际芯片巨头英特尔为例，截至 2016 年，英特尔已经在全球 57 个国家和地区，对超过 1748 家公司进行投资，投资总额超过 118 亿美元。累计投资中国公司 140 多家，其中有近 40 家公司已经上市或被收购，投资总额超过其在亚洲投资总额的三分之一。一般来说，国际私人投资在国际投资活动中占有主导地位，并对一国的生产与流通、经济与政治、科技与社会产生全面而深远的影响，因而对世界经济的发展也起到举足轻重的作用。

三、国际投资学的基本范畴

（一）国际投资学的研究内容

国际投资学是研究国际投资这一特定经济现象，探索其内在运行规律的学科。由于国际投资活动是整个国际经济活动的一个有机组成部分，毫无疑问，对它的研究不能孤立地进行，必须同时研究它与其他国际经济活动以及有关国家的国内经济活动的相互关系和影响。国际投资学的研究内容主要包括以下方面。

1. 国际投资的基本理论问题

国际投资的基本理论问题主要阐述国际投资的概念、种类和特点，发展历史、现状及趋势，以及国际直接投资、国际间接投资的基本理论和投资方式。

2. 国际投资分析

国际投资分析主要阐述国际投资环境种类，国际投资环境的评价原则及评价分析方法，以及国际投资风险的类型、评估和防范。

3. 国际投资运行管理

国际投资运行管理主要介绍国际投资过程中的国家风险管理、利率风险和汇率风险管理、经营战略管理、投资国和东道国政策与法规管理。

4. 国际投资中国化

国际投资中国化主要阐述中国对外投资的概况和投资模式，总结中国对外投资的成功经验，深入剖析发展中遇到的问题，以及探讨进一步发展的趋势，从而为我国的社会主义建设更好地服务。这正是国际投资中国化的根本任务。

（二）国际投资学与相关学科的关系

1. 国际投资学是国际经济学的重要组成部分

国际投资学是经济学理论在金融和投资领域的具体应用和实践。国际投资有许多方面涉及资源、要素、资产的选择，如国际直接投资和国际间接投资的选择、预期回报和风险的选择、不同金融资产种类和投资方向的选择、不同国家和全球金融市场的选择等。投资者做出资源、要素、资产选择的动机和结果一定是有效率的，投资动机一定要理性地服从投资主体的主观意志，而投资结果一定要达到经济效益和效率。

2. 国际投资学与相关学科的区别与联系

（1）国际投资学与国际金融学的区别与联系

国际金融学主要以国际货币金融关系作为研究对象，说明国际范围内国际货币和借贷资本运行的规律，国际投资学与国际金融学的区别在于：①传统国际金融学主要集中在国际货币，如美元、欧元、日元等，国际货币是国际金融学研究的主要生产因素。但国际投资学除涉及国际货币一种要素外，还涉及一切生产要素，并以生产资本为主；②国际金融学主要涉及国际货币及其价格（汇率）的确定以及国际货币在移动过程中价格的变动（汇率变动），国际投资主要对生产资本及其移动进行决策；③国际金融的行为主体是跨国银行，而国际投资的行为主体包括跨国公司和跨国银行。但是，它们之间也有密切的联系：国际金融的利率、汇率和国际收支平衡影响国际证券价格的定价和收益，影响投资者的投资行为。国际投资的投资决策、投资规模、投资速度会影响国际金融市场上的利率、汇率的升降和国际收支平衡。

（2）国际投资学与国际贸易学的区别与联系

国际贸易是国际商品和服务的交换，国际贸易学是研究国际商品和服务交换的内在特色和规律的一门科学，它与国际投资学的区别在于：①国际贸易学主要研究商品与服务的跨国交换和流通，商品和服务仅是生产要素的一种，而国际投资学则研究资本、生产、商品、技术、信息、管理等所有生产要素，并将其要素作为投资的标的物；②国际贸易学主要涉及国际交换和流通领域，国际投资学则除流通领域外还涉及生产领域。它们之间的联系是：国际贸易与其他生产活动一样，是各类投资者投资行为的组成部分，如果国际贸易活动不给投资者带来回报（利润），国际贸易则不可能持续下去。跨国公司在东道国直接投资会增加东道国的进出口业务，从而导致国际贸易的规模比以前扩张更快、更大，国际间接投资则使国际贸易更有效率，如资本集中、投融资活动便利和资源有效配置等。

（3）国际投资学与西方投资学的区别与联系

从本质上说，西方投资学的研究对象是证券投资微观理论，如证券组合理论、金融资产定价模型等，它与国际投资学之间既有联系又有区别。两者之间的联系，主要表现在国际间接投资理论是在西方证券投资理论基础上发展起来的，它是证券组合理论向国际领域的延伸与发展，它们都是研究投资行为的学科。此外，两者之间的区别也较为明显。西方投资学撇开不同国家的金融资产的具体形式，或者说，不分国界和地区，抽象地对债券、股票、期货、期权等金融资产的性质、定义和特点加以论述。国际投资学则偏重对国际投资主体对各类债券、股票、期货、期权等金融资产在国际市场上进行投资决策、定价、交易和管理进行论述。

（三）国际投资学的研究方法

1. 抽象分析与实证分析相结合

所谓抽象分析与实证分析相结合，就是不仅要研究国际投资的理论，还对其理论在实践中的应用做出合理的评价。国际投资学是在国际投资实践活动中产生的，而国际投资实践复杂多样，只有在具体实证分析的基础上才能进行理论分析；否则，凭空得出的理论是难以解释国际投资实践活动的。因此，在国际投资学的研究中，必须坚持抽象分析和实证分析相结合的研究方法。

2. 总量分析与个案分析相结合

总量分析与个案分析相结合，是指不仅研究单个投资者的投资行为，还研究整个国家和社会的投资行为。个案分析就是把复杂的国际投资活动分解为若干简单的要素和方面，以便单独考察它们，认识每个组成要素固有的性质和特征；总量分析就是把分解的各个要素和方面结合成一个整体，把国际投资活动作为统一整体来认识，以正确反映国际投资各要素和各方面之间的内在联系。通过总量分析与个案分析，既能认识国际投资活动的各个方面、各个组成要素的性质和特征，又能将这些方面、组成要素综合起来，作为一个有机整体来研究，以全面、正确认识国际投资活动的运动规律。

3. 动态与静态相结合

动态与静态相结合，是指不仅要分析国际投资的现状，还要分析国际投资的发展趋势。两者是互为前提、相互补充的。对国际投资的研究，不仅要了解其现状，如投资规模、行业结构等，还要分析其发展趋势，如流量、投向变化等，从而及时调整策略，以取得成功。

4. 定性分析与定量分析相结合

定性分析就是运用正确的立场、观点来解释国际投资活动中的各种质的规律性和本质联系；定量分析就是运用数学方法对国际投资活动中的各种数量关系和数量变化进行定量描述，以深化对国际投资从量变到质变的规律性认识。

5. 历史分析与逻辑分析相结合

国际投资学是国际实践活动的经验总结和理论概括。在国际投资学的研究中，必须运用历史分析的方法，分析国际投资的产生、发展和演变过程，准确描述国际投资的客观发展过程。但是，国际投资的发展不仅变为一个历史过程，而且必须遵循其内在的逻辑次序。运用逻辑分析方法分析，有助于找出国际投资活动的客观规律。事实上，国际投资活动的内在逻辑次序及其发展历史进程是一致的。因此，在国际投资学的研究中，必须坚持历史分析与逻辑分析相结合的研究方法。

第二节　国际投资的产生和发展

世界经济的形成，为国际投资的产生与发展提供了不可或缺的历史背景和物质基础。世界经济形成的主要标志是世界市场的建立。世界市场是在科学技术进步的推动下，伴随着资本原始积累和殖民主义体系的建立而形成和发展起来的。从历史发展的进程来考察，资本在国际范围内的运动首先表现为商品资本的运动，即国际贸易；其次表现为货币资本的运动，即以国际借贷、国际证券投资为主要形式的国际间接投资；再次，表现为生产资本的运动，即国际直接投资。国际直接投资是资本在国际范围内运动的最高形式。在不同的历史发展阶段，资本的国际化具有不同的特点。

一、国际投资的产生

15 世纪末至 16 世纪上半叶的"地理大发现"、东西方航线的开通，为世界市场的形成奠定了基础，标志着国际分工进入第一阶段。世界市场的形成与国际贸易的迅速扩大，进一步促进了生产力的发展和手工业生产向工场手工业生产的过渡，也促进了在工场手工业生产基础上的国际分工的产生与发展。这一时期的国际分工在很大程度上表现为宗主国与殖民地之间不平等的垂直分工，西方殖民主义者依靠强权，对拉丁美洲、亚洲和非洲殖民地国家进行经济掠夺。第一次产业革命从 18 世纪 60 年代开始到 19 世纪 60 年代已基本结束，标志着社会生产完成了向机器大工业的过渡，初步形成了工业国与农业国的分工。第二次产业革命开始于 19 世纪 70 年代，进一步将原材料的生产主要集中到拉丁美洲、亚洲、非洲等农业国家，而将工业集中于欧洲和北美洲。从 19 世纪末至 20 世纪初，国际分工体系基本形成，国际贸易得到了极大发展。在此之后的较长时期内，参与国际贸易一直是一国参与国际分工的主要形式。

国际资本运动始于国际商品资本运动，但如果仅仅停留在该阶段，则尚未构成现代意义上的国际投资，资本的本性决定了国际商品资本形态必然要向国际货币资本形态、国际生产资本形态发展。跨国银行的出现是国际货币资本运动（即国际间接投资）产生的重要标志。现代银行业起源于欧洲，由金银首饰商、高利贷者发展成为商人银行。最初的银行主要从事货币兑换业务，逐渐发展到在国外设立分支机构，从事跨国贷款业务，进一步推动了国际商品资本的运动。早在 14 世纪后期，在意大利佛罗伦萨就建立了梅迪西银行，并在西欧各大城市均建有分支机构，是当时最主要的银行。16 世纪以后，欧洲地中海沿岸银行业衰落，金融中心逐渐转移，伦敦、巴黎成为国际银行业活动的中心。到 19 世纪，英国、德国、荷兰、比利时相继建立了庞大的殖民主义体系，并在殖民地国家也建立了其银行分支机构。在 19 世纪建立的一些银行几经兼并、改组，成为著名的跨国银行，如美国的城市银行（1812 年）、大陆伊利诺银行（1857 年）、摩根公司（1860 年），英国的密德兰银行（1836 年）、标准渣打银行（1853 年），德国的德意志银行（1870 年），日本的东京银行（1880 年）。到 20 世纪初，少数西方国家（如英国、法国及后来的德国、日本等）为了适应商品资本和货币资本国际化的需要，在国外（特别是在其所属的殖民地国家）建立了众多的分支机构，并形成了广泛的银行网。据统计，在 20 世纪初，英国 32 家海外银行拥有 2104 家国外分支机构，大部分分布于其殖民地国家。法国、德国和荷兰的银行在国外也有分支机构。从历史发展的进程来考察，国内"资本过剩"与国外有利可图的投资场所的存在，是国际货币资本运动（即国际间接投资）产生的内在动力，殖民主义体系的建立为古典国际货币资本运动（国际间接投资）创造了外部条件。

跨国公司的出现是国际生产资本（即国际直接投资）产生的重要标志。国际商品资本、国际货币资本的发展，进一步加深了国际分工，促进了社会生产力的发展，资本在各国间的运动要求采取更高的形式，于是在 20 世纪初期国际直接投资应运而生。

二、国际投资的发展

根据国际投资规模和形式的变化，国际投资的发展大致经历了以下四个阶段。

（一）国际投资初始形成阶段（1914 年以前）

1914 年以前是国际投资的初始形成阶段。这一阶段的主要投资国是英国、法国和德国等发达资本主义国家，其中英国长期处于国际投资的统治地位。国际投资的特点，在这一阶段主要表现为以下几个方面：第一，从投资形式来看，这个国际直接投资只占国际投资总额的 10%左右，其余的约 90%是间接投资；第二，从资本来源来看，投资的来源主要是私人资本，官方资本所占比例甚微；第三，从投资格局来看，英国、法国和德国是国际上最大的对外投资国，荷兰与瑞士也是重要的国际资本来源地；第四，从投资行业来看，这时国际投资的行业重心在于英国、法国、德国、美国等发达国家对殖民地的初级产品产业投资，投向集中在铁路运输、矿物采掘、石油开采和热带植物种植等基础部门，对制造业的投资很少；第五，从投资流向来看，投资主要流向资源丰富的国家和殖民地国家；第六，从投资收益来看，投资国受益匪浅，据统计，这一阶段对外投资的收益比国内收益平均高出 1.6%～3.9%。

（二）国际投资缓慢发展阶段（两次世界大战期间）

1914—1945 年是国际投资缓慢发展阶段。两次世界大战和 20 世纪 30 年代的经济大萧条给国际投资的格局带来了重大的变化。在这一阶段，国际投资的特点主要表现在以下几个方面：第一，主要投资国的地位发生了重大变化，美国取代英国成为世界上最大的对外投资国，至 1919 年，美国已从 1914 年债务约 37 亿美元的债务国变成债权总额为 37 亿美元的债权国；第二，在投资方式上面，仍以间接投资为主，但直接投资规模迅速扩大，特别是美国的对外投资规模急剧扩大；第三，在投资主体方面，私人投资仍占主导地位，但官方投资的比重有所上升。

（三）国际投资高速稳步发展阶段（第二次世界大战后至 20 世纪 60 年代末）

在这一阶段，国际投资在世界经济中的地位得到了较大的提高。第二次世界大战规模大、涉及的国家多、持续的时间长，使各国生产力受到了极大的破坏。第二次世界大战后，美国凭借其政治经济实力，继续充当主要债权国的角色，美元成为主要的国际储备货币。美国于 1947 年宣布实行马歇尔计划，旨在帮助遭到战争破坏的欧洲国家恢复经济。1948—1951 年，美国向欧洲提供了 110 多亿美元的资金，1951—1953 年，美国向欧洲提供了 26 亿美元的资金。20 世纪 50 年代，各主要西方国家的对外投资规模迅速增长，但仍然有限，具有明显的恢复性质。到 1960 年年底，美国、英国、法国、联邦德国和日本的对外投资的累计额分别为 662 亿美元、220 亿美元、115 亿美元、31 亿美元和 5 亿美元。随着世界经济的恢复与发展，西方主要投资大国的对外投资得到了进一步发展。到 1970 年年底，美国、英国、法国、联邦德国和日本的对外投资的累计额分别为 1486 亿美元、490 亿美元、200 亿美元、190 亿美元和 36 亿美元。其他西方国家的对外投资规模也得到了较大的发展，但其所占的比例仍然较小。

长期以来，对外投资一直为西方经济大国所垄断。在 20 世纪 60 年代后期，随着国内经济的发展和引进外资规模的扩大，一些发展中国家和地区也开始发展对外投资。到 1969 年，发展中国家和地区的跨国公司已达 1100 个，印度、韩国、中国香港、新加坡、巴西、墨西哥、阿根廷、中国台湾以及中东一些发展中国家和地区成为对外投资的新生力量。从总体来讲，这类国家和地区的对外投资在国际投资中所占的比例仍然较小，但发展势头良好，在一定程度上打破了西方经济大国在国际投资领域的垄断地位。此外，当时的苏联和东欧各国也开始发展对外投资。

这一阶段国际投资的主要特点是：①国际投资的规模迅速扩大，特别是私人投资大幅度增加；②投资的方式发生了转折，由以间接投资为主转为以直接投资为主；③国际投资的投资国结构发生了变化，发展中国家和地区也开始对外投资。

（四）国际投资的迅猛发展阶段（20 世纪 70 年代至 2000 年）

进入 20 世纪 70 年代后，生产国际化的程度进一步提高，国际投资规模超过了以往任何一个时期。

1. 投资规模

在科技进步、金融创新、投资自由化和跨国公司全球化等多种因素的共同作用下，国际投资在这一阶段蓬勃发展，成为世界经济舞台上最为活跃的角色。图 1.1 反映了 1991—2000 年全球对外直接投资不断增长的态势，图 1.2 则反映了 1984—1998 年国际直接投资的增长率大大超过了同期世界总产值和世界出口的增长率，成为国际经济联系中主要的载体。

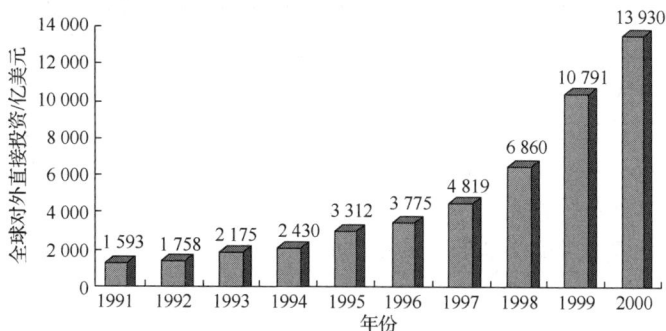

图 1.1　1991—2000 年全球对外直接投资走势

（资料来源：UNCTAD，2013. World Investment Report 2003[M]. New York and Geneva: United Nations.）

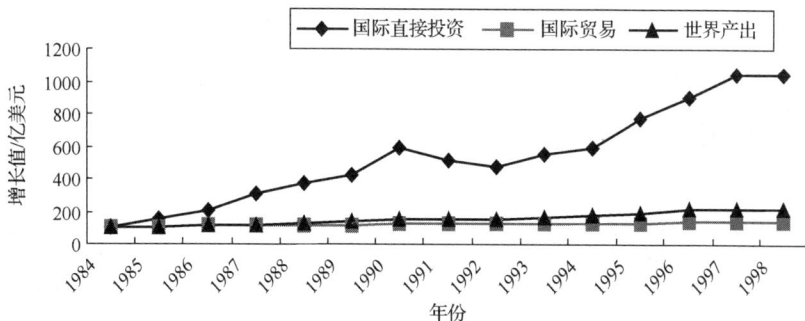

图 1.2　1984—1998 年国际直接投资、国际贸易和世界产出的增长

（资料来源：UNCTAD，2013. World Investment Report 2003[M]. New York and Geneva: United Nations.）

2. 投资格局

（1）"大三角"国家对外投资集聚化

如图 1.3 所示，美国在第二次世界大战后一直在国际投资中处于绝对主导地位。1970 年美国的海外资产为 1654 亿美元，1988 年已达 12 537 亿美元，比 1970 年增长了 6.6 倍。同期外国在美国的资产由 1069 亿美元增长到 17 862 亿美元，增长 15.6 倍。但是，由于 1985 年美国引进外资的余额超过其对外投资余额，由世界最大的债权国变为债务国，丧失了长达 67 年之久的债权国地位。尽管如此，从 20 世纪 70 年代一直到 2000 年，美国始终是国际投资领域中的佼佼者。2000 年，美国吸引外来直接投资 2811.2 亿美元，是世界上吸引外资最多的国家，对外直接投资 1392.6 亿美元，仅次于英法两国，在世界上排名第三位。

日本作为第二次世界大战后经济发展的后起之秀，加快了对外直接投资的步伐，在国际投资领域的地位日益提高。1968 年年底，日本在国外的净资产仅为 3 亿美元，但是到 1980 年年底，日本对外直接投资余额为 365.2 亿美元，已成为世界第四大对外投资国。不仅如此，就在美国成为世界最大的债务国同时，日本一跃成为世界上最大的债权国，到 1985 年，日本的净债权已高达 1300 亿美元。但是，20 世纪 90 年代中期以后，随着日本泡沫经济的破灭和经济发展的不景气，日本的国际投资地位受到了很大的影响和动摇（图 1.4）。2000 年，日本吸引直接投资和对外直接投资分别为 81.9 亿美元和 328.9 亿美元，与美国和欧盟（欧洲联盟，以下简称欧盟）的强势地位形成了鲜明对比。

20 世纪 80 年代后，西欧各国对外投资增长在国际投资领域也扮演着重要的角色，不仅增长速度很快，而且其中的英国、法国、德国等在国际投资舞台上发挥了越来越重要的作用。2000 年，英国、法国、德国对外直接投资则分别为 2497.9 亿美元（图 1.5）、1724.8 亿美元和 485.6 亿美元。至此，美国、日本和西欧三足鼎立的"大三角"国际投资格局得以形成。不仅如此，"大三角"国家和发展中国家相比，在对外投资领域显示出绝对主导地位。

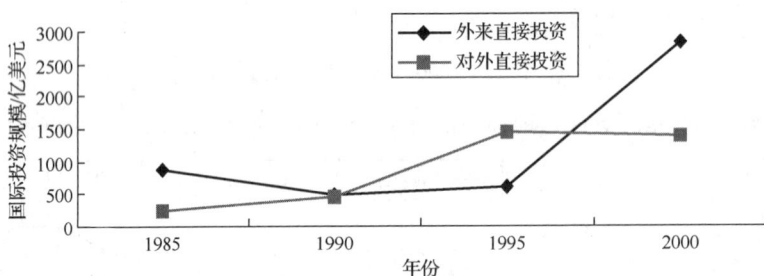

图 1.3　1985—2000 年美国的国际投资规模

（资料来源：UNCTAD，2000. World Investment Report 2000[M]. New York and Geneva: United Nations.）

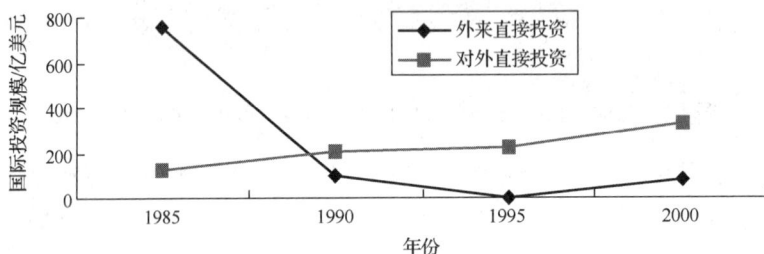

图 1.4　1985—2000 年日本的国际投资规模

（资料来源：UNCTAD，2000. World Investment Report 2000[M]. New York and Geneva: United Nations.）

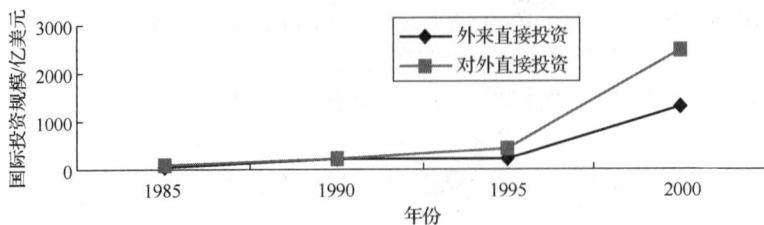

图 1.5　1985—2000 年英国的国际投资规模

（资料来源：UNCTAD，2000. World Investment Report 2000[M]. New York and Geneva: United Nations.）

（2）发达国家之间的相互投资不断增加

自 20 世纪 80 年代以来，发达国家间的相互投资（也称交叉投资）不断增加，不仅在国际资本流动中占据 2/3 的比重，成为国际投资的主体，而且在全球直接投资中占有更加重要的地位，形成了明显的以德国为中心的欧洲圈、以美国为中心的北美圈和以日本为中心的亚洲圈，占据了发达国家之间资本输入的 93%和资本输出的 91%。

一方面，"大三角"内部的国际直接投资比重较大。在欧洲圈中，1992 年欧盟内部成员国之间的相互投资量占其对外直接投资总量的 72%。1995 年以后由于欧盟成员国的增加，新成员国和老成员国经历了一段时间的调整期，这期间欧盟内部成员国之间相互投资比例有所下降，但到了 1999 年，成员国间的相互投资达到了 3180 亿欧元，2000年又增加到 4360 亿欧元，占欧盟对外直接投资总量的 60%以上；在北美圈中，主要是美国和加拿大两国间的直接投资异常活跃，1993 年加拿大吸收的外来直接投资总额中有 2/3 来自美国，1996 年美国对外直接投资总量中有 9.4%投向加拿大；在亚洲圈中，不同国家之间的交叉投资成为该地区吸收外资的重要组成部分，1990—1992 年，东南亚联盟国家吸收外来国际直接投资的总量中有 25%来自本地区内新兴工业化国家或地区，到1993—1994 年这一比率增加到 40%。而在亚洲国家的国际直接投资总流量中，绝大部分集中在日本、中国（包括香港和台湾地区）、韩国、新加坡等几个国家。

另一方面，"大三角"国家之间的相互投资也十分活跃。从绝对美元数额看，作为最大的国际直接投资接受国，美国的国际直接投资主要来自日本、英国、法国、德国以及荷兰的投资。英国、法国吸引外国投资主要来自美国和日本。1996 年美国吸收外来直接投资 846 亿美元，其中 2/3 来自欧盟国家，对外直接投资中 43%流向了欧盟各国；日本的对外投资大都流向亚洲发展中国家（或地区）和美国，对欧盟的投资由于经济衰退，近年来相对减少，由 1990 年的 70 亿美元跌至 1996 年的 20 亿美元。据联合国贸易和发展会议（United Nations Conference on Trade and Development，UNCTAD）资料统计，在1998—2000 年，以美国、日本和欧盟三极所主导的国际直接投资占全球对外直接投资流入总量的 75%和流出总量的 85%。

由于美国、欧盟和日本三个经济体在世界经济中占有举足轻重的地位，从事国际投资研究的学者普遍认为在未来十年内，全球对外直接投资的"大三角"格局还会继续存在，并将得到一定程度的加强。

（3）发展中国家在吸引外资的同时，也走上了对外投资的舞台

就对外投资而言，一些发展中国家在积极吸收外国投资的同时，纷纷开展对外投资，如图 1.6 所示。这些发展中国家，一些是石油输出国组织成员国，如沙特阿拉伯、科威特、阿联酋等；另外一些是经济发展较快的发展中国家和地区，如一些拉丁美洲国家和亚洲的韩国，以及中国台湾、中国香港等。

3. 投资方式

20 世纪 80 年代以来，国际投资的发展出现了直接投资与间接投资齐头并进的发展局面。据世界银行统计，1989—1999 年，全球国际投资流量总额占 GDP（gross domestic product，国内生产总值）的比重从 8.5%提高到 18.3%，其中，国际直接投资由 2.0%提高到 4.6%，国际间接投资由 6.5%提高到了 13.7%。

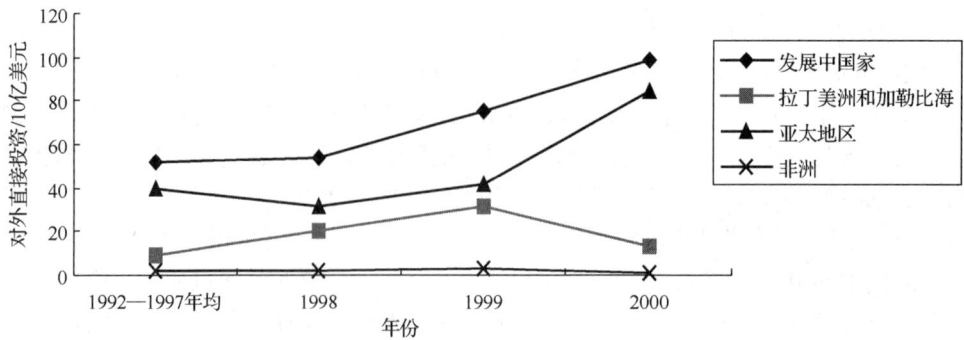

图 1.6　1992—2000 年发展中国家的对外直接投资

（资料来源：UNCTAD，2004. World Investment Report 2004[M]. New York and Geneva: United Nations.）

4. 投资行业

第二次世界大战后，国际直接投资的行业重点进一步转向第二产业。各发达国家纷纷增加了制造业的对外投资，如美国在制造业的对外投资比重不断上升：1938 年为 25%，1950 年为 32.5%，1960 年为 34.7%，1970 年为 41.3%，1980 年为 41.7%，1985 年为 44%。这些发达国家对制造业的投资主要集中在电子、飞机制造、计算机、汽车、化学、机械、仪器仪表、制药、石油化工等高新技术行业。20 世纪 80 年代中期以来，国际投资的行业分布转向了第三产业——服务业。20 世纪 70 年代初期，国际直接投资存量中只有 25% 投向服务业，而到了 20 世纪 90 年代，这一比例已增加到 55% 左右。5 个主要发达国家的对外直接投资存量中第三产业所占的比重都有大幅上升。美国从 1985 年的 41% 增加到 1992 年的 51%，英国从 1984 年的 35% 增加到 1991 年的 46%，法国从 1987 年的 46% 上升到 1991 年的 47%，联邦德国从 1985 年的 53% 上升到 1992 年的 59%，日本从 1985 年的 52% 上升到 1993 年的 66%。

（五）缩量整理阶段（2001 年以来）

进入 21 世纪之初，伴随着全球大部分地区经济增长放慢，以及复苏前景不乐观，国际直接投资规模连续几年呈不断下降的趋势。这一阶段又以 2008 年金融危机为节点分为前后两个阶段。

1. 2001 年至 2008 年金融危机前

2002 年，全球外国直接投资总额为 6510 亿美元，只有创纪录的 2000 年数量的一半，流入量降至 1998 年以来的最低点。在 195 个经济体中，有 108 个在 2002 年的流入量低于 2001 年。2003 年全球外国直接投资流入量连续三年下滑，跌至 5600 亿美元，下跌主要是因为流入发达国家的外国直接投资额减少，只有 3670 亿美元，比 2002 年减少了 25%。在全球范围内，有 111 个国家的流入量增长，有 82 个国家的流入量减少。流入美国的外国直接投资额减少 53%，跌至 300 亿美元，尤为令人瞩目，处于 12 年来的最低水平。但是，进入 2004 年之后全球外国直接投资流入量出现反弹，连续三年出现增长。

2006 年，这一数字达到 13 060 亿美元，已经非常接近 2000 年创造的最高纪录，反映出世界很多地区强劲的经济表现（图 1.7）。无论是在发达国家，还是在发展中国家和东南欧等转型期经济体，外国直接投资的流入都出现了增长。其中，发达国家的外国直接投资流入量达到了 8570 亿美元，增幅远高于前两年；发展中国家和转型期经济体则达到了其历史最高水平——分别为 3790 亿美元和 690 亿美元。

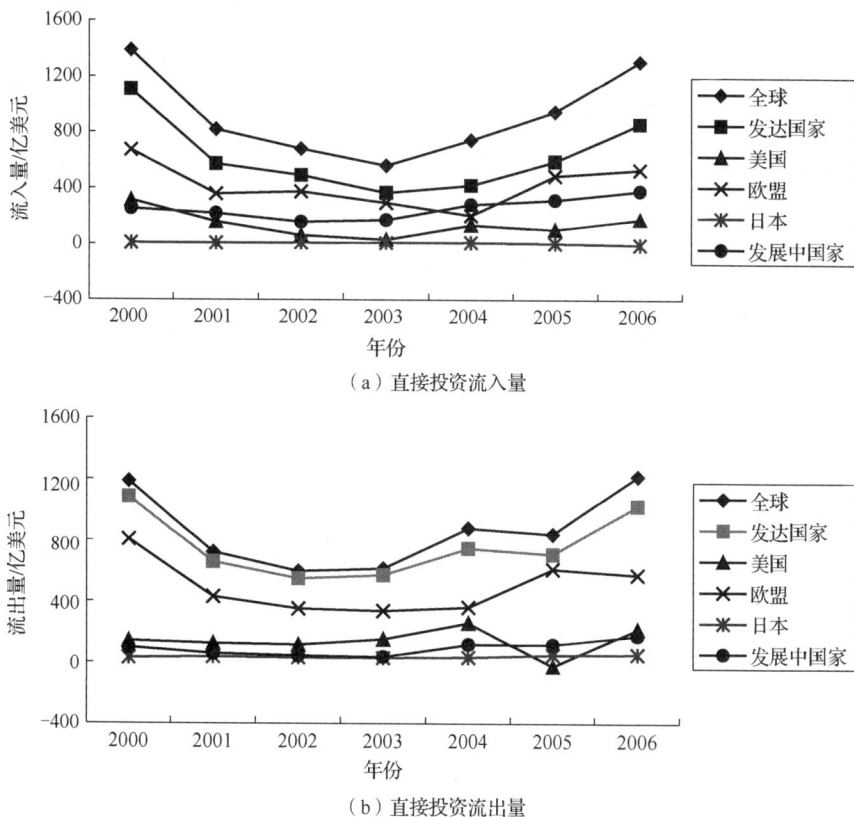

（a）直接投资流入量

（b）直接投资流出量

图 1.7 2000—2006 年全球和部分地区国际直接投资规模变化

（资料来源：UNCTAD，2007. World Investment Report 2007[M]. New York and Geneva: United Nations.）

2. 2008 年金融危机以来

2008 年美国次贷危机引发的世界金融危机给全球经济造成了极其严重的影响。据联合国贸易和发展会议表示，2008 年全球外国直接投资额下降了 21%，而 2009 年全球外国直接投资则下降了 29%，从 2008 年的 1.7 万亿美元降至 1.2 万亿美元以下。2010 年全球外国直接投资有所回升，但增长缓慢，增长率仅为 5%，达到 1.24 万亿美元。流入发达经济体的外国直接投资进一步萎缩，而新兴经济体则成为直接投资的新力量。2011 年全球外国直接投资额达到 1.5 万亿美元，首次超过世界金融危机前的平均水平。2012 年全球外国直接投资额降至 1.35 万亿美元。面对全球经济特别是一些主要经济体复苏的脆弱性以及政策的不确定性，跨国公司对外投资仍十分谨慎。发展中国家吸收的直接外资有史以来首次超过发达国家，其重要性持续上升。2013 年在新工厂和其他项目上的长期投资增长了9%，全球外国直接投资额达到1.45万亿美元。发达经济体、发展中和转型期经济体的外国直接投资流入都出现增长，出现了谨慎乐观情绪。2013年流入转型期经济体的外国直接投资也大幅增长，流入发达经济体的外国直接投资占全球外国直接投资的39%，流入发展中国家的外国直接投资占全球外国直接投资的54%。外国直接投资的最大目的地仍是中国和亚洲其他发展中经济体，然后是欧盟和北美。2015年全球外国直接投资为1.47万亿美元，同比增长11.8%。2016年全球对外直接投资额为1.75万亿美元，同比下降2%。新兴市场国家的投资资产增长显著，发达国家增长乏力。2017年全球外国直接投资下降23%，其中，跨境并购大幅下降了22%，而银行贷款和证券投资却出现大幅增长。2018年，全球外国直接投资流量持续下滑，从2017年的1.5万亿美元下降至1.3万亿美元，同比下降13%，虽然降幅较上年有所收窄，但全球外国直接投资流入量仍是2010年以来的最低水平。美国税改造成跨国公司海外留存利润回流、中美贸易摩擦的不确定性前景以及以欧美发达国家为代表的投资保护主义等因素则被认为是全球外国直接投资连年下降的重要原因。

2008年金融危机以来，发展中经济体FDI净流入保持平稳，其中流入亚洲的比例超过70%；转型经济体FDI净流入量连续两年下滑；北美对外投资大幅跳水，欧洲成为全球最大的对外投资区域。近十年里，全球外国直接投资对发展中经济体始终保持每年超过2000亿美元的净流入，2018年，发展中经济体FDI净流入2884.9亿美元（图1.8），同比增长26%。其中，亚洲发展中经济体的FDI流入量自2015年以来占比一直超过70%。研究显示，经济增长潜力越大的国家越有利于FDI净流入，2008年金融危机以来的数据说明全球外国直接投资较看好亚洲发展中经济体的经济增长潜力。

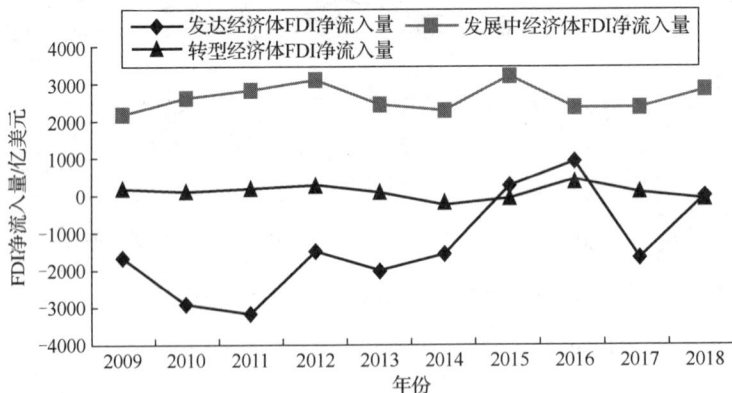

图1.8 2009—2018年全球各大经济体FDI净流入量

注：FDI净流入量=同期FDI流入量-同期FDI流出量。

发达经济体一直是全球FDI的主要来源，不过，其对外投资在2015年达到1.24万亿美元的峰值后，连续三年呈下滑状态。2018年，发达经济体FDI流出量降到5584亿美元，同比下降近40%，占全球外国直接投资流出量的比例为55.1%，比2017年下降9.85%。其中，北美对外投资大幅跳水，同比下降103%；欧洲对外投资4183.6亿美元，占发达经济体对外投资的74.9%，成为全球最大的对外投资区域。

转型经济体的 FDI 净流入量也出现了连续两年下滑情况，2018 年，转型经济体 FDI 净流出 39.6 亿美元。自 2020 年新冠肺炎疫情以来，全球双边投资协议签订量更是明显下降，投资规则碎片化加剧，多国收紧投资审查，国际投资争端显著上升，全球资本的流量规模下降，特别是对长期发展有较大外溢性的 FDI 表现低迷，也因此可以发现一方面全球流动性泛滥，另一方面长期基础设施融资不足。

三、国际投资不断发展的原因

（一）科学技术发展加速资本国际化

1. 科技作为第一生产力，促使交通运输工具和通信设备的现代化

现代化的交通运输工具和通信设备的出现，为对外投资者（主要是跨国公司与跨国银行）的迅猛发展创造了必不可少的物质条件。大型跨国公司与跨国银行资金雄厚、从业人员众多，往往有几十家甚至数百家分支机构遍布世界各地。采用现代化的交通运输工具和通信设备，可以大大缩短跨国公司和跨国银行国内总部与国外投资机构之间的空间距离，国内总部在极短的时间内可以全面了解远在异国的分支机构的各种资料，及时进行指导、协调。

2. 科学技术引起产业结构大调整

20 世纪 50 年代后期开始的以原子能、电子为代表的科技革命日新月异，其科研成果广泛应用于生产领域，产生了一系列新兴工业部门，使得各发达资本主义国家的国民经济结构发生了巨大变化，在这种新的格局下，跨国公司已不再满足于通过国际贸易发挥自己的优势，而是通过对外直接投资的方式，在海外建立子公司，充分利用东道国的生产要素，降低产品成本，实现利润最大化目标。

（二）国际分工的新发展

生产力水平的提高又推动了国际分工的进一步加深，不仅工业国与农业国之间的垂直分工的鸿沟在不断扩大，而且发达资本主义国家工业部门之间的水平分工的界限也在向纵深发展。国际分工的加深使得任何一国不可能垄断全部生产领域的先进技术和先进工艺。分工和协作的进一步发展使得跨国公司的生产往往依靠其他国家和地区的企业为其提供原料、燃料、中间产品和零部件等，亦即将最终产品的全部生产过程分散在不同的国家和地区进行。

（三）跨国银行的发展

第二次世界大战后，特别是 20 世纪 60 年代以来，跨国银行有了巨大的发展。根据联合国跨国公司中心的统计，1975 年，在资本主义世界最大的 300 家银行中，有 84 家属于跨国银行，资产总额达到 17 290 亿美元，在世界各地的分支机构达到 3941 个，同期还有 88 家联合银行；1981 年，世界最大的 60 家跨国银行的资产总额已经高达 9406.21 亿美元，存款总额达到了 7882.40 亿美元。近期跨国银行的发展呈现出重组化、全能化、电子化等发展趋势。作为金融类的跨国企业，跨国银行的产生和发展，为国际投资提供金融中介，这种作用主要体现在跨国银行对跨国公司等国际直接投资者的各种支付和服务方面，是国际投资迅速发展的前提和保障。

（四）跨国公司的发展

1. 制度条件

第二次世界大战后，发达国家鼓励对外投资和扶持跨国公司成长的政策为跨国公司的发展提供了有力的保障。例如，为本国的跨国公司的对外投资提供非商业风险担保；政府通过对外援助的形式迫使受援国接受各种条件，为跨国公司的海外投资创造良好的环境；为跨国公司海外投资提供优惠贷款和财政补贴；为跨国公司的海外利润提供税收优惠等。总之，如果没有投资国政府的各种鼓励政策，第二次世界大战后跨国公司如此大规模的发展是不可能的。第二次世界大战后殖民体系瓦解，许多新独立的国家资本短缺，希望能在维持主权条件下，吸引跨国公司投资，并改善其投资环境。

2. 过剩资本

发达资本主义国家"过剩资本"日益增大。第二次世界大战后，西方发达国家出现相对稳定的经济环境，生产力水平得到空前提高，而生产的发展又受到国内有限购买力的限制，使得国内生产与消费之间的矛盾日益激化，国内有利的投资场所显得更为狭小，形成大量"过剩资本"，这种"过剩资本"必然要在国外寻找出路。生产和资本国际化必然导致国际投资的大发展。

3. 经济国际化

经济国际化有利于降低投资成本，利用当地廉价的要素，降低企业的生产成本，从而达到提高企业利润的目的。同时，也能扩大市场份额，满足跨国公司本身的发展的需求。

第三节　国际投资的经济效用

第二次世界大战后，国际投资有了新的发展，出现了各种形式的相互投资和多边投资。国际投资在国际经济中的作用日益明显。本节一方面借助麦克杜格尔模型就国际投资对世界经济的整体影响进行探讨；另一方面就国际投资对就业和收入水平、进出口及国际收支水平、竞争水平、技术扩散水平、产业转移水平和产业安全效用等几个方面的影响进行研究和探讨。

一、国际投资对世界经济整体的影响

（一）国际投资促进了世界经济的增长

资本在国际的流动，对资本输入输出及整个世界的经济整体都会产生影响，下面借助西方经济学家麦克杜格尔模型对此进行分析。

该模型假设：①全世界只有甲乙两个国家，甲国资本充裕，乙国资本短缺，世界资本总存量不变，为 OO'，其中甲国为 OA，乙国为 $O'A$；②资本可以无障碍地在甲乙两国之间自由流动；③由国际投资产生的收益能够在甲乙两国间得到公平的分配；④资本的边际产值呈递减状态，FF' 为甲国的资本边际产值，JJ' 为乙国的资本边际产值，资本价格等于资本的边际产值。

在图 1.9 中，横轴代表资本数量，纵轴代表资本边际生产力。O 为资本输出国甲国的原点，OA 为甲国拥有的资本量，FG 为甲国的资本边际生产力曲线；O' 为资本输入国乙国的原点，$O'B$ 为乙国拥有的资本量，$J'J$ 为乙国的资本边际生产力曲线。$O'O$ 是世界资本总量。

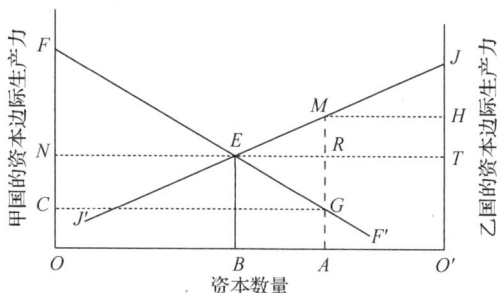

图 1.9 国际资本流动的影响

第一种情况是：当没有国际投资发生时，也就是甲国和乙国分别使用自己的资源进行生产，在这种情况下，甲国的资本边际产值 OC 明显低于乙国的资本边际产值 $O'H$。甲国的总收益为 $OFGA$，乙国的资本总收益为 $O'JMA$，世界资本总收益为 $OFGA+O'JMA$。

第二种情况是：当发生国际投资时，必然出现的资本流向是从资本充裕、边际收益较低的甲国流向资本短缺、边际收益较高的乙国。由于资本供求的变化，甲国的资本边际产值必然上升，乙国的资本边际产值必然下降。资本的跨国流动会在利益机制的作用下持续进行，一直到甲乙两国的资本边际产值即资本的价格相等时，即到 E 点才会停止。在图 1.9 中，甲国的资本流向乙国，资本流量为 BA，甲国的资本存量为 OB，乙国的资本存量为 $O'B$。资本的这种跨国流动和世界性配置对两国经济和世界经济产生着积极的影响。

对甲国来说，部分资本输向了国外，使国内资本的边际产值上升了，由以前的 OC 上升为 ON；虽然甲国由于国内的资本减少使国内的资本总收益减少了，由以前的 $OFGA$ 减为 $OFEB$，但其损失却由对外投资收益加以弥补，并有剩余。在图 1.9 中，甲国由于向乙国投资而从乙国得到了 $AREB$ 的投资收益，扣除因国内资本减少而损失的 $AGEB$，剩余的 GER 部分即为对外投资的净收益。

对乙国来说，由于引进了国外资本，弥补了国内资本的不足，虽然资本的边际产值有所下降，由 $O'H$ 降为 $O'T$，但因国内资本存量增加而使国内资本总收益增加，由以前的 $O'JMA$ 增加为 $O'JEB$，比原来增加了 $AMEB$。其中 $AREB$ 要作为国外投资的报酬（即资本的本息）支付给国外投资者，RME 则是乙国引进外资所获得的净收益。

对全世界来说，资本流动后的总资本收益增加了，由以前的 $OFGA+O'JMA$ 增加到

OFEB+*O'JEB*，新增加的收益为 *GEM*。全世界的总收益增加了，其原因并不是由于资本的总量增加，而仅是由于资本存量在世界范围内得到了合理的流动。

虽然麦克杜格尔模型的假设条件较之现实生活要简单得多，与现实生活有很大的反差，但是，这个模型的假设确实是值得称道的，即国际投资能够同时增加资本输入国和输出国的收益，从而增加全世界的经济收益。

（二）国际投资推进了世界经济一体化

经济一体化是当前世界经济发展的基本趋势，它的本质是以投资、贸易、金融、技术、人才自由活动与合理配置，推动生产力快速发展。经济一体化表现在两个方面：一是经济全球化，二是经济区域化。经济全球化与经济区域化以其各自独特的方式成为经济一体化进程的两个轮子，推动着世界经济和各国经济的发展。国际投资是世界经济一体化的重要载体，使各国经济在更高层次上融合。

生产力的发展和不断深化的国际分工，在客观上要求打破国家对资源配置的地域限制，跨国家或地区集中生产可以实现较大利益的商品，使生产要素配置更加合理，最终增加产品总量和生产规模，使各国受益。基于此，各国在当代经济交往中，一直在追求完全的经济一体化。

经济全球化以其广泛性接近经济一体化的理想状态，但恰恰由于经济全球化这种经济一体化方式涉及范围太广，各个国家政治制度和经济发展的水平差异性使各国对经济一体化的基本考虑往往难以形成共识，无法实现生产要素在全世界范围内的自由流动，而经济区域化以其多样性蓬勃发展，卓有成效地推动了经济一体化在局部地区的发展。

经济一体化进程的全部实践已经充分证明了以比较优势为基础的国际格局是当代经济发展的内在需要和必然趋势。比较利益的普遍存在，是传统国际贸易的基础，也是后来兴起的跨国投资的基础。

二、国际投资对各国的影响

（一）双重影响母国就业水平和收入水平

从投资母国的角度来看，国际投资对投资母国的就业水平和收入水平产生的效应主要表现在三个方面，即就业数量、就业质量和就业区位。从就业数量上看，国际投资可能使其就业机会增加，也可能使其就业机会减少；从就业质量上看，国际投资提高了就业人员的技能并改善了工作环境，但也产生了降低就业人员收入的可能；从就业区位上看，国际投资使就业人员向高职能职务转换，但也可能产生摩擦失业。

总之，国际投资对投资母国的就业和收入水平产生了双重的影响——替代效应和刺激效应。所谓替代效应，是指与本国可以在母国本土进行的海外生产活动相联系的就业机会的丧失。它包括跨国公司的海外子公司将产品返销到母国所引起的母国的工作机会的牺牲，同时导致母国的国民收入增加。所谓刺激效应，是指国际投资所导致的国内就业机会的增加。它包括跨国公司海外子公司出口资本货物、中间产品及辅助产品的额外的就业机会，母公司向海外子公司提供服务所产生的工作机会，跨国公司本土机构人员的需求所带来的就业机会，以及国内其他公司向其子公司提供服务所产生的就业机会，同时导致母国的国民收入减少。显然，当替代效应大于刺激效应时，国际投资将导致投资母国就业机会的减少；反之则导致母国就业机会的增加。

（二）改善母国进出口和国际收支水平

从投资母国的角度来看，在短期，由于涉及资金外流，海外子公司的产品可能在东道国产生对母国出口产品的代替，而子公司的他国销售可能与母国产品形成竞争，海外子公司的产品亦可能大量返销到母国，海外直接投资至少在短期内对投资国国际收支具有消极的影响。但是，在长期，海外子公司的各种收益的汇回，可以增加投资国的对外支付能力，进而有利于改善投资国的国际收支状况；跨国公司海外直接投资是包括资金在内的一揽子生产要素的跨国转移，它必然会带动投资国对东道国相关原材料、中间产品、资本货物的出口；同时跨国公司的海外直接投资有助于巩固原有市场和开辟新市场，增加投资国的出口业绩。这些均有利于改善贸易收支，进而改善国际收支。

（三）加快产业结构调整步伐和促进技术进步

冷战结束后，世界经济正朝着多极化方向发展，无论是发达国家还是发展中国家都处在产业结构调整和新技术革命的浪潮中。如何实现产业结构的调整，推动新技术革命，实践表明，其中一个重要的方法就是利用国际投资，吸引海外资金，引进先进技术，加速本国产业结构的调整。近年来，发达国家和一部分工业化国家或地区，正是通过产业结构调整的路子，取得了经济上的长足发展。因此，它们正在大力开发以新能源、新材料、电子技术、生物工程、航天技术、海洋技术、智能机器人为代表的高新技术，从而淘汰转移落后产业，发展并构建新技术产业。同时，产业结构趋软，物质生产部门比重下降，服务业比重上升，相互联系亦趋紧密。所以国际投资已成为开发高、新、尖端技术产业的重要手段，成为实现产业结构调整目标的战略措施。

（四）产生产业安全正负效应

产业安全可以分为宏观和中观两个层次。宏观层次的产业安全，是指一国制度安排能够导致较合理的市场结构及市场行为，经济保持活力，在开放竞争中本国重要产业具有竞争力，多数产业能够生存并持续发展。中观层次上的产业安全，是指本国国民所控制的企业达到生存规模，具有持续发展的能力以及较大的产业影响力，在开放竞争中具有一定的优势。产业安全效应指的是一国（地区）所采取的制度、经济政策对该国（地区）的产业安全的影响，可分为正的产业安全效应和负的产业安全效应两种。正的产业安全效应是指一国（地区）利用外资时所采取的制度、经济政策对该国的经济发展产生了巨大的促进作用，有效的外资利用有助于国内产业结构的升级和技术进步，提高产业的国际竞争力，从而促进该国的产业发展；负的产业安全效应是指在实际利用外资过程当中，由于国内相关政策、引资环境以及制度的原因，国际直接投资的效应并没有得到应有的发挥，反而存在着外商投资结构失衡、产业发展对外资依赖度过高等严重威胁国内产业安全的问题。

（五）促进了发展中国家经济发展，为开拓第三世界市场提供了有利条件

随着国际投资的发展，发达国家与发展中国家的投资关系发生了变化，已从过去的掠夺与被掠夺、奴役与被奴役的关系逐步向平等关系的方向发展。从世界经济发展和各国的经济利益来看，发达国家需要发展中国家为它提供广阔的市场，找到足够的产品销路；发展中国家为摆脱长期形成的殖民地经济结构和落后的经济状态，也迫切需要利用外资，引进技术，发展本国的民族经济，实现经济的现代化。为此，发达国家采取了一些有利于向发展中国家投资的政策措施，如鼓励本国私人资本向发展中国家投资，保护投资者在发展中国家的投资利益，提供对外投资贷款等。发展中国家也实行开放政策，采取有效措施，改善投资环境，吸引外资，引进技术。这就为发达国家进行资本输出，开辟原料基地，利用廉价劳动力兴办合资、合作经营企业，扩大销售市场提供了条件。因此，国际投资能促进发展中国家的经济发展。

（六）加强了各国投资者在世界市场上的竞争、垄断与渗透

国际投资的这一影响主要表现在以下几个方面。第一，便于投资者对商业情报的收集。因为在国外进行直接投资的企业会更容易、准确、及时地获得当地市场的商业情报。这对于企业适时地采用生产和销售措施、扩大产品销售是大有裨益的。第二，有利于提高产品的竞争能力。通过对外直接投资就地生产和就地销售产品，能够使产品更好地适应当地市场消费习惯和爱好，减少运输成本和其他费用，缩短交货期，而且易于提供销售服务和咨询，从而有利于提高产品的竞争力。第三，利用技术上的领先地位，通过对外直接投资在国外建立使用新技术、生产新产品的企业可以达到抢先占领市场的目的。第四，可以绕过各种贸易壁垒，使投资者和东道国的企业在同样的条件下进行竞争。第五，进入东道国国家的贸易渠道。在国外投资设厂不仅可以进入当地市场销售渠道，而且可以利用当地的对外贸易渠道扩大向其他国家的出口。

（七）成为各国实现宏观经济目标的重要手段

当前，世界各国，特别是发展中国家，都把经济发展、对外开放作为主要的战略目标。为实现这一战略目标，夺取世界经济发展新的优势，各国都十分重视加速新技术的开发与应用，通过发展高新技术产业，不断增强市场竞争能力，以期在全球经济技术竞争中居于领先地位。因此，各国都在不断改善投资环境，吸引外资并把投资的重点与目标转向高科技。国际投资的广泛展开，能促使各国合理利用资源，加速生产要素的优化组合，发展信息产业、高科技产业，并注重把高科技成果转化为生产力，以推动经济的发展。随着生产力的发展和国际竞争的不断加剧，发达国家为过剩资本寻找出路，必然通过国际投资这种方式，向世界各国，特别是向广大的发展中国家进行资本输出，以获取海外的高额利润。

本　章　小　结

　　国际投资是指一国的企业或个人以资本增值和生产力提高为目的的跨越国界的投资，即将本国的资金、设备、技术、商标作为资本投资于其他国家，以求获得较国内更高的经济效益，它包括国际直接投资和国际间接投资；国际投资可以有多种分类方法；世界经济的形成，为国际投资的产生与发展提供了不可或缺的历史背景和物质基础，在不同的历史发展阶段，资本的国际化具有不同的特点。国际投资无论对于东道国还是投资母国都具有非常显著的经济效益。通过对这些知识的学习，学生可以从概念的角度对国际投资进行了解，为以后更加深入地学习做好准备。

知识拓展

麦克杜格尔模型

　　麦克杜格尔模型是麦克杜格尔在 1960 年提出来，后经肯普发展，用于分析国际资本流动的一般理论模型，其分析的是国际资本流动对资本输出国、资本输入国及整个世界生产和国民收入分配的影响。麦克杜格尔和肯普认为，国际上不存在限制资本流动的因素，资本可以自由地从资本要素丰富的国家流向资本要素短缺的国家。资本流动的原因在于前者的资本价格低于后者。资本国际流动的结果将通过资本存量的调整使各国资本价格趋于均等，从而提高世界资源的利用率，增加世界各国的总产量和各国的福利。

课后思考题

1．投资与国际投资的定义是什么？两者有什么区别和联系？
2．20 世纪 70 年代以来国际投资的发展出现了哪些新特点？
3．麦克杜格尔模型的假设有哪些？各假设有何经济意义？
4．国际投资对东道国和投资国分别会产生什么影响？

第二章　国际投资理论

📖 **学习目标**

- 了解国际直接投资理论的发展渊源;
- 掌握国际直接投资和间接投资的主要理论;
- 能够运用国际投资理论对跨国企业行为做出解释。

第一节　国际直接投资理论

国际直接投资作为生产资本的国际流动，19 世纪 60 年代就已出现，但真正得到迅猛发展，并确定其在经济生活中的主导地位是在第二次世界大战后。此后，国际直接投资得到了前所未有的发展，成为国际资本的主要形式，并由此得到西方经济学家的极大关注。自 20 世纪 60 年代起，西方经济学家从各种角度、层次对国际直接投资现象进行分析，提出了不同的观点，发表了大量的论著。下面对比较有代表性的国际直接投资理论逐一进行阐述。

一、西方主流国际直接投资理论

处于主流地位的现代国际直接投资理论大致沿着两条主线发展。第一条主线以产业组织理论为基础。此类理论所研究的基本问题是跨国公司对外直接投资的决定因素和条件，将对外直接投资视为企业发展到一定阶段和具有某种垄断优势时的必然选择。斯蒂芬·赫伯特·海默的垄断优势论、彼德·J. 巴克利和马克·卡森等人的内部化理论是此类理论的代表。第二条主线以国际贸易理论为基础。此类理论强调一国资源禀赋的作用，认为一国的资源禀赋差异在一定条件下也是国际直接投资产生与发展的决定因素。雷蒙德·弗农的产品周期理论、小岛清的边际产业扩张论是此类理论的代表。

（一）海默的垄断优势论

美国经济学家海默在其博士学位论文——《国内企业的国际化经营：一项对外直接投资的研究》中，对国际直接投资理论进行了开创性的研究，提出了垄断优势论，为国际直接投资理论奠定了发展的基石。海默的导师查尔斯·P. 金德尔伯格教授对垄断优势论进行了补充和发展，因此，西方经济学家常常将金德尔伯格与海默并列为垄断优势理论创立者，并将其理论分析称为"海默-金德尔伯格模式"。

1. 垄断优势论的创立

跨国公司从事对外直接投资，会遇到诸多障碍（如语言、法律、文化、经济制度的不同，非国民待遇，汇率风险等）。与东道国企业相比，跨国公司在这些方面处于不利地位。既然如此，跨国公司为什么还要进行对外直接投资呢？海默指出，根本的动因在于：一是排除竞争，二是利用垄断优势。

海默认为，要解释对外直接投资，必须放弃传统的国际资本流动理论中关于市场完全竞争的假设，在不完全竞争的基础上进行研究。在不完全竞争的条件下，面对同一市场的各国企业之间存在着竞争，若某一家企业实行集中经营，则可使其他企业难以进入该市场，形成一定的垄断，这样既可获得垄断利润，又可减少因竞争而造成的损失。海默进一步认为，利用市场的不完全竞争是跨国公司进行对外直接投资的根本动因。对外直接投资是市场不完全的副产品。如果产品和生产要素市场运行是完全的，则对外直接投资就不可能发生。海默列举了四种类型的市场不完全：产品和生产要素市场不完全；由规模经济导致的市场不完全；由政府干预经济导致的市场不完全；由税赋和关税导致的市场不完全。前三种市场不完全使企业拥有垄断优势，第四种市场不完全则导致企业利用其垄断优势进行对外直接投资。

海默将跨国公司对外直接投资的决定因素归结为企业所拥有的垄断优势。一般来讲，在其他条件相同的情况下，东道国当地企业拥有外国企业所无法比拟的有利条件（如熟悉投资环境、熟悉市场、运输费用低廉、信息灵通、决策迅捷、易于获得政府部门的支持以及没有语言文化方面的障碍等），而国外企业在这几方面均处于不利地位，还要承担一些额外的费用（如通信联络费用等）。为了压倒东道国企业这种"天时地利人和"的先天优势，外国跨国公司必须拥有当地竞争者所无法具有的垄断优势。外国跨国公司所拥有的垄断优势有可能抵消东道国当地企业所拥有的优势，并在竞争中拥有净优势。

海默认为，跨国公司拥有的垄断优势如下。

1）先进技术。拥有先进技术是跨国公司最重要的垄断优势。大型跨国公司拥有极强的研究与开发能力，并投入巨额资金开发新技术，拥有一流的先进技术。与单纯的技术转让相比，跨国公司更倾向于将拥有的先进技术运用于本公司内部，以保持垄断地位，获得最大的利润。

2）先进管理经验。与拥有的先进技术相适应，跨国公司在长期的生产经营过程中总结出了一整套适应现代化大生产和经营的先进管理经验，对生产经营活动实行高效率的管理和控制。

3）雄厚的资金实力。大型跨国公司具有雄厚的资金实力，公司总部可以在公司内部的各分支机构之间灵活调度数额庞大的资金，这是一般东道国企业无法比拟的优势。

4）信息。大型跨国公司拥有先进的通信设备，分支机构遍布世界各地，信息灵通。

5）国际声望。大型跨国公司大多历史悠久，声名显赫，影响面广，其产品更容易打入国际市场。

6）销售。大型跨国公司有自己独立的销售系统，且与国际包销商有长期、稳定的业务联系，在销售成本和便捷程度方面占有优势。

7）规模经济。在科学技术不断进步的条件下，现代企业生产向大规模方向发展。一般来讲，企业生产规模越大，越具有规模经济优势。跨国公司可以利用国际专业化生产，避免投资国与东道国市场对生产规模的限制。跨国公司利用各国生产要素的差异，通过横向一体化取得内部规模经济的优势，通过纵向一体化取得外部规模经济的优势，并使之转化为公司内部的利润。

海默认为，跨国公司发展对外直接投资的一个次要动因是，有时两种行业经营的利益是负相关的，为了保持某一行业的经营利益，必须对另一行业进行一定程度的控制。

通过实证研究，海默得出如下结论：对外直接投资是不完全竞争的产物，纯粹竞争性的部门不会出现对外直接投资；跨国公司对与东道国创办合资企业不感兴趣，而更乐意创办独资企业，以保持其垄断优势；寡占行为是西方发达国家之间进行相互直接投资的重要原因。所谓寡占行为是指处于垄断地位的跨国公司通过在竞争对手的领土上建立地盘来加强自己在国际竞争中地位的活动。发达国家之间的相互直接投资是国内寡占竞争行为在世界范围的延伸，其目的在于防止竞争对手占领潜在市场而削弱自己的竞争地位。从某种意义上讲，这是垄断竞争条件下的一种特殊现象。金德尔伯格称这种类型的对外直接投资为"防御性投资"，其直接目标并不是获得收益，而是防止因丧失市场而带来损失。

2. 垄断优势论的发展

海默的垄断优势论是对传统理论的突破，奠定了西方国际直接投资理论研究的基础。从 20 世纪 60 年代到 70 年代初，西方经济学家发表了大量关于国际直接投资理论的论著，从理论体系来看，有相当一部分是对垄断优势论的发展与完善，具有代表性的是约翰逊的占有能力论、凯夫的产品差异能力论和尼克博克的寡占反应论。

（1）约翰逊的占有能力论

约翰逊认为，知识的转移是直接投资过程的关键，知识资产的占有能力强是跨国公司的重要垄断优势。知识资产包括专利、专有技术、管理与组织技能、销售技能等一切无形资产。垄断优势主要来源于跨国公司对知识资产的控制。与其他资产相比，知识资产具有其自身的特点。约翰逊认为，制造简单的产品只需要普通的技术，易为其他企业仿制；而制造复杂的产品则需要高新技术，难以被其他企业所仿制。跨国公司的优势在于始终把握新知识，并在其公司内部转让，以确保跨国经营的优势。知识资产的另一个特性是其生产成本很高，但通过对外直接投资利用这些资产的成本却很低。跨国公司为获得知识资产而支付的巨额成本在性质上属于沉没成本，而这些知识资产在供给上是富有弹性的，可以在若干地点同时使用，通过对外直接投资的方式利用这些资产的边际成本很低，有时甚至等于零。跨国公司的国外分支机构可以无成本或低成本利用总公司的知识资产，而东道国当地企业则无此优势。

（2）凯夫的产品差异能力论

凯夫认为，使产品发生差别的能力是跨国公司拥有的一项重要优势。为了扩大产品的销量，适应不同层次和不同地区消费者的消费偏好，跨国公司可以充分利用其技术优势，使其产品在实物形态上与其他生产者的产品发生差异，如优良的质量、漂亮的包装、优美的外形等。跨国公司也可以通过独特的推销技能（如商标、品牌等）使其产品对消费者的心理产生深刻影响。所有这些都可以使跨国公司获得对产品价格和销售额一定程度的控制。

（3）尼克博克的寡占反应论

美国经济学家尼克博克在垄断优势论的基础上，从不同的思路出发，提出了寡占反应论，对垄断优势论进行了重要补充。尼克博克指出，第二次世界大战后美国对外直接投资主要是由寡占行业的少数几家寡头公司进行的，而且他们的投资又大多是在同一时期成批发生的。寡占反应行为是导致第二次世界大战后美国跨国公司对外直接投资的主要原因。尼克博克还论述了寡占反应行为与对外直接投资的关系以及影响寡占反应行为的各种因素。

尼克博克将对外直接投资划分为两大类：进攻性投资和防御性投资。前者是指率先在国外建立第一家分支机构的寡头公司所进行的投资；后者是指同一行业的其他寡头公司追随进攻性投资，在同一地点所进行的投资。尼克博克认为，进攻性投资的动机可以由产品周期理论来解释，而防御性投资则可以由寡占反应行为来解释。尼克博克主要研究的是后者。在寡占行业或市场结构中，每一家寡头大公司都占有举足轻重的地位，其重大活动都会影响到其他几家大公司，每一家大公司对其他大公司的行动都十分敏感。在实现必要利润的前提下，寡头公司都紧盯着竞争对手，若对手采取对外直接投资，则紧随其后，做出同样的反应，以维护自己的相对市场份额。寡占反应行为的主要目的在于，抵消竞争对手率先行动所带来的好处，避免给自己带来风险。

尼克博克认为，如果企业的集中程度高，则寡头大公司之间的相互依赖性强，易导致对外直接投资的成批性。但当企业的集中程度超过一定的临界点（一般为60%～70%）时，寡头大公司相互效仿对手的行为一般会给双方都带来损失。基于此，寡头大公司可能会形成某种隐蔽或公开的默契，合理分布各自对外直接投资的流向。如第二次世界大战前西方国家石油行业的企业集中程度较高，对外直接投资也很活跃，但寡占反应并不强烈，其原因在于石油大公司之间通过合作来瓜分国际市场。

尼克博克认为，只有处于盈利率高的行业的跨国公司才能拥有雄厚的资金实力，做出迅速的防御性反应。跨国公司可以在东道国当地迅速建立起与国内市场相类似的市场结构，从而同样可以获得高额利润。因此，这类跨国公司的对外直接投资成批性程度高。

尼克博克认为，产品多样化使企业具有多种产品市场的选择，可以在一定程度上削弱其寡占反应行为。产品多样化的跨国公司可以通过各种渠道，以出口贸易的形式在世界各地市场销售其产品，而不必采取寡占反应行为。产品多样化程度低的企业则比较倾向于采取寡占反应行为，这类企业多分布在垂直一体化经营的行业。规模、产品创新和产品差别也可以保护企业免于直接竞争的威胁。规模能够成为寡头企业寡占反应行动的障碍。产品创新与产品差别减少寡头企业的相互依赖性。因此，在规模、产品创新和产品差别显著的行业，对外直接投资的成批性较低。

3. 垄断优势理论简评

垄断优势理论开创了国际直接投资理论研究的先河，突破了传统理论的分析框架，首次提出不完全竞争是导致国际直接投资的根本原因。同时，对不完全市场结构以及企业垄断优势的分析，为以后国际直接投资理论的发展奠定了基础。

但是，垄断优势理论也存在许多局限性。该理论是以第二次世界大战后美国制造业等少数部门的境外直接投资为研究对象的，是基于知识和技术密集型部门境外投资活动而得出的结论。因此，该理论缺乏普遍的指导意义，难以解释发达国家中小型企业的对外投资行为，更不能解释不具备垄断优势的发展中国家企业的对外投资行为。

（二）巴克利等人的内部化理论

英国里丁大学学者巴克利和马克·卡森以及加拿大学者拉格曼在对传统的国际直接投资理论批判的基础上，提出了内部化理论（亦称市场内部化理论），并成为当代西方较为流行的、相当有影响力的关于国际直接投资的理论。

1. 内部化理论的创立

（1）内部化理论概述

海默等人首先用不完全竞争（即市场不完全）来代替传统理论中关于完全竞争的假定前提条件，建立了垄断优势论。巴克利和卡森等人仍以不完全竞争作为假定前提条件，并对其做出了新的解释，建立了内部化理论。海默认为，垄断造成市场的不完全，市场的不完全是跨国公司进行对外直接投资的前提条件。内部化理论也承认市场的不完全，并进行了进一步深入的研究，将市场不完全的原因归结为市场机制的内在缺陷，从中间产品（特别是知识产品）的性质和市场机制的矛盾来论述内部化的必要性，内部化的目标是消除外部市场的不完全。市场内部化、市场失效和交易成本是内部化理论的三个重要基本概念。

拉格曼认为，市场内部化是指将市场建立在公司内部的过程，以内部市场取代原来固定的外部市场，公司内部的调拨价格起着润滑内部市场的作用，使它能像固定的外部市场一样有效地发挥作用。实行市场内部化已成为当代大型跨国公司的重要经营策略。

巴克利和卡森认为，不完全竞争并非由规模经济、寡占行为、贸易保护主义和政府干预所致，而是由某些市场失效、企业交易成本增加所致。市场失效是指由于市场不完全，以致企业在让渡中间产品时难以保障其权益，也不能通过市场来合理配置其资源，以保证企业最大经济效益的情形。这里所讲的中间产品不仅包括半加工的原材料和零部件，更主要的是指知识产品，即专利、非专利技术、商标、商誉、管理技能和市场信息等。卡森在为拉格曼的《跨国公司的内幕》一书写的序言中，用"信息"一词来统称知识产品，并指出，所有权的交换是外部交易成本高的主要原因，因为其涉及双方的经济利益。要使这些中间产品实现其专用权价值，会因不完全竞争而遇到困难。例如，信息在外部市场让渡时极易扩散，使所有者失去垄断优势。这是市场失效的典型，也是促使跨国公司进行交易内部化的重要原因。

交易成本是科斯在其经典论文《企业的性质》一文中提出并阐述的。较高的交易成本或市场失灵为企业实行内部化提供了动力。在国际直接投资领域，跨国公司通过建立内部市场来降低交易成本。巴克利和卡森认为，影响企业交易成本的主要因素有四个：①行业因素，主要包括产品的特性、市场结构、规模经济等；②国家因素，主要包括东道国政治制度、法律制度和财政金融政策等；③地区因素，主要包括地理位置、社会心理、文化环境等；④企业因素，主要包括企业的组织机构、管理经验、控制和协调能力等。

在这四个因素中，行业因素最为重要，其中，又以知识因素最为关键。

内部化理论认为，第二次世界大战后生产力的发展和科学技术的进步使得现代企业投资与生产经营活动的内容与范围发生了极大的变化。为了在竞争中生存与发展，企业日益重视研究与开发、销售、劳动者培训和金融资产管理等。中间产品的流动是连接这些活动的纽带，其中，知识资产的流动更具有决定性的意义。企业的生产经营活动需要有良好的外部环境，需要有发达的中间产品市场，但有些产品（特别是知识产品）的市场是不完全的。为了避免市场的不完全给企业的生产经营活动带来不利影响，将市场内部化，即将不同的经营活动置于统一的所有权控制之下，是企业生存与发展的必然选择。

内部化理论认为，基于市场的不完全，企业往往更倾向于实行市场内部化。企业实行市场内部化的动机与其产品的性质及其相应的市场结构密切相关。知识产品具有特殊的性质，知识产品的市场结构和知识产品在现代企业经营管理中的重要地位决定了其市场内部化的动机最强。

（2）知识产品及其交易的特点

知识产品及其交易具有如下特点。

1）知识产品的形成耗时长、费用大。在知识产品的研究与开发过程中，企业要投入大量的人力、物力和财力，如西方一些大型跨国公司每年要投入大量的技术人员和巨额的研究与开发费用，用于新产品的开发（即生产知识产品）。同时，要花费较长的时间，短则几年，长则十几年或几十年。亦即企业要花费巨大的代价，但其研究与开发的结果具有不确定性，并不一定能保证生产出预期的知识产品。一次性在外部市场转让知识产品，难以全额补偿最初的研究与开发费用。

2）知识产品可以给拥有者提供垄断优势。知识产品的拥有者如果在外部市场将其转让，无疑等于扶持了竞争对手，削弱了自身的竞争能力，而利用差别性定价则比通过发放许可证更能有效地利用这些优势，给知识拥有者带来更大的收益。

3）知识产品的价格不易确定。在各类市场中，知识产品市场的不完全表现得尤为突出。基于保密方面的考虑，企业在转让知识产品时，不可能全盘托出所有的技术细节，导致买方对知识产品难以有全面而深刻的了解；知识产品的效益只有在将其投入到生产过程中之后才能确定，并且效益的大小还要受其他相关因素的影响，在知识产品交易时，买卖双方对预期产生的效益水平难免发生分歧；知识产品具有唯一性，卖方可能提出过高的要价，使买方望而却步。所有这些都可能导致在外部市场很难协调知识产品的价格，其出路在于市场内部化。

4）知识产品的市场外部化可能导致增加额外的交易成本。知识产品还具有"共享性"特点，其外部化时一般只涉及使用权的转让，交易双方都无法保证对方不向第三者转让，亦即有可能额外增加交易成本。

基于上述分析，企业对其拥有的知识产品实行内部化，即控制在内部使用，是一项有效可行的选择。对于资本密集型的制造业的中间产品、受自然因素影响较大的农副产品与矿藏分布集中的原材料产品等，企业也具有较强的市场内部化的动机。至于其他一些中间产品，拥有者对其实行内部化的动机要差一些。

（3）知识产品内部化的经济效益

知识产品内部化的经济效益主要表现在以下几个方面。

1）统一协调企业各项业务带来的经济效益。以市场为纽带的各种生产经营活动会产生"时滞"，使得某些产品的期货市场难以组织，因而公司缺乏合适的价格信号协调其短期生产经营活动与长期投资计划。公司通过建立内部市场，可以将相互联系的各种生产经营活动置于统一的控制之下，协调不同生产阶段的长期供需关系，从而给公司带来经济效益。

2）制定有效的差别价格所带来的经济效益。公司通过纵向一体化和横向一体化，建立内部市场，充分发挥差别价格在中间产品交易方面的优势，进而带来经济效益。

3）消除买方不确定所带来的经济效益。建立内部市场，可以将中间产品的交易双方在所有权上合二为一，消除买方的不确定性。在其他产品的交易上，也可以全部或部分消除外部市场"独买"或"独卖"交易形成的市场不稳定性，进而带来经济效益。

4）减轻或消除国际市场不完全所带来的经济效益。建立内部市场，可以减轻或消除国际市场的不完全，缓和出口贸易的不稳定，进而带来经济效益。

5）保持公司在全世界范围内的技术优势所带来的经济效益。技术优势是企业拥有的主要优势，也是跨国公司所拥有的主要优势。建立知识产品的内部市场，即知识产品仅限于在跨国公司内部转让，可以避免外国竞争者的仿制，确保跨国公司在世界范围内的技术优势，进而带来经济效益。

6）避免政府干预所带来的经济效益。在外部市场上，价格是公开的，跨国公司很难逃避各国政府的干预。市场内部化后，跨国公司可以运用划拨价格避开政府的干预，获得如逃避税收、转移资金等益处。从全社会的角度来看，实行市场内部化并不是资源有效配置的最佳途径，但可以给行为主体带来利润的最大化。

当然，跨国公司实行市场内部化，还需要格外支付一些成本，主要包括资源成本、通信联络成本、国家风险成本和管理成本。

2. 内部化理论的发展

巴克利和卡森等人提出的内部化理论有助于解释各类跨国公司形成的基础。例如，知识产品一体化形成水平一体化型跨国公司；原材料开发、半加工、最终加工等多阶段生产过程的内部化形成垂直一体化型跨国公司。在此之后，一些西方经济学家进一步发展了该理论。

跨国银行是特殊的跨国公司。国际金融市场的不完全，导致了跨国银行的市场内部化。拉格曼认为，由于各国的货币制度、汇率和利率的差异以及各国政府对资本跨国流动的控制与调节，存在国际金融市场的不完全，促进了跨国银行的国际化经营。

I. H. 吉迪和 S. 扬将内部化与知识产品的内涵进行了进一步的发展，分析了发展中国家的非传统型的跨国公司行为。他们认为，发展中国家的新兴跨国公司在对外直接投资中拥有某些独特的优势（如生产性专门知识、低成本、灵活应变能力等），因此，可以花费较少的研究与开发费用进行技术模仿，寻求独特的技术优势；利用市场分割的特点避免与大规模批量生产的西方老牌跨国公司进行直接竞争；以内部化方式利用二手设备市场和劳动力市场的不完全性来谋求最大的经济效益。

3. 内部化理论的评价

内部化理论的出现是西方国际直接投资研究的重要转折。海默从寡占市场结构出发研究发达国家跨国公司对外投资的决定因素，而内部化理论则转向研究各国企业的产品交换形式与国际分工的组织形式。内部化理论从利益和成本的角度揭示了国际直接投资的动因，也可以解释发展中国家的国际投资行为。内部化理论有力地解释了跨国公司在对外直接投资、出口贸易和许可证安排这三种参与国际经济方式中进行选择的依据。对外直接投资可以使跨国公司在世界范围内利用其垄断优势，并实现利润的最大化，因此其在这三种方式中占据主导地位；出口贸易受到进口国贸易保护主义的限制，许可证安排则主要限于技术进入产品周期的最后阶段，因而均属于次要地位。此外，内部化理论还有助于解释第二次世界大战以后跨国公司增长速度、发展阶段和赢利变动等现实。

内部化理论说明了企业为何要将技术、知识等中间产品在内部转让，然而它未能充分说明企业为何不在国内的企业内部加以运用、进行生产，然后将产品出口，却要到国外去投资生产，对复杂多变的国际投资和跨国公司经营也缺乏具体分析。此外，内部化理论未能科学地解释跨国公司对外直接投资的区域分布，因而常常受到区位优势理论支持者的抨击。

（三）弗农的产品周期理论

美国经济学家弗农于 20 世纪 60 年代中期在实证研究美国跨国公司对外直接投资行为的基础上，创立了产品周期理论。到 70 年代中期，弗农又对该理论进行了进一步的发展和完善。

1. 产品周期理论的创立

产品周期理论首先假设：①消费者偏好因收入不同而不同；②企业之间以及企业与市场之间的沟通和协调费用随地理距离的延长而增加；③产品生产技术和营销活动的变化有一定的规律可循；④国际技术转让市场不完全。在此基础上，弗农对产品周期的三个不同阶段进行了分析。

第一个阶段为新产品创新阶段。在市场经济条件下，任何产品的初始创新方向都会受到市场消费需求的引导，而消费者的需求偏好和对产品的选择则会因其收入的高低而产生不同的层次。在这一阶段，产品尚未定型，需要不断改进产品设计、质量、包装等，以适应消费者的偏好；产品所需的各种投入物（如原材料、零部件等）与加工工艺、规格等的变化也较大，需要生产厂家与投入物的供应厂家保持经常性的联系，以保证原材料、零部件等的及时供应。此外，在这一阶段，产品存在着较高程度的垄断，价格弹性较小，生产成本对生产区位选择的影响不大，生产厂家主要是通过垄断技术和产品来占领市场的。

第二个阶段为产品成熟阶段。在这一阶段，新技术日趋成熟，产品基本定型。随着国际市场需求量的日益扩大，产品的价格弹性逐渐增大，降低产品成本显得更为迫切。国内生产的边际成本加边际运输成本超过国外生产的成本，加之国内外劳动力成本的差异，使得生产基地由国内转移到国外更为有利。由于该产品的出口量急剧增加，生产厂家拥有的垄断技术也因此而逐渐扩散到国外的竞争者手中，仿制品开始出现，由垄断技术带来的优势开始出现丧失的危险。为了避免贸易壁垒，接近消费市场和减少运输费用，生产厂家通过对外直接投资的方式，在国外建立分支机构，转让成熟技术。

第三个阶段为产品标准化阶段。在这一阶段，产品和技术均已标准化，生产厂家所拥有的垄断技术优势已消失，竞争主要集中在价格上。生产的相对优势已转移到技术水平低、工资低和劳动密集型经济模式的国家和地区。在本国市场已经趋于饱和、其他发达国家同类产品出口量急剧增长的情况下，生产厂家开始在发展中国家进行直接投资，转让其标准化技术。根据比较成本的原则，生产厂家大规模减少或停止在本国生产该产品，转为从国外进口该产品。

从图 2.1 可以看出，弗农的产品周期理论描述了这样一个动态过程：美国首先推出某种新产品后，生产基地设在国内，主要满足国内市场的需求，同时以出口的方式满足较发达地区（如西欧）的市场需求，出口量逐渐增加；当西欧各国开始以较大规模生产该产品时，美国就会从出口的高峰降下来，转向在西欧建立生产基地；当西欧各国开始大规模出口该产品并在发展中国家建立生产基地时，美国的出口已降到接近于零，并开始进口；当某些发展中国家从生产该产品转向大规模向美国和欧洲国家出口时，西欧各国也会从出口的高峰降下来，步美国的后尘，开始进口；该产品的生产基地全部转移到发展中国家，发展中国家开始迈向出口的高峰。

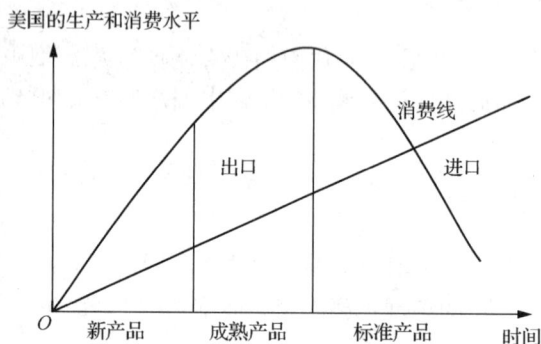

图 2.1　美国的产品周期

弗农的产品周期理论与海默的垄断优势论一样，也是在实证研究美国跨国公司对外直接投资行为的基础上得出的，基本上反映了 20 世纪 50、60 年代美国跨国公司对外直接投资的实践，也较好地解释了美国第二次世界大战后对西欧各国大规模直接投资的原因。弗农产品周期理论的独到之处在于采用动态的理论分析，将企业拥有的优势视为伴随产品周期变化而变化，将美国的经济结构、企业的产品创新取向与美国跨国公司国外生产的动机和选址三者联系起来，从而不仅说明了美国跨国公司从事对外直接投资的特点，也解释了这些公司先向西欧国家投资、再向发展中国家投资的模式。可以说，弗农的产品周期理论既是一种国际直接投资理论，也是一种国际贸易理论，将跨国公司的对外直接投资与对外贸易有机地结合起来，给邓宁后来创立的国际生产折衷理论以有益的启示。

2. 产品周期理论的发展

弗农后来对产品周期理论进行了修正，引入"国际寡占行为"来解释跨国公司的对外直接投资行为。弗农将产品周期重新划分为以创新为基础的寡占阶段、成熟的寡占阶段和老化的寡占阶段。

在以创新为基础的寡占阶段，创新仍率先在国内市场开始，并受国内资源禀赋条件的制约，但跨国公司也有可能根据国外市场的需求研制新产品。为了维护垄断地位，跨国公司在产品创新上投入大量资本和人力，扩大新产品与现有产品的差别，加强对新产品及其技术的垄断。

在成熟的寡占阶段，跨国公司以创新为基础而形成的垄断优势逐渐消失，规模经济成为其寡占优势的基础。跨国公司仍会利用其研制、生产和销售等方面的规模经济优势来排斥竞争者的进入。为了在竞争中处于有利地位，各国的跨国公司更倾向于到竞争对手的市场进行直接投资，削弱对方的竞争能力。当某跨国公司率先开辟了新市场时，其他的跨国公司亦会紧随其后，以维护自己的国际市场份额。

在老化的寡占阶段，跨国公司以规模经济为基础的垄断优势也已逐渐消失。为了在竞争中取胜，跨国公司通过组成卡特尔，进行商标、广告宣传等，建立新的垄断优势。由于大量的竞争者涌入该产品的生产领域，成本和价格的竞争十分激烈，一些生产厂家被迫退出该产品的生产。在这一阶段，跨国公司进行对外投资区位选择时考虑的主要因素是生产成本。

3. 对产品周期理论的评价

产品周期理论将技术和产品结合起来，运用动态分析的方法归结了跨国公司对外投资的原因在于产品比较优势和竞争条件的变化。同时，这一理论也解释了投资的流向和时机，基本上反映了 20 世纪 50 年代和 60 年代对外直接投资的情况。产品周期理论的主要贡献可以归结为以下几方面：第一，引进了从动态分析的角度研究跨国公司行为的方法；第二，较好地解释了美国第二次世界大战后对西欧各国大规模直接投资的原因；第三，通过对生产区位决策的论证，说明了区位因素在跨国公司理论中发展的重要性；第四，把跨国公司的对外直接投资行为和国际贸易活动有机地结合起来，为以后形成的国际生产折衷理论提供了有益的启迪。

该理论的局限性如下：第一，20 世纪 80 年代以后，发达国家的跨国公司也在国外生产非标准化产品，或者将其原创的新产品进行改进或多样化，以适应市场的需求；第二，产品周期理论无法对有些跨国公司在国外原材料产地进行的直接投资行为做出令人信服的解释；第三，对发展中国家的对外直接投资行为也无法做出令人满意的解释。

（四）小岛清的边际产业扩张论

在实证研究日本对外直接投资实践的基础上，日本逐步形成具有本国特色的对外直接投资理论，其中，最具有代表性的是日本一桥大学小岛清运用比较优势原理提出的边际产业扩张论。

1. 边际产业扩张论的创立

（1）三个基本命题

边际产业扩张论首先提出以下三个基本命题作为分析的前提。

命题一：赫克歇尔-俄林理论中的劳动和资本要素可以用劳动和经营资源（managerial resources）来替代。经营资源是生产要素，包括实物资产、技术和土地等。如果两国的劳动和经营资源的比率存在差异，则将导致比较成本差异。

命题二：比较利润率的差异与比较成本的差异有关。凡是具有比较成本优势的行业，其比较利润率也较高，亦即比较成本与比较利润率是对应的。对外贸易既受比较成本，又受比较利润率的支配，对外直接投资也应受比较利润率的支配。日本型的对外直接投资就是受比较利润率支配的。因此，应当根据比较成本和比较利润率来分析一国的对外贸易和对外直接投资。

命题三：美国型的对外直接投资人为地将经营资源作为一种特殊的生产要素，在此基础上产生了寡头垄断性质的对外直接投资，而日本型的对外直接投资则不同。

小岛清的边际产业扩张论就是围绕这三个基本命题展开的。

（2）对外直接投资的特点

小岛清认为，与国际货币资本流动相比，国际直接投资具有以下两个方面的特点。

第一，对外直接投资主要体现为机器设备、技术、知识的转移，再加上工人的培训、经营管理、市场销售等技能的转移，构成对外直接投资的基本内容。在国际直接投资中，可以不考虑投资国和东道国为数不多的货币资本的增减或转移，因为货币资本的大部分可以在东道国当地筹集。国际直接投资是以两国存在不同的生产函数为前提，东道国因吸收外国直接投资而被投资国的生产函数所替代，并得到提高。

第二，国际直接投资是资本、技术和经营管理知识的综合体由投资国的特定产业部门的特定企业向东道国的同一产业部门的特定企业（如子公司、合资企业等）的转移行为。由直接投资所带来的先进的生产函数在东道国逐渐普及和固定下来。在不同的产业部门中，由于新的生产函数与原有的生产函数之间的差距、资本密集程度、劳动和经营培训的难易程度不同，其普及也将有所不同。

小岛清认为，国际直接投资是以投资国的资本丰富为前提，东道国的商品越是劳动密集型的，就越具有比较优势；投资国与东道国的技术差距越小，国际直接投资所导致的技术转移就越容易移植、普及和固定下来。

（3）对外投资的类型

根据对外直接投资的动机，小岛清将对外直接投资划分为以下四种类型。

1）自然资源导向型。此类投资的直接目标是获得或利用东道国的自然资源。投资国的跨国公司通过对外直接投资，在东道国建立资源开发型企业，开发油田、矿业、林业、水产等自然资源，其产品既可以由投资国进口，也可以在东道国当地市场销售或向其他国家出口。

2）市场导向型。此类投资的直接目标是维护和扩大出口规模。当一国出口商品市场的开辟进行到一定程度时，接着在东道国当地建立企业，进行生产和销售活动，对生产者更为有利。这种类型的对外直接投资又可划分为两类：一是由于进口国贸易障碍等因素的作用，使得继续扩大出口受到限制或成本增加而导致的对外直接投资，此即贸易导向型；另一类是寡头垄断性质的对外直接投资，在美国的新兴制造业中表现得尤为明显，此即反贸易导向型。

3）生产要素导向型。此类投资的直接目标是利用东道国廉价的生产要素。大多数生产要素（如原材料、零部件、机器设备、技术、劳动力等）在国际上的流动要受到许多政治、经济和法律的限制，土地则完全没有流动性。利用东道国廉价的生产要素是跨国公司对外直接投资的重要直接目标。

4）生产与销售国际化导向型。此类投资的直接目标是建立全球性的生产与销售网络。这种类型的对外直接投资是通过跨国公司的水平一体化和垂直一体化实施的，其是否构成反贸易导向型对外直接投资，取决于这类投资是否具有寡头垄断性质。

2. 边际产业理论的核心和发展

（1）边际产业理论的核心

小岛清边际产业扩张论的基本核心是：对外直接投资应该从投资国已经处于或即将处于比较劣势的产业（边际产业）依次进行。从边际产业开始进行投资，可以使投资国丰富的资本、技术、经营技能与东道国的廉价劳动力资源相结合，发挥出该产业在东道国的比较优势。

边际产业扩张理论中的"边际产业"是指在投资国处于劣势的产业，包括的范围较广。例如，随着日本劳动力成本的上升，日本的劳动密集型产业已经处于比较劣势，变成"边际性产业"；同一企业中，可能有一些部门还保持较强的比较优势，而另一些部门则处于比较劣势，成为"边际性部门"；同是劳动密集型企业，可能一些大企业还保持较强的比较优势，而中小企业则处于比较劣势，成为"边际性企业"了。小岛清将这些"边际性产业""边际性部门""边际性企业"概括为"边际产业"。若根据比较劣势的边际产业顺序投资，会使投资国和东道国双方的贸易量增加、双方的利润增加，而且沿比较优势指示的方向形成更合理的国际分工和贸易发展格局。相反，若是从处于比较优势的垄断型的新产品开始，如汽车、计算机、生化、医药产品等，对投资国和东道国都是不利的。一方面会将最先进的产业过早地推向国外，容易丧失投资国的领先地位；另一方面，这种直接投资也难以被东道国，特别是发展中国家消化吸收，对东道国造成资源的浪费。

（2）边际产业理论的发展

小岛清根据边际产业扩张论的核心提出了以下四个推论。

1）国际贸易与国际直接投资可以建立在同一理论的基础上。两者的综合理论可建立在"比较优势（成本）原理"的基础上。小岛清认为，在进行国际贸易时，根据既定的比较成本，一国应大力发展拥有比较优势的产业，并出口该产业生产的产品，同时，缩小比较劣势产业，并进口该产业生产的产品，从而可以获得贸易利益。在进行对外投资时，投资国应从处于或即将处于比较劣势的边际产业依次进行，这样既可以将东道国因缺乏资本、技术和管理经验而没有发挥出来的潜在比较优势挖掘出来，又可以扩大投资国和东道国之间的比较成本差距，以便双方可以进行更大规模的贸易。小岛清认为，国际贸易是按既定的成本进行的，而国际直接投资则是按照可以创造新的比较成本进行的。两者有差别，但都是以"比较优势（成本）原理"为基础的。

2）日本式的对外直接投资和对外贸易关系是互补的。由于日本式的对外直接投资是从边际产业依次进行的，运用东道国廉价的劳动力将会降低产品的生产成本，再由日本进口这些产品对日本是有利的。随着日本式的对外直接投资的扩大，一方面可以带动投资国的机器设备、技术等的出口，另一方面也会促使投资国增加进口，从而创造和扩大了投资国的对外贸易。

3）应该立足于"比较优势（成本）原理"进行判断。小岛清认为，传统的企业发展论、产业组织论等企业经营学是建立在对一种商品、一家企业或一种企业的分析上，这是不科学的。他认为应采用先找出投资国两种或两种以上产品的比率，运用"比较之比较公式"，与东道国的该种比率进行比较，从而做出是否对外直接投资的结论。小岛清认为，当东道国的比率小于投资国的比率时，这些产业在投资国就是边际产业，应该对外直接投资。

4）投资国与东道国从技术差距最小的产业依次进行移植。小岛清认为，这样会使东道国更容易吸收和消化被赋予的生产条件，由投资国的中小企业作为这种移植的承担者最合适，因为中小企业与东道国往往技术差距较小。这种类型的国际直接投资可为投资国和东道国双方带来比较优势，创造更高的利润。

3. 对小岛清理论的评价

小岛清理论从宏观经济学的理论出发，采用动态分析方法，以日本跨国公司为研究对象，论述日本企业比较优势产生的原因与变化，并分析其对日本企业发展对外投资的影响，反映了日本这个后起的经济大国在国际生产领域寻求最佳发展途径的愿望，比较符合 20 世纪六七十年代日本对外直接投资的实际，有其科学性的方面。小岛清理论指出，无论是投资国还是东道国都不需要有垄断市场，企业比较优势的变化在对外直接投资方面起着决定性的作用。小岛清理论无疑是对传统的对外直接投资理论的一次冲击。从研究对象上看，小岛清分析的是发达国家对发展中国家的以垂直分工为基础的对外直接投资，而海默、弗农等分析的则是发达国家之间的以水平分工为基础的对外直接投资。因此，小岛清理论给人们的启迪是，并非拥有垄断优势的企业才能进行跨国经营。只要采取正确的战略和对策，对外直接投资与出口贸易可以做到相互补充和共同发展。但是，小岛清理论无法解释发展中国家的对外直接投资，也无法解释 20 世纪 80 年代之后日本对外直接投资的实践。小岛清运用比较优势理论，把对外直接投资划分为贸易创造型（贸易导向）和贸易替代型（逆贸易导向）两类，容易使人们产生误解，似乎按比较优势大小为序进行的对外直接投资总是对东道国有利的，总能形成合理的国际分工格局，从而掩盖了发达国家在投资过程中存在的消极方面。

（五）邓宁的国际生产折衷理论

1. 国际生产折衷理论的核心

邓宁继承了海默关于垄断优势的观点，吸收了巴克利和卡森的内部化理论的内涵，又引入了区位理论，增加了区位优势一项，创立了折衷的方法和体系。折衷理论的核心在于强调跨国公司进行对外直接投资要同时受到所有权优势（ownership advantage）、内部化优势（internalization advantage）和区位优势（location advantage）的影响。邓宁称其为"OLI 范式"（OLI Paradigm）。

（1）所有权优势

所有权优势又称厂商优势，是指一国企业拥有或能够获得的，其他企业所没有或无法获得的资产及其所有权。在国际生产折衷理论中，资产一词经常与资源、禀赋互为通用，其含义较广，如自然资源、资金、技术、劳动力等，泛指任何能够不断带来未来收益的东西。邓宁将所有权优势划分为以下三类。

第一类，企业拥有的相对于其母国其他企业的某些优势，如接近原料或产品市场、生产规模庞大、独占某种无形资产等，这些特定优势可对其他企业形成进入障碍。

第二类，跨国公司的分支机构在东道国所拥有的优势，如子公司可享用当地企业所得不到的母公司的专利、便宜的生产投入品、市场情报、管理经验等。

第三类，由于跨国经营所产生的优势，跨国公司所拥有的子公司越多，面临的经济环境差别越大，就越能方便而广泛地利用不同国家的要素禀赋和市场的优势。

邓宁认为，企业具有"所有权优势"，只具备了进行对外直接投资的必要条件，并不等于它一定要通过对外直接投资来开拓这些优势，通过出口和技术转移的办法同样可以应用这些优势。于是，邓宁导入了内部化优势的概念。

（2）内部化优势

内部化优势是指为了避免不完全的市场给企业带来的影响，将其所拥有的资产内部化，从而保持企业所拥有的优势。跨国公司是否以对外投资的方式参与国际竞争不仅决定于其所拥有的所有权优势，还取决于其将所有权优势加以内部化的意愿和能力。邓宁认为，一个企业如果涉及产品各阶段的生产，就很容易产生"跨地区化"以至"跨国化"。邓宁将市场不完全划分为两种：结构性市场不完全和知识性市场不完全。结构性市场不完全是指由于竞争壁垒和交易成本过高而导致的市场不完全；知识性市场不完全是指由于必须支付较高的代价才能获得与生产和销售相关的信息而导致的市场不完全。邓宁指出，仅仅论证一个企业具备了所有所有权并将之内部化，还不能准确地解释直接投资活动，出口亦能发挥这两种优势，因此，所有权优势和内部化优势只是对外直接投资的必要条件，而非充分条件。于是，邓宁导入了区位优势的概念。

（3）区位优势

区位优势是指跨国公司在投资区位上具有的选择优势。区位优势是跨国公司发展对外直接投资时必须考虑的一个重要因素。跨国公司拥有了所有权优势和内部化优势之后，在进行投资决策时，首先面临的是区位选择。如果国外投资比国内投资能获得更高利润，则会导致跨国企业对外直接投资；如果在国外甲地投资比在乙地投资能获得更大利润，跨国公司则会选择在甲地进行投资。所以对外直接投资的流向取决于区位禀赋的吸引力。

2. 国际生产折衷理论的发展

20世纪80年代以来，邓宁一直致力于进一步完善其国际生产折衷理论，它研究的重点是跨国公司所拥有的所有权优势、内部化优势和区位优势的根源，以及各国政府的管理对跨国公司的影响。邓宁认为，跨国公司拥有三种优势的一个根本原因是不流动的国际资源在各国间的分布不平衡。用来解释国际贸易的要素禀赋理论同样也能解释国际直接投资，跨国公司进行国际直接投资的目的在于将出口本国拥有相对禀赋优势的产品与使用东道国拥有相对禀赋优势的资源相结合，以实现利润最大化。大多数以开发资源为直接目标的对外直接投资，可以用要素禀赋不均衡加以解释。但要素禀赋理论并不能完全解释三种优势的根源。邓宁认为，跨国公司之所以拥有三种优势的另一个重要根源是国际市场存在不完全竞争，即市场存在"缺陷"。若不存在市场缺陷，拥有要素优势的企业只要参与市场交易就可获得比较利润，无须发展对外直接投资，而现实却是不完全竞争的国际市场，跨国公司只有通过对外直接投资，运用内部市场代替外部市场，才能避开国际市场的不完全性。因此，要素禀赋理论和市场缺陷理论构成了国际生产折衷理论的基础。从区位优势和内部化优势视角来看，纳鲁拉等认为，一方面，从微观角度，企业的位置选择受其认知和资源相关限制的影响，包含潜在的选择错误的后果，因此是一种战略决策；另一方面，从宏观角度，企业会受到东道国政府和机构的约束，从而形成各自的区位优势。因此，在国家层面、产业层面和企业层面，他们提出了一个新的三大分类，并与区位优势相结合。曾静等认为，内部化理论需要从"公司边界"到"本地网络边界"。传统的跨国公司是整合内部和外部的知识网络，而新跨国公司为获得可持续发展的新信息时代的竞争优势，它们更可能在东道国市场调整其商业模式。

3. 对国际生产折衷理论的评价

邓宁的国际生产折衷理论在企业优势的微观基础上，对国际直接投资的动因从宏观的角度做出了新的解释，由于其集各家之长，具有较强的实用性。首先，该理论克服了以往理论研究的片面性，归纳、吸收了以往学术中的观点，形成了研究对外直接投资的综合理论，特别是区位优势的应用回答了许多其他理论无法解释的问题。其次，该理论对国际直接投资从动态角度进行分析，力图说明跨国公司的对外投资优势并不是一成不变的，它会随着时间的推移而变化，一国不可能永远拥有某种比较优势。最后，该理论既可以解释发达国家对外直接投资行为，也可以解释发展中国家对外直接投资行为。

但国际生产折衷理论也存在着不少局限性：第一，该理论是根据西方私人对外投资行为提出来的，难以对社会主义国家和一些发展中国家国有企业的对外直接投资行为做出科学的解释，因为它们的对外直接投资行为往往是由国际经济合作协议和本国经济发展总体规划决定的；第二，该理论将利润最大化作为跨国公司对外投资的主要目标，与20世纪60年代以来跨国公司对外投资目标多元化这一事实也不相符；第三，国际生产折衷理论在某种意义上说并非什么理论，因为尽管它的解释能力很强，但这种能力基本上是由于它几乎囊括了其他各种直接投资理论，就此而言，国际生产折衷理论不过是其他多种理论借以发展的一个结构。

二、国际直接投资理论近年来的发展

前面已经介绍了五种比较重要的国际直接投资理论，这些理论较为全面、系统和完整，在当代西方国际投资学中占据主导地位。这些理论大体上产生在20世纪60—80年代，此后，在最近的二三十年时间里，国际直接投资的理论研究尚没有取得像20世纪60年代海默的垄断优势理论及20世纪80年代邓宁的国际生产折衷理论那样在学术界影响广泛的成果，但是，在一些重要方面，也还是取得了一些值得注意的研究成果，本节将做一简要阐述。

（一）对已有国际投资理论的进一步研究

对已有国际投资理论的进一步研究主要表现为国内外的经济学家从不同的角度，就国际直接投资的某一个方面取得了许多成果，验证、补充、修正和发展了原有的理论。由于这方面的文献可以说是浩如烟海，不可能在有限的篇幅中进行详细的介绍。下面主要以对邓宁国际生产折衷理论的研究为例来进行一些介绍。1998年，巴特利和高歇尔提出了产品创新（包括产品开发、技术和核心能力在国际的转移等）、接近市场（当地化战略、产品的差异化和当地改造等）和通过竞争降低成本（全球生产、标准化、合理化等）三位一体的跨国投资模式，这一模式与国际生产折衷理论的技术优势和区位优势相当，只是把技术优势和区位优势中的成本因素独立出来。三位一体的跨国投资模式较好地将各种能够解释国际直接投资区位流向的因素结合起来，弥补了邓宁理论的缺陷。

在20世纪80年代以前，关于政府在国际直接投资中作用的研究，并未受到足够的重视。邓宁已经注意到这一缺陷，在其国际生产折衷理论中把政府政策作为"软环境"的一个特殊因素，揭示了政府在改变区位资源中的潜在作用。劳尔在邓宁"OLI范式"的基础上，发展了直接投资的寡占优势理论。他认为，在寡占优势中，除了与垄断优势和所有权优势相仿的管理、技术、营销、融资等企业特定优势之外，还包括东道国政府的让步或激励政策，并把企业在东道国政府谈判中获取东道国政府这些让步或激励政策的能力也作为一种优势。此外，一些中国学者还利用博弈论的方法，通过建立博弈模型对跨国公司与东道国政府之间的关系进行了研究，这些研究比较好地解释了跨国公司与东道国政府之间既作为合作者一起"做蛋糕"，又作为竞争者一起"分蛋糕"的复杂关系。最后，还有一些中国学者立足于企业行为统一视角，发现企业开展国际直接投资的三方面行为是相互联系与影响的。例如，企业投资的区位选择往往受到其投资动因的影响，而投资模式的选择往往又同时受到投资动因和区位的影响。

（二）西方国际直接投资理论在分析中国问题时的借鉴意义

中国的国情与西方发达国家相比有很大差异，这些差异使得中国在利用外资方面与其他国家相比显示出较大的不同。例如，跨国公司在中国投资往往以新设企业为主，而不像其他国家，以购并为主。又如，跨国公司在中国的投资以合资企业为主，而不像其他国家，以外商独资企业为主。再如，跨国公司通常将中国作为生产基地，而不是同时也作为研究和开发基地。这些原因使得一段时间来，我国一些人认为，在研究吸引外资问题时，西方学者国际直接投资理论的一般分析框架对我们并不适用，这是有一定片面性的。首先，从长远的观点来看，跨国公司在中国的投资活动也正在逐步与一般规律趋同，特别是中国加入WTO以后，这种趋势变得越来越明显。在中国，通过跨国并购的方式投资所占的比例正在逐步扩大，外商独资企业的比重也正在上升，跨国公司在把中国作为生产基地的同时，越来越向制造和研究与开发并重发展。其次，借鉴西方国际直接投资理论的一般分析框架，对我们尽快提高理论研究的学术水平还是有重要意义的。即使西方国际直接投资理论的一般分析框架对我们并不是最适宜的（事实上，这些分析框架即使在分析西方发达国家之间的相互直接投资时也不见得那么贴切），但是，至少是可以借鉴，并可以在一定程度上使用的。

三、发展中国家国际直接投资理论

（一）小规模技术理论

小规模技术理论，是指发展中国家企业可以利用其小规模生产技术在竞争中获得优势。发展中国家的企业拥有为小市场服务的生产技术，这些技术具有劳动密集型的特征，成本较低，灵活性较高，特别适合小批量生产，能够满足低收入国家制成品市场的需要，而发达国家跨国公司拥有的大规模生产技术在这种市场无法获得规模效益。

美国经济学家刘易斯·威尔斯在 1977 年发表的《发展中国家企业》一文中提出小规模技术理论。现代社会，不仅大规模生产中的现代化技术是企业的竞争优势，而且适合小规模生产的技术也同样可能在竞争中占有优势，原因如下。

第一，发展中国家的制成品市场规模小，需求量有限，小规模市场中的发展中国家的企业技术，具有劳动密集、成本较低、灵活性高等特点，与大企业相比反而具有相对优势。

第二，发展中国家的企业通常采取低价策略，不需要高昂的广告费用，以物美价廉为特色，是大型跨国公司无法比拟的。

第三，发展中国家企业对外投资有很多是为了满足海外同一种族团体的需要，形成"民族纽带"性的投资，独特的文化特色也是其竞争优势所在。

根据这一理论，我国在服装、小商品以及民族手工业等方面都具有相对比较优势，可以跨国经营，尤其是我国的民营中小企业，不仅生产成本低、运作灵活，而且形成了相对的优势，正是跨国经营的优势企业群体。

（二）技术地方化理论

技术地方化理论认为，发展中国家对发达国家的技术引进并不是被动的模仿和复制，而是进行了创新，这种创新活动使引进的技术更加适合发展中国家的经济条件和需求，并与发展中国家的生产要素的价格和质量相适应，从而使发展中国家的企业在当地市场和邻国市场具有竞争优势。

1983 年，英国经济学家拉奥出版了《新跨国公司：第三世界企业的发展》一书，提出用技术地方化理论来解释发展中国家对外投资行为。他提出，不但在生产技术上的原创性研究可以使企业具有优势，而且根据自身的生产环境对技术进行相应的改进也可以使企业具有竞争优势。发展中国家企业在引进技术后又进行适当的改造、消化和创新，更加符合当地的要素结构及价格、消费品位和购买能力、产品质量和品质要求，因而比发达国家的产品更具有优势。这对于我国在利用外资的同时，思考如何吸收先进的技术并进行一定的创新，从而为进行对外直接投资指明了方向。

（三）投资发展周期理论

投资发展周期理论（the theory of investment development cycle），从动态角度解释一国的经济发展水平与国际直接投资地位之间的关系，重点说明了发展中国家的国际投资发展演变过程，可以说是邓宁国际生产折衷理论在发展中国家的运用和延伸。

20 世纪 80 年代，邓宁针对其创建的国际生产折衷理论缺乏动态分析的缺陷，提出了投资发展周期理论。他提出，一国对外直接投资倾向取决于两点：一是该国所处的经济发展阶段；二是该国所拥有的所有权优势、内部化优势和区位优势。邓宁根据各国的年人均国内生产总值，划分了四个经济发展阶段。第一阶段，人均国内生产总值低于或等于 400 美元。处在这个阶段的国家只有少量的外国直接投资并且完全没有对外直接投资，这是由于该国的企业还不具有所有权优势，而且本国内投资环境较差，市场、基础设施等配套条件不成熟，对外资的吸引力也很小。第二阶段，人均国内生产总值为 400～2500 美元。在这一阶段，外国对本国的直接投资有所增加，但由于国内经济发展水平低，本国对外直接投资仍然很少。第三阶段，人均国内生产总值为 2500～4750 美元。在此阶段，本国对外直接投资大幅上升，其增长速度可能超过了外资流入的增长速度，但总体来看，净对外直接投资（本国对外直接投资减去本国吸收的外国直接投资所得的差额）仍然是负值，这一阶段标志着该国已经走上了国际专业化生产的道路。第四阶段，人均国内生产总值达到和超过了 4750 美元。这意味着该国已经进入发达国家的行列，由于该国企业拥有了强大的所有权优势，由对外直接投资转为正值并不断扩大。该理论还认为，一国吸引外资和对外投资的数量不能仅仅用经济指标衡量，它还取决于一国的政治经济制度、法律体系、市场机制、教育水平、科技水平以及政府的经济政策等因素。一国的所有权优势、内部化优势和区位优势可以分别从国家、产业和企业三个层次进行分析。国家的经济发展水平决定了一国企业所拥有的所有权优势、内部化优势和区位优势的强弱，"三优势"的动态组合及其发展变化最终决定了该目的国国际直接投资地位。

（四）技术创新产业升级理论

技术创新产业升级理论认为，技术创新是一国的产业、企业发展的根本动力。与发达国家跨国公司的技术创新活动不同，发展中国家跨国公司的技术创新活动具有明显的"学习"的特征。也就是说，这种技术创新活动主要是利用特有的"学习经验"和组织能力，掌握和开发现有的生产技术。不断的技术累积可以促进一国经济发展和产业结构的升级，而技术能力的不断提高和积累又可以促成企业的对外直接投资，并影响发展中国家企业对外投资的形式选择和增长速度。

这一理论是由英国里丁大学的坎特维尔和托兰惕诺于 20 世纪 90 年代共同提出来的。他们认为，发展中国家对外直接投资的产业分布和地理范围随着时间的推移而演变，它们是有规律可循和可以预测的，其地域发展次序如下：首先是在周边国家进行投资，利用地缘和种族联系扩大市场领域；随着对外投资经验的积累，种族因素的重要性逐步降低，投资从周边向其他发展中国家扩展；最后，在积累了充分的经验后，为获得更复杂的技术，开始向发达国家投资。在产业分布上，发展中国家企业首先从事以自然资源开发为主的纵向一体化生产活动；然后开展以进口替代和出口导向为主的横向一体化生产活动；随着发展中国家的工业化程度的提高，产业结构也发生深刻的变化，技术进步加快，科技水平提高，产业结构升级，对外投资方面已经不再局限于传统产业的传统产品，开始涉足高科技领域的产品生产和研制开发活动。

第二节　国际间接投资理论

随着国际金融市场的不断发展，国际间接投资日益成为国际投资中的一个重要方面。其中，证券组合投资是国际间接投资的主要形式。证券组合是指投资者对各种证券资产的选择而形成的投资组合。由于证券投资的预期收入受到多种因素的影响而具有不确定性，人们在投资过程中往往通过分散投资的方法来规避投资中的系统性风险和非系统性风险，实现投资效用的最大化。证券组合管理的主要内容就是研究风险与收益的关系。一般情况下，风险与收益呈现正相关关系，即收益越高，风险越大；反之，收益越小，风险越小。理性的投资者在风险一定的条件下，选择收益高的证券投资组合；在收益一定的条件下，选择风险小的证券组合投资，满足这种要求的组合才是有效的投资组合。但传统的证券投资组合管理无法从理论上解决长期困扰证券投资活动的两个根本性问题。一是虽然证券市场上客观存在着大量的证券组合投资，但为什么要进行组合投资？组合投资究竟有何种机制和效应？在现代证券投资组合理论提出之前，谁也无法做出令人信服的回答。二是证券市场上的投资者除了通过证券组合来降低风险外，将如何根据有关信息进一步确定最优投资比例，实现证券市场投资的最优选择？美国经济学家马柯维茨、夏普和罗斯将现代应用经济理论运用于证券市场的组合投资问题的研究，建立了现代证券投资组合理论，从理论上回答了证券投资活动中的这两个难题。证券组合理论是在马柯维茨 1952 年发表的具有历史意义的论文《证券组合选择》和 1999 年出版的同名专著基础上发展起来的理论框架。继马柯维茨之后，夏普在 1963 年发表了《证券组合分析的简化模型》一文，提出了资本资产定价模型（capital asset pricing model，CAPM）。罗斯随后于 1976 年提出了套利定价理论（arbitrage pricing theory，APT）。这些模型运用经济计量学的方法，通过建立复杂的数学方程式，从不同角度对证券组合理论进行了丰富和完善，使现代证券组合理论在近几十年内得到迅速发展并逐步走向成熟。下面，我们将对这三个理论分别加以介绍。

一、马柯维茨证券组合理论

马柯维茨有关证券组合理论的中心观点是，投资者的投资愿望主要是追求高的预期收益，但他们一般希望能避免带有风险。众多事例证明，绝大多数的投资者是风险的厌恶者，那些大投资者尤其如此。因此，对一个证券组合的管理，不仅必须重视预期收益，而且应考虑所包含的风险。

一旦投资者对所愿意承担的风险认定后，便能根据马柯维茨所设计的组合模型提供的一整套理论框架，系统地选择证券从而建立一个最佳的组合。马柯维茨根据风险分散原理，应用二维规划建立了一套复杂的数学方法，去解决如何最有效地分散组合所包括的证券问题。他认为"组合"的风险大小，不仅要凭个别考虑各种证券的特性，还要根据各种证券间的相互关系如何而定。

马柯维茨证券组合理论说明投资者的理性心态是，如果没有预期收益的提高给予充分补偿，他们是不愿意接受更多的风险的。因而，他们的要求是，在任何预期收益上，宁愿证券组合的风险是最小的，在任何给定的风险水平上，更喜欢证券的预期收益是最大的。换句话说，就是得到证券的风险和收益的最有效的交换。

（一）马柯维茨证券组合理论的原理

1. 分散原理

一般来说，投资者对于投资活动最关注的是预期收益和预期风险的关系。投资者或"证券组合"管理者的主要意图，是尽可能建立起一个有效组合，也就是在市场上为数众多的证券（大多是指普通股票）中，选择若干股票结合起来，以求得单位风险的水平上收益最高，或单位收益的水平上风险最小。一般以考虑风险的大小作为标准。也就是说，投资者或"证券组合"管理者往往先估计本身所能担负的最小风险，然后在这个基础上谋求获得最高的预期收益。投资者如果只买一种股票，他当然会选择预期收益最高的那种股票，可是风险亦大。如何使风险减低呢？方法就是不把资金全都投在一种收益和风险都是最高的股票上，而是分散地投在若干种收益和风险都较低的股票上，这样就可以使总风险降低下来，降低到本身所愿意或所能够承受的水平。

但是，总风险的水平减小了，总收益水平也就相应地减少，这有什么好处可言？道理就在这里。若干种股票的总收益等于这些个别股票的平均收益，用加权平均数的方法计算。若干种股票的总风险不一定等于这些个别股票的加权平均风险，而是可以比它小，这种意外的结果如何会发生呢？简单的解释是，一个组合的风险不仅孤立地决定于构成组合的各个个别股票的风险，而且决定于它们之间相互关联的程度。

2. 相关系数对证券组合风险的影响

相关系数是反映两个随机变量之间共同变动程度的相关关系数量的表示。对证券组合来说，相关系数可以反映一组证券中，每两组证券之间的期望收益做同方向运动或反方向运动的程度。

相关系数的绝对值小于等于1，即 $-1 \leqslant \rho \leqslant 1$。

当 $0 < \rho \leqslant 1$ 时，称为正相关，表示两种证券的收益做同方向运动，即一种证券的收益增加或减小，另一种证券的收益也增加或减小。ρ 越接近于1，一种证券收益增减值与另一种证券的收益增减值越接近。组合期望收益在两种证券的收益之间是同一趋势波动。这个结果意味着投资组合并没有收到降低风险的效果。

当 $\rho = 0$ 时，表示一种证券的期望收益的变动，对另一种证券收益丝毫不产生影响。这个组合结果，意味着可能降低部分风险，也可能不能降低风险。

当 $-1 \leqslant \rho < 0$ 时，称为负相关，表示两种证券的收益做反方向运动，即一种证券的期望收益增加或减小，另一种证券的收益则减小或增加。这种证券组合期收益变化较为平缓，取得了降低风险的效果。

（二）马柯维茨证券组合理论的假设前提

1952 年，马柯维茨发表了《证券组合选择》一文，最早提出同时采用风险资产的预期收益率和用方差（或标准差）代表的风险来研究资产的选择和组合问题，它建立在一系列严格的假设条件之上：

1）投资的收益率是投资结果的恰当概括，投资者能够看到各种可能的收益率变化的概率分布。

2）收益率的方差反映了投资者对风险的估计。

3）投资者愿意只以收益率概率分布的两个参数作为决策的基础：预期收益率和预期方差。以符号示为 $U=f[u,Q]$，这里 U 为投资者的效用，u 为投资者的期望报酬率，Q 为预期方差。

4）对任何给定的风险水平有 $\frac{\partial U}{\partial r}>0$ 及 $\frac{\partial U}{\partial Q}<0$，即每个投资者均遵循一种主宰原则：在投资风险一定的情况下，投资者会选择投资回报最高的证券；在投资回报一定的情况下，投资者会选择风险最小的证券。

5）在当期投资的期末，投资者为了在下一期进行进一步极大化其证券或资产组合的效用，可以修正其资产和负债。

6）资产和负债具有完全的流动性，即资产和负债具有供给的无限弹性，从而组合的购买和销售将不影响市场的价格和预期收益率。

（三）马柯维茨证券组合理论的方法

从以上理论假设出发，马柯维茨阐述了均值-方差模型的理论思想、每一种证券和证券组合均可由平面上坐标系 E_p（期望收益率）-（标准差）中的点来表示，所有存在的证券和合法的证券组合构成平面上的一个区域，称为可行域。投资者在可行域中选择一个最满意的点，在这一点上均值和方差这两个目标达到最佳平衡。根据主宰原则，在可行域中可能被选中的点将局限在可行域部分的边界上，这部分边界称为效率边界（efficient frontier），如图 2.2 所示，效率边界上的点所对应的组合便是可能被投资者选中的候选组合，称为有效组合。在确定出效率边界（相应地确定了有效组合）后，投资者需要根据其个人对均值和方差更具体、精细的偏好态度（用无差异曲线来描述）在效率边界上选择在他看来最满意的点（该点是无差异曲线与效率边界的切点），从而得到最满意的证券组合。

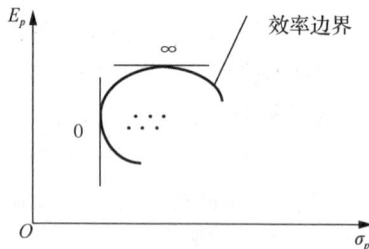

图 2.2　在 0 到 ∞ 之间的有效投资组合

马柯维茨认为投资者都是风险规避者，他们不愿承担没有相应期望收益加以补偿的外加风险。投资者可以用多元化的证券组合，将期望收益率的离差减至最小，因此，马柯维茨根据风险分散的原则，应用二次规划建立一套复杂的数学方法，来解决如何通过多元化的组合降低组合资产中的风险问题。

假设有 n 种不同的风险资产，第 i 种风险资产第 t 年的实际收益率为 R_{it}，n 年实际平均收益率记为 R_i，$R_i = \frac{1}{n}\sum_{i=1}^{n} R_{il}$，第 i 种风险资产在组合中的投资比例为 X_i 且 $\sum_{i=1}^{n} X_i = 1$、$X_i \geqslant 0$，那么组合资产的期望收益率 $R_p = \sum_{i=1}^{n} X_i R_i$；假定通过组合，收益率预定达到目标为 r，即满足条件：$\sum_{i=1}^{n} X_i R = r$。

假定投资风险可视为投资收益的不确定性，这种不确定性可用统计学中的方差或标准差来度量。在以方差为风险度量的基础上，理性的投资者在进行投资决策时追求的是收益和风险之间的最佳平衡，即一定风险下获取最大收益或一定收益下承受最小风险，因此通过均值-方差分析进行单目标下的二次规划，就可以实现投资组合中金融或证券资产的最佳配置。该模型为

$$目标函数：\min \sigma^2(p) = \sum_{i=1}^{n}\sum_{j=1}^{n} X_i X_j \mathrm{cov}(r_i, r_j) \tag{2.1}$$

$$约束条件 \begin{cases} E(R_p) = \sum_{i=1}^{n} X_i E(R_i) \\ \sum_{i=1}^{n} X_i = 1, X_i \geqslant 0 \quad_{(不允许卖空)} \\ 或 \\ \sum_{i=1}^{n} X_i = 1 \quad_{(允许卖空)} \end{cases} \tag{2.2}$$

马柯维茨证券组合理论是以方差作为度量风险的方法，方差方法的优劣决定着资产配置模型的有效性。方差具有良好的数学特性，在用方差度量金融或证券资产组合的总风险时，组合的方差可以分解为组合中单个资产收益的方差和各个资产收益之间的协方差，这是马柯维茨资产配置模型在技术上可行的基础。

上述模型是以投资比率为变量的二次规划。通过求解二次规划，可以确定最优投资比例。马柯维茨模型用定量的方法研究投资组合问题，在理论上和实践上都具有很强的指导意义。马柯维茨模型可进一步推广为不相关风险资产投资优化模型和存在安全资产时风险资产组合优化模型。

二、夏普的资本资产定价模型

马柯维茨模型从理论上解决了投资者的最优投资决策问题，但这种模型是以数学、统计学为基础的，繁复的计算使该模型缺乏可操作性。在应用中碰到的最大问题在于协方差矩阵的计算复杂性。为此，马柯维茨的学生、斯坦福大学教授威廉·夏普在 1963 年提出了证券组合选择的新方法，即资本资产定价模型。他通过分析股票收益与股市指数收益之间存在的函数关系，提出了在牺牲精确性的同时简化有效组合的求解技术，在一定程度上提高了资产组合理论的实用价值。

（一）资本资产定价模型的理论基础

资本资产定价模型的理论基础是四大基本假说。

1）金融市场上所有的投资者都是风险反感型的，他们都能根据预期收益和风险有效地选择能够提供最佳收益风险搭配的投资组合。这个假说可以叫作投资组合有效选择假说。

2）金融市场上所有的投资人对金融资产未来收益率及其概率分布的看法是一致的，每个投资人得出的有效组合线的形状是一致的，这些投资人选择不同构成投资组合的唯一原因是他们风险反感程度的不同。这个假说被称为风险收益预期一致假说。

3）在金融市场上存在一种无风险而有收益的金融资产，其收益率叫作无风险收益率，又称无风险利率，金融市场上所有投资人都可以按无风险利率无限制地出借或借入资金。这个假说被叫作无风险资产存在假说。

4）金融市场上的任何资产都是在单一期限内（即一个计息阶段内）向投资人提供收益，这里所说的单一期限或单期，实际是指金融市场上的投资机会成本未发生变化的一段时间，这一假说称作资产单期收益假说。这一假说使无风险资产存在假说得以成立。

由于一切投资者对证券的未来前景具有一致的预期，每个人都把自己的资金以相同方式分散投资，市场上一定会存在"已表示的全市场组合"。在均衡状态下，这一风险资产的最优组合必须包括所有的证券，而且每种证券的比例必须等于其作为一个整体在市场上相应的比例值。

（二）资本资产定价模型的主要内容

1. 资本市场线的数学模型

在资本资产定价模型中，有效投资组合的风险与收益之间存在着线性关系，假定 R_f 为完全市场上的无风险利率，ER_p 和 σ_p 代替投资组合的期望收益和风险，M 点表示市场投资组合，那么资本市场线（capital market line，CML）的数学模型可表示为

$$ER_p = R_f + \left[\frac{ER_m - R_f}{\sigma_m}\right] \cdot \sigma_p \tag{2.3}$$

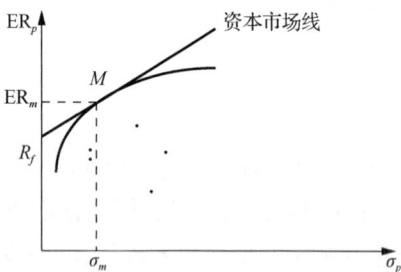

图 2.3　资本市场线

由式（2.3）可以看出，R_f 为截距，是完全市场借贷的利率水平和无风险证券的报酬，$\left[\dfrac{ER_m - R_f}{\sigma_m}\right]$ 为资本市场线 CML 的斜率，可称为风险价格。从 CML 模型可知，有效组合的总收益等于无风险利率加上风险贴水，而风险贴水又等于风险价格乘以投资组合的风险（图 2.3）。

2. 证券市场线的数学模型

在无效性的投资组合和其他个别证券的风险与收益条件下，资产市场线很难对其收益与风险进行权衡。为此，需要用证券市场线（securities market line，SML）的模型来进行描述。即在市场均衡状态下，证券的期望收益率与其系统性风险的关系可表示为

$$\mathrm{ER}_i = R_f + \left[\frac{\mathrm{ER}_m - R_f}{\sigma_m} \cdot \sigma_{im} \right] \tag{2.4}$$

式中，R_f——无风险利率；

ER_i——第 i 个风险资产的期望收益；

ER_m——组合资产的期望收益；

σ_{im}——第 i 种资产与组合 M 收益之间的协方差。

式（2.4）表明，在市场均衡状态下，风险证券或组合的期望收益率是它与市场组合收益的协方差的线性函数。

3. 资本资产定价模型

在证券市场线数学模型中，证券的系统性风险是用协方差来表述的，但人们习惯于以市场组合作为衡量风险的标准，即用证券或组合的协方差相对于市场组合方差的倍数来说明证券或组合对于市场组合的风险。若令 $\beta_i = \sigma_n / \sigma_m$，其中 β_i 表示 i 相对于市场组合的风险，称为 β 系数，则 SML 表示式可简化为

$$\mathrm{ER}_i = R_f + (\mathrm{ER}_m - R_f)\beta_i \tag{2.5}$$

式（2.5）也适用于证券组合期望收益的计算。

设 n 种风险资产组合的投资比例分别为 $X_1, X_2, \cdots, X_n$，把投资组合的预期收益率记为 ER，市场组合的预期收益率记为 ER_m，将式（2.5）两边同乘以 X_i 得

$$X_i \cdot \mathrm{ER}_i = X_i R_f + X_i (\mathrm{ER}_m - R_f)\beta_i$$

则组合资产的收益率为

$$\mathrm{ER}_p = \sum_{i=1}^{n}(X_i \cdot \mathrm{ER}_i) = \sum_{i=1}^{n}[X_i \cdot R_f \cdot X_i \cdot \beta_i \cdot (\mathrm{ER}_m - R_f)]$$

$$= R_f + (\mathrm{ER}_m - R_f) \cdot \sum_{i=1}^{n} X_i \beta_i \tag{2.6}$$

若令 $\beta_p = \sum_{i=1}^{n} X_i \beta_i$，则资本资产定价模型可表示为

$$\mathrm{ER}_p = R_f + (\mathrm{ER}_m - R_f)\beta_p \tag{2.7}$$

式（2.7）揭示了在市场均衡状态下，证券或证券组合的期待收益率为 β 的线性函数，从而解决了证券的定价问题。

（三）资本资产定价模型的 β 值分析

根据前面的讨论，β 系数有以下几个方面的含义。

1）β 系数反映证券或证券组合对市场组合方式的贡献率，即

$$\beta_p = \frac{\text{cov}(R_p, R_m)}{\sigma_m^2}$$

并据此获得期望收益的奖励，根据资本资产定价模型

$$\text{ER}_p R_f = \beta_p(\text{ER}_m - R_f)$$

因而，β 系数被作为有效证券组合中单个证券或证券组合的风险测定。

2）与第一个含义相联系的是 β 系数用来表示单个证券或证券组合的系统风险同正常风险（市场整体风险）的关系。

$$系统风险 = \beta_p \times 市场组合风险$$

3）β 系数作为证券或证券组合的特征线的斜率，它刻画了证券或证券组合的实际收益的变化对市场（市场组合）的敏感性程度。

$$R_p = a_p + \beta_p R_m + \varepsilon_p$$

① 当 $\beta_p > 0$，证券组合的收益率与市场同向，即以极大的可能性，证券组合收益率与市场同涨同跌。

② $\beta_p < 0$，证券组合收益率变化与市场反向，即以极大的可能性，在市场指数上涨时，证券组合收益率反而下跌；反之亦然。

③ 当 $|\beta_p| > 1$，即 $\beta_p > 1$ 或 $\beta_p < -1$ 时，证券组合为进取型。

若 $\beta_p > 1$，为正向进取型：表明市场收益率变化 1 个百分点，则该证券组合的收益率很可能产生超过 1% 的同向变化，此时，证券组合收益率在牛市中高增长，在熊市到来时可能跳水回落。

若 $\beta_p < -1$，为反向进取型：表明市场收益率变化 1 个百分点，则该股票的收益率很可能产生超过 1% 的反向变化，此时，证券组合收益率在牛市中可能低迷不振，甚至逆市而下；在熊市到来时却又一枝独秀，令人意外惊喜。

若 $\beta_p \gg 1$，证券组合对市场变化越敏感，风险度越高，因而项目投资成本或贴现率也随之增大。

若 $\beta_p \ll -1$，则证券组合的抗跌性强，项目投资成本或贴现率相应也会控制在一定范围之内。

4）当 $|\beta_p| < 1$，即 $-1 < \beta_p < 1$ 时，证券组合为保守型，表明市场收益率变化 1 个百分点，则该证券组合 K 收益率很可能产生低于 1% 的变化。$|\beta_p|$ 值越小，证券组合对市场变化越迟钝，惰性越强，风险度越低。此时，证券组合可能慢节奏地随大市波动，在牛市中增幅有限，在熊市中跌幅不深，因而项目投资成本或贴现率也随之降低。

三、罗斯的套利定价模型

为了探讨更具有广泛意义和实用性的投资组合理论，1974 年，罗斯提出了一种新的

资本资产均衡模型——套利定价模型。所谓套利，是指投资者利用同一物质资产或证券的不同价格来赚取无风险利润的行为。

（一）罗斯的套利定价模型的理论假设

套利定价模型不需要像资本资产定价模型那样对投资者的偏好做出很强的假设，只要求投资者对高水平财富的偏好胜于对低水平财富的偏好，对风险资产组合的选择也仅依据收益率。即使该收益与风险有关，风险也只是影响资产组合收益率众多因素中的一个因素，因此，罗斯的套利定价模型的假设条件要比夏普的资本资产定价模型更为宽松，因而更接近现实，更具有实用价值。

与资本资产定价模型相比，套利定价模型限制条件较少，无须约定投资者态度，无须限定投资者，仅仅根据期望收益率和标准差选择证券组合等。

该模型也有若干假设：

1）投资者在拥有不增加风险而能增加收益的机会时，一定会利用这一机会建立所谓套利组合。

2）证券关联性来源于同受一个或多个因素影响，但无须知道这些因素是什么、有多少个，并且证券收益率与因素之间是线性关系。

3）投资者的预期收益不一定均匀。

4）证券组合高度多样化，每个因素的 β 系数为零。

5）市场是完全竞争市场，即在这个完全竞争的市场上，如果证券 i 的预期收益率低于投资组合的预期收益率，一个精明的套利者就会卖空证券，从抛空中取得收益，再来购买投资组合 p 的多头，以获得差额收益；反之亦然。投资组合 p 较高的收益率吸引众多的投资者蜂拥而来，从而使证券组合的均衡价格发生变动。

投资者在以上假设基础上建立套利组合需要注意以下特征：

1）投资者在实施套利时，并不需要额外资金。

2）套利组合不承担因素风险，即套利组合对任何因素的敏感性为 0。

3）套利组合只有正的期望收益率。

（二）罗斯的套利定价模型的主要内容

1. 因素模型

在经济活动中，存在着对大多数企业有影响的共同因素，当这些因素变化时，每只股票的价格会根据各自对这些因素的敏感程度相应地波动，描述这些共同因素变动与证券收益波动关系的模型叫作因素模型（factor model），它可分为单因素模型、双因素模型和多因素模型。

（1）单因素模型

如果影响证券收益率的因素只有一个，则该数学模型就是单因素模型。若以 R_i 表示证券 i 的收益率，a_i 表示当因素 F 期望值为 0 时证券 i 的期望收益率，F 表示共同因素的值，b_i 表示证券 i 对因素 F 的变动敏感度，ε_i 表示证券收益率与期望收益率的偏差，则单因素模型可用公式表示为

$$R_i = a_i + b_i F + \varepsilon_i \tag{2.8}$$

此时证券的期望收益率为

$$E(R_i) = E(a_i + b_i F + \varepsilon_i) = a_i + b_i E(F) \tag{2.9}$$

在此基础上，可以导出投资组合 p 的单因素模型：

$$R_p = a_p + b_p F + \varepsilon_p \tag{2.10}$$

同理，可以推出组合 p 的期望值为

$$E(R_p) = a_p + b_p E(F) \tag{2.11}$$

（2）双因素模型

如果影响证券收益率的共同因素只有两个，那么该证券的数学模型就是双因素模型，其表达式为

$$R_i = a_i + b_{i1} F_1 + b_{i2} F_2 + \varepsilon_i \tag{2.12}$$

式中，F_1 和 F_2 ——表示影响证券收益的两个因素；

b_{i1}、b_{i2} ——分别表示证券 i 对这两个因素的敏感程度；

ε_i ——随机误差项；

a_i ——当每个因素都为 0 时证券 i 的期望收益率。

此时，证券 i 的期望收益率为

$$E(R_i) = a_i + b_{i1} E(F_1) + b_{i2} E(F_2) \tag{2.13}$$

在此基础上，投资组合的收益为

$$R_p = \sum_{i=1}^{n} X_i R_i = \sum_{i=1}^{n} X_i (a_i + b_{i1} F_1 + b_{i2} F_2 + \varepsilon_i)$$

$$= \sum_{i=1}^{n} X_i a_i + \sum_{i=1}^{n} X_i b_{i1} F_1 + \sum_{i=1}^{n} X_i b_{i2} F_2 + \sum_{i=1}^{n} X_i \varepsilon_i \tag{2.14}$$

（3）多因素模型

如果影响股票价格波动的因素有多种时，则为多因素模型，其一般形式为

$$R_i = a_i + b_{i1} F_1 + \cdots + b_{in} F_n + \varepsilon_i \tag{2.15}$$

证券的期待收益率为

$$E(R_i) = a_i + b_{i1} E(F_1) + \cdots + b_{im} E(F_m) \tag{2.16}$$

多因素模型表明，具有相同因素敏感性的证券或证券组合，除非因素风险外，将以相同的方式行动，因而具有相同因素敏感性的证券或证券组合应提供相同的期望收益率，否则便存在近似套利机会，投资者将利用这一机会，他们的行动将使套利机会消失，这就是套利定价模型的逻辑核心。

罗斯的套利定价模型认为，因素模型是决定证券价格的基础，而套利行为则是使证券价格达到均衡的推动力。

2. 套利定价模型

罗斯认为，通过大量套利行为，证券市场达到均衡。这时，从因素模型出发，可导出均衡状态下的资产定价模型，其基本观点是：投资者可以构造一个零 β 组合，使其投资净值为 0，如果所构造的零 β 组合其投资净值为 0，而收益率不为 0，则套利就会得

到肯定的收益。这种无风险套利活动的结果，将消除一切套利机会，使同一风险因素的风险报酬趋于相等，形成一个统一的市场价格。这时，整个市场达到均衡状态。

假定证券 i 的收益受 n 个因素 F_1、F_2、F_3、F_4、……、F_n 的影响，则其期望收益率通用公式为

$$E(R_i) = R_f + b_{i1}\lambda_1 + b_{i2}\lambda_2 + \cdots + b_{in}\lambda_n \tag{2.17}$$

式中，　R_f——无风险资产的收益率；

b_{ij}——证券 i 对因素 F_j 的敏感度（$j=1, 2, \cdots, n$）；

λ_j——第 j 个风险因素 F_j 的边际贡献率。

式（2.17）即为套利定价模型。它表明，在市场均衡条件下，证券或投资组合的预期收益率与其对因素的敏感性呈线性关系，且以无风险资产的收益率为截距。

四、现代证券投资组合理论的评述

（一）为证券市场发展和股票价格理论做出了开拓性贡献

现代证券投资组合理论经过以马柯维茨、夏普等为首的众多经济学家的努力，运用数学、统计学的方法，系统地阐述了如何通过有效的分散化来选择最优组合的理论和方法，建立了一套精密、客观的证券投资组合定量分析方法和数学模型，为丰富和发展证券市场和股票价格理论做出了开拓性贡献。

（二）在实际应用中需要很苛刻的前提条件，缺乏可操作性

第一，产生一套投资组合需要相当复杂的计算机程序和精通理论的专业人员来操作，并且要对瞬息万变的证券市场做出迅速的反应，这在当前技术条件下是难以做到的。

第二，利用复杂的数学方法由计算机操作来建立证券组合，需要输入大量的统计资料，这要以这些资料的绝对准确可靠为前提，但现实中多数人的收益预计率是主观的，具有很大的误差，应用成本也相当高。

其三，大量不能预见的意外事件的发生，可以使证券所实现的收益率发生很大的变化，使以前的预测完全失去真实性，这就必须对现有组合中的全部证券重新评估，并进行连续不断的大量的数学计算工作，造成巨额消耗，因此可能得不偿失。

（三）资产收益率与风险的度量需要进一步明确

目前，在财务管理中，仅用回归技术来预测公司的期望收益率。由于回归分析只适用于因变量按某幅度稳定增长或降低的情形，这与公司期望收益率的决定机制不相吻合，用该技术来预测公司的期望收益率，必然会导致模型在实际应用中表现不佳，甚至与投资期望大相径庭。同时，关于风险的度量也存在较多的争议，证券投资组合理论一般用资产收益率对期望收益率的偏离程度来测试风险。即使用资产收益率的标准差作为风险的度量，风险的含义本身也存在歧义；即使证券研究者或分析者同意用资产收益率的标准差作为风险的度量，也通常只考虑一个风险因子，即市场因子，而实证研究却表明，存在多个风险因子，如利率因子、行业因子、市场因子等。

（四）风险分散方式存在局限性

现代证券投资组合理论提出可以通过各种非相关证券的组合来对风险进行分散，以达到规避风险的目的。实际上，这种风险分散方式的前提是风险既不能改变也不能消失，但在现代科技条件下，很多风险可以通过人们的主观努力得到克服和改进，因而这种风险分散方式具有静态和被动的特征。而且现代证券投资组合理论虽然通过风险分散方式也能得到一个最优结果，但这种结果仅仅是由投资数量结构调整所产生的，并不是由改进风险的收益和成本所决定的。因而这种风险分散方式缺乏经济学的内涵和必要的经济动力。

本 章 小 结

国际直接投资的代表性理论主要包括垄断优势论、内部化理论、产品周期理论、边际产业扩张论、国际生产折衷理论等。国际直接投资理论近年来发展迅速，并且这些理论对于分析中国问题具有借鉴意义。发展中国家的国际直接投资理论主要有小规模技术理论、技术地方化理论、投资发展周期理论和技术创新产业升级理论。国际间接投资理论包括马柯维茨证券组合理论、夏普的资本资产定价模型和罗斯的套利定价模型等。

知识拓展

国际直接投资的贸易理论研究

1. 从产业经济学角度深入探究国际贸易和直接投资理论

传统国际贸易与直接投资理论分别建立在完全争市场与不完全竞争市场基础之上，对公司管理、研发、宣传和产品异化等成本收益进行分析，对产品出口关税、运费、信息和政策性费用等成本进行分析，从而更好地决定一个公司是选择出口还是国外直接投资；还要对企业的规模、分布、进入条件、产品差异、成本结构和政府管制等市场结构进行分析，对中国国际贸易的现状及对策进行分析，以加强对外贸易对国内市场绩效影响的研究，从而有利于我国企业国际贸易的选择与决策。我国企业也要不断优化自身竞争优势，权衡成本和收益之间的关系，以及市场结构均衡评估和扶持政策，以便更好地积极开展跨国经营和参与国际竞争。积极探究经济全球化背景下的国际贸易与国际直接投资之间的融合与发展，寻求两者之间的结合点，从交易成本、市场结构和技术竞争优势等方面统一国际贸易和国际直接投资；积极探究国际贸易与国际直接投资的最优战略选择，从竞争优势和福利分析的角度做出决策。行为主体选择国际直接投资，能够很好地规避高关税壁垒。国际贸易与国际直接投资之间呈现相互影响、相互促进的关系，国际直接投资能够促进国际贸易的迅速发展，国际贸易的发展反过来又会进一步促进国际直接投资的增长，二者之间的交叉发展的现实表现在国际贸易与国际直接投资规模呈同步发展性特征，体现在国际贸易商品结构与国际直接投资产业流向基本一致上，体现在国际直接投资引起了国际贸易模式的转变等方面。

2．从产业组织角度探究国际直接投资和市场结构之间的相互关系

对外直接投资对国内规模经济的影响是积极的。国内市场集中度的降低能够促进市场竞争，而跨国公司在我国的新建投资又可以提高市场集中度。当大量对外直接投资进入我国政府政策性和在位企业的经济性壁垒之后，我国就会不断降低和减少对外商政策性壁垒和进入限制，从而大大促进市场的竞争程度。与此同时，对外直接投资也提高了国内市场产品差别化壁垒，主要表现在跨国公司的投资在产品空间上构筑起了高进入壁垒，以及在位厂商多样化产品进行风险成本的转移；对外直接投资还提高了研发与广告上的进入壁垒。在今后我国经济发展战略中，要不断调整国际贸易发展政策。选择贸易、投资和生产一体化模式，将成为我国国际贸易和国际直接投资的主流；利用跨国公司来发展我国国际贸易，积极参与国际分工，不断拓展我国对外贸易和投资规模，形成国际贸易与对外直接投资互相促进的发展模式，从而实现两者的均衡发展。另外，还要做好国际贸易理论发展的新趋势预测工作。当前，国际贸易合作还处在一个比较复杂的国际环境中，应不断创新科学技术、优化贸易内容和现代化企业管理思想，从而实现国际贸易理论的创新发展，有效整合国际贸易理论中的空间经济学和制度经济，为更好开展国际贸易活动提供支持与基础，充分发挥国际贸易与国际直接投资理论的作用，进而促使我国经济实现更好发展。

（资料来源：刘晓华，2020．评《国际直接投资的贸易理论研究》[J]．统计与决策，36（4）：2，189．）

课后思考题

1．简述国际直接投资理论中的垄断优势论。

2．简述国际生产折衷理论。

3．试根据国际投资理论中的直接和间接理论，分析我国引入国际直接投资和间接投资的利弊。

4．如何看待西方国际投资理论的局限性？

第三章　国际投资环境

📖 **学习目标**

- 理解国际投资环境的概念、特点以及对东道国和世界经济的影响；
- 掌握几种常用的国际投资环境评估方法；
- 了解国际投资环境的各种构成要素。

第一节　国际投资环境概述

一、国际投资环境的含义

国际投资环境是指在一定时间内，东道国（地区）拥有的影响和决定国际直接投资进入并取得预期经济效益的各种因素的有机整体。目前，学术界比较通行的看法是把国际投资环境分为自然、政治、经济、法律、社会五个方面。它是开展国际直接投资活动所具有的外部条件，是国际直接投资赖以进行的前提。

一般来说，国际直接投资项目建成投产后的生产经营是否有利可图取决于东道国的投资环境。就资本的本性而言，它总是投向风险小、增值快的地方。当一国失去生产要素配置及实现最大利润的比较优势时，投资者就会物色更能获得高额利润的东道国，在那里获得优势资源，开拓商品市场，降低生产成本，获取高额利润，并将其作为开展国际直接投资活动的地点。由于国际直接投资是一种跨国投资，投资对象国在政治、社会、经济、文化、法律等方面存在着差异，投资者在做出投资决策之前，都要对东道国的投资环境进行国别比较，力求把安全度高、获利大的国家和地区确定为对外直接投资的地点。如果投资地点缺乏资本赖以生存和发展的各种要素，即缺乏物质的、技术的、社会的、经济的条件，那么，一种投资项目意向会在可行性论证中被否决，即使勉强做出了投资决策，也必定在建设过程和生产经营活动中遇到种种困难，招致预期投资效果的落空。这就是说，跨国公司和企业直接面临着投资失败的巨大风险。因此，从事国际直接投资活动的公司和企业，总要通过各种途径和采取适当方式，对东道国投资环境的各因素进行调查和评估，并在不同的投资地点之间进行优选，以期确定具有最佳投资环境的地点，做出正确的投资决策。

二、国际投资环境的特征

（一）综合性

国际投资环境是由众多因素构成的有机复合体。它不仅包括经济因素，还包括不属于经济范畴的政治、法制、管理、物质技术、社会文化、自然地理等广泛因素，而每一方面的因素又是包含着若干要素的一个系统，并且所有因素都以其特有的方式作用于投资。这种综合性特点，要求人们在改善或评价投资环境的实践中，必须全面顾及所有的因素及其系统，要全盘考虑有利因素、主要因素和关键因素，以及不利因素、次要因素和非关键因素；同时，要努力探求和优选国际投资环境因素的最佳结构方式。

（二）先在性

国际投资环境是先于投资行为而客观存在的。不仅自然条件和地理位置这些不可变因素如此，即使政治、经济、物质技术、社会文化等可变因素也如此。正是这种先在性特点，影响和决定着投资者的投资决策、投资方向和投资规模以及投资者的收益。因此，东道国和地区为卓有成效地吸引外资，须提前创建良好的投资环境。

（三）差异性

国际投资环境在不同国家或地区之间以及对不同投资行业适应性的差异是绝对的、显而易见的，因此，在一定时期内，一些国家或地区会成为国际直接投资的热点地区，而另一些国家或地区就成为投资者的冷落地。即使是一个既定的投资环境，因其构成因素或结构方式的特殊性，也不可能对所有行业或项目的投资具有同等的作用。例如，有的投资环境适于农业或畜牧业投资，有的适于水产业投资，有的适于旅游业投资，有的适于工业投资；适于工业投资的环境，也有适于原材料工业、能源工业、加工工业等投资的区别，或者有适于知识和技术密集工业与劳动密集工业投资之分等。

（四）动态性

国际投资环境本身及其评价观念都在变化之中。一般来说，在投资环境的构成因素中，除自然条件和地理位置等不可变动外，其他因素如政治、经济、法律、管理、社会文化、物质技术等都将随着时间的推移而不同程度地发生变化。诸多因素的变化势必导致东道国投资环境结构的相应调整，从而使投资环境总体发生变动。与此同时，评价投资环境的标准和观念，也随世界政治、经济和科技的发展而发生变化和调整。例如，国际形势从战争、政局不稳转变为和平与发展成为世界的主流制约投资及经营条件逐步向发达的社会经济条件转变；科学进步及其在生产中的加速应用，使偏重资源及其费用变为注重优秀的员工素质标准。认识这种动态性特点，可以使我们明确投资环境优劣是相对的，改善投资环境是无止境的。重视研究目前和预测未来的评价投资环境的标准与观念，以及提高改善投资环境的自觉性和预见性，也都具有重要意义。

（五）主观性

国际投资者具有按照自己需要评价和选择环境的权威性。相对于国际投资主体而言，任何东道国的投资环境都是客观存在的。东道国的投资环境到底是优是劣，是否能吸引外商前来投资，是不以东道国和地区的评价及意愿为转移的，而是取决于国际投资者的评价及决策。东道国的投资环境是为吸引国际直接投资而"设置"的，它必须具有获得投资者青睐和好评、激发投资者欲望、诱使投资者做出投资决策的足够魅力。只有国际投资者是评价投资环境的最具资格的权威。

三、国际投资环境的影响

国际直接投资环境作为国际直接投资的外部条件，对于投资东道国及其与世界经济相关的各个方面，势必会产生复杂而深刻的影响。

（一）国际投资对东道国的影响

东道国投资环境状况决定着国际直接投资的流向。良好的投资环境不仅对投资者的投资经营和获利具有十分重要的作用，同时，对东道国的经济发展也将从多方面产生积极而深刻的影响。

1. 完善投资环境是振兴民族经济的一条重要捷径

一般说来，广大发展中国家只具备较丰富的农业和地矿等物质资源以及众多的人力资源，所缺乏的正是资金、技术和管理等基本条件，因此在谋求经济发展的过程中，物质资源难以得到合理的开发和利用。通过改善投资环境，吸引外商直接投资，不仅可以解决发展经济所需的资金问题，而且能够带来相应的可供国内企业借鉴和转移的技术与管理知识，并且不存在债权、债务关系。因此，这是发展和振兴民族经济的一条重要的便捷途径。例如，新兴工业化国家和地区的亚洲韩国、新加坡、中国香港、中国台湾和拉丁美洲的巴西、墨西哥等，利用 20 世纪六七十年代工业发达国家产业结构调整和转移的机会，大力改善投资环境和吸引外商投资，引进资金技术和管理，成功地促进经济的起飞与振兴。

2. 完善投资环境是国家合理配置生产力的前提

实现生产力的合理配置，解决地区经济发展的不平衡问题，主要是大力开发和利用广大落后地区的资源。有些地区生产力低下和经济落后，一般来说，并非资源贫乏所致，恰恰相反，这些地区的物质资源，尤其是地矿资源通常比较丰富，而只是由于缺乏开发和利用的各种条件，未能建立起相应的工业企业。因此，积极改善当地的投资环境，建设和发展交通运输、电力供应、邮电通信、生活及服务设备等基础设施，便成为开发和利用当地资源、发展当地生产力和繁荣经济的必要前提。只有这样，才能为开发和利用资源的工业发展创造必备的外部条件，才能吸引投资者前往投资设厂，并将先进的工业技术和经营管理经验带到当地，进而推动经济的发展，逐步实现国家生产力的合理布局。例如，巴西政府为开发经济落后的北部地区，1967 年建立了马瑙斯自由贸易区管理局。它不仅负责制定该区的发展方针和政策，审批发展项目，制定对国外投资者的税收等优惠政策，还负责协调整个亚马孙地区的发展，从而加强了北部地区与外部世界的交往，吸引了外国的大量直接投资，掌握了国外的先进技术和管理经验，逐渐形成了具有一定规模和发展势头强劲的商业、工业和农牧业三个区域，并有效地促进和带动了本地区及周围地区的经济发展。

3. 完善投资环境是提高自力更生能力的重要条件

在当今开放的世界中，一个国家在经济上谋求自力更生，在坚持依靠本国力量的基础上，积极开展国际经济技术合作与交流是十分必要的。东道国通过吸引外资，可以加快国内各种资源的充分开发和利用，进而促进经济的发展，提高国家的自力更生能力。但是，要实现这一目标，必须创造并且具备适宜资本进入、生存、增值的种种外部条件。显然，如果东道国政局不稳、社会动乱甚至发生战争，投资者会因缺乏安全感，不敢贸然进入；如果政策朝令夕改、变化无常或法制不健全，投资者会因资本和利益难以确保，不肯大量涌入；如果没有一定的工业基础、生产要素供应、经济稳定发展、市场需求和经济管理体制等经济条件，没有必要的交通、通信、能源及水源供应等基础设施，投资者会因生产和经营的物质条件得不到保证而不愿意进行投资；如果缺乏发展商品经济和国际合作所必需的教育水平和价值观念等社会文化条件，投资者会因难以进行正常经营与交往而不乐于进行投资。所以，东道国必须大力改善投资环境。

（二）国际投资环境对世界经济的影响

国际直接投资已经成为影响世界经济发展的重要因素，而它的活动范围、规模和效果，又受投资环境的重大制约。因此，可以说世界经济的发展，在相当程度上也取决于国际投资环境的状况。

1. 改善投资环境有利于推动国际分工的深入发展

随着第三次科技革命的发展，资本国际化大大加速，国际分工已由两大产业部门的分工转变为工业部门内部的分工。国际分工的深入发展，加强了各国之间经济上的相互联系、相互依存，对各国的对外开放和世界经济的发展产生了明显的影响。就其对参加国际分工与交换的双方而言，国际分工和国际交换是在平等条件下进行，参加分工和交换的双方是可以达到互利的，并进而有利于世界经济的发展。然而，由于参加分工的双方经济地位不同和劳动生产力的差异，国际分工实际上是在不平等的条件下进行的，因而通过交换而产生的"净利益"，往往被一方多占有，另一方少占有。例如，当前国际分工中的垂直分工，是不同经济发展水平国家间的初级产品与工业制成品、劳动密集型产品与资本和知识密集型产品之间的分工。这种分工，显然对发达国家有利，而对发展中国家不利。发展中国家受着不等价交换的剥削。

广大发展中国家，虽然人力和物质资源丰富，但由于缺乏资金和相应的工业技术，只能利用资源进行初步加工，生产劳动密集型的初级产品，因而在国际垂直分工中处于不利地位，长期不能有效地参与国际分工、提高自己的经济实力。如果借债购买技术设备，不仅会背上沉重的债务负担，而且因缺乏必需的技术和管理人才，也难以收到预期的效果。所以，完善投资环境，尤其是完善发展中国家的投资环境，有利于国际分工的合理深入发展，从而有利于世界经济的发展。

2. 改善投资环境有利于国际经济新秩序的建立

国际经济秩序是在一定国际经济格局下形成的国际经济关系的行为准则或行为规范。国际经济格局及国际经济关系也受政治格局的制约和影响。当前国际形势继续发生深刻变化，世界格局处于向多极化过渡的重要时期。各大国既相互合作又相互竞争，既相互借重又相互制约。围绕单极还是多极的斗争仍是各种力量较量的主线，围绕国际秩序的矛盾和斗争继续发展。国际安全形势更趋复杂，非传统安全问题与传统安全问题相互交织，地区热点问题此起彼伏，恐怖主义活动猖獗。科技革命日新月异，经济全球化和区域合作深入发展，世界经济保持较好增长态势，产业转移和经济结构调整步伐加快，但风险和隐患依然存在。总的来看，和平、发展、合作是形势的主流，但影响世界和平与发展的不稳定、不确定因素也在增加。

建立世界经济新秩序是一个相当艰巨而长期的任务，除了重开全球性南北对话和加强地区性南北协商，以发展与发达国家的经济合作以外，更应正视南北之间日益增强的经济互补关系，进一步扩大和加强南北合作，包括经济一体化和地区集团化的形成，促进发展中国家的经济发展。同时，为了有利于世界经济新秩序的建立，广大发展中国家应当切实注意的一个重要方面，就是大力创造和改善自己的投资环境。因为，只有如此，发展中国家才能有效增强对发达国家及新兴工业化国家和地区国际直接投资的吸引力，解决经济发展所必需的适用技术乃至先进技术问题，从而逐步缩小与发达国家，特别是与新兴工业化国家和地区的差距；只有如此，发展中国家才能有效吸引与自身资源优势相一致的国际直接投资，逐步建立起具有自己特色的工业基础，从而带动关键产业及整个国民经济的发展；只有如此，发展中国家才能有效利用外商投资者的商标和市场渠道，逐步扩大工业制成品的出口，从而改变长期依靠资源和初级产品出口，以及国际收支的逆差状况。

总之，发展中国家改善投资环境，可以从多方面增强自身的经济实力，提高在国际经济关系中的地位，有助于世界经济新秩序的建立。

第二节　国际投资环境的评估原则和方法

一、国际投资环境的评估原则

（一）一般与特殊相结合

所谓一般与特殊相结合，就是不仅要从总体上对投资环境做出评价，同时，还要考虑不同行业和企业的特定要求。例如，自然资源导向型的国际投资，除了考虑政治、经济、法律和文化等一般的总体环境外，还要特别研究资源状况，以确定是否适合进行此类投资。

（二）定性分析与定量分析相结合

所谓定性分析与定量分析相结合，就是不仅要区分投资环境的优劣，还要衡量其优劣的程度，以便得出更为具体的结论。例如，对投资环境中教育水平的评价，不仅要从理论上加以说明，还必须结合各种具体的指标，如有读写和计算能力的人在总人口中的百分比、成人受教育的平均年龄、管理人员和生产工人中受过专门知识训练的比重、各级学校（初等、中等和高等）的在校学生人数在同龄总人数中所占的比重等来衡量。

（三）静态分析与动态分析相结合

所谓静态分析与动态分析相结合，就是不仅要分析某国投资环境的现状，还要分析构成其投资环境诸要素的变化趋势。一般来说，东道国政局稳定、具有较高的经济发展水平、劳动力的素质高等，是投资者考虑的根本因素；同时东道国对外资积极的态度，不断改善投资环境的政策，将对更多的投资者具有吸引力。

二、国际投资环境的评估方法

（一）投资环境等级评分法

投资环境等级评分法是由美国经济学家罗伯特·斯托鲍夫 1969 年在《哈佛商业评论》发表的一篇论文《如何评价国外投资环境》中提出的。他将一国投资环境中的一些主要因素，按对投资者重要性的大小，确定不同的评分标准，再按每种因素对投资者的有利程度，确定具体评分等级，然后将分数相加，作为对该国投资环境的总体评价。总分的高低，反映投资环境的优劣程度，便于在各国间进行投资环境的综合比较。

具体评分标准如表 3.1 所示。

表 3.1　投资环境等级评分标准

等级	投资环境因素	分数
一	资本抽回（capital repatriation）	0～12
	无限制	12
	只有时间上的限制	8
	对资本有限制	6
	对资本和红利都有限制	4
	限制繁多	2
	禁止资本抽回	0
二	外商股权（foreign ownership allowed）	0～12
	准许并欢迎全部外资股权	12
	准许全部外资股权但并不欢迎	10
	准许外资占大部分股权	8
	外资最多不能超过股权半数	6
	只准外资占小部分股权	4
	外资不得超过股权的三成	2
	不准外资控制任何股权	0
三	对外商的歧视和管制程度（discrimination and controls）	0～12
	外商和本国企业一视同仁	12
	对外商略有限制但无管制	10
	对外商有少许管制	8
	对外商有限制并有管制	6
	对外商有限制并严加管制	4
	对外商严加限制并严加管制	2
	对外商禁止投资	0
四	货币稳定性（currency stability）	4～20
	完全自由兑换	20
	黑市与官价差距小于一成	18
	黑市与官价差距在一成至四成之间	14
	黑市与官价差距在四成至一倍之间	8
	黑市与官价差距在一倍以上	4

续表

等级	投资环境因素	分数
五	政治稳定性（political stability）	0～12
	长期稳定	12
	稳定但因人而治	10
	内部分裂但政府掌权	8
	国内外有强大的反对力量	4
	有政变和动荡的可能	2
	不稳定、政变和动荡极有可能	0
六	给予关税保护的意愿（willing to grant tariff protection）	2～8
	给予充分的保护	8
	给予相当的保护但以新工业为主	6
	给予少许保护但以新工业为主	4
	很少或不予保护	2
七	当地资金的可供程度（availability of local capital）	0～10
	成熟的资本市场，有公开的证券交易所	10
	少许当地资本，有投机性的证券交易所	8
	当地资本有限，外来干涉资本（世界银行贷款等）不多	6
	短期资本极其有限	4
	资本管制很严	2
	高度的资本外流	0
八	近五年的通货膨胀率（annual inflation）	2～14
	小于1%	14
	1%～3%	12
	3%～7%	10
	7%～10%	8
	10%～15%	6
	15%～35%	4
	35%以上	2
总计		8～100

投资环境等级评分法的优点是：将性质不同的因素加以量化，从而使综合比较成为可能。同时，它们又都有较为具体的内容，评价时所需的资料易于取得，又易于比较。在各项因素的分值确定上，采取区别对待的原则，在一定程度上体现了不同因素对投资环境作用的差异，反映了投资者对投资环境的一般看法。

（二）动态分析法

动态分析法是把投资环境中较容易发生变化的因素集中起来，分析其变动趋势及其变化的可能性，以便确定这些变化在一定时期内对投资活动带来的风险大小以及对投资效果可能带来的影响，并采取相应的对策。对变化的趋势一般分为有利的、不利的或中性的三种，可能性则以概率表示。

美国道氏化学公司（Dow Chemical Co.）对投资环境的评估就属于这种方法，其具体评估内容如表3.2所示。

表3.2 美国道氏化学公司对投资环境的评估

企业现有业务条件	引起变化的主要压力	有利因素和假设汇总	预测方案
估计以下因素: 实际经济增长率 能否获得当地资产 价格控制 基础设施 利润汇出规定 再投资自由 劳动力技术水平 劳动力稳定性 投资优惠 对外国人的态度	估计以下因素: 国际收支结构及趋势 被外界冲击时易受损害的程度 经济增长相对于预期目标的差异 舆论界和领袖观点的变化趋势 领导层的稳定性 与邻国的关系 恐怖主义骚乱 经济和社会进步的平衡 人口构成和人口趋势 对外国人的态度	对前面两项进行评价后从中找出 8~10 个在某个国家的某个项目能获得成功的关键因素(这些关键因素将成为不断核查的指数或者继续作为投资环境评估的基础)	提出四套国家/项目预测方案: 未来七年中关键因素造成的"最可能"方案 如果情况比预期的好,好多少? 如果情况比预期的差,如何差? 会使公司"遭难"的方案

道氏化学公司认为,投资者在国外投资所面临的风险分为两类:①正常企业风险或竞争风险,这类风险存在于任何基本稳定的企业环境之中,是可控风险;②环境风险,即某些可以使企业所处环境本身发生变化的政治、经济及社会因素,这类因素往往会改变企业经营所遵循的规则和采取的方式,对投资者来说,这些变化的影响往往是不确定的。在此基础上,道氏化学公司把影响投资环境的诸因素按其形成的原因及作用范围的不同分为两部分:企业从事生产经营的业务条件,即可控因素;可能引起上述变化的主要压力,即不可控因素。上述两部分都各自包括若干项具体因素。在对这两部分的因素做出评估后,提出投资项目的预测方案的比较,可以选择出具有良好投资环境的投资场所。

表3.2 中第一栏是企业现有业务条件,主要对投资环境因素的实际情况进行评价;第二栏是引起变化的主要压力,主要考察社会、政治、经济事件今后可能引起的投资环境的变化;第三栏是有利因素和假设汇总,即在对前两项评价的基础上,找出8~10个使投资项目获得成功的关键因素,以便对其进行连续观察和评价;第四栏是预测方案,即根据对未来七年中的环境变化的评估结果提出四套预测方案供企业经营决策参考。道氏化学公司的动态分析以未来七年为时间长度,这是因为该公司预计投资项目投产后七年是盈利高峰年。

动态分析法的优点是充分考虑未来环境因素的变化及其结果,从而有助于公司减少或避免投资风险,保证投资项目获得预期收益;它的缺点是过于复杂,工作量大,而且常常带有较大的主观性。

(三)冷热比较分析法

20 世纪 60 年代后半期,美国学者伊西·阿利特法克和彼得·班廷二人对美国、加拿大等国大批工商界人士进行调查并对收集到的资料进行综合分析,从而产生了投资环境冷热比较法。

投资环境冷热比较法是以"冷""热"因素来表示环境优劣的一种评估方法,即把各个因素和资料加以分析,得出"冷""热"差别的评价。具体做法是将投资环境的主要因素按有利因素和不利因素两类排列,每类因素又以大、中、小区分其程度。凡有利因素大而不利因素小的国家（或地区），归入"热"国（或地区）一类；有利因素小而不利因素大的国家（或地区），归入"冷"国（或地区）一类；处于两种情况之间的，归入"温和"一类。具体因素如下。

1. 政治稳定性

政治稳定性是指东道国有一个由社会各阶层代表所组成的，为广大群众所拥护的政府。该政府能够鼓励和促进企业发展，创造出良好的适宜企业长期经营的环境。当一国政治稳定性高时，这一因素为"热"因素。

2. 市场机会

当对外国投资生产的产品或提供的劳务在东道国市场的有效需求尚未满足时，表明东道国市场机会较大，为"热"因素。

3. 经济发展与成就

如果东道国经济发展速度快，经济运行良好，则此项为"热"因素。

4. 文化一体化

东道国国内各阶层民众的相互关系、处世哲学、人生观和奋斗目标都要受传统文化的影响。东道国文化一体化程度高为"热"因素。

5. 法令阻碍

东道国的法律繁杂，并有意或无意地限制和阻碍外国企业的经营，影响今后企业的投资环境。若法令阻碍大，则为"冷"因素。

6. 实质性阻碍

东道国的自然条件，如地形、地理位置等，往往会对企业的有效经营产生阻碍。如果实质性阻碍高，则为"冷"因素。

7. 地理及文化差距

地理及文化差距是指投资国和东道国两国之间距离遥远，文化迥异，社会观念、风俗习惯和语言上的差别妨碍了思想交流。如果地理及文化差距大，则为"冷"因素。

在上述多种因素的制约下，一国投资环境越好，即"热"国越热，国外投资者在该国的投资参与成分就越大，相反，若一国投资环境越差，即"冷"国越冷，则该国的外国投资成分就越小。

冷热比较分析法是一种较早提出的较为系统的投资国环境评估的方法。虽然它在因素（指标）的选择及其评判上略显笼统和粗糙，缺乏对一些微观因素如东道国的基础设施环境、资金情况、劳动力的技术水平等因素的评估与分析，但它却为评估投资环境提供了有用的框架，为国外投资者制定投资战略，选择东道国提供了重要的依据，为以后投资环境评估方法的形成和完善奠定了基础。

（四）投资障碍分析法

投资障碍分析法是依据潜在的阻碍国际投资运行因素的多少与程度来评估投资环境优劣，其基本出发点是：如果在没有考虑优惠的情况下，一国的投资环境是可以接受的，那么再加上优惠的因素就更可以接受了。因此，判断一国的投资环境是否适合外国投资，只要考虑该国的投资阻碍因素就可以有一个基本的结论，这也是符合企业竞争的一般原则。这种方法要求投资者根据投资环境因素分析构架，分别列出阻碍对外直接投资的主要因素，并对潜在的东道国加以比较，阻碍因素比较少的国家，就是投资环境比较好的国家。阻碍投资的因素通常包括以下十个方面。

1）政治障碍，如东道国的政治制度与母国不同，政局动荡、政治选择的变动、国内骚乱、内战、民族纠纷等。

2）经济障碍，如国际收支赤字增大、外汇短缺、通货膨胀、货币币值不稳定及基础设施不良等。

3）东道国资金融通困难。

4）技术人员和熟练工人短缺。

5）实施国有化政策与没收政策。

6）对外国投资实行歧视政策，如禁止外资进入某些产业、对当地的股权比例要求过高、要求有当地人参与企业管理等限制外国人员的某些活动。

7）对企业干预过多，如实行物价管制、规定使用本地原材料。

8）实行较多的进口限制。

9）实行外汇管制和限制利润汇回。

10）法律行政体制不完善，如投资法规不健全、没有完善的仲裁律师制度及行政效率低等。

投资障碍分析法是一种简单易行、以定性分析为主的国际投资环境评估方法。投资障碍分析法的优点是能够迅速、便捷地对投资环境做出判断，并减少评估过程中的工作量和费用。它的缺点是仅根据个别关键因素就做出判断，有时会使投资者对投资环境的评估失去准确性，从而丢失一些好的投资机会。

（五）成本分析法

成本分析法是把投资环境的各种因素折合为数字作为成本的构成，然后得出东道国的投资环境是否适合投资的决策。英国经济学家拉格曼经过深入研究提出了拉格曼公式，并将投资环境的各种因素作为成本构成代入公式，一般会出现三类情况，其中第二类公式适合做投资决策。

1）如果 $C+M^*<C^*+A^*$，便选择出口，因为出口比对外直接投资有利；如果 $C+M^*<C^*+D^*$，便选择出口，因为出口比转让许可证有利。

2）如果 $C^*+A^*<C+M^*$，便建立在外国的子公司，因为对外直接投资比出口有利；如果 $C^*+A^*<C^*+D^*$，便建立在外国的子公司，因为对外直接投资比转让许可证有利。

3）如果 $C^*+D^*<C^*+A^*$，便转让许可证，因为转让许可证比对外直接投资有利；如果 $C^*+D^*<C+M^*$，便转让许可证，因为转让许可证比出口有利。

上述式中，C——投资国国内生产正常成本；

$\qquad$ C^*——东道国生产正常成本；

$\qquad$ M^*——包括运输、保险和关税等出口销售成本；

$\qquad$ A^*——国外经营的附加成本；

$\qquad$ D^*——包括技术泄密、产品仿制等各种风险成本。

成本分析法的优点是不仅综合了各种因素所造成的成本，而且把它和参与国际市场的三种形式结合起来，因此成本分析法被发达国家投资者广泛采用。

（六）闵氏评估法

闵氏评估法是香港中文大学闵建蜀教授 1987 年在罗氏等级评分法的基础上提出的一种投资环境评估方法，它包括闵氏多因素评估法和闵氏关键因素评估法。两种分析方法密切联系而又有一定区别。

闵氏多因素评估法是对某国投资环境做一般性评估所采用的方法，它较少从具体投资项目的投资动机出发，考察投资环境；而闵氏关键因素评估法与此不同，它从具体投资动机出发，从影响投资环境的一般因素中，找出影响具体项目投资动机实现的关键因素，依据这些因素，对某国投资环境做出评价，仍采用计算总分的公式来比较投资环境优劣。

1. 闵氏多因素评估法

闵氏多因素评估法把影响投资环境的因素分成十一个大类，每一大类主因素由一组子因素组成，具体内容如表 3.3 所示。

表 3.3　多因素评估法主因素与子因素组成

主因素	子因素
一、政治环境	政治稳定性，国有化可能性，当地政府的外资政策
二、经济环境	经济增长，物价水平
三、财务环境	资本与利润外调，对外汇价，集资与借款的可能性
四、市场环境	市场规模，分销网点，营销的辅助机构，地理位置
五、基础设施	国际通信设备，交通与运输，外部经济
六、技术条件	科技水平，适合工资的劳动生产力，专业人才的供应
七、辅助工业	辅助工业的发展水平，辅助工业的配套情况等
八、法律制度	商法、劳工法、专利法等各项法律制度是否健全，法律是否得到很好的执行
九、行政机构效率	机构的设置，办事程序，工作人员的素质等
十、文化环境	当地社会是否接纳外资公司及对其信任与合作程度、外资公司是否适应当地社会风俗等
十一、竞争环境	当地的竞争对手的强弱，同类产品进口额在当地市场所占份额

根据闵氏多因素评估法，先对各类主因素的子因素做出综合评价，再对各因素做出优、良、中、可、差的判断，然后按下列公式计算投资环境总分：

$$投资环境总分 = \sum_{i=1}^{11} w_i(5a_i + 4b_i + 3c_i + 2d_i + e_i) \tag{3.1}$$

式中，w_i——第 i 类因素的权重；

　　　a_i、b_i、c_i、d_i、e_i——第 i 类因素被评为优、良、中、可、差的百分比。

投资环境总分的取值范围为 11～55 分，分值越高，说明投资环境越佳。

2. 闵氏关键因素评估法

闵氏关键因素评估法是从具体投资动机出发，从影响投资环境的一般因素中找出影响具体投资项目的关键因素，并对这些关键因素做出综合评价，然后以 A、B、C 三个国家为例，按与多因素评估法相同的方法和步骤对投资环境进行评价打分。具体如表 3.4 和表 3.5 所示。

表 3.4　关键因素评估法

投资动机	影响投资的关键因素
降低成本	适合当地工资水平的劳动生产力；土地费用；原材料与元件价格；运输成本
发展当地市场	市场规模；营销辅助机构；文化环境；地理位置；运输条件；通信条件
材料和元件供应	资源；当地货币汇率的变化；当地的通货膨胀；运输条件
风险分散	政治稳定性；国有化可能性；货币汇率；通货膨胀率
追随竞争者	市场规模；地理位置；营销的辅助机构；法律制度等
获得当地生产和管理技术	科技发展水平；劳动生产率

表 3.5　关键因素评分表

国家	因素						
	市场规模（0.4）	营销辅助机构（0.2）	文化环境（0.1）	地理位置（0.1）	运输条件（0.1）	通信条件（0.1）	评分
A	8	5	6	4	4	5	6.1
B	7	6	5	4	6	4	5.9
C	9	6	6	5	3	4	6.6

闵氏多因素评估法与闵氏关键因素评估法互为补充，运用闵氏评估法既可以得到对投资环境的整体性评估结论，又能得到具体投资项目的专门评估评论，从而实现一般与特殊的有机结合，因此，闵氏评估法是一种行之有效的投资环境评估方法。

（七）投资环境抽样评估法

投资环境抽样评估法是对东道国的外商投资企业进行抽样调查，了解它们对东道国投资环境的一般看法。具体方法是：首先选定或随机抽取不同类型的外资企业，列出投资环境评估要素，它没有确定指标体系，但遵循的是因素分析，然后由外企管理人员进行口头或笔头评估。评估通常采用回答调查表的形式。

投资环境抽样评估法的具体步骤如下：选择或随机抽取不同类型的外企；列出投资环境评估要素；邀请外商投资企业的高级管理人员对这些因素进行评估；进行汇总，得出结论。

东道国政府可以通过这种办法来了解本国投资环境对国外投资者的吸引力，以改进吸引外资的具体政策、法律和法规。国际投资者可以此来对东道国环境进行评价。

投资环境抽样评估法的优点是简便易行，调查对象和项目可以根据投资需求来合理选择，而且调查结果的汇总与综合评价也不难，可以使调查人较快地掌握第一手信息资料。它的缺点是评估结果往往带有被调查者的主观倾向，有可能使其与现实投资环境之间存在一定差距，但这可以通过适当扩大样本数量来加以解决。

第三节　国际投资环境因素分析

一、国际投资环境因素分析概述

投资环境是一个由多种复合因素构成的系统，国际投资环境所包含的因素涉及范围十分广泛，因此需要依据一定的标准，对国际投资环境的全部因素进行适当的归并和分类。按照构成国际投资环境诸因素的属性，并利于建立投资环境评价模型的基础上将国际投资环境因素划分为政治因素、经济因素、基础设施因素、法律因素、社会文化因素、自然地理因素六类。

（一）政治因素分析

国际直接投资环境中的政治因素由国内和国际关系两大类构成。其中，除社会制度及政治制度具有相对稳定性特征外，其他诸多因素都是可变的，它们不断变化及交互作用，决定着一定时期内东道国投资环境的政治稳定性。

1. 政治体制

东道国的政治、经济、文化等方面的制度，特别是国家政权的组织形式及其有关的制度，是国际直接投资环境的政治因素形成的基础。不同的国家与其根本的性质和社会经济基础相适应，有着不同的国家管理形式、结构形式以及选举制度、人民行使政治权力的制度等；它们的健全程度、稳定状况，以及投资双方在这些方面所存在的一致性和差异性，是国际投资者认识东道国投资环境的基本鉴别内容。政治体制对于东道国投资环境的重要性，不仅在于它构成了政治环境的基础，而且还因为它与经济制度密不可分。政治体制的健全程度以及演变趋势，往往会直接表现在政府对经济活动的管理方式以及干预和控制的程度上，从而对外商的投资和生产经营活动产生影响。如果政府遵循客观经济规律，积极调节和干预经济生活，投资者不仅可以得到一个稳定的生存和发展的环境，而且企业的正常经济行为也不会受到无端的干预。在一个民主制度不健全的专制独裁的政权下，政府的经济行为往往不受制度约束，不仅企业的正常生产经营活动会受到过多的干预和控制，而且会因为潜在的政治动荡而给企业的发展带来困难。

所以，国际直接投资者在考察东道国的社会制度及政治体制时，不应仅着眼于社会制度的性质本身，更重要的是要看东道国政治体制的健全和完善程度以及政体的形式如何。

2. 执政者治理国家的能力及政府部门的行政效率

执政者治理国家的能力反映在国家政治经济生活的各个方面。这些能力主要有：①政府对发展教育事业的重视程度；②政府是否重视人力资源的开发和利用；③政府能否有效地利用本国的自然资源；④政府对法制建设的重视程度，政府是否能够经常有效地维护社会治安；⑤政府对保护环境所做的努力；⑥政府的社会福利和社会保障工作的水平；⑦工资和物价政策及其效果；⑧在公众中保持良好的政府形象的能力；⑨政府对待社会意见的态度等。通过对上述诸方面的系统考察，便可对一定时期内东道国政府的执政水平做出一个基本全面的估计。一般说来，执政者治理国家的能力越强，越能够保持稳定的社会政治环境，投资环境也就越趋于完善，也就越能吸引外资。

政府部门的行政效率作为与执政者能力密不可分的政治因素，直接影响到外商的投资和生产经营活动。在一些东道国，政府部门办事拖拉扯皮，手续繁杂，部门间职权混淆，管理人员责权划分不清，遇事议而不决，怕承担责任。这些不仅会降低政府部门的工作效率，给外商的生产经营活动带来额外负担，还会降低政府形象，挫伤外商的投资信心。

3. 政局稳定性与政策连续性

政局稳定性与政策连续性是决定和衡量东道国政治环境优劣的实质因素，它们在很大程度上取决于政治体制的健全和完善程度，以及政府能力和办事效率。政治体制不健全、不合理，政府不能有效地行使其权力和履行其责任，政权就难以长期稳固，政府就缺乏应对事变的能力，也就易于受到反对派的攻击和公众的反对，甚至还会招致国外势力的威胁，从而导致政局的动荡不安。

国际投资者在判断一国一定时期内政局稳定性时，通常要考察以下几个方面：①国家主要领导人更换情况，即常规性和非常规性更换领导人次数。②反对派集团的状况，如果一国政坛上存在着反对派力量，就有可能对政局的稳定产生不利影响。反对派力量越强，对政局稳定性的威胁就越大。③国内一定时期中发生政治冲突的情况。革命、军事政变、内战、暗杀、动乱、大规模游行示威、旷日持久的大罢工以及政府危机等国内政治冲突事件，是一切不安定因素演变、激化的最终结果，并往往对一国政治、国内民族、宗教及其他社会文化团体环境的稳定产生持久的灾难性影响。民族、宗教冲突作为一个极敏感的社会政治问题，它们对于政治环境的影响力有时并不亚于一场严重的政治事变。如果存在严重的民族、宗教冲突，国内或地区投资环境的稳定局面就会完全被打破。因此，这些方面的问题越少越有利于政治稳定。④工会在国内的作用。有些国家工会势力强大到足以影响首脑人员决策的地步，外商的许多管理活动不得不与工会进行商量甚至向工会妥协。⑤军队和警察的状况。军队和警察是重要的国家机器，是防御外来侵略、维护社会安定的基本力量，它们的规模、水平以及执政者对它们的可控度，都是影响政治环境稳定的重要变量。

政策的连续性也是与政局稳定性直接相关的另一重要因素，它既是上述政局稳定性因素的作用结果，又是进一步影响政局稳定性的重要因素。每届政府都有各自的施政方针和目标，它是政府各项政治经济政策的集中体现。政府政策的连续性越好，外商在该国的投资就越稳定；政策变化的程度越大，频度越高，政策的连续性越差，越不利于吸引外资。

4. 政府及公众对待外资的态度

东道国政府及公众对待外资的态度，既是一个复杂的社会文化问题，又是一个敏感的政治经济问题。一个有过饱受外来侵略和奴役历史的、民族自尊心极强的国家，过多的外资涌入，很可能会激起民众强烈抵御外来经济侵略的心理；而一个面临繁重的现代化建设任务、国内资金和技术又严重缺乏的国家，政府又往往会越过历史、文化和政治的障碍，大力吸引外资。政府对待外资的一般态度很自然地要反映在外资政策与法规中，但这些政策和法规要受政府及公众对待外资态度的影响。政府和公众对待外资的态度有时是不一致的。政府支持的外资项目，公众可能极力反对；而政府要限制的外资项目，公众可能持欢迎的态度。公众对待不受欢迎的外资项目，往往是示威抗议、罢工，甚至破坏；政府对反对的外资项目则会施加更多的额外限制，如苛刻的防污染要求、较高的税收、增加资金转移限制等。

5. 东道国与国外的政治关系因素

东道国与国外的政治关系因素主要包括遭受他国侵略、发生边境冲突、出现由境外势力操纵的暴乱、直接卷入地区冲突、与主要贸易伙伴发生贸易摩擦和经济战等。它们可能直接源于本国政府与外国政府的关系过于紧张，也可能间接源于本国政府与某一国政府关系过于密切，而受到他国政府政治冲突的株连。当一国受到外部威胁时，它的各项国内外政策都会发生变化，财政经济状况也有可能变得严峻。如果发生战争，巨大的开支和严重的破坏，则会使该国的投资环境在一定时期内变得对国际资本完全不适宜。可见，保持良好的国际关系，对于东道国投资环境的稳定相当重要。

（二）经济因素分析

在投资环境系统中，经济因素是一个涉及面最广、内容最丰富，而且是最重要的子系统。它广泛涉及与外商投资相关的各种经济内容，如经济体制的健全程度、社会经济发展水平及增长速度、物价及货币的稳定性、市场环境、生产要素供给水平、行业竞争状况及专业化协作水平、国际收支状况、国际贸易和国际金融等涉外经济政策等。

各种经济因素可以划分为国内经济因素和涉外经济因素。前者是指直接与外商投资活动相关的各种国内的宏观经济条件、生产要素供应水平、产业环境等的总和，它们是外商在东道国进行生产经营活动、实现资本增值的必不可少的因素。这些因素又可细分为经济制度和经济体制、社会经济发展水平、经济稳定性、市场环境、产业环境。后者则反映了一国经济的外向度、参与国际经济技术合作的水平和能力、国际信誉度以及对待外资的基本态度等，它们对于降低投资风险、提供利益保障、进入东道国市场以及增加经营便利都起着重要的作用。这些因素可细分为国际收支状况、国际贸易状况、国际金融状况、对外资的优惠。从上述两个方面认识经济环境，便于全面综合考察东道国吸引外资的基本经济条件，并把握能够对这些基本经济条件发生制约作用的各种涉外经济因素。决定和影响投资环境的经济因素如下。

1. 国内经济因素

（1）经济制度和经济体制

1）一般经济制度：市场经济、计划经济、混合经济。

2）国家对经济干预与控制的方式和程度。

3）国家与企业的经济关系。

（2）社会经济发展水平及潜力

1）经济技术开发能力。

2）国民生产总值（总额、人均）及其增长现状与趋势。

3）生活质量。

4）经济活力。

（3）经济稳定性

1）通货膨胀：现状与趋势。

2）财政金融状况：赤字及信用膨胀等。

（4）市场环境

1）市场机制的完善程度。

2）生产要素市场：劳动力、房地产、生产资料、金融、信息、技术等市场。

3）市场开放度。

（5）产业环境

1）产业结构。

2）产业政策：重点扶植产业及有关奖限政策。

3）同行业状况：水平及竞争程度。

4）专业化协作水平：关联产业的发达程度。

2. 涉外经济因素

1）国际收支状况。

2）国际贸易状况：①国际贸易的规模和水平；②国际贸易政策，如贸易管制程度、鼓励出口政策，自由区政策；③主要贸易伙伴。

3）国际金融状况：①汇率及其变化（黑市与官价的差距）；②外汇市场的规模、水平与管制程度；③国际储备与外债，包括信用地位、外债规模（经济负债率、出口负债率、偿债率）等。

4）对外资的优惠。

（三）基础设施因素分析

1. 基础设施的内容及其重要性

基础设施，又称基础结构，是人们从事生产活动的物质条件，其基本作用是为生产地域综合体、工业枢纽、城市、工业区及其他各种特殊经济区域的生产和生活服务，也是投资活动赖以生存和发展的基础。它涉及的范围很广泛，按职能可分为七个系统：①能源供应系统，主要包括油气管道、供热和供电设施等动力燃料供应设施；②供水和排水系统；③交通系统，包括特定区域内（如城市内）的公共交通设施和同外部进行物质联系的各种运输线路，如铁路、公路、水路、航空、管道等设施；④邮电系统，包括邮政设施和电信设施，如电话、电报、电传等；⑤防灾系统；⑥环境系统，主要是环境美化和保护设施；⑦生活服务系统，包括住宅、商店、旅馆、医院、学校和其他一些服务性机构。前五个系统称为生产性基础设施，后两个系统称为社会性基础设施。对于投资活动来说，前者的重要性大大超过后者。由于把基础设施按生产性和社会性做划分过于笼统，不利于深入分析不同基础设施对外商投资活动的影响，故对基础设施可另做如下划分：①对内对外联系条件，即交通邮电设施状况；②能源和水资源的供应条件；③减灾与防灾条件；④社会服务条件。

基础设施是国民经济建设和发展的主要组成部分，是维系和促进各类生产和生活活动的基本物质条件。从物质生产角度，基础设施作为"劳动过程的资料"为其提供着不可缺少的一般条件，它们不直接加入劳动过程，但是没有它们，劳动过程就不能进行，或者只能不完全地进行，而国际直接投资方式，更与东道国的基础设施条件密不可分。因此，当地基础设施状况也就必然成了外商投资取址选择的重要因素之一。当地基础设施落后，既意味着当地内部人流、物流、信息流的载体容量小，整体功能差，也意味着使各种"流"向外辐射的能力低。在这样的地区投资，不仅对内对外联系困难多、效率低，而且获取生产要素的选择性也小。

2. 基础设施的特征

基础设施是国际直接投资环境中的一个相对独立的子系统，有着鲜明的特征。

（1）基础设施服务的公共性和两重性

首先，基础设施的服务具有公共性，对基础设施的投资也属于一种公共投资。基础设施建立需要兴建一系列工程项目和投入巨额资金，而且建设周期长、收效慢，个别企业难以凭自身力量解决，而一般由政府投资建设。基础设施的服务对象也没有选择性，它不仅为国外投资者，而且要为整个地区提供社会化服务。所以，基础设施具有服务公共性的特征。其次，各类基础设施还往往兼具两种功能，既供工业用又供民用。如城市供水供电，既可以供工业用又可以供民用，这使得它们所提供的服务又具有双重性特征。这样，在基础设施条件有限的情况下，又存在一个如何处理好生产和生活服务关系的问题。

（2）基础设施效益的间接性

基础设施投资效果和经营管理水平，往往不完全直接体现在投资项目上，而是间接表现在服务对象的效益提高及其所产生的社会效益上。交通邮电设施尤其如此，它的建设要耗费国家的巨额资金，却很难以市场方式进行补偿，而使用设施的企业却可以大大提高效率、降低成本。根据国外的有关调查，在通信事业的总效益中，直接效益仅占 5%～10%，而间接效益高达 90%～95%。所以，改善当地基础设施可以为企业和居民提供更优质的服务，特别是给外商提供生产经营的方便，使其降低成本，增加盈利的机会。

（3）基础设施运转的系统性和协调性

基础设施是一个由多个子系统构成的有机的综合体，它们之间是互相联系、互相依存、互相制约的，这使得基础设施的运转呈现出系统性和协调性的特征。例如，在道路建设和管理中，需要涉及电力、电信、供水、排水、燃气、热力、园林、环卫、消防等众多部门，为了保证道路运输设施的高效营运，必须做好各部门之间的协调工作。再如，开发建设经济技术开发区时，需要协调各类基础设施的建设，在标准厂房建成、入区厂家准备进行设备调试或试生产的同时，必须做到通水、通电、通气、通热、通道路、通邮电，甚至还要通海运或空运。只有协调好各类基础设施之间的关系，才能够充分发挥基础设施的综合效益。

（4）基础设施建设的超前性

基础设施是各项生产和生活能够顺利展开的前提条件，并且基础设施的建设项目通常投资大，施工周期长，使用年限长，而且建成后又不易移动。为满足一定时期内的生产和生活需要，这类项目具有一定的超前性，尤其是外商投资密集地区的基础设施项目，在规模和现代化程度上更应力求接近国际水平。这种超前性如果同外商入区的不确定性联系，改善外商投资硬环境在某种意义上也就具有一定的风险性。所以，在进行基础设施建设时一定要充分考虑到这一点。

（5）经营管理的多样性和垄断性

基础设施在提供服务的过程中，要消耗活劳动和物化劳动，这些劳动消耗需要通过市场或财政渠道得到补偿。根据不同基础设施的特点，选择适当的经营管理方式，特别是补偿方式，对于基础设施的营运和利用效果有重要影响。在采取市场补偿的情况下，往往存在着基础设施有形产品的价格和服务的收费标准问题，应该遵循价值规律，并在保持基础设施公共服务特性的前提下，合理确定价格的收费标准。为了严格管理、保持基础设施产品和服务的相对稳定性，其经营管理一般还具有垄断性特征。政府通常以法律形式，明确规定经营管理者的权利和义务，其中包括授予垄断权，以便为国际直接投资活动提供稳定、高效的服务。

（四）法律因素分析

在国际直接投资环境的诸因素中，法律因素起着调整投资关系、保障投资者的利益和安全、调节投资行为的作用。东道国对国际资本输出和输入的态度及其所采取的相应的鼓励、保护和限制的政策措施，都是以一定的法律形式表现出来的。因而，为了给国际投资者提供充分的法律保护，以强化国际投资者的投资意愿，坚定其投资信心，东道国必须不断健全法制，努力保持其法律的相对稳定性；同时，还要认真研究投资国的法律，并积极谋求国际法的支持，从而使东道国的涉外法规同投资国的法律以及国际法规形成一个适宜于国际资本流动的完善的法律环境。

国际直接投资法律环境广泛涉及东道国法律、投资国法律和国际法。下面将从这三个方面进行论述。

1. 东道国对吸引外资的立法

东道国应根据本国实际，从利用外资、发展本国经济的目标出发，在维护国家主权和本国经济利益的前提下，制定外资政策以及与之相适应的各项利用和管理外资的法规，借以调整投资关系、对投资者实施法律保护。

东道国完善的外资立法，大体包括以下十个方面的内容：①关于外资的定义和评价

（包括资本构成）；②外资的审查标准及审批机构和程序；③外资投向的原则和范围；④外资的股权比例以及转让；⑤外资资本、利润及其他合法收益自由汇出的保证和制度；⑥税收及税收优惠措施；⑦经营管理与劳动雇佣关系；⑧市场销售比例和国产化规定；⑨国有化、征用与外国资产保护；⑩关于处理投资争议的原则和程序等。

当然，由于国情和传统不同，特别是经济发展水平的差异，各国外资政策和立法态度各异，奖励与限制程度也宽严不一，发达国家大多奉行开放的外资政策，对外资实行无差别待遇，很少限制，也很少优惠鼓励；而发展中国家则不同，为了弥补投资环境总体水平的不足，维护本国的经济利益，大多采取有限开放的外资政策。表现在外资法规中，也就是优惠鼓励措施多，但限制措施也较多、较严格，并且因投资行业、类型和地区而异。

2. 投资国鼓励资本输出的法规

投资国的法规和政策对其对外投资的作用也是很大的，较有影响的法律和制度主要有对外投资保证制度（提供政治风险担保和投资保险）、税收制度、涉外管理法规、股权和有价证券投资与贷款法规、反垄断法及有关法律，以及为实施进口限制和出口管制而制定的各项国际贸易法规。

（1）投资国的对外投资保证制度

国际直接投资中最大的风险就是政治风险。投资国为了解除对外投资者对东道国政治风险的顾虑，保护和鼓励其对外投资，都普遍建立了对外投资保证制度，即由本国政府（批准）设立的对外投资保险机构（公司），鼓励本国的对外投资者向其申请投保政治险等保险。

（2）投资国的税收鼓励措施

投资国的税收制度会对东道国税收优惠的效应产生有利或不利的影响，从而起到鼓励或抑制对外投资的作用，此类税收制度主要是税收抵免制和延期付税制。

（3）投资国影响国际投资的其他法律措施

投资国对国际投资产生重要影响的其他政策和法规还有：①投资国的外汇管理和银行业务法规直接关系到投资者资本输出顺畅程度和筹资的方便性；②出口管制可能使某些特定产品和技术的输出受阻，从而减少投资者的获利机会；③对海外投资企业返销产品或原材料的鼓励或限制，更与投资决策息息相关；④反托拉斯法则直接关系到海外投资企业的行为是否合法，如企业对其本国原材料市场或产品市场具有一定控制能力时，便有涉及垄断之嫌；⑤投资国的刑法如《涉外贿赂行为法》也会对国际投资行为有相当重要的影响。

3. 保护国际直接投资的国际法律制度

在对待外资的待遇标准、征用或国有化的合法性及其补偿标准、投资争议和处理、管辖权等一系列问题上，东道国和投资国都试图通过法律形式来解决，但都无法得到圆满解决。为了在这些问题上谋求一个共同的基础，使投资各方能在一种共同调整的法律体制下行事，有必要建立起一套受到有关各国承认的保护投资的国际法制度。经过长期的努力，这种制度已初步形成。

（1）保护国际投资的双边条约

关于保护国际投资的双边条约主要有两类。其一是美国型的"友好、通商、航海条约"，由于其重点不是保护国际投资，也就没有规定有关保护外资的具体措施。其二是双边投资协定，这是调整国与国之间投资关系的主要依据。在各国签订的各种双边投资协定中，大多数国家间签订的属于德国式的相互鼓励和保护投资的双边协定。这类协定具体详尽地规定了关于鼓励和保护外国投资的各项措施，对于改善缔约国之间的投资环境、增强投资者的信心有着重大的促进作用。

（2）保护国际投资的国际公约

各国政府、有关国际组织及国际学术界长期以来希望通过缔结国际多边公约来建立一套统一的保护国际投资的国际性法典和制度，借以调整国际投资环境。第二次世界大战以来，国际上曾提出过很多关于建立保护国际投资统一制度的倡议、方案和公约，但都未能生效或实施。但在世界银行体系范围内订立的两个保护国际投资的公约真正得到了广泛承认并已经生效，它们是：1965 年 3 月签订的《关于解决国家与其他国家国民之间投资争端公约》和 1985 年 10 月签订的《创设多国投资担保机构公约》。1988 年 4 月 12 日，依据《创设多国投资担保机构公约》，在世界银行体系范围内正式成立了一个与促进国际投资有关的国际性金融机构——多国投资担保机构。它旨在促进成员国间的投资，特别鼓励向发展中国家的生产性投资，其手段是向投资者提供担保，以应对东道国境内的非商业性风险，增加这些国家吸收外资的机会。

（五）社会文化因素分析

东道国的社会文化环境会对国际投资行为和生产经营管理产生重大影响。社会文化环境包括语言、民族、宗教、风俗、传统价值观念、道德准则、教育水平、人口素质等。显然，它们是构成东道国投资软环境中的一个基本方面。

1. 人的行为是社会文化因素影响国际直接投资的主要途径

社会文化因素对国际投资的影响，主要是通过人的行为实现的。人们都在一定的社会文化环境中生存和成长，都要受到该种社会文化的熏陶和教化，并使思想、语言、行为无不打上深刻烙印。国际直接投资难以游离于特定文化的影响之外，它只有通过投资者与东道国居民的成功交往、合作才能实现。在东道国的特定社会文化环境下，投资者从寻找投资机会、谈判、签约、申请立项、批准开业并领取营业执照直至正常的生产经营管理，都需要与东道国政府、组织（如公司、企业、工会等）、群体及个人（技术人员、管理人员、工人、消费者等）等接触和交往，并发生一定的相互关系，处理这些关系的方式和结果，必然要受到东道国社会文化因素的影响和制约。东道国的文化背景决定了当地普遍的社会态度、思想观念和行为模式，它们影响着投资者与当地政府、组织和个人的交往方式，要求投资者的行为符合东道国的习惯和规范。投资者为达到预期的目的，必须随时调整企业的经营战略、组织结构、管理方法和企业文化，以适应东道国特定社会文化环境的要求。

2. 社会文化对国际直接投资的影响和制约

对国际直接投资活动的影响和制约，主要表现在文化差异、文化自我参照准则和种族自我中心主义等方面。

（1）文化差异的制约

文化表现出鲜明的地域性和民族性。不同区域的自然环境和社会条件使得各区域文化呈现出不同的特色，不同民族的语言、思想、意识、心理、性格及风俗习惯也各具特色。文化的这些地域差别和民族差别为生产资本的国际流动带来了障碍。各国间的文化差异有时会造成沟通与理解的困难，进而可能影响投资的效果及项目的成败。对一国事关重大的价值观念可能对另一国来说却无足轻重；同一事物，各个国家的人们可能有不同的态度和看法。另外，文化差异具有强烈的隐蔽性，有时很难察觉，由此常常以非常微妙和间接的方式给投资活动带来不利影响。

（2）文化自我参照准则的影响

人们在特定的文化条件下成长，并逐渐建立起对外界事物的反应方式和对他人的行为预期，而在对外交往时，往往自觉不自觉地按照其特定文化的价值观念和行为方式，认识和对待其他国家的人和事。这就是所谓的自我参照准则，也是人类普遍的行为倾向。这种现象加剧了国际投资过程中的文化冲突，使不同文化间的融合出现困难，从而阻碍国际投资活动的开展。

（3）种族自我中心主义的影响

所谓种族自我中心主义是指一般人认为本民族的文化才是世界上最好的、最先进的文化，而其他民族的文化则是落伍的、不合理的。这种现象在世界各国都不同程度地存在，并在激发民族自豪感和鼓舞民族自信心方面有一定的积极作用。但是，从本质上说，它又是滋生于自然经济中的封闭意识的产物，表现出对外来事物的极力排斥，这既不利于吸取世界其他国家文化的精华，也为国际经济技术合作的开展造成一定的心理障碍。此外，由于社会、历史等多种原因，不同国家之间，尤其是社会制度不同的国家之间，存在着强烈的偏见，从而在一定程度上阻碍了国际投资的发展。这种偏见，既可能是上述三种文化制约因素作用的结果，也可能直接来自政治、经济方面的影响。

3. 社会文化因素的评估

随着国际投资规模的扩大和形式的日益多样化，西方国家的投资者开始更多地注意研究和了解东道国的社会文化特征，他们从不同角度，提出了一些分析文化环境的方法以及适应文化环境的技巧，为投资者提供指南。评价文化环境，一般从两个方面着手，即投资国与东道国的文化差异性和东道国的文化特征。

（1）社会文化差异的识别

一般说来，投资国与东道国（或地区）之间的文化差异越小，越有利于投资的顺利进行；相反，两国间文化差异越大，则双方越难沟通、理解和合作，越不利于国际投资。从国际投资流向中也反映了文化差异的这种影响。长期以来，加拿大和欧共体一直是吸引美国对外直接投资最多的国家和地区，而我国吸引的外商投资中绝大部分来自港澳及东南亚地区，这就是文化相近在起作用。

（2）东道国社会文化因素特征的评估

①文化的同质性，即东道国社会文化的一体化程度。东道国内人们的宗教信仰、处世哲学、人生态度、价值观念及语言、民族等社会文化因素越是具有一致性，则其同质

性或一体化程度越高，外来投资者对该社会文化越容易适应，从而越有利投资活动的开展。②文化的稳定性。稳定性越高，风险和不确定性越小，反之则要求投资者具有对文化环境剧烈变化的极强感受、调整和适应能力。③文化的威胁性，即指东道国社会中人们对外来投资的态度。对外资排斥、敌视则意味着威胁性大，投资风险也就较大。④文化的复杂性，即指东道国中人们行为的含蓄或外显的程度，或沟通过程中非言语符号、非正式规则的使用程度。行为直率，更多地利用言语进行沟通，则文化的复杂性低，外商较易适应；反之，则给双方的沟通和理解造成困难，要求投资者进行更多的学习和训练。

（六）自然地理因素分析

投资环境的自然地理因素，主要是指国际投资者所面临的并与其生产和经营活动直接相关的地理位置、自然资源、气候条件等非人为因素。

1. 自然地理因素对国际直接投资的影响

由于自然条件直接或间接地影响构成生产力的两大要素——劳动对象和劳动资料，因而它便成为社会物质资料生产过程正常进行的基础。对于国际直接投资来说，自然地理因素的重要性，首先表现在直接影响国外投资者的生产、运输、通信和产品销售等活动，从而影响投资的获利程度。因此，它必然在一定程度上影响乃至左右投资者的投资决策。并且，在更深的层次上，自然地理条件也会对构成一国投资环境的其他因素（如政治、文化）发生着较为复杂而深刻的影响。

2. 投资环境的自然地理因素的特征

（1）不可控制性

投资者对于东道国（或地区）的既定地理位置、地形、气候和资源状况等自然条件，只能选择、利用，而无法控制。即只能在自然条件不同的各个国家选择，在特定的自然环境下，根据自身的能力，利用东道国提供的各种服务顺应自然地理环境规律的要求，进行投资和生产经营活动。

（2）相对稳定性

地球上陆地与海洋的分布、各种资源的分布状况、各种地形以及气候地带性等是与人类生产密切相关的自然地理条件，虽然这些自然地理条件是变化的，但是相对稳定的。

（3）行业差异性

自然地理因素对不同行业有不同的影响。尤其是那些受自然条件影响较大的行业，如种植业、林业、牧业、渔业、矿业等，它们的产品生产往往有强烈的地域限制。各行业对自然地理条件有着不同的要求，一国的自然条件可能为发展某些行业提供了良好的条件，使得这些行业的投资环境较好；但可能缺乏发展其他行业所需要的条件，而使得该类行业的投资环境较差。例如，地处中东的沙特阿拉伯、科威特等国石油资源丰富，不仅储量大，而且油层浅、油质好、开采成本低，对于石油业跨国公司来说，这些国家的投资环境是极佳的。但由于这些国家的国土几乎全部是沙漠，雨量稀少，对于农业投资又是极差的。

（4）盈利相关性

由于企业的整个生产经营过程，从原材料采购、生产加工、产成品运输到市场销售，都受到自然地理因素的影响，因此各种类型投资的盈利也不同程度地与自然地理因素有关。这种影响首先表现在劳动生产率的提高上，其次表现在成本的降低上。自然资源条件直接决定着资源开发的成本水平，在储量丰富、品位高、开采条件好的情况下，资源开发和利用的成本较低。例如，20世纪70年代，中东石油的开采成本只相当于美国的1/10至1/30，使得1977年美国在中东地区石油投资的利润率高达120%以上。即使是与自然地理并无直接关系的加工工业，其投资利润率也受到自然条件的直接影响。例如，投资建厂的地理位置会影响到原料和产成品的运输成本；恶劣的气候条件会增加产品的存货、仓储成本，气候炎热会促进饮料和空调机的消费和使用等，从而使投资的盈利率降低。

二、不同类型国家的投资环境评析

（一）发达国家的投资环境

在政治环境方面，由于第二次世界大战后资本主义社会在较长一段时期内处于相对稳定的时期，发达资本主义国家的政局未发生剧烈的动荡，出现政变的可能性很小。这与这些国家长期以来实行通过选举产生议会和政府的政治体制也有很大关系。这些国家的不同政党（如美国的民主党和共和党、英国的工党和保守党），通过竞选执政后，其对内对外政策也会发生一些变化，但他们维护资本主义制度的基本国策不会变。这些国家有时也发生骚乱，罢工也时有发生，如美国洛杉矶市爆发的种族冲突，英国的煤炭工人和铁路工人罢工，但都未发展到使政府对局势失去控制、危及其执政的程度。因此，总的来说，这些国家的政局是基本稳定的。

在经济环境方面，发达国家一般形成了比较完善的市场机制。政府对企业经营活动的干预较少，生产要素和产品在国境内的流动一般不会有地区封锁的障碍；资本市场发达，银行信贷和证券筹资、证券交易等大多比较顺利；具有发达和完善的交通运输和电信等基础设施，科技发展水平高。发达国家通过来自国内和国外的财富的长期积累，经济发展达到了先进水平，居民的平均收入较高，对新产品和高档消费品有较强的市场吸收能力，掌握现代化生产技术的熟练劳动力比较充足。

在法律法规环境方面，发达资本主义国家一般建立了比较完善的经济法规，包括国内经济法规和涉外经济法规，彼此之间形成了一些共同遵守的国际惯例，法规执行中的透明度与公正性相对较高。由于这些国家大多是国际直接投资的主要来源国，又同时是主要接受国，故对外资的进入大多采取比较宽松的政策，限制性措施较少，并且一般实行国民待遇。

在文化环境方面，发达国家的居民大多有较高的文化水平，其社会文化传统虽然也具有各自民族的特色，但商品经济意识已经成为大家的共识，原来存在的一些不符合商品经济发展要求的某些传统观念或者已经淡化，或者已经消失。

总的来说，上述情况表明，发达国家在吸收外国直接投资方面具有较多的有利因素，投资环境是比较好的。

但是，发达国家的投资环境也有一些不利因素。由于资本主义"成熟过度"，发达国家大多资本比较密集，投资者之间的竞争十分激烈。有些部门的产品生产能力和销售市场处于饱和状态，一些企业开工不足、产品过剩，国外投资者除非具有某些特殊的优势，否则很难进入这些部门，从而使投资机会受到限制。例如，美国的钢铁工业和汽车工业都是属于这样的部门。此外，"成熟过度"也使发达国家的某些生产要素（如土地、矿产资源和劳动力等）价格高昂，致使某些产品成本上升，难以在国际竞争中取胜。

一般来说，发达国家的投资环境有利于技术密集型产业的投资，而不利于资源密集型和劳动密集型产业的投资。

（二）发展中国家的投资环境

发展中国家或地区大多是第二次世界大战以前曾沦为资本主义国家的殖民地、半殖民地或附属国的国家。第二次世界大战后，这些国家先后取得不同程度上的政治独立和经济自主，投资环境变化很快，国与国之间也存在着较大的差别。

在政治环境方面，发展中国家的政局除少数国家外，大多数没有发达国家那样稳定。这一方面是由于其本身的内部矛盾，如历史上遗留下来的民族矛盾和现实社会变革产生的阶级冲突；另一方面在很大程度上是由于外来的干涉，主要是来自那些争夺势力范围的投资大国和军事大国的干涉。有时这两方面的原因同时交织在一起。因此，有些国家政府更迭频繁，有些国家军事政变时有发生，还有的国家甚至战乱连年不止。这在很大程度上妨碍了这些国家的投资环境及其他方面优势的发挥。

发展中国家在国际投资中，仍以利用外资为主，其投资环境更多地体现为政策规制方面的变化。从 20 世纪 50 年代至 70 年代末，国际上正处于民族主义政治独立的高潮时期，发展中东道国作为整体，对外国投资的政策规制因而也处于严厉管制的时期。但是，从 20 世纪 80 年代开始，到目前为止，发展中东道国对待外国投资的政策规制也逐步向宽松化时期过渡。发展中东道国对外国投资的政策规制有一定程度的趋同现象，但其政策规制在宽严程度上仍然存在很大的差别，其差别取决于有关国家的政治、经济、科学、资源、发展战略以及工业和技术能力水平。在同一个国家内，这些政策也可能随着政治经济方向的转变和所受的内、外因素的制约而在不同时间内有所变化。

发展中东道国对外来直接投资的各项政策中涉及最多的问题如下。

1. 部门准入问题

许多发展中国家，如巴西、埃及、加纳、印度、墨西哥和尼日利亚等，在政策中都向国外投资者说明了投资的优先次序，即说明哪些领域是完全仅供本国投资的，哪些领域是向国外投资者开放的，在后一领域里，可能还要说明哪些领域在这一国家的经济发展计划或规划中占优先地位。总的来看，完全留给国家经营的部门趋于缩小，并且在确定投资部门的优先次序方面，在政策中也体现了与本国总的经济发展战略相一致。

2. 东道国的所有权和控制

许多发展中国家利用外资的目标是能够真正参与跨国公司当地业务中的根本性经营决策，而要保证这种决策，往往需要东道国这一方有效地对外资企业拥有相当比例的所有权。因此，在许多情况下，发展中国家愿意采取的战略是由东道国同外国企业组成合资企业。但是，随着东道国国内产业结构的升级，对于高新技术产业以及对特殊地区的开发等方面，东道国在政策方面又体现出了较大的灵活性，给予优惠待遇。

3. 发展中东道国对跨国公司子公司的实绩要求

当前，在 WTO 起的作用越来越大的情况下，东道国明文规定对跨国公司子公司的实绩要求将会趋于取消，但由于发展中东道国产业政策的作用，一些实绩要求会在子公司运作中仍然存在。

4. 对于当地资金筹措的规定

发展中国家对于外国企业取得东道国的中期和长期资金的政策随其政策目标和能够提供的本国资金的不同而各异。除了那些需要大规模投资的资本密集型项目外，各国的政策幅度从禁止或限制外国企业取得本地的资金，直到不加限制甚至欢迎外国企业使用这些资金。

5. 国际直接投资激励措施

发展中国家的有关国际直接投资的激励措施主要表现为税收鼓励和财政补贴。这些激励措施也体现了发展中国家经济发展和产业政策的方向。这些激励措施的发展主要有两种，一种是加强奖励以促进某一方面业务或部门的发展。例如，新加坡对各公司在 1981 年 1 月 1 日后进行的重要研究和发展活动广泛给予奖励，如对用于研究和发展的开支双倍的减税，对用于这方面的资本开支给予最高可达 50% 的投资补贴等。另一种是以奖励国内的低附加值产业为基础进行财政补贴。

第四节　当代国际投资环境的现状及发展趋势

一、当代国际投资环境的现状

20 世纪 80 年代以来，在世界经济和国际经济关系中，出现了一些值得注意的重要趋向。主要有：地区经济集团化向纵深发展，以及新技术革命的推进，大大加快了世界经济国际化的进程；随着跨国公司的迅速发展，世界经济一体化的进程加快；世界经济发展的主流正在由总量增长型向质量效益型演变，产业结构也出现了高技术化趋势，世界经济和国际经济关系的新形势导致国际直接投资也出现了若干新特点。

（一）国际直接投资迅速发展

国际直接投资成为国际资本流动的基本形式之一，其增长速度大大高于借贷资本输出，并成为世界经济中最活跃的因素之一。1984 年以来，由于西方主要资本主义国家汇率、利率和股市价格的大幅度变化，世界范围内的对外直接投资额迅速增长，其增长幅度不仅远高于证券投资，也超过了各国国民生产总值、国内投资和国际贸易的增长。西方经济学家和企业界人士认为，国际直接投资已成为推动世界经济发展的主体。

（二）国际直接投资主体日趋多元化

虽然国际直接投资的主体仍然是发达国家的跨国公司，但各国的地位发生了变动。即日本、德国因其高科技产品在国际市场上占据的优势，以及国际贸易顺差的扩大，已成为对外直接投资的主要来源地，从而打破了美、英、法等国垄断的局面。与此同时，石油输出国组织成员国和亚洲新兴工业化国家（地区）也加快了对海外的直接投资步伐，少数工业化程度较高的发展中国家也开始涉足国际直接投资市场。

（三）资本流向和投向的变化

新技术革命的飞速发展及其带来的巨大效益，使国际直接投资的流向和投向出现了明显的变化。从资金流向看，进入 20 世纪 90 年代，日本、美国等发达国家进一步加紧了对欧盟国家的直接投资，一些新兴工业化国家和地区的投资极力挤入美国、加拿大和欧盟国家，而且西欧国家的对外投资也出现了回流的势头。这样，就使得由过去发达国家向发展中国家单向投资的形势，转为以发达国家之间的"双向"投资为主，并出现了发展中国家和地区向发达国家的"逆向"投资的现象。据统计，20 世纪 70 年代初至 80 年代，发展中国家吸收的国际直接投资额约占到总额的 40%，80 年代中期以后，这一比例迅速下降为 15%～17%。从资金投向看，随着科技革命进程的加快、市场竞争的加剧和获得最大利润动机的驱使，除产业结构调整和转移的需要外，发达国家的对外固定资产投资主要用于研究和开发高技术和高附加值产品，已经由以"外延性"为主转为以"内涵性"为主。

（四）国际投资市场资金短缺

20 世纪 80 年代末和 90 年代初，由于诸多因素的作用，国际市场资金供不应求，出现了争夺国际直接投资的局面。就资金的供应因素看，主要有：日本内需扩大的势头使得资金需求上升，出现投资回流的迹象；东、西德的统一，需要有巨额资金重建东部经济，使德国的对外直接投资明显减少；美国在财政收支和国际收支的"双赤"重压之下，其经济的维持与发展将继续求助于国际投资，并进一步减少对外投资。就资金需求因素看，主要有：苏联解体，民族冲突骤起，经济倒退和破坏严重，其恢复和发展将需要借助巨额外资支持；拉丁美洲和非洲等重债务国，在难以举借新债的情况下，为维持和发展经济，将更加迫切地需要吸引国外直接投资；亚洲的南亚国家出于度过金融危机、恢复经济的需要，对国际直接投资的需求更为迫切；加之国际石油价格和利率的上升及通货膨胀等。所有这些，将使国际资金供不应求，争夺国际直接投资的形式更趋紧张。

二、当代国际投资环境发展的趋势

随着世界经济和国际经济关系的变化，投资环境作为国际直接投资的外部条件，也出现了与之相适应的若干变化和发展新趋势。概括地说，就是投资环境的高级化发展趋势。在这种情况下，东道国要想吸引国际直接投资，只有顺应这种发展趋势，有重点地积极改善投资环境，才能达到利用外资、有效促进经济发展的目的。近些年来，投资环境发展的新趋势，主要表现在以下几个方面。

（一）拥有高素质劳动者的国家是国际直接投资者的青睐对象

20 世纪六七十年代，随着西方发达国家的技术进步、经济发展和工资费用上升等，西方私人企业主要通过对外直接投资将劳动密集型产业大量转移到国外，以利用廉价劳动力降低生产成本，增强其产品在国际市场的竞争力。90 年代以来，随着科技革命的进一步发展及其在生产中的广泛应用，生产和管理的高度机械化与自动化带来了劳动生产率的提高，使劳动力成本的重要性大为降低。国际市场竞争已开始转移到产品的高附加价值和高质量及服务质量方面。国际直接投资也不再主要是利用非熟练的廉价劳动力和陈旧生产设备，而是利用熟练劳动力和先进甚至尖端的生产线。据统计，目前发达国家对外直接投资中约有 50%集中于服务行业或与其有密切关联的行业，简单的加工行业已不再是外资投入的重点。因而，东道国能够提供具有较高素质的经理、中级管理人员及熟练的技术人员和劳动力，成了吸引外国直接投资的一个重要方面。所以，通过发展各类中等和高等教育，培养和造就具有高素质的熟练劳动者，既是一国加快经济建设的需要，也已成为东道国改善投资环境、有效吸引更多外国直接投资的一个重要发展趋势。

（二）市场规模成为吸引国际直接投资的极其重要的内容

国际直接投资在相当长的发展时期是属于所谓资源型的投资。但是，由于自然资源业是一个具有较强政治敏锐性的投资领域，第二次世界大战后，不少国家为维护本国的自然资源主权，往往对外来投资施加种种限制，直至对外国投资经营的资源开发企业进行征用或没收，因而使得资源型投资面临着较大的风险。与此同时，随着技术革命的深入发展，各种新型合成材料及新的替代资源的出现，使获得资源的传统投资动机明显弱化。在劳动生产率迅速提高的情况下，随着资源型投资重要性的下降，市场型投资的重要性便突显出来，即从事国际直接投资是为了就地生产、就地销售，开辟和占领投资东道国及其毗邻的市场。

东道国及其毗邻地区市场规模广大，不仅有利于外国直接投资者在当地市场取得生产经营所需要的多样化的各种资源，而且可以使之降低资源采购和产品出口运输的成本，提高获利水平。也就是说，经济规模大、经济增长快因而市场规模巨大的国家和地区，易于吸引大量的外国直接投资。因而，在当前吸引国际直接投资的竞争中，制定适当的产业政策、加快经济发展、增强经济活力、提高开放程度，有效扩大经济和市场规模，已成为许多国家和地区致力改善投资环境中的一种较为普遍的趋向。

（三）较高的科技和工业水平成为国际直接投资注视的重点

目前国际直接投资的产业主要是知识和技术密集型产业。在跨国公司中，已经形成了相当有效的组织，不仅有总公司及其下属的诸多子公司，而且在内部有从事研制、开发、生产和营销的严密分工，使之成为一个进行再生产活动的有机结构体系。并且跨国公司在进行国际直接投资的活动中，大多有获得东道国先进技术、科学管理和合格配套产品等的强烈动机。这在以发达工业国家为东道国的投资中表现得格外突出。所以，要更加有成效地吸引外国直接投资，特别是吸引实力雄厚的跨国公司的技术要求较高的投资，就必须在改善投资环境中，把致力于发展科研事业、提高科学技术水平及提供高质量的配套技术服务作为重点。只有这样，才能更多吸引握有先进技术的国外投资者，并在为其提供必需技术、管理和配套产品中，取其之长、补己之短，进一步提高本国的技术和工业水平。

（四）现代化的基础设施是国际直接投资从事生产经营的必备条件

随着国际分工的深化和世界生产经营一体化的迅速发展，各国之间的经济联系和依赖关系日趋密切。跨国公司进行的现代化的大规模生产经营活动，对于能源、交通、通信等基础条件的要求也越来越高。按照国际标准从事本国的基础设施建设，是当代国际直接投资者的客观需要，也是各国改善投资环境的极为重要的内容。

本 章 小 结

国际投资环境是指在一定时间内，东道国（地区）拥有的影响和决定国际直接投资进入并取得预期经济效益的各种因素的有机整体。它是开展国际直接投资活动所具有的外部条件，是国际直接投资赖以进行的前提。国际投资环境具有先在性、差异性、综合性、动态性和主观性等特征。国际直接投资环境作为国际直接投资的外部条件，对于投资国和投资东道国双方及其与世界经济相关的各个方面，势必产生复杂而深刻的影响。国际投资环境的评估方法包括投资环境等级评分法、动态分析法、冷热比较分析法、投资障碍分析法、成本分析法、闵氏评估法、投资环境抽样评估法等。国际投资环境是一个由多种复合因素构成的系统。不同类型国家的投资环境具有不同的特点。

知识拓展

投 资 环 境

自20世纪80年代后期以来，人们对投资环境的选择出现了新趋势：投资者将高新技术产品的生产布局在具有舒适生活环境的地区；把公司和研究室设在能吸引人才居住的高度舒适的生活环境地区。我们在改善投资环境进程中，要从信息社会高层次视点上，更新传统的投资环境观，重视对具有潜在高度舒适生活环境的地区的保护与开发，重视投资项目与地区投资环境层次的适应性，大力改善中部具有战略意义的区位投资环境。

课后思考题

1. 简述国际投资环境的内涵及其特点。
2. 简述国际投资环境各构成要素之间的关系。
3. 简述国际投资环境评估的标准。
4. 比较各种国际投资环境评估方法的异同。
5. 简述国际投资环境的现状及发展趋势。

第四章　国际直接投资

📖 学习目标

- 了解国际直接投资的含义、类型和影响；
- 了解我国对外直接投资的发展概况；
- 掌握国际直接投资的主要企业形式；
- 掌握跨国公司的含义、特点以及组织形式。

第一节　国际直接投资概述

一、国际直接投资的含义和分类

国际直接投资是与国际间接投资相对应的一个概念，是指投资者为了在国外获得长期的投资效益并拥有对企业或公司的控制权和经营管理权而进行的在国外直接建立企业或公司的投资活动。控制权的获得和转移是直接投资的最大特点，这种特点决定了跨国公司是直接投资的主体。

直接投资的类型随分类的标准不同而变化，按企业之间的相互关系可分为垂直型直接投资、横向型直接投资、混合型直接投资；按投资者对企业参与方式的不同可分为合资经营、合作经营、合作开发、合作生产、独资经营等。根据投资者参与企业的方式，最常见的分类方式如下。

（一）以参加该企业经营为目的而购买企业原有股份，或是直接购买原有企业

这种投资方式的优点是可以在不破坏原有市场供需均衡的条件下，利用原有企业取得对企业原有市场的占有率。对于一个新入市的投资者来说可以迅速进入当地市场，而且如果该企业在当地市场有很高的市场占有率，并且具有良好的信誉和商品标识的话，投资者可占据市场上的优势。这种投资方式的缺陷在于：对跨国投资者来说，他受到的限制无疑比国内投资者要多，而且东道国政府出于对本国企业和市场以及民族资本的保护的考虑，也会对此类投资方式给予种种限制。

（二）在国外设立子公司或建立新企业，取得 100%股份

这种投资方式的优点是可以使投资者完全独立自主地经营，不受合资方的干扰，独立承担风险，充分发挥投资者的积极性和其拥有的优势（如其在技术、资金、管理经验、方法等软、硬件方面的优势），避免合资、合作经营各方在决策和利益分配上的矛盾，从而提高企业效能，避免投资者所有的先进技术等优势的流失和外泄。对东道国而言，既吸引利用了外资，增加了本国工人的就业机会，又通过如税收、土地租赁与使用、公共基础设施管理费等增加了本国、本地区的财政收入，避免了经营风险。大型跨国公司尤其喜欢这种投资方式，可以借以实现其全球经营目标战略，实现集团内部分工，达到

利润最大化的目的。但这种投资方式也有一定的缺陷。一方面，它增强了当地市场的竞争，破坏了原有的供需均衡状态；另一方面，东道国政府出于对本国国际收支平衡、汇率稳定以及防止本国资源流失的考虑，也有可能对投资者做出如限制内销率，利润汇出及并、撤资等方面的种种限制。特别是发展中国家，为维护本国经济独立、防止外资控制本国经济命脉，往往采用更加烦琐复杂的控制方法，对投资者的经营过程产生不良影响。

（三）经营双方以各自拥有的有形、无形资产作为合作资本，在签订契约的基础上建立起来的各种国际经济合作形式

在这种投资方式中，双方的责、权、利在契约中明文规定，但不用货币计算股权，因而不按比例分配收益，而是根据双方契约规定的投资方式和分配比率进行收益分配。这种方式对于契约双方来说较为灵活，可以根据市场需求和合作双方各自的目标和具体情况进行灵活经营和决策，充分发挥双方各自的优势，弥补各自的不足，因而较为常见。但经营双方以非量化的方式进行合作，一旦遇上市场行情、政策、汇率等方面意想不到的变化，而双方契约没有做出明确规定的情况，企业的经营管理会有一定困难。而且对双方无形资产的评估差距不一，方法不同，也会给经营合作双方带来一定困难。近年来，在外商来我国投资的过程中，不乏外商利用我国资产评估方面的缺陷高估己方资产、低估中方资产而造成国有资产流失的例子。

（四）BOT 投资方式

BOT（build-operate-transfer，建设-经营-转让）是指一个专门从事建设的投资者为某项特定的基础设施项目筹资，建好投入使用后建造者先经营一定的期限，并把这段时间的经营收入作为报酬，特许期限届满时，该基础设施无偿移交给政府。因此，它的最大特点就是外国公司与东道国政府之间的合作。这种投资方式对于加快基础设施建设、改善利用外资结构、提高基础设施项目的建设和使用效率、分散投资风险、促进市场经济体制建设具有重大意义。

二、国际直接投资的发展

根据国际直接投资规模和形式的变化发展，对外直接投资可分为以下几个发展阶段。

（一）1914 年以前的国际直接投资

19 世纪末和 20 世纪前 15 年，国际私人直接投资异常活跃，投资形式以间接投资为主。英国由于产业革命率先完成，积累了雄厚的资本，因而成为头号投资国。在 1914 年的 400 亿美元对外投资总额中，间接投资占 90%以上。英国、法国、德国为主要投资国，美国为净债务国。大部分投资分布于几个主要投资国的殖民地和附属国。资金一方面流向欧洲大陆，另一方面流向农产品和原料的重要产地美国、澳大利亚、加拿大、阿根廷、新西兰以及非洲、亚洲等原料主产地。

（二）两次世界大战之间的国际直接投资

由于第一次世界大战影响，美国一跃成为净债权国，但直接投资在对外投资总额中仍然占少数。英国、美国为主要债权国。1929年的空前大危机使国际资本市场崩溃，对外投资总额出现长期徘徊现象。

（三）第二次世界大战后国际直接投资的发展

第二次世界大战后科学技术的突飞猛进发展、国际分工的深化和国际金融市场的不断发展和创新，使战后国际直接投资呈现出以下特点。

1. 第二次世界大战后对外直接投资总量规模急剧膨胀

随着经济的恢复和发展，国际直接投资增长速度一直高于同期世界工业生产增长速度和世界贸易增长速度。

2. 国际直接投资行业格局发生很大变化

第二次世界大战后国际直接投资流向由主要投向初级农产品的生产、加工和采矿业转变为主要流向制造业和服务业，资本技术密集型制造业和服务业、高新技术产业成为投资热点。

3. 对外投资主体发生变化

第二次世界大战后初期，美国几乎是跨国公司和对外直接投资的唯一来源国，这种局面在20世纪60年代初被打破。英国、法国、联邦德国等国从60年代初，日本从70年代初开始纷纷开展对外直接投资。日本公司对外直接投资发展尤为迅速。跨国公司母国数量日益增多，跨国公司的层次、规模也越来越多样化。

4. 国际对外直接投资的地区结构也发生很大变化，投资重点向发达国家转移

第二次世界大战后国际对外直接投资一改战前主要流向附属国和殖民地的特点，发达国家相互之间的投资占很大部分比重。美国、欧洲、日本三大区域之间的直接投资占世界对外直接投资总额的80%以上。从投资母国来看，英国、美国、日本、德国、法国五个最大的对外投国对外直接投资占世界直接投资总额的70%以上。

5. 发展中国家在吸收外国直接投资的同时，也开展了对外直接投资

发展中国家对外直接投资一方面是为了引进先进技术、设备、管理经验及人才，另一方面是为了开拓国际市场，进一步发展其民族资本，促使本国企业参与国际经济的竞争与合作，从而进一步扩大对外直接投资规模。由于中国近年经济的飞速发展，中国对外投资势头上升，成为发展中国家的主要对外投资国之一。

6. 投资方式发生很大变化

跨国公司的投资方式由过去单一的独资经营、控股经营转变为灵活多样的参股经

营、非股权安排下的合作经营、企业兼并收购等,以达到迅速占领市场、扩大市场份额、降低经营风险、绕过东道国的严厉管制等目的,在实行生产与销售一体化经营方面可以掌握更大主动权,拥有更多机动性和灵活性。

(四)国际直接投资的最新发展

2018 年,国际直接投资流量继续下滑,这是国际直接投资连续第三年出现下降,一个重要原因是 2017 年年底美国实行税制改革,导致跨国企业累积的国外收益大规模汇回本国。

1. 流入发达经济体的国际直接投资减少

根据联合国贸易和发展会议发布的《2019 年世界投资报告》,2018 年流入发达经济体的外国直接投资达到 2004 年以来的最低点,减少了 27%。流入欧洲的投资减少了一半,不到 2000 亿美元,流入美国的投资量也减少了 9%,至 2520 亿美元。

2. 流入发展中国家的国际直接投资保持稳定

流入发展中国家的国际直接投资保持稳定,增长了 2%。由于这种增幅以及发达国家的国际直接投资的异常下降,发展中国家在全球外国直接投资流入量中所占份额上升到 54%,创下历史新高。

3. 流入转型期经济体的国际直接投资继续下降

流入转型期经济体的国际直接投资继续下降,减少了 28%,至 340 亿美元,原因是流入俄罗斯的国际直接投资减少了 49%。

4. 基础国际直接投资增长乏力

自 2008 年以来,基础外国直接投资呈现增长乏力趋势。扣除税收改革、巨额交易和不稳定的资金流动等一系列因素,国际直接投资的年均增长率仅为 1%,而 2000～2007 年为 8%,2000 年以前则超过 20%。原因包括外国直接投资回报率下降、投资形式日益转向轻资产型和不太有利的投资政策环境。

三、国际直接投资的作用

随着国际对外直接投资的规模越来越大,范围和行业越来越多,对世界各国包括其母国和东道国的经济、政治、国内外贸易、金融、法律,甚至人们的日常生活等诸多方面产生了深刻而广泛的影响。

(一)对外直接投资对投资母国的影响

1. 对外直接投资对发达国家投资母国的影响

(1)对发达国家经济的促进作用

对于大多数发达国家来说,由于国内巨额资本积累,直接干扰了本国经济正常运行。

对外直接投资一方面输出本国国内过剩资本，带动相关商品如原料、机器设备、技术专利等的出口，另一方面，在当今贸易保护主义日渐兴起的情况下，通过对外直接投资可以有效突破东道国严厉的贸易壁垒和贸易政策，为本国商品在东道国市场上销售打开局面，建立桥头堡。

（2）对发达国家的不利影响

对发展中国家尤其是对国内政治、经济形势很不稳定的发展中国家的投资往往要冒很大的政治、经济风险，或是面对东道国严格的对外金融、贸易政策的管制。如果本国资本流出过多，势必影响本国国内投资额的增长，从而影响本国经济的发展。大量生产性资本流向国外，国内制造业等基础产业投资减少，就有可能发生"产业空心化"的现象。同时，资本大量涌出，会影响到国内金融货币政策的贯彻执行，干扰经济运行，增加失业率，对本国货币汇率、对外贸易、国际收支平衡方面产生负面影响。

2. 对外直接投资对发展中国家投资母国的影响

（1）对发展中国家经济的促进作用

一方面，对外投资额增加体现了该国经济实力增强，技术、商品具有比较优势；另一方面，在发展中国家之间进行投资，有利于发展中国家之间的"南南合作"关系的发展，增强发展中国家之间的团结合作。对发达国家开展投资活动则可以获得发达国家先进的技术、经营管理经验、设备、人才及市场信息，扩大发展中国家劳动密集型产品的出口，绕过发达国家设置的贸易壁垒，以期改善本国国际收支状况，促进本国技术进步、产业结构升级换代。另外，可利用发达国家完善的货币资本市场和金融制度进行当地融资，减轻自己外汇不足的压力，促进本国的资本积累。此外，还可通过学习发达国家的先进经验，完善本国金融制度，促进本国货币资本市场的发展。

（2）对发展中国家的不利影响

一般来讲，发展中国家和地区对外投资额较小，规模效应不显著。在国内资本和外汇短缺情况下对外投资与国内建设争夺投资资本，势必影响国内建设。对外投资对国际收支平衡的影响和"产业空心化"影响也更为严重。由于发展中国家在投资决策、投资管理上存在着制度性或习惯性的漏洞，加之投资人才的缺乏，投资效益参差不齐，难以实现其投资目的。此外，发展中国家往往制定了严格的外汇管制政策，限制了对外直接投资资本的自由流动。

（二）对外直接投资对投资东道国的影响

1. 对外直接投资对发达国家东道国的影响

第二次世界大战后初期，依靠对外直接投资，欧洲各国被战争严重破坏的国家经济迅速得到恢复和发展，并建成了化工、电子、航空航天、合成纤维等一大批完整的新兴工业体系。发达国家相互直接投资可以解决由于东道国对外直接投资而导致的国内投资不足的难题，创造新的就业机会，降低失业率，稳定熟练工人队伍，维持经济正常运行。同时，伴随对外直接投资而来的种种融资方式也刺激了本国货币、金融市场的进一步完善和发展，扩大了市场规模，加快了资金流通速度，完善了金融制度和政策。但外国直接投资投入过多，会造成某些经济部门被外资所控制，使这些部门对外资产生某些经济依赖。跨国公司战略决策变化以及世界经济和投资母国经济的变化也会对东道国的国内经济和政府经济政策的作用产生负面影响。

2. 对外直接投资对发展中国家经济的影响

（1）对发展中国家经济发展的促进作用

外资投入对解决大多数发展中国家面临的国内建设资金不足的难题起了一定的缓冲作用，增加了国内建设投资，而且在投资过程中伴随资金而来的技术、设备和专业人才等软、硬件投资部分弥补了国内技术落后、设备陈旧和人才匮乏的不足，加速了经济发展。同时，跨国公司等投资主体在生产性领域内的投资刺激了东道国工业的发展，增加了制造业产品的生产和出口，改变了国内外贸易条件，改善了国际收支状况。据统计，目前跨国公司在发展中国家雇佣的人数超过 2000 万，这对东道国经济无疑是一种有利的影响。国际直接投资对发展中国家经济稳定状态的影响效应与全球经济环境有很强的联动性。但是，也存在一定的滞后效应。因为国际直接投资一般为长期投资，资金的投入和抽离产生的效应都会在一段时间之后表现出来。另外，宏观经济的稳定性会反过来作用于国际直接投资，从而使发展中国家能更加有效地利用国际直接投资，促进其经济稳定发展。

（2）对发展中国家的不利影响

跨国公司通过直接投资的种种手段，将发展中国家珍贵的自然资源开发、生产控制在自己手中，进行掠夺式的开发，操纵国际市场上初级产品价格，使发展中国家蒙受巨大损失；通过"划拨价格"转移利润，使发展中国家资本外流；对发展中国家进行的直接投资往往集中于某些重点部门、行业，使这些部门、行业部分或完全受国外控制，甚至可以左右一国经济局势；向发展中国家转移污染重、耗能大的工业，造成严重的环境污染等社会公害。同时，外资转让的技术也只是过时的二三流技术，以保持对发展中国家的技术垄断。更为严重的是，外国资本往往通过经济手段左右一国的政治局势，为自己谋取更多利润，创造一个适宜的社会环境。

因此，各国在引进外资时较注重对投资的管理和利用，以扬长抑短。由于不同国家国内经济、政治情况不尽相同，对外国直接投资的管理和政策也不尽相同。在发达国家中，北美洲和西欧各国对外国直接投资限制极少，特别是美国为了削减其巨额国际贸易赤字和政府预算赤字，鼓励外国对美国投资并给予外国投资以税收、待遇等方面的优惠。加拿大政府长期奉行鼓励外资的政策。西欧各国也实行长期吸引外资的政策。德国在利用外资发展经济方面的成绩尤为突出。日本则是采取循序渐进的措施。在发展中国家中，拉丁美洲国家利用外资成绩突出、历史长。借助外资，拉丁美洲国家在 20 世纪六七十年代曾经创造了经济高速发展的奇迹，出现不少新兴工业化国家，但同时也带来了沉痛的教训。新加坡采取积极吸收外资和出口导向相结合的发展方针，取得了显著成效。

第二节　国际直接投资的企业形式

企业型国际直接投资的特点是，国外投资者按照东道国的有关法规在东道国单独出资或与其他投资者（包括东道国投资者）共同出资设立经济实体，并直接参与该经济实体的经营决策和管理。在企业型国际直接投资中，国外投资者在东道国所设立的经济实体一般可以分为外商独资企业、国际合资经营企业、国际合作经营企业和外国企业常驻代表机构等四种类型。

一、外商独资企业

（一）外商独资企业的定义

外商独资企业是指由国外投资者投入包括所有的技术、固定资产、流动资金等在内的全部资本，依照东道国的法律，经东道国政府批准，在东道国境内设立企业并独立经营、自负盈亏、独立承担法律责任的经济组织或法人实体。这种直接投资方式源于个人企业形态，独立经营自己的业务，自主决定企业组织形式，自行聘用国内外职工，按照劳动合同制规定解雇职工。

（二）外商独资企业的组织形式和法律特征

1. 组织形式

根据各国涉外投资法规的有关规定，外商独资企业可以组成法人实体，如采用有限责任公司或股份有限公司的组织形式；也可以不组成法人实体，如采用个人独资企业或合伙制企业的组织形式。在实践上，外商独资企业大多具有法人资格，采用有限责任公司或股份有限公司的组织形式。

2. 法律特征

外商独资企业的法律特征可以概括为以下三个方面。

第一，独资企业是按照东道国的有关法规在东道国境内设立的，具有东道国国籍，东道国对其具有属地和属人双重管辖权。外商独资企业的这一法律特征使之与外国企业常驻代表机构相区别。

第二，外商独资企业的全部注册资本由国外投资者所拥有。外商独资企业的这一法律特征使之与国际合资经营企业和国际合作经营企业相区别，但它们又各有优劣。与国际合资经营企业和国际合作经营企业相比，外商独资企业的优势在于，国外投资者可以获得企业的绝对控制权，从而可以维持其原有的经营管理风格，贯彻其原有的经营管理战略，并较好地保守其商业秘密；外商独资企业的劣势在于，国外投资者不能与东道国的投资者分摊投资风险，且不能充分利用东道国的投资者在天时、地利和人和等方面的优势。

第三，外商独资企业一般是一个独立承担民事责任的经济实体和法人实体。外商独资企业的这一法律特征使之与外国企业常驻代表机构相区别。

（三）外商独资企业的意义和影响

1. 独资经营对投资者的意义和影响

对投资者而言，独资经营既有有利的一面，也有不利的一面。从有利的一面来看，独资经营主要有以下优点。

1）有助于实现母公司的战略目标。外商独资企业是跨国公司全部拥有股权的企业，受其完全控制，在母公司内部一体化的体制下，可以帮助母公司实现其战略目标，分担一定的任务，起到一定的作用。例如，独资公司凭借母公司在人员、技术和销售方面的优势，击败竞争对手，占领当地市场，实现母公司的全球化战略。

2）有利于提高企业经营管理的效率。由于外资企业是由国外投资者独资经营管理的，因而可以全面应用其科学管理方法，而且可以避免国际合资经营企业和国际合作经营企业经营决策中的矛盾和冲突，提高办事效率。另外，全部资本由外商投入，也可以优化企业的资本结构，提高资金运作效率，还可以避免发展中的短视行为，更加注重企业的长远利益，不断提高管理效率，增强企业实力。

3）能促使投资者大胆地投入尖端的技术和先进的设备。由于外商独资企业有条件控制企业的先进技术，企业保密程度很高，可以保证某些高精尖技术不落入当地企业之手，有利于保持其在国际市场的竞争地位，因而国外投资者就能够大胆地投入某些在世界上具有领先地位的技术和设备，采用较为先进的管理方法和先进工艺，优化产业技术结构。

4）设立简便。只要外部环境基本相同或相似，跨国公司完全可以以一个成功的企业为范例，将一个外商独资企业在东道国不断加以复制，从而降低大量的市场调研、企业规划、厂房设计、人员配备等方面的成本，而不必像合资企业那样要进行烦琐的谈判协商等，从而大大降低企业设立的前期准备，节约时间和成本。

5）受政府的干预较少，有利于适应投资者的多方面投资要求。投资者向国外投资，除考虑关税壁垒、运输费用、生产规模、当地市场、潜在市场增长率以及制造成本等重大经济因素之外，还可能有政治方面的考虑和投资战略要求，如避免过多的东道国政府干涉，或者将某些使用年限较久、较为陈旧的设备出口到东道国，将某些在国内技术含量较低、已淘汰或即将淘汰的产品生产转移至国外，充分占领东道国市场等。为达到这些要求，最好的办法就是设立外商独资企业。

6）充分利用自己的销售网络，扩大产品销路。外商独资企业的产品全部由外商在自己的销售网络中销售，而不必受东道国政府内外销售比例的制约。这样可以充分参与市场竞争，占领当地市场，扩大营销网络，而且可以保护自己的销售技巧，减少商业秘密泄露的机会。由于外商独资企业在企业内部制度等方面具有的这些优势，而且随着我国投资环境的逐步改善，这些优势日益明显并逐渐发挥显著作用，能大大提高外商独资企业的生产效率，降低其经营成本，显示合资企业所无法比拟的优势，因而其数目日益增多。

从不利的一面来看，投资者独资经营的缺点如下。

1）需要投入的资金多，承担的风险大。由于全部投资都由其独自承担，风险也自负，所以资金实力较弱的企业不宜采用此方式。

2）不利于利用当地的资源。由于没有当地合作方，因而不能得到当地资金、技术支持，也不能利用当地企业的营销渠道和人际关系。

3）不易得到当地政府和公众的支持，特别在一些民族意识较强的国家和地区可能会受到排斥，不利于经营活动的开展，在有些发展中国家，政府甚至不允许设立外商独资企业。

2. 外商独资企业对东道国的意义和影响

对东道国来说，独资经营的正面和负面作用表现在以下方面。

从正面看，独资经营会给东道国带来以下一系列好处。

1）外商独资企业一般采用较先进的技术、设备和管理方法，生产的产品也具有较强的竞争力，能通过"示范作用"带动国内技术水平和管理水平的提高。

2）能增加国内就业机会，带动原材料生产，半成品加工，商业、运输业的发展，从而促进本国经济的发展。

3）东道国不必付出资金，也不必承担投资风险和经营风险，又可以从税收、土地使用费等方面获得收入。

从负面看，独资经营的缺陷如下。

1）不能直接参与企业的经营管理，在技术和管理方面不利于培养东道国人才。对企业缺乏有效监控，万一在重要行业形成垄断，会使东道国的国民经济受控于人。

2）跨国公司的技术垄断进一步加强。技术优势是跨国公司经营的立身之本，因此跨国公司往往将最新技术转移给它们的分支机构，而把陈旧的技术转移给当地公司或合资公司，从而在很大程度上减少了跨国公司先进技术的溢出效应，限制了东道国先进技术的获得。

3）导致东道国的逆向技术扩散问题。外商独资企业以优越的条件吸引了东道国的高级科技人才，并且从东道国企业挖掘人才和技术，这实际上是向跨国公司免费扩散技术，从而导致东道国的逆向技术扩散问题。发展中国家"以市场换技术"的战略不但没有换得技术，甚至连自己的技术都在合作中丧失。

4）东道国不能分享外商独资企业的利润，同时造成东道国国内企业大量市场的丧失，严重冲击民族产业。外商独资企业数量日益增多，它们通过树立良好的企业形象和品牌形象，提高产品的科技含量，增强产品的竞争力，将产品的额外成本降到最低，因而进一步扩大了国内产品与其产品的差距，在市场上居于绝对优势地位，挤占了东道国许多产品的市场。例如，我国许多行业，如软饮料、家用洗涤剂、护肤护发品等早已是外国品牌一统天下。我国许多产品的市场都拱手让给跨国公司，并且也限制了我国制造业企业出口的增加；削弱了我国企业在国际市场上的谈判能力。因此，大部分国家对独资经营采取了比合资经营更为严厉的限制措施。除有些发展中国家不允许外商在本国独资经营外，包括发达国家在内的许多国家对外商独资企业的行业范围均进行了明确规定，一般情况下电力、交通、电信、军工等涉及国计民生和国家安全的行业都不允许外商独资经营。

（四）在中国的外商独资企业

在中国，专门规范外商独资企业的法律法规主要有《中华人民共和国外商投资法》和《中华人民共和国外商投资法实施条例》。此外，还包括在中国境内的内外资企业都适用的《中华人民共和国公司法》《中华人民共和国个人独资企业法》《中华人民共和国税收征收管理法》《中华人民共和国企业所得税法》等。

1. 相关法律规定

根据 2019 年 3 月 15 日第十三届全国人民代表大会第二次会议通过的《中华人民共和国外商投资法》（2020 年 1 月 1 日起施行）和 2019 年 12 月 12 日国务院第 74 次常务会议通过的《中华人民共和国外商投资法实施条例》（2020 年 1 月 1 日起施行），自 2020 年 1 月 1 日起，原有的《中华人民共和国中外合资经营企业法》《中华人民共和国外资企业法》《中华人民共和国中外合作经营企业法》《中华人民共和国中外合资经营企业法实施条例》《中外合资经营企业合营期限暂行规定》《中华人民共和国外资企业法实施细则》《中华人民共和国中外合作经营企业法实施细则》同时废止。本章后面对"合资企业"和"合作企业"相关法律规定同样适用新规。

依据《中华人民共和国外商投资法》和《中华人民共和国外商投资法实施条例》，对外商投资企业的登记、出资、融资、投资领域等做如下要求。

《中华人民共和国外商投资法实施条例》第三十七条规定，外商投资企业的登记注册，由国务院市场监督管理部门或者其授权的地方人民政府市场监督管理部门依法办理。国务院市场监督管理部门应当公布其授权的市场监督管理部门名单。外商投资企业的注册资本可以用人民币表示，也可以用可自由兑换货币表示。

《中华人民共和国外商投资法》第三十一条规定，外商投资企业的组织形式、组织机构及其活动准则，适用《中华人民共和国公司法》、《中华人民共和国合伙企业法》等法律的规定。

《中华人民共和国外商投资法实施条例》第十八条规定，外商投资企业可以依法在中国境内或者境外通过公开发行股票、公司债券等证券，以及公开或者非公开发行其他融资工具、借用外债等方式进行融资。

《中华人民共和国外商投资法实施条例》第二十二条规定，外国投资者在中国境内的出资、利润、资本收益、资产处置所得、取得的知识产权许可使用费、依法获得的补偿或者赔偿、清算所得等，可以依法以人民币或者外汇自由汇入、汇出，任何单位和个人不得违法对币种、数额以及汇入、汇出的频次等进行限制。

外商投资企业的外籍职工和香港、澳门、台湾职工的工资收入和其他合法收入，可以依法自由汇出。

《中华人民共和国外商投资法》第二十八条规定，外商投资准入负面清单规定禁止投资的领域，外国投资者不得投资。外商投资准入负面清单规定限制投资的领域，外国投资者进行投资应当符合负面清单规定的条件。外商投资准入负面清单以外的领域，按照内外资一致的原则实施管理。

2. 外商独资企业在中国的发展状况

从外商在中国直接投资的进入方式及演变的时间历程来划分，外商独资企业的发展可划分为三个不同的阶段。第一阶段是从改革开放之初到 1991 年，这是外国资本进入中国的初级阶段，主要采取合资合作的形式，外商独资企业所占份额很少且不稳定。第二阶段为 1992—1997 年，这是外资大规模投资中国阶段，外商独资企业所占比重开始大幅度上升，从 27.0% 上升到 34.6%，而中外合资所占比重开始下滑。第三阶段是 1997

年之后，外商独资化趋势明显增强，主要表现为外商越来越多地采用独资方式设立企业，或者通过收购中方股东的股份对原有的合资企业实现独资，通过对国有企业的收购实现独资。1998 年起，外商独资经营企业所占比例首次超过了中外合资经营企业，成为我国主要的外资利用方式。此后，外商独资企业所占比例一直急剧增长。毋庸置疑，外商独资正成为跨国公司进入中国的主流模式。

二、国际合资经营企业

（一）合资企业的含义

合资经营是指由两个或两个以上不同国家的投资者共同出资，在选定的国家或地区（一般在投资者一方所在国家或地区），依照当地政府的有关法律设立股权式合营企业，由投资人共同经营、共同管理、共负盈亏，并按股权比例共担风险。其中，joint venture 一词便有"共同冒险"的含义。

合营企业包括股权式合营企业和契约式合营企业两种类型。

1. 股权式合营企业

股权式合营企业（equity joint venture）是指公司制合营企业，包括有限责任公司和股份有限公司。股权式合营企业的特点是，合营者即股东的出资必须折合成出资比例，且按照各自的出资比例分配企业剩余控制权（即企业所有权）；股东会和董事会的议事规则一般采用少数服从多数原则，即企业的一般事项只需经拥有 1/2 以上投票权的股东或董事同意即可做出决议，企业的重大事项只需经拥有 2/3 以上投票权的股东同意即可做出决议。

2. 契约式合营企业

契约式合营企业（contractual joint venture）是指合伙制企业，包括普通合伙制企业和有限合伙制企业。契约式合营企业的特点是，合营者即合伙人的出资不必折合成出资比例，企业的剩余控制权按照事先签订的合营契约即合伙契约进行分配。

（二）国际合资经营企业的组织形式和法律特征

1. 组织形式

国际合资经营企业的组织形式为公司制企业，主要包括有限责任公司和股份有限公司两种类型。

2. 法律特征

国际合资经营企业的法律特征可以概括为以下两个方面。

第一，国际合资经营企业的组织形式为公司制企业，而公司制企业是一种非常标准化的企业组织形式，企业的剩余控制权按照各投资者的出资比例进行分配，各投资者的一切权利和义务主要与其出资比例挂钩，规则（制度安排）简单明了。国际合资经营企业的这一法律特征使之与国际合作经营企业相区别，但两者又各有优劣。与国际合作经营企业相比，国际合资经营企业的优势在于，各投资者之间的事前谈判成本和事后协调成本都比较低；国际合资经营企业的劣势在于，非常标准化的规则无法满足各投资者的某些特殊需要。

第二，国际合资经营企业由国外投资者和东道国的投资者共同出资。国际合资经营企业的这一法律特征使之与外资企业相区别，但两者又各有优劣。与外资企业相比，国际合资经营企业的优势在于，国外投资者和东道国的投资者可以实现优势互补，并可分担投资风险；对于国外投资者而言，国际合资经营企业的劣势在于，它必须与东道国的投资者分享企业的剩余控制权，因而很有可能无法维持其原有的经营管理模式和经营管理战略，也很有可能无法较好地保守其商业秘密，还有可能会不时地与东道国的投资者产生某种冲突。

（三）合资经营的意义和影响

合资经营方式对合资各方产生的影响不尽相同，主要表现在以下方面。

1. 合资经营对国外投资者的意义和影响

从积极的方面来说，合资经营对国外投资者的意义如下。

1）可以减少资金的投入，让东道国分担风险。

2）有利于充分利用"当地化"优势。合资方熟悉当地政治、经济、法律、社会环境，有当地市场的信誉、供货与销售渠道，同当地银行、政府的联系密切，这些以及其具有的生产、技术、管理、营销技能都是企业进入东道国市场和发展所需的资源。

3）改善同东道国政府和公众的关系。合资企业具有东道国民族经济身份，易得到当地政府和公众的支持，企业被征用、没收的可能性较小。

合资经营对国外投资者的负面影响在于国外投资者的经营决策权力受到不同程度的制约，除向当地交纳税收外，其投资收益的利润也会被东道国企业分配。

2. 合资经营对东道国的意义和影响

从积极的方面说，合资经营对于东道国的意义如下。

1）便于对外资的监督和控制，由于可以直接派人进入公司的决策层，能实施比对外商独资企业更有效的控制。

2）利用外资弥补了国内建设资金的不足，东道国还可以分享利润，获得税收收入。

3）有利于引进先进设备、技术、管理方法，这比独资经营的技术扩散效应更快。

4）可以利用外方投资者的国际销售渠道，开拓国际市场，扩大出口创汇，改善国际收支。

5）可以增加就业机会并培养高素质的、通晓国际惯例的经营管理人才。

合资经营方式对东道国的负面影响表现为，在对外资管理不善的情况下，可能会付出沉重代价。如国外投资者在以实物、工业产权、专有技术出资时，过分高估其价值，或者以转移定价方式转移企业利润等，都会严重损害东道国利益。

（四）在中国的国际合资企业

在中国，专门规范国际合资的法律法规主要有《中华人民共和国外商投资法》和《中华人民共和国外商投资法实施条例》。此外，还包括在中国境内的内外资企业都适用的《中华人民共和国公司法》《中华人民共和国税收征收管理法》《中华人民共和国企业所得税法》等。

1. 相关法律规定

关于合资企业相关法律规定，外商独资企业部分所述的相关法律规定在此同样适用，在此不再赘述。除《中华人民共和国外商投资法》和《中华人民共和国外商投资法实施条例》外，在中国的国际合资企业的设立、合并、分立、解散、纳税等同样遵守《中华人民共和国公司法》《中华人民共和国企业所得税法》等相关法律规定。

2. 合资企业在我国的发展状况

从 20 世纪 70 年代末至 90 年代中期，合资企业持续稳定发展；20 世纪 90 年代以后，合资企业的发展停滞不前，并有所萎缩；从 20 世纪 80 年代中期至 20 世纪 90 年代中期，合资企业曾是外商在我国占主导地位的企业型国际直接投资方式。进入 21 世纪，过往以建立中外合资企业为主要投资方式的跨国公司越来越多地转向"独资"，而其中一部分是以合资合作进入我国市场，在原有的合作基础上扩大股权占比，实现控股最终达成独资的中外合资企业。于是，跨国公司在我国投资的"合资-独资"意图慢慢变得清晰，而我国企业遇到的挑战也更严峻，过去"以市场换技术"的目标不再可取，在主动和被动地融入全球化的进程中就需要更多地把握主动权，迎接来自跨国公司的挑战。

三、国际合作经营企业

（一）国际合作经营企业的定义

合作经营是指两国或两国以上的投资者，在相互协商签订的合同或契约基础上共同进行经济合作活动的一种形式，合作双方的权利和义务都在签订的合同中确定，因此又称为契约式合营。合作经营形式与合伙企业形态十分类似，也是对外直接投资的一种重要形式。

（二）国际合作经营企业的组织形式和法律特征

1. 组织形式

国际合作经营企业的组织形式为合伙制企业。合伙制企业的合伙人既可以是个人，又可以是法人。合伙制企业一般可以分为普通合伙制企业和有限合伙制企业两种类型。普通合伙制企业的合伙人都是普通合伙人，每个合伙人都直接参与企业的经营决策和管理，并承担无限连带责任。有限合伙制企业必须包括至少一个普通合伙人和至少一个有限合伙人，其中每个普通合伙人都直接参与企业的经营决策和管理，并承担无限连带责任，而每个有限合伙人一般不直接参与企业的经营决策和管理，并以其出资额为限承担有限责任。

2. 法律特征

国际合作经营企业的法律特征可以概括为以下两个方面。

第一，国际合作经营企业的组织形式为合伙制企业，而合伙制企业的规则非常灵活，各投资者的一切权利和义务均可通过协商来解决，并须在事先签订的合作契约中加以说明。国际合作经营企业的这一法律特征使之与国际合资经营企业相区别。与国际合资经营企业相比，国际合作经营企业的优势在于，灵活的规则可以满足各投资者的某些特殊需要；国际合作经营企业的劣势在于，由于合作契约本身的不完备性（根据现代契约理论，任何市场契约都具有不完备性），各投资者按照事先签订的合作契约所分配到的剩余控制权不是非常明确，企业难以形成一个非常有效的事后协调机制，各投资者的事前谈判成本和事后协调成本都比较高。

第二，国际合作经营企业由国外投资者和东道国的投资者共同出资。国际合作经营企业的这一法律特征使之与外资企业相区别。

（三）在中国的合作企业

在中国，专门规范国际合作经营企业的法律法规主要有《中华人民共和国外商投资法》《中华人民共和国外商投资法实施条例》《中华人民共和国合伙企业法》《中华人民共和国公司法》等。

在中国的国际合作经营企业又被称作中外合作企业。中外合作企业可以分为具有法人资格的中外合作企业和不具有法人资格的中外合作企业两种类型。

1. 相关法律规定

中外合作企业的组织形式较为特殊。不具有法人资格的中外合作企业的组织形式与普通合伙制企业较为类似，只是有关法规没有明确规定各投资者需要承担无限连带责任，而《中华人民共和国合伙企业法》也不允许法人成为合伙企业的合伙人。除合作企业合同另有约定外，合作各方以其投资或者提供的合作条件为限对合作企业承担责任。合作企业以其全部资产对合作企业的债务承担责任。

关于合作企业相关法律规定，外商独资企业部分所述的相关法律规定在此同样适用，在此不再赘述。除《中华人民共和国外商投资法》和《中华人民共和国外商投资法实施条例》外，在中国的合作企业的设立、合并、分立、解散、纳税等同样遵守《中华人民共和国公司法》《中华人民共和国合伙企业法》《中华人民共和国企业所得税法》等相关法律规定。

2. 在中国的发展状况

在 20 世纪 70 年代末 80 年代初，中外合作企业曾是外商在我国占主导地位的企业型国际直接投资方式。但是，中外合作企业的发展脚步一直相对缓慢，在 20 世纪 80 年代中期被中外合资企业赶上，在 20 世纪 90 年代初期又被外资企业赶上，到 20 世纪 90 年代中后期处于停滞不前状态。

2010 年以后，中外合作企业发展迎来新契机。2017 年 7 月工业和信息化部中小企业发展促进中心发布的《中小企业"一带一路"同行计划》提出，在国内共建中外合作园区，扶持外向型中小企业在国内集聚发展，通过展览展销、团组考察、人才培训、招商引资、项目对接、服务体系建设等方式培养园区企业国际合作能力。同年 8 月，工业和信息化部、中国国际贸易促进委员会联合印发《关于开展支持中小企业参与"一带一路"建设专项行动的通知》，旨在促进我国中小企业与沿线各国积极开展经济技术合作和贸易投资往来。

四、外国企业常驻代表机构

（一）外国企业常驻代表机构的定义

外国企业常驻代表机构是指资本输出国的企业（即跨国企业或跨国公司）为拓展其国际业务的需要而在东道国设立的分支机构或代表处。其中分支机构可以直接从事经营活动；代表处的活动范围一般仅限于收集信息、联系客户或委托东道国的代理商从事经营活动，代表处本身不能直接从事经营活动。

（二）外国企业常驻代表机构的法律特征

外国企业常驻代表机构的法律特征可以概括为以下两个方面。

第一，外国企业常驻代表机构在法律上与其总公司同属一个市场主体，而其总公司是按照资本输出国的有关法规在资本输出国境内设立的，具有资本输出国国籍。因此，东道国对外国企业常驻代表机构只有属地管辖权，而无属人管辖权。外国企业常驻代表机构的这一法律特征使之与外商投资企业相区别。

第二，外国企业常驻代表机构的所有权完全属于其总公司，跨国企业对其设在东道国的常驻代表机构的经营管理具有绝对控制权。外国企业常驻代表机构的这一法律特征使之与外资企业有许多相似之处。两者的不同之处在于，前者不是一个独立的市场主体，而后者是一个独立的市场主体。

（三）在中国的外国企业常驻代表机构

在中国，专门规范外国企业常驻代表机构的法规主要有国务院于 1980 年 10 月 30 日发布的《中华人民共和国国务院关于管理外国企业常驻代表机构的暂行规定》。

1. 提出申请

外国企业确有需要在中国设立常驻代表机构的，必须提出申请，经过批准，办理登记手续。未经批准、登记的，不得开展常驻业务活动。外国企业提出申请的内容包括常驻代表机构名称、负责人员、业务范围、驻在期限、驻在地点等。常驻代表机构要求变更机构名称、负责人员、业务范围、驻在期限、驻在地点时，应当向原批准机关提出申请，获得批准后，持批准证件向中华人民共和国国家市场监督管理总局办理变更登记手续，缴纳变更登记费，并向当地公安机关申请办理居留证件的变更手续。

2. 中介服务

外国企业常驻代表机构租用房屋、聘请工作人员，应当委托当地外事服务单位或者中国政府指定的其他单位办理，不得自己直接办理。

3. 纳税

由于外国企业的注册地和所属关系在海外，其常驻代表机构在缴纳所得税时，只需对其源自中国的收入纳税，对其源自海外的收入则不必纳税。外国企业常驻代表机构在缴纳流转税时与其他外商投资企业没有任何区别。

第三节　跨国公司

作为最重要的国际投资主体，跨国公司是国际投资活动，特别是国际直接投资活动的主要承担者。经过第二次世界大战后几十年来的大发展，跨国公司已经成为当代国际经济活动的主要力量。它既是国际直接投资的主体，又是国际证券投资、国际信贷和国际贸易的主要参加者，当前世界上一些重大的经济和政治问题，几乎都与跨国公司有密切关系。跨国公司的对外直接投资和全球性经营战略给世界经济发展带来了深刻的影响。无论在发达国家还是在发展中国家，跨国公司对其经济增长所发挥的作用都是不容低估的。

一、跨国公司的定义

顾名思义，跨国公司是从事跨国经营的公司。现在，普遍使用的名称有两个：一个是多国公司（multinational corporation，MNC），一个是跨国公司（transnational corporation，TNC）。前者多采用弗农的定义，后者则采用联合国的有关定义。

弗农认为多国公司是由共同所有权纽带所联成一体并具有共同管理策略的一群不同国籍的公司。弗农本人在以后的著述（包括与他人的合著）中，对多国公司的定义做了某些补充。结合弗农前后的论述来看，他认为多国公司至少具有以下三方面的特征：①由母公司和一些不同国籍的子公司所组成，共同所有权成为其相互联系的纽带；②它们依赖共同的资源组合，如货币和信用、信息和系统，以及专利和商标等；③它们受控于某个共同的战略。

1973 年，联合国经济及社会理事会组织提出了一个权威性的定义："多国公司是这样的企业，其拥有或控制以境外为基地的生产或服务机构。这种企业并不总是股份公司或私人公司，它也可以是合作社或国家所有的经济实体。"在 1974 年联合国经济及社会理事会组织第 57 次会议上，一位拉丁美洲国家代表指出，"多功能公司"的名称曾被用来指在安第斯条约国家里，由两个或几个国家共同创办和经营的公司，这些公司不同于以一国为基地从事国外经营的企业，因此，建议后者叫"跨国公司"，以示两者的区别。经讨论，这个意见被采纳了。从此以后，联合国出版的书刊中，都统一使用"跨国公司"这个名称。

在 1980 年 5 月联合国跨国公司中心第六次会议上，跨国公司的定义在以下几个方面取得了一致意见：①跨国公司指一个工商企业，组成这个企业的实体在两个或两个以上的国家经营业务，而不论其采取何种法律形式经营，也不论其在哪一个经营部门经营；②这种企业有一个中央决策体系，因而具有共同的政策，这些政策反映企业的全球战略目标；③这种企业的各个实体分享资源、信息，也分担责任。

本书统一采用"跨国公司"这一名称，结合参考以上两种定义，将跨国公司定义为具有全球性经营动机和一体化的经营战略，在多个国家拥有从事生产经营活动的实体，并将它们置于统一的全球性经营计划之下的大型企业。

二、跨国公司的特征

跨国公司与只在国内经营的公司相比，其根本区别在于前者跨越国界经营，特别是既在国内，又在国外从事生产等活动。由于从事国际生产，跨国公司在经营管理上具有同国内公司许多不相同的特征，这些特征可以概括为经营环境复杂化和内部交易国际化两个方面。

（一）经营环境复杂化

跨国公司的基地（母公司）设在母国，分支机构设在东道国。由于机构分设在不同的国家，这些国家可能在政治、法律、经济和文化等方面存在差别，甚至迥然不同，这就会给公司的经营活动带来不同的影响。即使母国和东道国上述各方面的环境极为相似，各自的政府为了本国的利益，行使各自的主权，跨国公司分支机构与东道国之间的外交关系也会对公司的经营活动产生影响。如果子公司分布在许多国家，公司的经营环境就更加复杂，其复杂性即使与那些在国内拥有许多分支机构的非跨国公司相比，也不是只存在着"量"的差别，而是具有某些"质"的不同。这些质的不同主要表现在跨国公司在国外会面临被称为"国别风险"的特殊投资风险和获利机会。例如，跨国公司的子公司可能会由于东道国政治、经济局势的变动，或公司的活动与东道国的利益发生冲突而作为外资企业被征用、没收或国有化；资本的撤回或利润的汇回可能会被冻结或受到限制；公司所持有的多种货币或以不同货币计值的资产可能会由于汇率的变动而招致损失等。公司必须采取有效的措施来减少或避免这些风险，才能获得生存和发展。当然，公司也可以通过外汇交易、内部资金调拨和商品劳务等转移价格等方式，利用有关国家汇率的变动、税法和税率的差别与变动等取得额外的收益。这些风险和收益，都是非跨国公司没有的。

（二）内部交易国际化

与只在国内经营的非跨国公司比较，跨国公司的母公司与子公司之间，以及各子公司之间的内部经济联系，已不单纯是公司内部事务，也不只是一国范围内的经济活动，而是成了国际经济的进出口贸易，技术转移表现为国际上的技术转让等。公司的上述每项活动都涉及这一国与那一国之间的经济关系。如果公司对这些活动处理得当，可以给有关的国家双方都带来经济利益，成为国际经济合作的纽带；如果处理不当，就可能会有利于一方而有损于另一方，甚至给双方都造成经济损失，成为国际矛盾和冲突的导火线。

跨国公司的内部交易国际化的特性，还使任何一个主权国家的政府难以单独地对其实行有效的管辖，只有通过有关国家政府间的协调行动才能取得较好的效果。

三、跨国公司的产生和发展

跨国公司产生与发展的历史可以追溯到 17 世纪英国等老牌资本主义国家的一批以母国炮舰政策为后盾，从事贸易和航运为主的特权贸易公司，如东印度公司（The British East India Company）等。随着资本主义经济的发展壮大，特别是以电力发明和使用为标志的第二次工业革命，广泛使用机器生产，急需廉价的工业原料，一些大公司逐步改变其海外经营策略，由非生产性投资转向大规模的生产投资，一批凭借自身优势，以制造业为主的跨国公司相继出现。100 多年来，跨国公司的发展大体上经历了三个阶段。

（一）19 世纪后期至第一次世界大战出现的早期跨国公司

19 世纪 60 年代开始，一批制造业大公司通过对外直接投资，在海外设立分支机构和子公司，成为现代跨国公司的先驱。其中比较有影响的有：1965 年，联邦德国拜耳公司在美国纽约州的奥尔班尼开设了制造苯胺的工厂；1866 年，瑞典制造甘油、炸药的诺贝尔公司在德国汉堡开设了炸药工厂；1867 年，美国胜家缝纫机公司在英国格拉斯哥创办缝纫机装配厂；1885 年，英国莱佛兄弟公司在利物浦用椰子油作原料，制造肥皂，并在所罗门群岛和西非开发椰子种植园；等等。此后，美国威斯汀豪斯电气公司、爱迪生电气公司、柯达公司以及后来在全球石油业占垄断地位的石油"七姐妹"也都纷纷进行海外直接投资，这批早期的跨国公司除了在竞争中失败而被淘汰的外，后来大都发展成为跨国垄断公司。

（二）两次世界大战之间的跨国公司

这一时期，由于两次世界大战和 1929—1933 年资本主义世界经济危机的影响，跨国公司的发展比较缓慢，但是，跨国公司之间的竞争则十分激烈，如英国和德国的化学公司之间，英国、荷兰和美国的石油公司之间都展开了激烈的竞争。这一时期，美国跨国公司的发展比较快，跨国公司数量由 1913 年的 100 余家发展到 1939 年的 700 多家。此外，这一时期制造业跨国公司的发展也比较快。以美国为例，第一次世界大战前，制造业的海外投资占全部海外直接投资的比重不足 1/5，而到 1940 年，这一比重上升到超过 1/4。

（三）第二次世界大战后的跨国公司

第二次世界大战后，随着西方发达国家对外直接投资的急剧增长，跨国公司也得到了迅速发展。根据商务部研究院发布《跨国公司在中国：新格局孕育新机遇》研究报告，截至 2019 年年底，在华投资的跨国公司已经突破 100 万家，世界 500 强公司中已有 490 余家在华投资。这一时期，跨国公司的发展具有以下特点。

1. 美国、欧洲和日本三方跨国公司在作为对外直接投资主角的同时，它们之间的格局则出现种种重要的变化

首先，美国的对外直接投资保持了遥遥领先的地位。第二次世界大战后，通过马歇

尔计划对西欧复兴提供援助，而与此同时，西欧各国则取消或放宽了对美国投资和商品输出的限制，美国公司对外直接投资迅速增长，1998 年，世界最大的前 10 家跨国公司中，美国占了五家，分别居第一、二、四、五、七位。而 1999 年销售额超过 1000 亿美元的八家大跨国公司中，美国占了五家。

其次，欧洲内部，英国的对外直接投资在世界上退居第二，德国的对外直接投资则迅速增长，跃居世界第三。面对美国公司的竞争压力，欧洲公司在近年来迅速发展和壮大。1997 年和 1998 年，欧盟国家的公司在世界最大 100 家跨国公司中分别占 45 家和 47 家。它们在争夺世界资本和产品市场中，开始向美国提出挑战。最近几年，欧洲公司并购美国公司的一些案例显示出这方面的迹象，增长最快的 10 家跨国公司中有九家是欧洲公司，而美国公司仅有一家。

最后，日本的对外直接投资虽然起步晚，但发展迅速。1997 年和 1998 年，日本公司在世界最大 100 家跨国公司中保持了 17 家的水平。近年来，由于日本经济持续疲软，日本对外直接投资流量减少，而流入量则大幅上升。以 1999 年为例，日本的 FDI 流出比 1998 年减少了 6%（为 230 亿美元），而流入则比上年翻了两番（为 130 亿美元），其主要原因是美国和欧盟的一些公司纷纷出手并购日本的公司，仅美国通用电气资本公司收购日本租赁公司交易额 66 亿美元，法国雷诺公司收购日本尼桑公司 37%的股份，据估计价值 54 亿美元。

2. 发展中国家和地区的跨国公司开始显露头角

发展中国家和地区的跨国公司有时也被人们称为多国企业、新兴的跨国公司。这里用"新兴的"这个词，是为了强调它们与西方发达国家的跨国公司存在的明显差别，后者因此也被称为"传统的"跨国公司。与西方发达国家的跨国公司相比，发展中国家和地区的跨国公司的规模与数量都还小，但它们的成长速度却是相当快的，是发达国家跨国公司的"竞争新手"。与发达国家跨国公司相比，发展中国家和地区的跨国公司具有以下一些特点。

1）发展中国家和地区的跨国公司往往采取与东道国当地企业合资的方式，比较受当地企业和政府的欢迎。

2）发展中国家和地区的跨国公司大多分布在其母国邻近的国家和地区，并且往往选择生产水平比自己低的国家和地区作为投资对象。当然，这种情况正在逐步改变，20 世纪 90 年代末以来，中国的海尔公司已经把美国、意大利等发达国家作为其投资对象。

3）发展中国家和地区的跨国公司在对外直接投资时，通常采用适合于发展中国家技术、经济和社会条件的所谓"适用技术"和小型、灵活、多功能的设备。这也是比较容易受当地企业和政府欢迎的。

4）跨国公司对外直接投资的方式由传统的"绿地投资"，变为以跨国并购为主。所谓"绿地投资"即在东道国投资建立新的企业，而跨国并购包括国外投资者对私有化的国有企业的收购。已完成的跨国并购价值从 1987 年的不到 1000 亿美元，增长到 1999 年的 7200 亿美元。跨国并购对发展中国家的经济产生了巨大和深远的影响，并引起一些发展中国家的忧虑。2000 年 2 月，时任马来西亚总理马哈蒂尔在联合国贸易和发展会议第 10 次会议演讲中的一段话反映了发展中国家政府的这种忧虑："……合并和收购……正在使大公司变得更大。现在许多这样的公司的金融实力比一些中等规模的国家都大。尽管我们欢迎它们与我们的当地企业进行合作，但我们还是担心，如果允许这些公司无条件地进入我们的国家，它们将会吞没我们所有的企业。"

四、跨国公司的组织结构

跨国公司的组织结构是决定企业能否经营成功的一个重要因素。一般来说，组织总是从属战略的，战略的制定总是先于企业组织结构的变化，并促进组织结构的演变。这意味着，企业的组织形式应与企业的总体战略目标相适应，使企业具有高效率的决策机制和畅通无阻的信息网络，以保证企业战略的顺利实施。因此，采取不同经营战略的跨国公司，就会形成不同类型和形式特点的组织模式。各个跨国公司的组织结构虽然不尽相同，而且也没有一种简单的标准可以作为企业选择最佳模式的依据，但企业在由国内经营转向跨国经营，或在全球市场上改变自己的经营方向与目标，从而需要改变自己的组织结构时，仍有些准则可以遵循，有一些基本的组织模式可以参考。

（一）母子关系组织结构

在母子关系组织结构中，母公司与子公司之间只存在松散的关系，如图4.1所示。每个子公司直接向母公司经理或董事会汇报业务，不需要任何管理上的中间环节，如地区总部和国际业务部等。这种模式赋予子公司极大的自主权，但子公司仍需遵守总部关于汇报和请示的要求，子公司经理必须对母公司总经理负责；反过来，母公司则不对子公司的经营负直接的责任，只是定期按股权收取红利，实际上只起着控股公司的作用。欧洲的许多跨国公司采取这种模式作为企业的组织形式，而对大多数美国的跨国公司来说，这种模式仅是组织形式演变过程中的一个过渡阶段，而不是常用的组织模式。

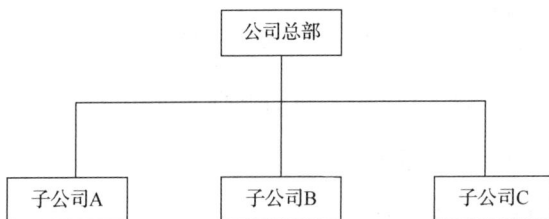

图4.1　母子关系组织结构

（二）国际事业部组织结构

在国际事业部组织结构中，母公司总部单独设立一个部门来统管其跨国经营活动，即国际事业部，如图4.2所示。该部门通常由企业的副总经理主管，他直接向总经理汇报工作。在大多数情况下，国际事业部的主要职责是制定跨国经营的政策和全球战略，负责出口、技术转让和国外直接投资业务，并负责协调企业各经营实体的国际经营活动。国际事业部可以利用各种金融手段为子公司筹措资金，可以充当各子公司之间交流经验的渠道，可以利用转移价格来减轻子公司的纳税负担。概括地说，国际事业部的任务就是发掘跨国公司经营中的各种潜力以提高企业的经济效益。

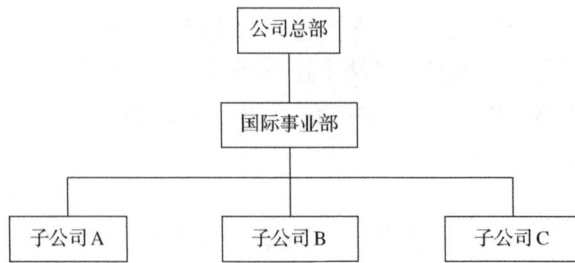

图 4.2　国际事业部组织结构

（三）按产品划分的世界性组织结构

在按产品划分的世界性组织结构中，各产品部经理负责该部产品在国际市场上的经营，如图 4.3 所示。企业的经营目标和战略由总部统一制定。总部是国内经营和国外经营两者统一的决策中心，它按跨国经营的需要在世界范围内设置若干产品部门。产品部则根据总部的指导思想来制订本部门的经营计划，送交总部审查通过。每一个产品部都以全球为目标市场，开展各自产品的生产、经营，并进行管理、计划和控制。产品部通常控制产品类别设置，也有按产品的不同加工程序和工序设置的。

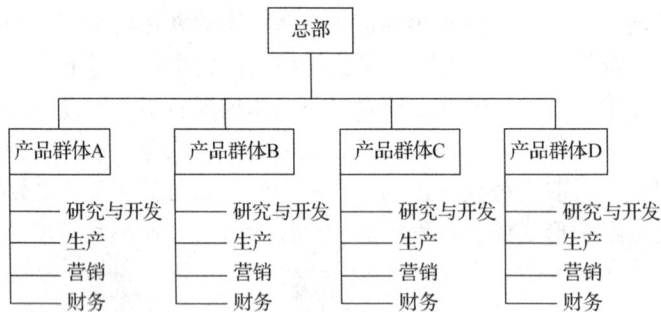

图 4.3　按产品划分的世界性组织结构

（四）按地区划分的世界性组织结构

在按地区划分的世界性组织结构中，地区经理负责该企业在世界某一特定地区的经营活动，如图 4.4 所示。母公司总部确定全球战略、全球经营计划，控制全球机构的经营活动。各地区部门经理负责主管、协调本地区各种产品的生产、营销以及财务方面的经营活动。

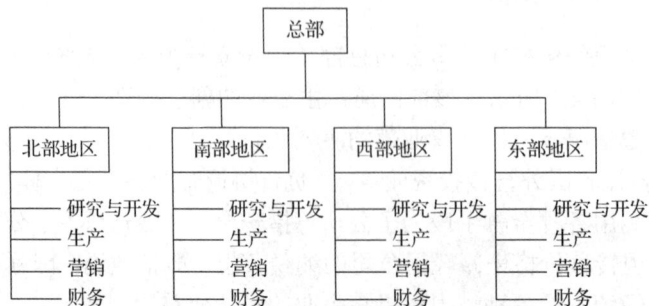

图 4.4　按地区划分的世界性组织结构

（五）按管理职能划分的世界性组织结构

采取按管理职能划分的世界性组织结构的公司一般按生产、营销、财务、会计等职能分设部门，有的还另设运输、研究与开发等部门，如图 4.5 所示。母公司总部确立全面目标和策略，各职能部门分别主持部门在国内外的一切事务。例如，生产部门负责控制国内外的制造工厂，确定产品标准化、产品的开发、质量的控制，并协调各制造子公司的活动；营销部门则负责控制国内外的销售网点，主持和协调这些网点的营销活动，同时还协调国内外生产工厂的市场购销活动。

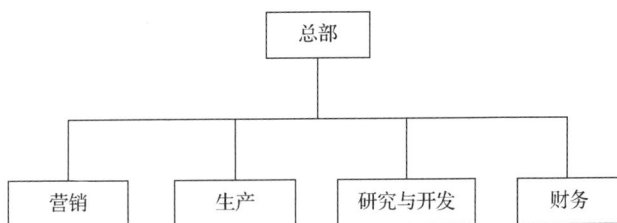

图 4.5 按管理职能划分的世界性组织结构

（六）混合式世界性组织结构

许多大型跨国公司在设置机构时，更倾向于把两种或更多种单项世界性组织结构形式进行组合。这是因为一个公司的经营活动在国际市场上所遇到的供求及竞争情况往往不同，这种情况要求企业的组织管理形式多样化。如图 4.6 所示，这种模式兼有按三种单项划分设立部门的特点。经营 A、B 两种产品的子公司由产品部门控制，经营其他产品的子公司均由地区部门控制，财务则由职能部门控制，在世界范围内协调。混合式世界性组织结构既弥补了单项世界性组织结构的不足，又照顾了不同经营活动的特点，对那些实行经营多样化的大跨国公司特别适用。

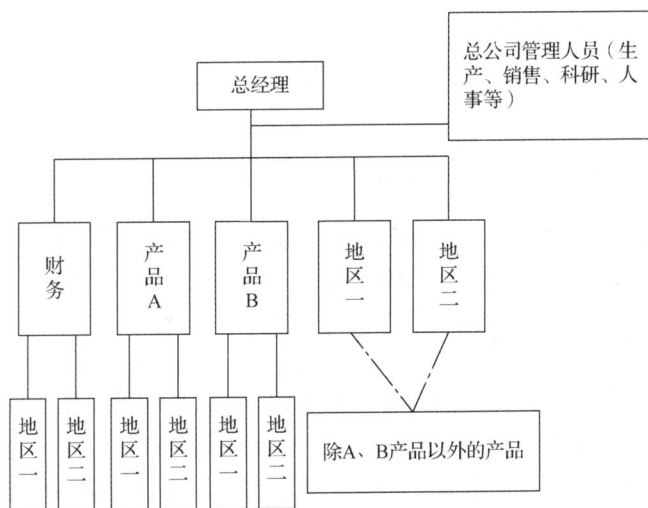

图 4.6 混合式世界性组织结构

（七）矩阵式世界性组织结构

矩阵式世界性组织结构，也是一种把几个单项世界性组织结构综合而成的组织形式。矩阵式世界性组织结构的各个部门并不像混合式世界性组织结构那样各自分别控制一部分子公司，而是互相交叉，共同控制国内外的子公司。矩阵式世界性组织结构具有双重以至多重指挥系统，即由两类或两类以上部门（通常是产品和地区两类）来协调企业的经营活动。这种结构的一般方式如下：①各子公司受两个或多个矩阵部门专门控制，分别向它们报告工作；②两个或多个矩阵部门分头进行工作，制定本部门战略；③最上层经营统率上述矩阵部门，对分歧的意见进行裁决，做出决策。

五、跨国公司的经营战略

（一）全方位市场战略

为了适应经济全球化的现实，跨国公司纷纷制定了全方位开拓市场的战略。这一战略表现在以下几方面。

1. 发达国家的市场仍然是跨国公司市场战略的重点

发达国家（包括一些高收入国家和地区）的 GDP 占世界 GDP 的 80%左右，与一些经济迅速增长的发展中国家相比，其经济增长速度虽然不快，但是，增长的规模却十分可观。同时，跨国公司要保证在世界市场上的份额，特别是要在世界市场上占据领导地位，必须首先保证在发达国家市场上的份额，并占据领先地位。

2. 开发发展中国家和地区的市场是跨国公司市场战略的重要一环

跨国公司在注重发达国家市场的同时，对开发发展中国家和地区的市场也相当重视。美国在这方面表现得尤为抢眼。以 IT（internet technology，互联网技术）和通信产业为例，近年来，国际商业机器公司、英特尔、惠普、康柏等国际著名大企业，纷纷抢滩韩国、新加坡、马来西亚、泰国、印度尼西亚、中国、印度等广大地区，建立生产和销售网络，作为进行全球竞争的基地。

3. 发展中国家的跨国公司也开始实施全方位的市场战略

近年来，随着一些发展中国家经济的迅速成长，这些国家和地区的一些大企业也开始把触角伸向国外，并把开拓国外市场作为其成长之源。

（二）大规模跨国并购战略

跨国公司在东道国进行直接投资可以有两种方式：在东道国投资建立新的企业和跨国并购。所谓跨国并购实际上包括两个概念：跨国兼并和跨国收购。跨国兼并是在当地企业和外国企业的资产与业务合并后建立一家新的实体或合并成为一家现有的企业。它可以是平等合并，如 1998 年德国戴姆勒-奔驰公司与美国克莱斯勒公司合并成为戴姆勒-克莱斯勒公司即为一例；也可以是法定合作（只有一家公司继续存在，成为一家新成立的公司，承担不再是法人实体的另一家公司的全部债务和股权），如 1999 年沃尔玛与 ADSA 集团的合作。跨国收购是指收购一家现有的当地企业或外国子公司，企业资产和经营的控制权从当地企业转移到外国公司，前者成为后者的子公司。

（三）经营活动"属地化"战略

20 世纪 90 年代以来，发达国家跨国公司在对发展中国家和地区进行直接投资时，越来越注意属地化战略的实施。所谓属地化经营，实际上就是跨国公司对东道国各类相关环境的适应过程，其主要内容如下。

1. 人才属地化

跨国公司越来越注意充分利用当地的人才资源，雇佣当地人才不仅工资成本相对低，而且，当地人才具有跨国公司母国外派人员不可比拟的优势。他们熟悉当地的人文、语言、政策、法律、经济等环境；在当地拥有良好的人际关系，有助于迅速打开市场，拓宽销售渠道，大大地降低交易成本和信息成本。此外，人才属地化还可以避免由于东道国和母国的文化背景不同所带来的外派人员的工作绩效与其高额薪酬不成比例的现象，并可以克服因文化背景和语言的不同而引发的种种误解。

2. 技术属地化

技术属地化包含两方面的含义：一是跨国公司注意尽可能利用当地的技术，二是注意越来越多地向当地转移技术。

3. 市场属地化

跨国公司尽可能地实现原材料、零部件采购当地化，同时也注意产品销售当地化。例如，在中国，国内供应商牢牢占领了大众车灯供应链，其中一汽大众车灯约 32%由星宇股份提供，上汽大众车灯约 35%由华域汽车（华域视觉）提供。

（四）研究开发"国际化"战略

跨国公司的强大竞争力不仅体现在其雄厚的资本实力、精湛的工艺设备和在母国完善的科研基础设施，更重要的是体现在其强大的研究开发能力，能够不断地开发出具有高科技含量、高附加值的创新产品与服务，同时拥有专利、商标、组织管理和营销等无形资产。这些能力保证了跨国公司的生存和发展，提高了竞争力。但是，随着经济全球化和现代科技的迅速发展，跨国公司仅仅依靠自身有限的资源和创新能力，已经难以胜任具有战略性的重大研究项目的开发。以高新技术为例，任何科技新品几乎都是全球化的产物，重大的科研项目从设计、试制到批量生产，越来越高度化和复杂化，任何一家公司都难以单独支撑研究与开发任务。而作为技术的领头羊，跨国公司将自己的创新能力与各个国家企业的技术力量整合在一起，加快了技术创新和应用的速度。

（五）经营"跨国战略联盟化"战略

20 世纪 80 年代以来，跨国公司越来越多地以结成跨国战略联盟（transnational

strategic alliance）、密切合作的方式来应对其他竞争对手的竞争。跨国公司的跨国战略联盟是指两个或两个以上的跨国公司出于对整个世界市场的预测和企业自身总体经营目标的发展宗旨，通过协议、契约等联盟方式，在投资、研究开发、生产和市场开拓等方面结成一种长期的利益共享、经营权与所有权分开的松散联合体。

（六）竞争手段"非价格化"战略

跨国公司采用的传统的竞争手段通常是价格竞争，企业通过降低生产成本，以低于国际市场或其他企业同类商品的价格，在国际市场上打击和排挤竞争对手，扩大商品销路。非价格竞争则是指企业通过提高商品素质、信誉和知名度，以增强商品的竞争力，扩大商品的销路。具体的做法包括：提高商品的质量，逾越贸易技术壁垒；提高商品性能，延长使用期限；加速商品升级换代，不断推出新产品；更新花色品种，不断设计出新颖、多样和个性化的包装装潢及规格；改善售前和售后服务；提供优惠的支付条件；更新商标牌号，加强广告宣传；保证及时交货等。

六、跨国公司对世界经济的影响

关于跨国公司对世界经济的影响与国际直接投资对世界经济的影响相似，详见本章第一节，在这里不再赘述。

第四节 跨 国 银 行

作为另一个促进世界经济发展的决定性力量，跨国银行在国际投资领域中占据主导地位，尤其在国际直接投资中具有金融支柱性地位。从理论上讲，跨国银行是经营特殊商品——货币的企业，是跨国公司的一种特殊表现形式。跨国银行的对外扩张与跨国公司的对外直接投资互为条件、互相依赖、互相促进，两者共同决定国际资本流动的规模与方向。

一、跨国银行的定义

一般认为，如果一家银行在另一国设立了分支机构，该银行就可以称为跨国银行。但是，从国际金融界通行的标准来看，一家银行能否被称为跨国银行，不仅要看其国外分支机构的形式和数量，还要看其设立分支机构的所在国家数量。1973 年，美国联邦储备理事会理事 A. F. 布里默给出了跨国银行的定义，即在五个以上国家开展国际金融业务的银行。此后，这一定义被世界银行等国际金融机构所认可，世界银行在 1981 年关于跨国银行的报告中，将其定义为在五个以上的国家设立分支行或独资银行并从事存款银行业务的金融机构。

二、跨国银行的形成与发展

（一）逐渐形成时期（12 世纪—20 世纪初）

跨国银行的形成最早可追溯到 12 世纪，当时欧洲已经出现了主要为国际贸易服务的国际银行业，最为典型的如意大利的麦迪西银行，以佛罗伦萨为总部，在西欧18个大城市设有分行。从12世纪到15世纪，意大利银行一直在跨国银行中居于领先地位，这与意大利在当时国际贸易中的重要性密不可分，此后，德国、荷兰的国际银行依次各领风骚。18世纪后，由于英国免受欧洲战争之灾，各国都认为那里是资金最安全的去处，另外，由于英国工业革命以来经济的飞速发展，伦敦金融中心聚集了大量资金，许多外国政府到伦敦寻找贷款。随着19世纪股份制银行出现，国际结算和资金汇兑技术进一步发展，此时的跨国银行主要作为外国债券发行的代理人或包销人，英国的银行仍然独领风骚。

19世纪末20世纪初是跨国银行真正形成的时期。从外部环境看，这时国际贸易的进一步发展在跨国范围内形成大量流动的热钱（hot money），需要存入具有国际经营范围的银行以获取利润，此外，跨国公司的对外扩张客观上也需要提供跨国资金管理的银行服务，使得跨国银行的国际业务量明显上升；从内部环境看，跨国银行实力的增强催生其内部业务的范围不断扩大，已经突破了以往商业融资、外汇交易等传统业务，开始开展批发业务以及投资银行业务，如向跨国公司提供融资等各项服务。至此，真正意义上的现代跨国银行开始形成。这一时期具有代表性的跨国银行有英国海外银行（Overseas Bank）、英国的巴克莱银行集团（Barclays Bank Group）、标准渣打银行（Standard Charted Bank）等。此外，美国、日本等新兴资本主义国家的跨国银行业开始起步，如美国的第一国民银行等八家银行的海外分行从1914年的26家上升到1920年的181家。

（二）迅速发展时期（20世纪60—80年代）

第二次世界大战后，特别是20世纪60年代以来，跨国银行有了巨大的发展。1975年在资本主义世界最大的300家银行中，有84家属于跨国银行。资产总额达到17290亿美元，在世界各地拥有的分支机构达3941个，同期还有88家联合银行；1981年世界最大的60家跨国银行的资产总额已经高达9406.21亿美元，存款总额达到了788240亿美元。这段时期，跨国银行的发展在投资规模和势力格局上都具有新的特点。

1. 投资规模

一方面，第二次世界大战后各国都处于百废待兴阶段，急需大量资本用于建设，但是由于普遍存在的"美元荒"，得许多国家官方进出口银行出现外汇短缺，于是，跨国银行在提供国际融资方面的重要性空前提高，投资规模也日益扩大。另一方面，欧洲美元市场的发展对跨国银行有较大的吸引力。欧洲美元市场是世界上最大的国际借贷市场，不受任何国家法律的约束，可以自由经营，有较高利润率的吸引，于是各国跨国银行为争夺欧洲美元市场份额纷纷在海外广设分支机构，扩大其投资规模。

在20多年的时间里，各国跨国银行重新建立了全球海外分支机构网络，投资规模迅速扩大。例如，美国跨国银行的海外资产在1965年时为89亿美元，1980年则为397.5亿美元，占美国银行总资产的比重也由2.4%提高到23.3%。再如，1960年美国的跨国银行数目为8家，到1970年已经发展到79家，1980年增至139家，1986年为158家；在日本，跨国银行1979年年底共有23家，跨国银行在海外设立了127家分支机构。

2. 势力格局

第二次世界大战后，跨国银行虽然飞速发展，但是势力格局却有了较大的变化。从全球范围看，第二次世界大战后到 20 世纪 70 年代以前，美国几家大银行和为数极少的一些欧洲银行占据着统治地位。进入 20 世纪 70 年代以后，日益增多的美洲地区性中小银行、大量欧洲和日本银行及一些国际联合银行开始向国际化方向发展。而到了 20 世纪 70 年代末 80 年代初，来自各国的各类商业银行、国际性投资银行以及中东国家的银行等更趋活跃。同时，跨国银行设在欧洲、日本、美国和一些境外金融中心的分行数目逐渐增多，而在非洲设立的分行数目则急剧减少。在各国跨国银行的实力对比上也出现了令人瞩目的变化，日本、联邦德国和瑞士势力逐渐强大起来。

（三）调整重组阶段（20 世纪 90 年代初至 90 年代中期）

20 世纪 90 年代初，欧美各国相继进入经济衰退期，日本泡沫经济破裂，使西方银行陷入经营效益滑坡的困境；而金融自由化的发展及非银行金融机构的竞争，又使得银行所面临的风险与日俱增。在这样的背景下，主要资本主义国家的跨国银行进入大规模的调整和重组阶段。这次重组呈现出两大趋势特征：一是通过银行兼并风潮向巨型化发展；二是着力于银行内部机制调整以及业务创新。

1. 跨国银行兼并活动频繁

进入 20 世纪 90 年代，由于国际货币格局的变化、国际金融市场动荡加剧和金融市场日益全球化，以及国际上衍生金融工具的剧增，世界银行业经营风险日益增大，竞争白热化。各国银行为了求得生存和发展，纷纷采取合并和兼并的方式，使其规模迈向大型化，以快速增强自身实力和竞争优势，增强抗风险、抗动荡的能力。

美国在 20 世纪 20 年代有 2.5 万家银行，但到了 1993 年美国的商业银行数目只有 1.13 万家。仅 1995—1996 年，全国共有 176 件银行并购案，全美银行数由 1985 年的 14 417 家减至 10 168 家。国际银行业的兼并风潮也广泛地波及欧洲、日本等地。日本三菱、东京银行合并成东京-三菱银行后，按当时日美汇率计价，资产达 8180 亿美元，比 1994 年世界排名第一位的瑞士银行资产多 2800 亿美元，成为当时全球第一大银行。这次兼并风潮的几个特点尤其引人注目。

首先，以国内兼并为主，跨国兼并为辅。在这次兼并浪潮中，几次特大兼并，如日本三菱银行与东京银行、大和银行与住友银行、美国第一联合银行与第一信成银行、化学银行与大通曼哈顿银行的兼并等，都是在国内进行的，其他大多数兼并也是如此。但也不乏国际兼并的案例，如以银行和保险业务著称全球的荷兰银行集团收购了英国巴林银行，英国巴克莱银行集团收购了美国富国银行和日本日兴证券等。但无论是国内兼并还是跨国兼并，每一方在资本充足比率、资产利润率和不良资产数量等指标上都相当。

其次，注重效益发挥，优势互补明显。兼并至少要有利于一方才会完成，在这次兼并浪潮中，大多数兼并对双方都有利，显示了明显的优势互补倾向。瑞士银行以衍生工具、债券及外汇交易见长，为寻求金融业务上的优势互补，该行发挥其作为本国大型商业银行的资金实力优势，一举成功兼并了华宝银行，为瑞士银行股本收益率的不断增长创造了有利条件。三菱银行与东京银行的兼并也体现了这一特征。

最后，兼并趋于大型化。芬兰堪萨斯银行与联合银行合并后成为该国当时最大的银行，美国第一联合银行兼并第一信成银行后一跃成为全美第六大商业银行，日本的这两起特大兼并连创了世界第一超级银行的纪录，更是大型化兼并的典范。

2. 跨国银行着力于内部机构的调整与改善

这一阶段，许多银行采取了削减机构和裁减员工的措施。例如，英国的国民西敏寺银行在 5 年内关闭了 1000 家分行，裁减了 16 000 名员工。又如，法国里昂信贷银行在全球裁员 3500 名，约占总人数的 10%。此外，银行内部机构的调整还表现在业务部门的改革。例如，德意志银行根据银行业务性质改革内部管理体制，将该行分为对私银行业务部、对私银行机构、商业银行业务部和商业银行团体服务部 4 个管理部门，各部都设有自己的管理层，管理层则由"集团委员会"统一控制。

（四）创新发展阶段（20 世纪 90 年代中期至今）

近年来，金融自由化浪潮和信息技术的迅猛发展促使国际银行业的竞争更趋激烈。为了应对日益加剧的竞争压力，跨国银行一方面延续了 20 世纪 90 年代初以来的"并购风"，通过规模效应、资源整合和优势互补来巩固和增强竞争优势；另一方面则加强了业务创新和技术创新，以创新来寻求新的竞争优势。可以说，国际银行业未来发展的主基调将始终是创新。总体来看，跨国银行的最新发展呈现出重组化、全能化、电子化和本土化四大趋势。

1. 国际银行的重组并购越演越烈

在创新发展阶段，国际银行业的并购之风达到了前所未有的水平，而且有不断升级之势，这股在北美率先刮起的银行并购之风迅速席卷欧洲和日本。

（1）进一步追求大规模化

建立超大型跨国银行，进一步实行"强强联合"是这次并购浪潮的最大特点。2015 年，中国工商银行收购土耳其 Tekstil Bank 75.5%股权与土耳其 GSD 控股股份公司完成交割程序。Tekstil Bank 持有土耳其储蓄银行牌照，从事公司银行、中小企业银行及零售银行等业务，并通过子公司 Tekstil Securities 开展证券经纪、投资银行、资产管理业务。收购 Tekstil Bank 不仅能进一步完善中国工商银行的国际化布局，也有利于提升中国工商银行对中土两国客户，尤其是"丝绸之路经济带"建设的金融服务能力。

（2）商业银行兼并非银行机构开始增多

在金融创新的推动下，分业经营的管制失去了效力，各国金融当局不得不放松管制，使得跨国银行的经营业务扩展到非银行业务领域，跨国银行开始经营过去主要由投资银行、保险公司和其他金融机构经营的业务。例如，2006 年 12 月，中国银行宣布，其已通过一家全资附属子公司，以 9.65 亿美元现金收购新加坡飞机租赁有限责任公司的100%已发行股本。此次并购不仅提高了中国银行的非利息收入，更有利于其与同行间的差异化竞争。

2. 跨国银行向全能化发展

随着金融业的不断创新，传统银行业业务受到了来自证券、保险、基金等非银行金融机构的冲击，尤其是融资证券化趋势（即金融脱媒现象）使银行传统的信贷业务受到极大的挤压。为应对新的挑战，跨国银行纷纷拓展业务范围，向"金融百货公司"的方向发展，而各国放松金融管制的金融自由化风潮为银行全能化消除了壁垒。目前跨国银行拓展的主要新业务有信托业务、投资银行业务、现金管理业务、保险业务、房地产业务、共同基金的经营与管理，金融咨询业务以及信用担保业务。跨国银行全能化发展的模式主要有三种，即德国的全能银行模式、英国的金融集团模式和美国的金融控股公司模式。

3. 电子化推动跨国银行的创新

所谓"跨国银行电子化"，是指银行业务、工具、结算方式的电子化，它是数字化技术在跨国银行业广泛运用和发展的结果。计算机及电子信息技术在行业的应用取得了巨大的发展，使银行系统有了先进的计算机系统和外围设备，为国际银行业务拓展、服务手段和金融产品的更新创造了条件。1906 年世界第一家 Internet 银行——安全第一网络银行（Security First Network Bank）出现，并以其特有的迅捷便利得了银行和客户的青睐。此后，又相继出现了 La Folla Band、Kingfield、First Union 等网络银行，银行业的业务领域还渐向网上银行转移。自 1996 年中国银行在国内设立网站尝试开展网上银行业务以来，网上银行已成为我国银行业发展的一个重要方向。

在批发银行业务方面，银行借助电子技术公司客户有效地提供了现金管理方面的大量服务，如支付账户的控制、账户调整、电子资金转账、支票存款服务、信用证的电子签发等；在零售银行业务方面，电子技术的运用为银行创造出一些非常重要的付款方式，如销售点借记卡、家庭银行、电话票据支付等。1985 年，中国银行珠海分行发行了我国第一张信用卡——中银卡，2019 年，中国信用卡行业在用发卡量达到 7.46 亿张，5 家银行信用卡客户数破亿，可见电子货币和电子化消费的迅速普及是银行电子化的推动剂。

4. 跨国银行加强本土化经营策略

伴随着跨国银行并购浪潮的加快、业务范围的扩展以及业务覆盖区域的扩大，跨国银行开始调整发展战略来促进经营的本土化。本土化策略主要是指在分析东道国国内客户需求的基础上，充分发挥跨国银行自身的竞争优势进行产品创新，以尽快实现人才、金融产品和金融技术与本土文化的融合，这样既贴合了本地客户的需求，又突出了外资银行的竞争优势，成为外资银行在当地市场制胜的重要法宝。

本 章 小 结

国际直接投资是与国际间接投资相对应的一个概念，是指投资者以获取控制某一企业经营管理控制权和利润为目的的投资方式，是伴有企业经营控制权的资本移动。国际直接投资的分类方式随分类的角度、方法不同而变化。国际直接投资对于东道国和投资国的经济、政治和生活等各方面都会产生深刻的影响。我国的对外直接投资自改革开放以来发展的速度非常快，同时也面临非常大的困难。在企业型国际直接投资中，国外投资者在东道国所设立的经济实体一般可以分为外商独资企业、国际合资经营企业、国际合作经营企业和外国企业常驻代表机构等四种类型。跨国公司作为最重要的国际投资主体，已经成为当代国际经济活动的主要力量。跨国公司的对外直接投资和全球性经营战略给世界经济发展带来了深刻的影响。无论在发达国家还是在发展中国家，跨国公司对其经济增长所发挥的作用都是不容低估的。

知识拓展

母公司、子公司、总公司、分公司的区别

母公司是指在国际商务中以母国为基地，通过对外直接投资对海外经济实体进行有效控制的总公司。

子公司是指一定数额的股份被另一公司控制或依照协议被另一公司实际控制、支配的公司。子公司拥有自己所有的财产，自己的公司名称、章程和董事会，以自己的名义开展经营活动、从事各类民事活动，独立承担公司行为所带来的一切后果和责任。

总公司是指具有独立法人地位的企业总机构，是所属派出机构的首脑机关，拥有对分支机构的生产、销售、财务、人事等方面的控制权。

分公司是指一个公司管辖的分支机构，公司在其住所以外设立的以自己的名义从事活动的机构。分公司不具有企业法人资格，其民事责任由总公司承担；虽有公司字样但并非真正意义上的公司，无自己的章程，公司名称只要在总公司名称后加上分公司字样即可。

母公司是相对于子公司而言的。母公司是子公司的投资主体。子公司是由母公司投资注册成立的，是具有独立法人地位的、可以独立经营的实体。因此，母公司也可以叫作控股公司，在法律上，母公司享有股东权力。

总公司是相对于分公司而言的。分公司虽然没有法人地位，但却具有子公司的一般特性，可以作为总公司的一个独立经营单位来进行经营运作。分公司本身没有股东会和董事会，必须在总公司的直接领导下开展经营管理活动，它所具有的经营管理权，都是总公司授予的。

《中华人民共和国公司法》第十四条规定："公司可以设立分公司。设立分公司，应当向公司登记机关申请登记，领取营业执照。分公司不具有法人资格，其民事责任由公司承担。公司可以设立子公司，子公司具有法人资格，依法独立承担民事责任。"设立子公司，必须严格按照设立公司的要求提出申请，依法取得营业执照、办理相关手续后方可营业；而分公司作为总公司的分支机构，设立时只需办理简单的登记和开业手续即可。

课后思考题

1. 简述国际直接投资的经济影响。
2. 简述合资经营和合作经营的区别和联系。
3. 简述第二次世界大战后跨国公司出现的新特点。
4. 简述跨国公司的经营战略，并预测它未来的发展趋势。

第五章　国际间接投资

📖 **学习目标**

- 理解国际信贷投资的分类、特点，掌握国际信贷的期限、偿还方式、利息计算和币种选择；
- 掌握国际债券投资的含义、特点、类型和各种债券市场；
- 掌握国际股票投资的种类、划分方式和各种股票市场；
- 了解其他的国际间接投资的灵活方式。

第一节　国际信贷投资

一、国际信贷投资概述

（一）国际信贷投资的含义

1. 信贷

信贷（credit）是指投资者将约定数额的资金按约定的利率暂时借给筹资者有偿使用，筹资者在约定的期限内，按约定的条件还本付息的一种信用活动。

2. 国际信贷

国际信贷又称国际信用，是两国或多国间官方或私人机构按约定利率、期限等条件进行的资本借出、借入的信用活动。

借贷资本超越国界而在国际范围内流动，总是流向对资本有较大需求、货币持有者在将来可以由此获得较大收益的地方。当投资者认为在国外投资比在国内投资能获得更高的收益时，就会选择某种投资方式，把资本输往国外。借贷资本的国际运动只是资本国际运动的一种形式。国际信贷投资的发展，调节了国际资本的供给和需求，加速了生产力的发展和世界市场的形成。

（二）国际信贷投资的产生和发展

国际信贷是随着借贷资本的国际化而产生的，是在全世界范围内进行的借贷资本活动，反映了国家之间借贷资本的流动情况。

早期的国际信贷产生于自由资本主义时期，当时，在意大利北部伦巴第王国的威尼斯、热那亚等城市，随着国际贸易中心的形成，金融业务也紧接着发展起来，并扩展到伦敦、里斯本、布鲁塞尔、安特卫普等新的国际贸易中心。这时，商品和资本的国际化尚未充分形成，所以国际信贷的规模小，形式单一，主要是政府之间的信贷和为扩大国际贸易周转、平衡国际收支的信贷。

第一次世界大战前，资本输出主要表现为借贷资本的输出，但是 1929—1933 年的世界性经济危机导致国际信贷关系混乱,新的国际投资终止。第二次世界大战后,国际社会总结吸取以前的教训,决定重建国际信贷关系,并于 1944 年建立了布雷顿森林体系,成立了两个国际金融中心——国际货币基金组织和国际复兴开发银行,这两个金融机构开始参与国际信贷活动,满足了世界经济恢复、发展的需要。在这个时期,美国在世界各国中占据了统治地位,并开始实施马歇尔计划,并成为这一时期国际资本的主要来源地。

在各国经济迅速恢复与发展的同时,资本市场也趋于国际化,突出表现为欧洲货币市场的形成。欧洲货币市场(Euro-currency market),又被称为离岸金融市场(off-shore financial market)或境外金融市场,它作为短期资金市场于 20 世纪 50 年代末出现,其主要特点是一国银行从事货币借贷业务。20 世纪 60 年代以来,欧洲货币市场的增长速度非常惊人,在 1961 年,欧洲货币市场的存款总额为 10 亿美元,而到了 2007 年 3 月,仅开曼群岛的离岸市场资产总量就达到了 17 398 亿美元。作为世界第一大人民币离岸外汇交易中心和全球第二大人民币离岸清算中心,伦敦 2019 年清算总量突破 40 万亿元。在欧洲货币市场上,存款者和借款者可以自由地选择存款、借款的方式、地点、条件,大大推动了国际信贷的发展,欧洲货币市场也成为当代国际信贷市场的基础性组成部分。

(三)国际信贷投资的特点

当今世界,国际信贷投资的特点可以概括为以下四个方面。

1. 规模大,分布广

从欧洲货币市场的增长速度,可以间接看到国际信贷规模的增长速度。从地域分布看,国际信贷活动遍布世界各地,但大致可以分为五个区域:西欧地区、加勒比海和中美洲地区、中东地区、东亚地区以及美国地区。

2. 资金流动的多向性

发达国家之间的信贷往来频繁,发展中国家也在相互融通资金,从而使资金流动相互交叉,错综复杂。

3. 货币种类繁多

目前世界上 180 多种货币中,有 60 多个国家的货币可以自由兑换。因而,国际信贷可以借助这 60 多个国家的货币来进行,其中经常使用的有 10 余种。此外,还出现了执行货币职能的特殊符号,如特别提款权(special drawing rights,SDRs)和欧洲货币单位(European currency unit,ECU)等。

4. 借款的形式多样化

第二次世界大战后,国际信贷形式呈现多样化的姿态,其中国际金融组织、银团以及各国政府对外援助性贷款的形式发展尤为迅速。

（四）国际信贷投资的分类

国际信贷投资按不同的标准有以下几种分类。

1. 按借贷资金的来源与性质划分

按借贷资金的来源与性质划分，国际信贷投资可以分为外国政府贷款（又称国家贷款、政府贷款或双边官方援助性贷款）、国际金融机构贷款（或称国际金融组织贷款）、国际银行贷款（或称商业银行贷款）、联合贷款、混合贷款等。

其中目前主要的方式为外国政府贷款、国际金融机构贷款和国际银行贷款，具体介绍见第十二章。

联合贷款，是指联合贷款商业银行与世界性、区域性国际金融组织，以及各国设立的发展基金、对外经济援助机构共同联合起来，向某一国家提供资金的一种形式。因此，联合贷款中既有对外援助成分，也有商业性贷款。其中，外援信贷占主导地位。

混合贷款，通常是指把出口信贷和政府援助、捐赠、贷款结合起来的一种贷款。使用这种贷款的目的是在增进双方经济合作的同时，推动本国商品或劳务的出口。

2. 按贷款的利率划分

按贷款的利率划分，国际信贷投资可以分为计息贷款和无息贷款。计息贷款又包括高息贷款、中息贷款和低息贷款。一般商业银行的利息较高，而政府贷款则是无息或低息的优惠性贷款。

3. 按借款、还款的方式划分

按借款、还款的方式划分，国际信贷投资可分为自借自还贷款、统借统还贷款、统借自还贷款。

自借自还贷款，是指资金使用者自己借款、自己到期还本付息的贷款。

统借统还贷款，是指由一国政府统一对外借款，国家集中或分散至企业等用款单位使用，到期由政府负责偿还的贷款。

统借自还贷款的过程是，由政府统一办理借款，然后将资金分拨到各企业等用款单位使用。偿还本息时，由具体使用贷款者负责。

4. 按贷款所使用的货币和贷款条件的差别划分

按贷款所使用的货币和贷款条件的差别划分，国际信贷投资可以分为硬贷款和软贷款。借助硬货币（一般指汇率坚挺的货币）的贷款叫作硬贷款。硬贷款也指贷款期限较短、利率较高的贷款。使用软货币的贷款则属软贷款。软贷款一般也指期限较长、利率较低的贷款。

5. 按借贷资金的特定用途划分

按借贷资金的特定用途划分，国际信贷投资可以分为项目贷款、出口信贷、福费廷和承购应收账款等。其中，后三种形式的贷款是适应对外贸易的发展而出现的。

项目贷款是用于某一特定工程项目的贷款。通常用于大型工程项目，资金数额巨大。其担保是该工程项目的预期经济收益和其他参与人对工程停建、不能营运、收益不足以还债等风险所承担的义务。一般在偿还本息时使用由该工程项目所取得的收益，其资金来源有国际金融市场、国际金融机构、各国政府等。

国际上通常将对外贸易中长期信贷统称为出口信贷。它是指一国政府为鼓励本国商品的出口，以对贷款利息进行某种方式的补贴的办法降低对本国的出口商或他国进口商的贷款利率的一种优惠性融资方式。出口信贷主要包括两种：由出口方银行向出口商提供的卖方信贷和由出口方银行向进口商或进口方银行提供的买方信贷。出口信贷通常用于大型机械装备与成套设备的贸易中。其中，由于使用买方信贷对出口方和进口方都有许多有利之处，所以发展得十分广泛。

福费廷是一种使用较为方便的票据贴现方式，是指包买商从出口商那里无追索地购买已经承兑的，并通常由进口商所在地银行担保的远期汇票或本票的业务，又称包买业务（具体介绍见第十二章）。

国际保理业务（international factoring）又称保付代理或承购应收账款业务，是指保理商从卖方手中购进以买方为债务人的应收账款，并提供资金融通、债务人资信评估、销售账户管理、信用风险担保、应收账款催收等一系列服务的综合金融服务方式（具体介绍见第十二章）。

二、国际信贷的期限、偿还方式、利息计算以及币种选择

（一）国际信贷的期限

信贷期限是指借、贷双方签订的协议所确定的自贷款生效之日起，到贷款最后偿还完毕之日止的时间，又称为贷款期。

在国际信贷中，贷款期又经常被分为宽限期、还款期两部分。宽限期是指借款人可以充分使用贷款、无须偿还本金的期限（利息按商定的方式支付），也可以把其定义为"第一次贷款支付期至第一次还款期之间的间隔时间"。宽限期过后，就分期按一定比例平均陆续地偿还本金。这段归还本金的时间，叫作还款期。在这种情况下，实际使用的贷款期限小于名义贷款期限。可以用下面的公式计算出实际使用的贷款期限：

实际宽限期=宽限期年限+(名义贷款期限-宽限期)/2

可见，实际贷款期限与宽限期是按同方向变化的。宽限期越长，实际贷款期就越长，贷款就越具有优惠性。例如，一笔10年期1亿美元的贷款，从第七年起每半年还本一次。那么，其名义贷款期限为10年，宽限期为6年。实际使用贷款的年限为

实际贷款期限=6+(10-6)/2=8（年）

由此还可以计算出这笔贷款的实际年平均使用额为

(8年×1亿美元)/10年=0.8亿美元

（二）国际信贷的偿还方式

偿还本金的办法一般分三种：到期一次偿还、分次偿还、逐年分批偿还。

到期一次偿还，是指本金到期一次还清，或者说宽限期与贷款期相等，适用于金额

小、期限短的贷款。

分次偿还，是指有一个规定的宽限期（小于贷款期）。在宽限期内，按协议支付利息；过了宽限期，按约定时间（如每年）平均分期归还本金，最后还清。

逐年分批偿还，是指每年平均归还本金，可以说宽限期等于一年。

（三）国际信贷的利息计算

贷款的收益主要是利息，衡量利息多少的一个标准是利率。利率水平会受资本供求关系的影响，受平均利润的制约。贷款期限的长短也会使利率的高低有所差别。另外，借款人的资信情况、贷款中所使用的货币种类等也是影响利率水平的因素。利率通常按年利率计算，又可分为固定利率与浮动利率两种情况。固定利率贷款，一般每半年或一年支付一次利息；浮动利率贷款一般每半年调整一次利率，也有一个月调整一次的。利息的计算、清偿方法，通常有单利、复利、分期还款平均付息、贷款金额递减计息等。

1）单利是指从借款日至到期日还款时一次计算、付清利息的一种方法，一般适用于期限较短的贷款。单利的计算公式为

$$I = P \times i \times n \tag{5.1}$$
$$S = P(1 + i \times n) \tag{5.2}$$

式中，I——利息额；

$\quad\quad P$——贷款额（本金）；

$\quad\quad i$——利率（年息）；

$\quad\quad n$——期限（以年为单位）；

$\quad\quad S$——本利和。

2）复利是指贷款额经过一定时期，将利息附加于贷款额（本金）之内，再计算利息，逐期滚算。复利俗称"利滚利"。仍按单利计算公式中字母所代表的含义，复利的计算公式为

$$I = P \times i^n \tag{5.3}$$
$$S = P(1 + i)^n \tag{5.4}$$

3）分期还款平均付息是指在分期还款的贷款中，先按原先的贷款金额、期限、利率计算出应支付的利息额，再按归还次数，每次平均支付本息。例如，一笔 120 万美元的贷款，期限为 3 年，利率为 10%，每年偿还一次本息，按 3 次平均偿清。那么可以这样进行计算：

全部应付利息=120×10%×3=36（万美元）

全部应付本息=120+36=156（万美元）

每年应付本息=156/3=52（万美元）

这种计算利息的方法中的名义利率会低于其实际利率。每次偿还本息后本金已减少，但计算时都是按原先的本金额，所以由此而计算出的利息要比实际应支付的多。

4）贷款金额递减计息是指在分期还款的贷款中，贷款分期减少，利息也随之减少。例如，在分期还款平均付息的例子中，如果按贷款金额递减计息，可以做如下计算：

第一次（即 1 年末）应支付本息：1/3×120+120×10%×1=52（万美元）

第二次（即 2 年末）应支付本息：1/3×120+2/3×120×10%×1=48（万美元）

第三次（即 3 年末）应支付本息：1/3×120+1/3×120×10%×1=44（万美元）

三年中共付本息为 52+48+44=144（万美元），这少于分期还款平均付息方法中的计算结果。

（四）国际信贷中的币种选择

一般来说，借入软货币在偿付本息时对借方有利，可以得到货币贬值的好处；贷出硬货币对贷方有利，收回本息时可以得到货币升值的好处。因此，在国际信贷活动中选择好所使用的币种十分重要，这关系到借贷双方将来的损益问题。当然，双方还可以采取一些防范措施，以更好地规避外汇风险。

第二节　国际证券投资

一、国际证券投资概述

（一）国际证券投资的含义

证券是一种金融资产，它是用来证明证券持有人可按照证券所规定的内容，取得相应权益的一种法律凭证。根据其所体现的信用性质，证券可分为商品证券、货币证券和资本证券三种。商品证券代表对一定数量商品的请求权，体现的是商业信用，是某种物质资料的转化形式，如提单、仓单等。货币证券代表对一定货币的请求权，替代货币作为信用流通手段出现，体现的是货币信用，如汇票、支票等。商品证券与货币证券同属商业信用范畴。资本证券体现的是资本信用，如股票和债券。国际证券投资是国际资本流动的一个重要方式，它是指证券投资者在国际证券市场上以长期营利为目的发行和买卖国际股票和国际债券的投资。

（二）国际证券投资的基本要素

国际证券投资的基本要素是指投资者在国际证券市场上购买股票和债券过程中必须考虑的因素，具体如下。

1. 收益

证券投资者不用货币购买消费品而用以投资，当然是为了获得某种好处，即报酬。报酬由两部分组成：一是本期收入，也就是投资期间内股份公司所支付的债券利息或者派发的股利；二是资本所得，即由于证券价格变动，投资者买卖证券获得的不同差价。由于收益的多少受投资额大小的影响，所以在评价投资收益的好坏时，一般以收益额与投资额的百分比表示，这个比率称为收益率，计算公式为

$$R = (P_1 - P_0 + D_1) / P_0 \times 100\% \tag{5.5}$$

式中，R——投资收益率；

P_1——证券的期末价格；

P_0——证券的期初价格；

D_1——一年内的收入。

2. 风险

投资者的报酬具有不确定性，因此投资存在损失的可能性。这是相对于投资的收益来说的，意味着投资收益可能与预期收益发生偏差。假定某项证券投资的预期收益为 r，而实际收益为 R，两者的偏差则反映了风险的存在。证券投资的目的应该是在尽量减少风险的基础上获得较高的报酬，投资者是否具有较强的风险观念，决定着投资的成败。

国际证券投资的风险种类很多，从其具体形态来看，主要有下面几种。

1）市场风险，是指投资过程中证券价格变动使投资者蒙受损失的可能性，主要包括经营风险和信贷风险。经营风险是针对企业而言的，有狭义和广义之分。狭义的经营风险仅指经营失败而导致的公司关闭，广义的经营风险还包括暂时的经营亏损或面临困难，或者是经营受到限制。信贷风险是指可能出现的无力偿付，从而导致投资者的投资损失。

2）利率风险，是指由于利率变动导致投资者收益下降的可能性。利率越高，现值就越低，证券的价格就会下降，从而给投资者带来损失。

3）购买力风险，是指由于通货膨胀造成投资者利息或股息以及本金购买力下降的可能。各种证券的持有人都会从通货膨胀风险中遭受损失。因为通货膨胀率高，投资者取得实际股息就低，从而股票价格也低，反之亦然。

4）汇率风险，是指不同货币之间兑换率的变化可能给投资者带来的不利影响。这是国际证券投资中特有的风险。

3. 时间

证券投资涉及的是未来的收益，因此，投资必须考虑时间的长短问题。投资者在投资决策时，必然要考虑持有股票或债券时间的长短。一般投资者大都选择长期投资，西方国家的证券投资家则认为投资期限以三年为佳，因为这个期限一则能减少商业周期对证券价格的影响，二则能够分享企业开发新产品和新市场所获利益，在这方面股票投资尤为突出。

二、国际证券投资的主要类型

根据证券种类的不同，国际证券投资可以大致分为国际股票投资、国际债券投资、国际货币市场证券投资、外汇现货投资和国际衍生证券投资五种类型。

（一）国际股票投资

1. 股票的概念

股票是股份有限公司发给持有者，证明股东对公司的所有权，并作为分配股利和剩余财产依据的有价证券。股票是法定证券，股份公司必须申报，经国家法律规定的主管机构批准并登记注册，始能发行股票。凡未经批准发行的股票，在法律上一概无效。国际股票投资是指股票投资者和股票筹资者分属不同国家或地区的股票投资，适合国际股票投资的股票品种主要包括直接海外上市的股票、存托凭证、欧洲股权，以及某些由发行地所在国筹资者发行的股票。

2. 股票的特点

1）权利性。股票所代表的权利是一项综合性权利，包括参加股东大会、投票表决、领取股息、分享红利、参加股份公司剩余财产的分配等权利。权利的大小取决于持有人拥有股份公司股份的多少。

2）流通性。股票可以随时转让，进行市场交易，只要股票持有人认为时机合适，可以随时将股票在股市上卖出换取现金。

3）股票价格和票面价值的差异性。股票作为买卖对象，和其他商品一样，有自己的价格。股票的价格还受政治、社会、经济诸因素的影响，处在不断变化之中，股票价格和票面价值不同，它决定于股票收益和市场利息率的对比关系，股票价格和票面价值之间的差别有时很大，正是这种差别，为股票的投资者和投机者提供了必要的活动条件。

4）风险性。投资者购买股票的目的是取得收益，但股票持有者能否取得预期收益，却取决于多种因素，这些因素不为持股人所支配，因此，投资者承担了某种风险，有时不得不承担重大的风险。

5）非返还性。投资者购买股票后，持股人不能退股要求公司归还本金。投资者若需收回投资，只有在股票市场上将股票转让。这就意味着公司股东的改变，并不减少公司的资本。只要公司存在，它所发行的股票就存在，并给持有人带来收益或损失。

3. 股票的种类

目前，应用最多、影响最大的分类是把股票分为普通股和优先股。

（1）普通股

普通股票是股份公司发行的一种基本股票，是股份公司资本构成中的主体，也是公司为筹集资本发行的最常见的一种股票形式。普通股是最流行的投资工具，同时也是一种高收益、高风险的投资工具。因为股票的价格有时会下降，或者因公司经营不善，甚至破产，股东不但有可能得不到任何股息，而且有可能失去所有投资；但是，普通股也有可能取得很高的投资收益。

普通股的基本特征是平等地给予股东三项权利：收益分配请求权、经营参与权和剩余资产分配权。

收益分配请求权是指当公司经营业绩良好时，股东有权从公司获得的利润中分配到股息。股份公司获得的利润可能会全部用作股息发给股东，也可能留下一部分用作固定资本投资，或补充公司的流动资本，用于扩大生产规模。但股息的多少不仅取决于利润的多少，还取决于董事会的分配政策。一般来说，公司经营得好，赢利多，股息就高；反之，股息就低。

经营参与权是指每个股东都有权直接或间接地参与股份公司的经营管理。每个股东都是企业的所有者，他们有权选择董事，由董事会选定管理人员，再由管理人员实际控制公司的生产和经营。普通股股东不但有选举董事的权利，而且对公司的合并、解散以及修改公司章程等重大决策都有投票权；普通股股东每持有一股便有一股的投票权利。

剩余资产分配权是指当公司破产或清算时，若公司的资产在满足其他债权人和优先股股东的请求权后还有剩余，普通股股东有权按其所有股份份额参与剩余资产的分配。

普通股的分类方法很多，如按享有投票表决权多少的不同，可以分为有表决权股、限制表决权股和无表决权股等。依发行者地位、股票风险程度等的不同，普通股还可以分为以下几种。

1）蓝筹股。它指一些公认的具有优良业绩、稳定成熟、有良好的赢利记录并能定期分派股息，且具有强大经济实力的股份公司发行的普通股。这种股票的红利稳定，波动性小；但一定时期的蓝筹股在另一时期可能被排除在蓝筹股之外。要持续保持蓝筹股的地位，其发行公司必须具有适应经济周期各种变化的能力，保持其稳定发展的势头。

2）成长股。它是指一些销售业绩和收益额正在迅速扩张，并且其速度快于整个国家同行业的平均增长速度的股份公司发行的普通股。这类股份公司一般留存大量收益作为再投资以促进其发展，所以这些公司对股东只支付较低的红利，当前收益较低。成长股的特点是：产品升级换代快，质量稳定，性能优良，成本低廉，价格弹性大，市场竞争性强。同时，财务状况稳定，赢利能力高，具有较强的抗御风险的能力。因此，随着公司的成长，股票价格上升，投资者可从中获得大量资本收益。

3）收入股。它是指能够支付较高当前收益的股票。这类股票的当前收益较高，未来价格的增长较小；收入股通常集中在公用事业。一般适合于老年人、退休人员以及一些法人团体，如信托基金、养老基金等投资。

4）绩差股。它是指那些价格很不稳定或公司前景很不确定的普通股票。绩差股股票价格可能在很短的时间内涨幅很大，但也有可能在一夜之间跌得一文不值，因此是一种高收益、高风险的股票。在美国的纳斯达克市场上市的一些股票就属于这类股票。

5）概念股。概念股又称为表现股，是指那些能迎合一定时期潮流的普通股，如之前受投资者广泛关注的 IT 产业股。

（2）优先股

优先股是相对于普通股而言的，它是股份公司发行的在公司赢利和剩余财产的分割上享有优先权的股票。优先股较普通股的优先权主要体现在两方面：第一，领取股息优先。公司分配盈余的顺序，首先是优先股，其次才是普通股，而且不管公司经营状况和利润多少，优先股股东都可按预先确定的收益率领取股息。但若股东大会决议当年不分派股息，优先股也同样不能领取股息；第二，分配剩余资产优先。当公司解散或破产清偿时，优先股股东先于普通股股东参加公司剩余资产的分配权，但顺序又要排在债权人之后。

优先股种类繁多，归纳起来主要有以下几种。

1）累积优先股与非累积优先股。当股份公司当年没有赢利，因而不能分派股息，或者盈余较少不足以满额分派股息时，可以把未分派或未满额分派的股息累积到以后年份补发的优先股称为累积优先股。以当年公司所得赢利为限，取得股息的优先股称为非累积优先股。

2）参与优先股与非参与优先股。参与优先股有两种：一种是盈余参与优先股，另一种是资产参与优先股。前者指由于公司当年的赢利比较多，优先股股东除了收到固定股息外，还可以与普通股股东一起分享公司的盈余。后者指优先股股东在公司清理时，可以参加剩余资产的分配。非参与优先股指股东除取得固定股息外，没有上述两种参与权的优先股。

3）可转换优先股与不可转换优先股。在股份公司章程规定的时间和规定的转换比率下，允许将优先股股票转换成公司的普通股的股票，称为可转换优先股；反之，不能转换成普通股的股票，称为不可转换优先股。

4. 国际股票市场

股票市场可以分为一级市场和二级市场。一级市场也称初级市场，在这个市场只买卖股份公司初次出售的新股票，就其性质而言，所谓一级市场，就是股票的发行市场，是整个股票交易活动的最初阶段。二级市场是一级市场的延续，随股票发行后进入股票市场里自由流通的阶段。因此，二级市场也称为股票的流通市场。

（1）股票的一级市场

股票的一级市场是发行股票公司及中介机构发售股票所形成的市场，由股票的发行者、投资者和承销者构成，这种市场一般是无形的。通过股票的发行市场，股份公司公开发行的新股票被初次销售给投资者。一级市场既是资金筹集者筹措资金的重要渠道，又为资金供给者提供投资和获利的机会。股票的一级市场和股票的二级市场是股票市场正常运行的前提条件，股票的一级市场体现了股票由发行的主体流向投资者的市场关系。

（2）股票的二级市场

股票的二级市场又称交易市场或流通市场。股票二级市场是投资者在一级市场上认购取得股票后，再次和多次进行买卖的市场。股票的二级市场对股票和股份制是极其重要的，二级市场的存在，保证了股票的流通性。股票的一级市场和二级市场相互配合、相互协调、高效地运转，股票市场才能充满生机和活力。投资者在一级市场认购股票后，可以保存在手，按时获得股息（当然如果公司经营亏损，就没有股息）。但是，大多数的投资者购买股票不是为了获得股息，而是通过分析股票的行情变化，随时变换所持有的股票，以谋求获取较高的收益。或者因临时需要，投资者必须把手中的股票变成现金，以应急用。这样，一个买卖股票的场所就随着客观的需要而产生，这就是股票的二级市场。显然，股票的二级市场在市场的范围、交易额、参加交易的投资者和中介人方面要比一级市场广泛得多。

股票二级市场的主要功能如下。①促进社会分散资金转化为长期投资资金。由于股票的不可返还性，所以发行公司通过发行股票所筹集的资金可以被企业长期占用。②为公平交易提供适当的手段。股票的二级市场，尤其是证券交易所，为股票交易提供了较为完善的服务，股票的买卖通过公开竞价的方式成交，较为公平地维护了买卖双方的利益。③调节资金的供求与流向。当股票供大于求时，股票的价格水平就会下降，这样，股票发行量就会减少；反之，股票发行量就会增加。④反映国民经济的变化。股票市场是国民经济发展变化的晴雨表，国民经济的变化必然在股票市场上通过股价指数反映出来。

股票二级市场有两种类型：场内交易市场和场外交易市场。场内交易市场即在证券交易所进行股票交易的市场。证券交易所是一种有组织、有固定场所和有一套严密管理制度的证券交易市场。场外交易市场是一种组织松散、无固定交易场所和较难管理的证券交易市场。前者有时也被称为有形的证券市场，后者叫作无形的证券市场。此外，还有人称为第三市场和第四市场的，但究其性质仍然属于二级市场。

5. 重要的股票交易所简介

（1）美国纽约证券交易所

美国纽约证券交易所是全球闻名的证券交易机构，建于 1792 年，至今已有 200 多年的历史，于 1963 年采用这一名称。从事交易的会员可分为下面几类。

1）佣金经纪商。这是数量最大的一类会员，其任务是专门接受非会员客户的委托买卖证券。1975 年 5 月，美国取消了原来实行的固定佣金制，允许各经纪人公司在佣金的收取上自由竞争。

2）场内自营商。这类会员在交易所内为自身目的进行证券买卖，从股价的波动中赚取差价收益。因其本身既熟悉行情，又无须支付佣金，从而在交易中处于有利地位，证券主管机构对其活动有严格的限制。

3）专业股票商。这类会员专门经营若干种股票。他们既可以以经纪商的身份，又可以以自营商的身份参加交易。但在同一笔交易中，不能兼具两种身份。场内经纪人，又称"两美元经纪人"。这类会员主要是协助佣金经纪商进行交易以赚取佣金。在佣金经纪商受顾客委托的交易笔数太多而无法全部执行时，便转交给场内经纪人代为执行。

4）零股交易商。纽约证券交易所的股票买卖，一般以"手"为交易单位，称为整数交易。凡佣金经纪人接到客户的零股订单时，零股交易商即以自备资金进行零股的买卖。

在纽约证券交易所挂牌上市的美国和外国公司多达几千家；第二次世界大战之后的很长一段时期内，其股票的年交易额基本上一直居世界第一位，到 1996 年，其交易额被纳斯达克超过，成为第二大世界证券交易所。

（2）伦敦证券交易所

伦敦证券交易所成立于 1773 年，但其历史可以追溯到 1698 年，是世界上最早的证券交易所。现在该交易所实行股份制，股东即为交易所成员，由 169 家证券经纪商和 21 家证券交易商的 3600 个会员组成，伦敦证券交易所是世界第三大证券交易所。伦敦证券交易所的会员分为以下两类。

1）经纪商。只代表顾客和所属公司进行股票买卖，收取佣金。经纪商不能直接对公众进行交易，只能代公众与证券商进行交易。

2）自营商。他们持有相当数量的多种股票，既买进又卖出，以赚取差价收益，但只能以交易主体的身份与场内经纪人进行交易。

（3）东京证券交易所

东京证券交易所的前身为东京股票交易所，成立于 1878 年（明治十一年），东京证券交易所现在实行会员制，均由证券公司组成，会员主要有以下两种。

1）正式会员。他们在交易所内既可以接受客户的委托进行证券买卖，也可用自己的资金买卖。

2）经纪会员。经纪会员又称媒介会员，其任务是为正式会员之间的证券成交起媒介作用。他们专门从事接受非会员证券公司的业务，在交易所里进行证券买卖。

（4）香港联合证券交易所

香港联合证券交易所有限公司于 1980 年 7 月正式注册成立。它由原来在香港的四家证券交易所合并、改组而成。由于该交易所实行按国际惯例的作业方式和上市规则，因而吸引了较多的国际投资者。该交易所成交量大，交易比较活跃，成交量与股市的比例经常处于世界各交易所的前列。

（5）场外交易市场

场外交易市场（out the counter，OTC）一般是指那些不上市的股票由证券商在其营业所自营或代客买卖等交易场所。从广泛意义上讲，场外交易市场又包括店头市场、第三市场、第四市场。

（二）国际债券投资

债券是一种有价证券，是债务人为筹措资金，向债权人承诺按一定利率，定期支付利息，并到期偿还本金而出具的一种债务凭证。国际债券投资是指债券投资者和债券筹资者分属不同国家或地区的债券投资，适合国际债券投资的债券品种或称投资工具主要包括外国债券、欧洲债券、全球债券以及某些由发行地所在国筹资者发行的债券。债券投资具有以下几个基本特征。

1. 安全性

债券的安全性体现在两个方面：一是收益相对稳定，不受市场利率变动的影响；二是本金利息的偿还有法律保障。

2. 流动性

债券的流动性是指债券在偿还期满之前可在市场上作为有价证券转让，提前收回本金，或到银行进行抵押取得抵押贷款。一方面可保证债券发行的顺利进行，另一方面可使投资者手中的债券随时变现，以备不时之需。

3. 收益性

债券的收益性是指投资债券可获得一定的收益：一方面投资者根据固定利率可获得固定的、高于储蓄存款利率的利息；另一方面可以通过在证券市场上进行买卖，获得比一直持有到期更高的收益。

债券的安全性、流动性和收益性之间具有相逆性关系。如果某种债券的风险小，变现能力强，人们必然会争相购买，于是该种债券价格上涨，收益减少；反之，如果某种债券的风险较大、流动性较差，则该种债券价格相对较低，收益率较高。投资者可以根据自己的投资目的、期限、财务状况和对市场的分析预测，选择自己所需重点，以形成最佳组合。

（三）国际货币市场证券投资

国际货币市场证券投资是指货币市场证券投资者和货币市场证券筹资者分属不同国家或地区的货币市场证券投资。货币市场证券主要包括国库券（treasury bill）、可转让存单（negotiable certificate of deposit，CD）、商业票据（commercial paper）和银行承兑票据（banker's acceptance）等。国际货币市场证券投资的发展与各国货币市场发展水平及其对外资开放的程度密切相关。目前，美国有全世界最发达和最开放的货币市场。

（四）外汇现货投资

外汇现货投资是指投资者通过买卖或持有外汇现货以获取收益或承担亏损的行为或过程。外汇现货投资的发展与各国本币的自由兑换程度密切相关。在全球外汇现货投资中，各国商业银行占据主导地位。

（五）国际衍生证券投资

1. 衍生证券的含义和分类

严格地讲，衍生证券（derivatives）或称衍生金融工具（derivative financial instrument）不是证券，而是以资本证券、外汇、汇率、利率、股价、股价指数以及某些商品（一般为小麦、木材、牛肉等农林牧产品和铜铝等金属）为直接标的物或间接标的物的交易合约。根据合约特点的不同，衍生证券一般可以分为远期合约、期货合约、互换合约和期权合约等四种类型；根据交易方式的不同，衍生证券又可分为场内交易（或称交易所交易）衍生证券和场外交易衍生证券两种类型。远期合约和互换合约属于场外交易衍生证券，期货合约和期权合约则主要属于场内交易衍生证券。

2. 衍生证券投资

衍生证券投资是指投资者通过买卖或履行衍生证券合约而获取收益或承担亏损的行为或过程。在远期合约和互换合约中，交易双方都必须履约；在期货合约中，交易双方一般都在合约到期前通过对冲交易而避免实物交割，最终实施实物交割的比例一般不超过5%，甚至不超过1%；在期权合约中，期权合约的买方（buyer）或称持有者（holder）有要求履约和不要求履约的主动权，而期权合约的卖方（seller）或称签发者（writer）则只能被动地履约或不履约，没有选择的权利。

在衍生证券合约中，交易双方都是投资者，而没有筹资者。根据获取收益或承担亏损的方式不同，衍生证券投资者可以大致分为套期保值者（hedgers）、套利者（arbitragers）和投机者（speculators）三种类型。套期保值者是通过衍生证券投资来规避各种市场风险的交易者；套利者主要是指那些利用同种期货合约在不同市场之间、不同交割日之间，或同一市场、同一交割日的不同期货合约之间暂时不合理的价格关系，通过同时买进和卖出以无风险地赚取价差收益的交易者；投机者则是根据他们对衍生证券价格走势的预测，试图通过低买高卖以获取利润或承担亏损的交易者和各种市场风险的承担者。

3. 国际衍生证券投资的含义

国际衍生证券投资是指衍生证券合约的交易双方分属不同国家或地区的衍生证券投资。在场内交易衍生证券投资中，由于难以确认交易对方的身份，不妨将凡是对外资开放的场内交易衍生证券投资都视为国际衍生证券投资。国际衍生证券投资的发展与各国衍生证券市场的发展水平及其对外资开放的程度密切相关。

第三节　国际间接投资的灵活方式

一、风险投资

(一)风险投资的含义

我国著名学者成思危在其发表的《积极稳妥地推进我国的风险投资事业》一文中,对风险投资的定义是:"所谓风险投资,是指把资金投向蕴藏着较大失败危险的高新技术开发领域,以期获得成功后取得高资本收益的一种商业投资行为。"风险投资有广义和狭义之分。从广义上说,风险投资是指对蕴藏着高风险同时又具有高回报预期的高新技术产品进行的资金投入活动。从狭义上说,风险投资是为获取未来成熟企业的高额转让收益而在其孵化阶段冒险投入的即期货币,即通过投资于一个高风险、高回报的项目群,将其中成功的项目进行出售或上市,实现所有者权益的变现。此时不仅能弥补失败项目的损失,还能使投资者获得高额回报。

(二)风险投资的产生和发展

风险投资产生的历史最早可以追溯到 15 世纪的欧洲。当时,英国、荷兰等国的一些富商为了到海外开拓市场和寻找新的商业机会,开始投资于远洋探险,由此首次出现"venture capital"这一术语。

但是真正形成系统的、有组织的产业或现代意义上的风险投资,则是在第二次世界大战之后的美国,其诞生的标志是 1946 年美国哈佛大学经济学教授乔治斯·多里奥特等人和波士顿地区的一些商人共同创立的美国研究与发展公司(American Research and Development Corporation,ARD)。

美国风险投资业的正式起步源于 1958 年《中小企业投资法案》的立法,该法案促成了中小企业投资公司制度的成立,风险投资事业的第一次浪潮应运而生。到 20 世纪 60 年代末 70 年代初,美国全部风险投资机构累积筹资总额只有几百万美元。自 1992 年以后,随着全球科技产业的兴起、新经济模式的提出和美国经济的持续景气,美国风险投资更加繁荣,并成为目前世界上最大、机制最完善的风险投资。于是,风险投资的规模急剧增加。1993 年流入风险投资领域的资本为 37.6 亿美元,截至 2005 年年底,美国共有风险投资公司 4000 多家,风险投资总额超过了 2216 亿美元。每年大约有 10 万个项目得到风险资本的支持。从 2008 年到 2017 年,美国的风险投资总额虽然总体趋势向上,但一直未超过 2000 年的 1000 亿美元的水平,而 2018 年美国风险投资共完成 8948 笔,总投资达 1309 亿美元,创下近 10 年新高。

(三)风险投资的特点

1. 高风险、高收益

风险投资顾名思义,是一种高风险的投资行为,这是风险投资区别于一般投资的首要特征。在美国硅谷,有一个广为流传的"大拇指定律",即在 10 个从事风险投资的创业公司中，有 3 个会垮台，3 个勉强生存，还有 3 个能上市并有不错的市值，只有一个能够脱颖而出并大发其财。

2. 风险投资是一种长期投资

风险投资将一项科研成果转化为新科技产品，要经历开发、产品试制、正式生产、扩大生产、进一步扩大生产和销售等阶段，直到企业股票上市，或通过出售等其他方式变现才能取得收益。这一过程少则 3 至 5 年，多则 7 至 10 年，而且在此期间通常要对有成功希望的高新技术项目进行增资。因此，风险投资也被称为"有耐心的投资"。

3. 风险投资是一种组合投资

为了分散风险，风险投资通常投资于一个包含 10 个以上项目的高新技术项目群，以成功项目所获得的高回报来抵偿失败项目的损失并取得收益。

4. 风险投资是一种权益投资

风险投资是一种权益投资，而不是一种借贷资本投资，因此其着眼点并不在于投资对象当前的盈亏，而在于它们的发展前景和资产的增值，以便能通过上市或出售来获得高额回报。

5. 风险投资是一种分阶段的投资

风险资本家通常把风险的成长过程分为几个阶段，并相应地把资金分几次投入，上一阶段发展目标的实现是下一阶段资金投入的前提。这是风险资本家降低风险的一种重要手段。

6. 风险投资资金主要投向从事高新技术的中小企业

风险投资向来是以冒高风险为代价并追求高收益为特征的。传统的产业无论是劳动密集型的轻纺工业，还是资金密集型的重化工业，由于其技术、工艺的成熟性和产品市场的相对稳定性，其风险相对稳定和平均。高科技产业，由于其风险大、产品附加值高、适应了风险投资的特点，理所当然就成为风险投资者选择的对象。

7. 风险投资是一种主动参与管理型的专业投资

风险投资不仅向创业者提供资金，而且其管理者即风险投资家用他们长期积累的经验、知识和信息网络，帮助企业管理人员更好地经营企业。

8. 风险投资具有再循环性

风险投资是以"投入—回报—再投入"的资金运行方式为特征的，而不是以时断时续的阶段方式进行投资。风险投资在风险企业的创业阶段投入资金，一旦创业成功，即在证券市场上转让股权或抛售股票，收回资本并获得高额利润。风险资本退出风险企业后，并不会就此罢休，而是带着更大的投资能力和更大的雄心，去寻找新的风险投资的机会，使高新技术企业不断涌现，从而推进高科技产业化的进程。

　　以英国为首的欧洲资本主义国家也步入美国的后尘，在 20 世纪 70 年代末至 80 年代初纷纷建立起本国的投资产业。目前，欧洲的风险投资无论是从规模方面还是从制度建设方面都处于世界第二位，其中，英国是仅次于美国的第二大风险投资国。

　　继美国和欧洲之后，日本、加拿大、澳大利亚、以色列等国和我国台湾、香港的风险投资产业也相继建成，并对全球投资市场产生了一定的影响。

二、国际基金投资

（一）国际基金投资的基本概念

　　国际基金是一种由众多基本当事人根据政府有关法规相互之间签订某种契约或协议而组成的金融中介组织。投资基金的基本当事人包括基金持有人、基金托管人、基金管理人以及公司型基金中的基金公司。投资基金基本当事人之间的契约或协议主要包括契约型基金中的基金契约和托管协议以及公司型基金中的股东协议、托管协议和管理协议。图 5.1 和图 5.2 分别为契约型基金和公司型基金的组织结构图。

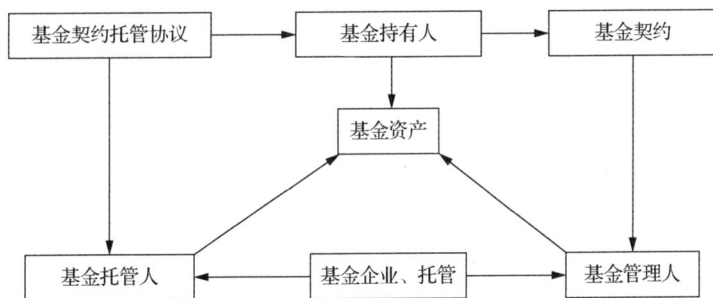

图 5.1　契约型基金的组织结构图

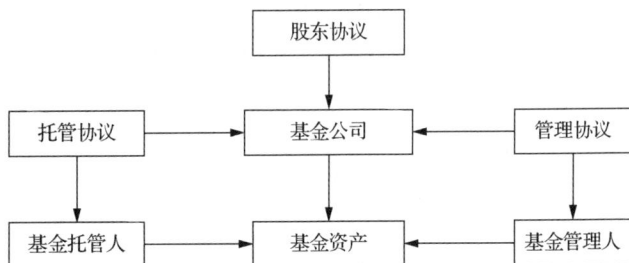

图 5.2　公司型基金的组织结构图

　　基金持有人是基金单位或基金股份的投资者，可以是自然人，也可以是法人。基金管理人一般由投资基金管理公司或投资银行的基金管理部充当，其主要职责是从事基金资产的投资管理，包括证券投资分析、制定投资组合和从事日常基金管理。基金托管人一般由投资银行、信托公司或商业银行等金融机构充当，其主要职责是托管基金资产，包括证券及现金管理、会计核算以及一些有关的代理业务。

（二）国际基金投资的产生和发展

国家基金是投资基金家族中最早出现的种类，根据记载，世界上最早的投资基金是在 1822 年由荷兰国王威廉一世在比利时的布鲁塞尔设立的，专门投资外国政府债券的信托基金。被公认为世界基金业诞生标志的则是 1868 年英国成立的海外及殖民地政府信托基金（the foreign and colonial government trust），海外及殖民地政府信托投资机构属于契约型投资基金，其设立的原则是，运用集合的基金分散投资于国外及殖民地的证券，达到分散投资风险并使中小投资者能和大投资者一同分享投资收益的目的。该机构的发展速度非常快，其投资地区远及南北美洲、中东、东南亚、葡萄牙等，投资额达到 48 万英镑。

19 世纪 70 年代，美国爆发了经济危机，一些债券发行机构不能履行还本付息的义务，导致英国的基金管理公司无法向投资者支付利息，基金管理人将契约型基金改为支付股息而非固定利息的股份公司，1879 年，英国颁布了股份有限公司法之后，公司型投资基金取得了合法地位。第一次世界大战后，美国经济跃居世界首位，美国的国内外投资活动也相应非常活跃，1921 年 4 月，美国组建了第一家投资基金——美国国际证券信托基金，1924 年 3 月 21 日，在美国波士顿成立了马萨诸塞投资信托基金，管理机构是马萨诸塞金融服务公司，该基金的特点是基金公司必须不断出售股份给投资者和赎回其股份，并为投资者提供专业化的投资管理。该基金的成立标志着开放式基金的诞生。1929 年，世界性经济危机爆发，股市崩溃，大部分基金倒闭。

从 1940 年美国《投资公司法》问世到 20 世纪 80 年代末投资基金业的发展进入一个新的快速发展阶段，这一阶段的前期，即从 1940 年到 1973 年，从投资对象看，投资基金转向了国内市场，并以股票证券为主；这一阶段的后期，投资基金转向了货币市场，到 20 世纪 80 年代初，美国货币市场基金占基金总资产的 75%左右，约 1850 亿美元。

20 世纪 80 年代末以来，世界经济一体化和全球金融自由化进程加快，随着第一次量化投资浪潮的掀起，投资基金也进入了一个全球化发展阶段。现今的对冲基金巨头公司开始崭露头角，以 Fama-French 的因子投资方法理论为代表，发展并完善了相对价值与统计套利的应用体系，计算机科学、统计学的前沿成果开始向量化投资领域应用渗透，并随着 2000 年后互联网时代的来临持续至今。国际投资基金规模迅速扩大，由 1990 年的 150 亿美元发展到 2000 年的近 500 亿美元。而且国际证券投资大规模流向发展中国家证券市场已是必然趋势。以股权投资为例，1993 年，在全球海外股票投资 1592 亿美元当中，有 525 亿美元流入亚洲、拉美和中东等地区的新兴市场，占总投资额的 33%。作为全球股票市场最主要资金来源的美国资产，1993 年海外股票净购买增加 58%，其中有 30%投入发展中国家的股市，净股权投资额接近 140 亿美元。1994 年，发展中国家股市不如 1993 年活跃，但仍有大量的海外资本流入，当年美国海外净股权投资额中，亦有近 100 亿美元投入新兴市场，这一数字虽然低于 1993 年，但仍高于 1992 年的水平。日本对证券投资增长强劲，1993 年上半年对外证券投资 147 亿美元，1994 年上半年升为 513 亿美元，增长 25 倍，其投资重点是发展中国家的新兴市场。

近年来，随着金融科技的发展，海外量化投资在国际投资基金发展中越发不可小觑。美国基金数据库巴克莱对冲统计数据显示，截至 2018 年年底，对冲基金规模约 3.5 万亿美元，其中与数量化投资方法密切相关的策略占比极高。美国投资公司协会发布的美国基金业年鉴 2019 统计数据显示，截至 2018 年年底，共同基金规模约 17.7 万亿美元，其中运用数量化投资方法的另类投资基金规模约 2000 亿美元。同时，美国寿险业协会公布的数据显示，截至 2018 年年底，保险资金规模接近 4.5 万亿美元，保险机构通过衍生品进行投资与风险管理，实际投资资金规模接近 600 亿美元，名义规模则更大。此外，2008 年以来，全球保险资金运用方面，另类资产配置占比也呈现持续上升态势，这反映了低利率环境下保险机构通过降低流动性要求来换取投资收益，提升收益率水平。

（三）国际基金投资的利弊

20 世纪 90 年代以来，国际投资出现了"证券化"趋势，与其他国际投资方式相比，国际证券投资和国际基金投资具有以下特点。

1）投资方式灵活便利。

2）为中小投资者提供了海外投资的途径和可行性。

3）可降低投资者的投资风险，增加投资的安全性。

4）可增强资产的流动性。

5）对融资人来说，不仅提供了一条重要的国际资本融资渠道，还可以节约融资费用。

6）国际基金投资有利于上市公司素质的提高。国际证券投资与国际直接投资的根本不同点在于前者不涉及对所投资企业的经营管理权，投资者的投资目的在于获取利息或股息，而不是对企业的全面经营控制。但是，在一个由中小投资者占据主导地位的股票市场上，由于股权过度分散，股东难以对上市公司进行有效的监督控制，国际证券投资在这方面的不足更为明显，而在一个由投资基金占主导地位的股票市场上，由于股权的适度集中，投资基金可以形成对上市公司的有效监督。

7）国际基金投资有利于中国企业的国际化。国家基金的兴起与投资基金广泛开展的跨国投资活动，加速了国际资本的流动。因此，我们可以通过发展各种中外合作基金、国家基金、国际基金和离岸基金来加速我国企业的资本国际化，在企业资本国际化的同时，推动我国企业的各个方面与国际惯例接轨。

国际投资基金的一个突出特点是其流动性，这个特点在某些时候将会对发展中国家的金融和经济秩序造成严重的冲击。这方面的案例较多，其中最为著名的案例，或者说对中国投资者最为记忆尤深的是东南亚金融危机。

1997 年年初，全球的金融界和投资界还在盛赞东南亚的经济奇迹，可到了 1997 年 7 月 2 日，泰国央行突然宣布放弃长达 13 年之久的泰铢钉住美元的汇率机制，随即引发了一场震惊全球的东南亚金融危机，一夜之间，泰国、韩国、马来西亚、印度尼西亚、菲律宾、新加坡等国和我国台湾的货币急剧贬值，股市暴跌，其中泰国货币贬值高达 50% 以上，这场危机随后波及日本，冲击美国，造成全球性的金融恐慌。东南亚金融危机有着非常复杂的原因，但其中最直接的原因就是巨额的国际投资资本钻了东南亚各国的空子，大肆做空这些国家和地区的货币，无情地打垮了它们原本积弊重重的金融体系。

然而，只要一国想要吸引外资，就无法完全限制游资。另外，游资也不是毫无理性地在一国金融市场进出，只要政策稳定、经济发达，流入的游资就可以变为长期资本。

三、国际租赁

（一）国际租赁的产生与发展

租赁作为一种交易行为存在的历史十分悠久，远在古代人们就已经发明了租赁这一交易。在西方，早在公元前 1400 年前，在以航海、商业闻名的古代腓尼基人中就出现了租赁交易，当时的一些船主将船只租赁给那些无力购买船只或仅对航海感兴趣的商人，使双方都得益。在古巴比伦人中，不动产的租赁业很普遍，考古学家曾发现一个石块，上面刻有公元前 551 年古巴比伦王国的房屋租约，上面详细规定了承租人应尽的义务。

资本主义制度建立以后，虽然租赁业仍有很大发展，但与其他行业的迅速发展相比则黯然失色。在第二次世界大战以后，以融资和融物相结合为主要特征的现代租赁业在世界范围内产生并蓬勃兴起。1952 年 5 月，叙恩费尔德创立了世界上第一家租赁公司——美国租赁公司（现为美国国际租赁公司），从此拉开了现代租赁业务的序幕。由于这一新形式适应企业经济发展的需要，从而得到了迅速的发展。与此同时，随着租赁业的发展，第二次世界大战后租赁业逐渐由各国国内扩展到国外，即国际租赁业务。第二次世界大战后西方各国的租赁业不仅发展速度惊人，规模巨大，而且和以往的租赁业相比出现了许多新的特征，主要体现为以下几个方面。

1）租赁对象有所变化。在第二次世界大战前，租赁的对象主要是土地、房屋等不动产。第二次世界大战后的租赁对象范围日益扩大，目前在西方国家，从飞机、汽车、电子计算机等贵重物品到办公用品都有租赁，很多产品成了租赁的对象。其中设备租赁的发展更为重要，意义也更为重大。它是在 20 世纪 50 年代由美国率先发展起来的，很快就得到迅速发展并为其他国家所效仿，目前已成为西方国家中一种十分重要的筹集固定资产投资资金的方式。

2）租赁目的有所变化。在过去，承租人租赁的目的在于租赁物的使用权，对租赁物的所有权则不感兴趣。在第二次世界大战后，虽然这种"真实"的租赁业有很大发展，但人们已经日益将租赁看成一种融资手段。人们租赁往往不是为了在一段时间内使用该物品，而是以此为融资手段而占有该物品，取得其所有权。为此，各种新租赁方式不断涌现，这些新的租赁方式的租期往往长达租赁物品的寿命期限，并且实际上将由所有权引起的一切责任权利均转让给了承租人，实际已变成一种变相的分期付款交易。

3）租赁方式有所变化。以往的租赁方式多为经营租赁，第二次世界大战后租赁方式已变得多样化，为适应承租人的需要出现了许多新的租赁方式，如金融租赁、维修租赁、衡平租赁、转租赁和售后回租等。租赁业出现了多样化局面，能够满足租赁人的不同要求。

（二）国际租赁的类型

从利用租赁的目的和收回投资的角度，国际租赁可分为金融租赁（financial lease）、经营租赁（operating lease）、维修租赁（maintenance lease）、衡平租赁（leverage lease）和综合性租赁。

1. 金融租赁

金融租赁是由租赁公司融资，把承租人自行选定的机械、设备买进或租进，然后租给企业使用，企业则按合同规定，以交租赁费的形式按期付给租赁公司。合同期满后，机械设备按合同规定处理。一般处理方法有三种：合同期满后将设备退还租赁公司；合同到期继续租赁；留购，以名义货价（或象征性价格）把设备买下来，办理产权转移的法律手续。金融租赁是典型的设备租赁所采用的基本形式，具有浓厚的金融业务色彩，因此，往往被看成一项与设备有关的贷款业务。

金融租赁的特点主要体现为：金融租赁是一项涉及三方当事人——出租人、承租人和供货商，并至少有两个合同——买卖合同和租赁合同构成的自成一类的三边交易；承租人自行选定设备，出租人只负责按承租人的要求融资购买设备，因此设备的质量、数量、规格、技术上的鉴定验收以及维修、保险等事宜均由承租人承担；完全付清，即基本租期内的设备只给一个特定用户使用；不可撤销，即在合同规定的租赁期内，一般情况下，双方无权撤销合同；租赁期限较长，一般设备租赁期为 3～5 年，但大型设备，如飞机、钻井平台等的租赁期可达 10 年以上。

2. 经营租赁

经营租赁也称服务性租赁（service lease），国内有时译为使用租赁、营运租赁、作业租赁以及操作性租赁。经营租赁是一种不完全支付租赁，规定出租人除提供融资外，通常也提供特别服务，如保险和维修等。由于它是一种较短期的租赁，租赁物的维修、保养和管理均由出租人负责提供，因此，其租金比金融租赁高。

经营租赁具有以下特点：①可撤销，即在租赁期满之前，承租人预先通知出租人就可终止合同，退回设备，以租用更先进的设备；②不完全支付，即基本租期内，出租人只能从租金中收回设备的部分垫付资本，需要通过该项设备以后多次出租给多个承租人使用，方能补充未收回的那部分投资和其应获利润，因此，租期较短，短于设备有效寿命；③出租人不仅提供融资便利，还提供维修管理、保养等项专门服务，如为出租设备的实用性、技术性负责，并承担过时风险，负责购买保险，因此租金较金融租赁高得多；④租赁合同可以中途解约；⑤租期结束时，承租人可以退租、续租或留购。

3. 维修租赁

维修租赁是金融租赁加上各种服务条件的租赁方式。维修租赁的租赁费包括服务费，因此较为昂贵。维修租赁的租赁期较长，通常是两年以上，租赁物多以车辆为主，其目的是减轻承租人对车辆等的维修、管理业务。在维修租赁的合同期限内，原则上不能中途解约。采用这种方式租赁汽车时，租赁公司向用户提供一切业务上所需的服务，包括购货、登记、纳税、保险、检查、维修、检车和事故处理等服务。

4. 衡平租赁

衡平租赁也称杠杆租赁或代偿货款租赁，是金融租赁的一种特殊方式。出租人一般只需投资购置设备所需款项的 20%～40%，即可在经济上拥有设备的所有权，享受如同对设备 100%投资的同等税收待遇。设备成本的大部分由银行、保险公司和证券公司等金融机构的贷款提供，银行金融机构提供贷款时，需要出租人以设备的抵押权、租赁合同和收取租金的受让权作为对该项借款的担保。购置成本的借贷部分称为杠杆。通过这一财务杠杆（financial leverage）的作用，交易双方均可获得更多的经济利益。对出租人来讲，通过这种杠杆作用可使出租人的投资扩大 3～5 倍，而且能使出租人以较少的现款投资享有设备成本10%的全部减税优惠，同时银行的融资通常不能向出租人追索，而靠出租设备的租赁费来偿还。对承租人来讲，出租人所得的减税鼓励或免税优惠可以较低租赁费的形式转让给承租人。

衡平租赁的特点表现为：在法律上至少要有三方的关系人，即一方为承租人，一方为出租人，还有一方为贷款人。一般衡平租赁还牵涉其他两方面的关系人，即物主托管人和契约托管人。贷款人对出租人提供的贷款成为衡平租赁的基础，由于契约托管人拥有出租设备的抵押权，故贷款人不得对出租人行使追索权；租金偿付须保持均衡，每期所付租金不得相差悬殊；出租人投资设备价款的 20%～40%，但可得到 100%的税务优惠；租约期满，承租人按租进设备残值的公平市价留购该设备或续租，不得以象征性价格付款留购该设备。

5. 综合性租赁

综合性租赁是租赁和其他贸易方式相结合的一种租赁方式。例如，它与补偿贸易、来料加工、包销、买方信贷、卖方信贷、信托投资、合资经营、合作经营等方式相结合，从而形成与纯粹租赁有别的一种租赁形式。

四、国际工程承包

（一）国际工程承包的含义

国际工程承包是指国际经济技术合作公司或一国的承包公司，以自己的资金、技术、劳务、设备、材料、管理和许可证等，在国际承包市场上通过投标、议标或其他协商途径，按国际工程业主的要求，为其营造工程项目或从事其他有关经济活动，并按事先商定的合同条件收取费用的一种国际经济合作形式。

由以上定义可以看出，国际工程承包主要涉及两方当事人，即承包商和业主。承包商也称承包公司或承包人（contractor），是承包某项工程的自然人或法人，负责采购物资、建设工程项目、提供咨询等业务。业主，也称为发包人（promoter），是工程的所有人，负责发包工程，提供建设所需资金，并按规定向承包商支付酬金。此外，国际工程承包涉及的当事人还有二包商、工程师及其代表、承包商的代理人、设计师、业主的工程管理机构和供应商等，他们按照各自的分工直接或间接参与工程项目的建设。

（二）国际工程承包的方式创新

（1）BOT

BOT 中的"transfer"是指以政府特许权换取非公共机构融资建设经营公共基础设施的一种投资方式，即以政府和私人机构之间达成协议为前提，由政府向私人机构颁布特许，允许其在一定时期内筹集资金建设某基础设施，并管理和经营该设施及其相应的产品与服务。政府对该机构提供的公共产品或服务的数量和价格可以有所限制，但保证私人资本具有获取利润的机会。整个过程中的风险由政府和私人机构分担。当特许期限结束时，私人机构按约定将该设施移交给政府部门，转由政府指定部门经营和管理。

许多国家，尤其是发展中国家在基础设施建设中之所以越来越多地采用 BOT 方式，是因为与传统的投资方式相比，BOT 投资方式具有有利于减轻政府直接的财政负担等诸多优点，深受发展中国家的欢迎。中国第一个 BOT 基础投放项目是 1984 年由中国香港台和实业公司和中国发展投资公司等作为承包商在深圳建设的沙角 B 电厂。继沙角 B 电厂之后，广东、四川、上海、湖北、广西等地相继出现了一批 BOT 项目。

（2）TOT

TOT（transfer-operate-transfer，移交-经营-移交），是应用于公共基础设施建设项目的一种投资方式。政府将已经建成投产运营的基础设施项目的一定期限的产权和经营权有偿转让给投资人，由其进行运营管理，投资人在一个约定的时间内通过经营收回全部投资和得到合理的回报；政府凭借所移交的基础设施项目未来若干年内的收益（现金量），一次性地从投资方那里融通到一笔资金，再将这笔资金用于新的基础设施项目建设；当经营期届满时，投资方再将项目移交回政府手中。这种融资方式与 BOT 融资方式相比较，最大的区别在于避开了"B"建设中所存在的较高风险和大量矛盾，政府与投资方往往比较容易达成一致。

（3）ABS

ABS（asset-backed securitization，资产证券化）是指以项目所属的资产为基础，以该项目所能带来的预期收益为保证，通过在资本市场发行证券来筹集资金的一种项目融资方式。例如，以除住宅抵押贷款以外的信用卡应收款、汽车贷款、应收贷款、有价证券、收费公路等任何能在未来产生稳定、可预测的现金流的资产作为基础进而使其证券化以达到融资的目的。

ABS 的主要特点体现在：①通过证券市场发行债券筹集资金，是 ABS 不同于其他项目融资的一个显著特点，而证券化融资则代表着项目融资的未来发展方向；②由于 ABS 的方式割断了项目原始权益人自身的风险和项目资产未来现金收入的风险，使其清偿债券本息的资金仅与项目资产的未来现金收入有关，加之在国际高等级证券市场发行的债券是由众多的投资者购买的，从而分散了投资风险；③由于 ABS 是通过发行高等级投资级债券募集资金，这种负债不反映在原始权益人自身的资产负债表上，从而避免了原始权益人资产质量的限制；④ABS 的信用评级决定于证券化资产的质量和交易结构等可变因素，因此，ABS 信用等级的灵活性较大。

（4）PPP

广义 PPP（public-private-partnership，政府和社会资本合作）是公共基础设施中的一种项目融资模式。在该模式下，鼓励私营企业、民营资本与政府进行合作，参与公共基础设施的建设。按照这个广义概念，PPP 是指政府公共部门与私营部门在合作过程中，让非公共部门所掌握的资源参与提供公共产品和服务，从而实现合作各方达到比预期单独行动更为有利的结果。

与 BOT 相比，狭义 PPP 的主要特点是，政府对项目中后期建设管理运营过程参与更深，企业对项目前期科研、立项等阶段参与更深。政府和企业都是全程参与，双方合作的时间更长，信息也更对称。在 PPP 管理模式中，更多是要突破简单化的"融资模式"理解，从管理模式创新的层面上理解和总结。

五、国际信托投资

国际信托投资作为一种国际灵活投资方式，在美国、英国、日本等发达国家十分盛行，并且取得了良好的经济效益。达成一项信托业务要涉及三方面的关系人，即委托人、受托人和受益人。委托人是财产的所有者，是要求办理信托的主事人，凡是财产的合法所有者，不论是个人或法人，以及不具备法人资格的团体都可以成为委托人。受托人是有信誉、有经营管理能力的信托机构或个人。受托人可以是个人，也可以是法人，有时由数人共同承担，成为共同受托人。受益人是信托财产利益的享有者，可以是受托人指定的单位或个人，也可以是受托人不确定的多个人，也可以是委托人自身。

国际信托投资的经营范围十分广泛，各国国际信托投资机构在具体经营过程中各有偏重。就中国现行情况来看，其经营范围主要集中在国际金融租赁业务，国外担保及见证业务，资信调查和咨询业务，境内外外汇信托投资、贷款业务等方面。

（一）国际金融租赁业务

国际金融租赁业务是国际信托投资机构为帮助国内企业引进先进设备，采用新技术而融通资金，从国外购入（租入）设备，按照签订的租赁合同或协议租给承租企业使用，承租企业分期支付租赁费的业务。按照融资租赁的手段，目前国际信托投资机构开展的融资租赁业务可分为直接购买租赁、国际转租和衡平租赁。

（二）国外担保及见证业务

随着我国对外开放的深入，国内各类企业的对外经济活动日益扩大，各种担保及见证业务越来越多，担保的范围也逐渐扩大。国际信托投资机构接受国内企业的申请，为其向国外借款、承包、投标、履约等对外经济往来办理担保及见证业务。由于为国内企业办理国外担保及见证业务是一项十分重要且风险较大的业务，且对外担保也是国际信托投资机构的一种负债，因此，在接受企业的申请、办理时要认真考察，慎重对待。一般来讲，国际信托投资机构需做好以下工作。

1）申请担保的国内企业，应首先向国际信托投资机构提出正式书面申请，并提供该笔业务的详细情况和有关文件。申请出具保函、见证的项目，必须符合国家有关规定和批准程序。国际信托投资机构对有关的合同、协议认真审查，看这些合同、协议是否符合平等互利原则，是否符合双方国家的有关法律、法规，国内外各种有关条件是否周密衔接，以及国外客商的资本、经营能力、经营历史、作风等是否可靠，当事国的政治经济情况是否稳定等，作为开立保函、见证的根据。

2）凡申请开立担保、见证的业务，必须向国际信托投资机构提供与开出保函金额相同的外汇保证，以便国外企业按照合同、保函内容提出合理索赔时，金融信托投资机构能立即行担保责任，赔付给国外。这种外汇保证，一般是由主管部门出具外汇和人民币的保证。

3）为减少对外担保的风险性，对大额的外汇担保项目，国际信托投资公司可要求项目所在地的金融机构实施反担保，即由国际信托投资公司向外商开立保函，同时由项目开户行（或所在地其他金融机构）对被担保的项目向国际信托投资公司出具相同金额的保函。

4）国际信托投资机构担保、见证的项目，要定期检查项目进度、经营财务情况和每个分段的履约情况，督促企业切实履行合同规定。

（三）资信调查和咨询业务

国际信托投资机构凭借其各类专门人才和广泛的对外联系渠道，接受国内外客户的委托，办理调查国内外客户的资信和对有关国家经济、法律问题进行咨询。咨询的业务范围包括以下几方面。

1）信用咨询。调查国内外企业或负责人的资信情况、经营范围、能力及作风等。

2）金融咨询。了解或预测世界主要金融市场的美元等西方有关国家的金融制度等。

3）介绍客户。介绍合资经营、对外贸易、合作生产、国际租赁或一般对外贸易的国外客户。

4）提供可行性研究的咨询服务。

5）承办国外客户委托的各项咨询调查业务。

（四）境内外外汇信托投资、贷款业务

国际信托投资机构利用引进外资及自有外汇可以在境内外广泛开展投资或贷款业务，以扩大业务范围、增强经营能力。对境外项目的选择偏重投资于资源开发性项目、各种加工工业项目及投资于金融与贸易相结合的公司，外汇贷款主要是指向其投资企业的外汇贷款。

国际信托投资机构对境内外外汇投资可分为直接投资和间接投资两种，具体则可细分为举办中外合资企业、举办中外合作企业、举办海外投资企业及国际证券投资等。

本 章 小 结

国际间接投资的历史较长，在当今世界中它仍然是国际投资的一个重要形式。国际间接投资主要是指用于购买外国公司的股票及其他证券的投资以及中长期国际信贷。按从事国际间接投资的主体分类，国际间接投资可分为国际机构投资、政府投资和私人投资；按筹资的手段和管理的方法分类，国际间接投资可分为国际银行信贷、政府贷款、国际金融机构贷款、国际证券，以及第二次世界大战后迅速发展起来的混合贷款和国际项目贷款等。国际信贷又称国际信用，是两国或多国间官方或私人机构按约定利率、期限等条件进行的资本借出、借入的信用活动。国际信贷投资的发展调节了国际资本的供给和需求，加速了生产力的发展和世界市场的形成。国际证券投资是国际资本流动的一个重要方式，它是指证券投资者在国际证券市场上以长期营利为目的发行和买卖国际股票和国际债券的投资。

知识拓展

证券投资与投机的区别

市场上通常把买入后持有较长时间的行为称为投资，而把短线客称为投机者。投资家和投机者的区别在于：投资家看好有潜质的股票，作为长线投资，既可以趁高抛出，又可以享受每年的分红，股息虽不会高但稳定持久，而投机者热衷短线，借暴涨暴跌之势，通过炒作谋求暴利，少数人一夜暴富，许多人一朝破产。然而，在急功近利的驱动下，一方面长期投资者看不起投机者，认为他们"黄牛"出身；另一方面，长期投资者禁不住短期诱惑，不自觉地逐步跻身于投机氛围中。究竟怎样辩证地看待呢？投资和投机符合生物学的共生原理，也符合物理学：在相同的压力下，单位面积越大，压强就越小。也就是说，投机者的适度参与可以使市场走出无法成交的阴影，避免一潭"死水"，从而发挥市场机制。

课后思考题

1. 简述国际信贷投资的发展历程。
2. 简述国际证券投资的方式。
3. 什么是风险投资？它的优缺点有哪些？
4. 什么是国际基金投资？联系实际说说你对国际基金投资的认识。

第六章　国际投资管理

- 了解国际投资在国家、利率、汇率三个方面的风险;
- 熟悉和掌握国际投资经营战略的制定、实施、评价以及国际投资中的经营风险;
- 熟悉东道国和投资国在国际投资过程中的政策与法规管理。

第一节　国际投资风险管理

国际投资风险是指在国际投资活动中,因各种因素的影响,投资者的期望目标与投资实际情况之间发生差异,从而给投资者利益造成损失的可能性。差异越大,投资的风险就越大。由于涉及生产要素的跨国界流动,国际投资的风险往往大于国内投资,除了安全性、收益性和变现性外,还包括国家风险、利率波动风险、国际汇率风险及其他国际风险。国际风险管理的目的就在于尽可能减少潜在风险造成损害的可能性,争取预期收益的实现。本节主要阐述国际投资中的国家风险、利率风险和外汇风险。

一、国家风险管理

（一）国家风险的含义和分类

国家风险是国际投资中最重要的风险,是指在国际经济活动中可能发生的、由于债务人所在国的某些国家行为而引发的重大事件,使得债务人拒绝或无法偿付国外债权人和投资者的债务,从而给国外债权人和投资者造成经济损失的风险。这类风险对国际投资的危害最大,主要有战争风险、国有化征用风险和国家主权风险。

1. 战争风险

战争风险即东道国因阶级矛盾、民族纠纷、宗教冲突等而发生革命、政变、战争、内乱等,使外国投资企业的生产经营遭受重大损失,甚至无法继续进行正常的生产经营活动。我国对外投资企业遇到的战争风险主要发生在非洲、东南亚及南亚的部分国家和地区。

2. 国有化征用风险

国有化征用风险是指东道国政府出于维护国家经济利益、适应社会和经济变革的需要,对外国企业采取没收、有偿征用等手段,将其收归国有,给国外投资者造成损失。国有化征用风险是国际投资的主要风险,也是国际投资争议中最突出的问题。自 20 世纪 70 年代以来,直接的、一次性剥夺的国有化逐渐被间接的"当地化""逐步国有化"所代替。在这种大背景下,无论是在工业化国家,还是在广大发展中国家,我国对外投资企业被东道国"逐步国有化"的趋势正在加强。这是我国今后对外直接投资应当特别注意的。

3. 国家主权风险

国家主权风险是指在国际投资活动中，与国家主权行为密切相关的风险。随着我国经济实力的强大和参与国际经济活动的增多，我国与众多国家的经济纠纷逐渐增多，我国对外投资企业遇到的国家主权风险也随之增多。例如，某些国家不断以各种借口实行"报复""限制"措施；在税收、市场、产业政策、外汇管理等方面，对我国对外投资企业实行歧视性政策，妨碍其正常的生产经营活动。

（二）国家风险管理的措施

国际投资者在投资的不同阶段都可以采取一些措施降低国家风险，具体措施包括投资前的风险防范、投资中的风险管理、国家风险发生后的索赔策略。

1. 投资前的风险防范

（1）回避风险

回避风险是一种被许多跨国企业采用的简便易行的方法。回避的原则是，除非投资前该国或地区已发生战争、暴乱、征用财产、国有化等极端状况（称为禁止投资风险），否则不应轻易停止投资计划的实施，对于其他的政治风险，则采取有限度的回避和容忍态度，设法在其他方面获得相应的补偿，以抵消部分政治风险带来的损失。因为一般来说，政治风险较大的地区往往存在潜在的高收益和高回报。

（2）办理对外投资风险保险

许多发达国家对本国公司的对外投资承办国际风险保险。跨国投资者通过投保可将国家风险转嫁给政府设立的保险机构。

在许多工业化国家，如美国、英国、日本、德国、法国等，设有专门的官方机构对本国公司的对外投资提供国家风险保险服务，如美国海外私人投资公司（overseas private investment corporation，OPIC）、英国出口信贷保证部（export credit guarantee department，ECGD）等。中国人民财产保险股份有限公司、中国进出口银行及中国出口信用保险公司等机构也开设了对外投资国家风险保险业务。对外投资保险承保的国家风险包括国有化风险、战争风险和政策变动风险三类，保险额一般在投资额的90%以内。

2. 投资中的风险管理

跨国公司在其分支机构开始实际运营后，可采取以下策略降低风险。

（1）生产和经营策略

1）采取合理的分散化生产布局。为了规避被东道国征用或国有化风险，投资企业可以从全球角度考虑其发展战略，调整原材料和零配件供给来源，将原材料和零配件放在不同的国家生产。由于垂直一体化程度的加深，每个国家的分支机构只占成品生产的一个环节，这样东道国会考虑到即使实行国有化，没有原公司的合作也无利可图，从而加大东道国政府的征用成本，增加东道国政府的征用难度。

2）控制销售。控制销售是指控制产品的销售市场、商标及品牌。控制销售市场主要是指控制产品的出口市场、出口运输及分销机构，以便有效减少被东道国征用的风险。保持对销售渠道的控制可以迫使东道国维持与公司的合作，即使在实行国有化后它也必须给予母公司充分的补偿以保证产品的出口市场，而对商标、品牌的控制则能起到与控制专利和技术相同的作用。

（2）财务策略

财务策略是通过在融资、资本结构、股权比例等方面采用灵活措施，以降低国家风险。

1）加速折旧尽快收回投资。这一做法可以降低公司受损的程度，但常常与东道国的要求相抵触，因此有时也会适得其反，引起东道国提早采取征用行为。

2）多元化融资。投资者不只是运用母公司的资金，还可以从东道国金融市场、其他国政府、国家金融机构融资，或采取大量负债经营和少量股权的方式融资，通过多元化融资达到降低国家风险的目的。

3）采取适当的股份结构。国外投资者可以在遵守东道国外资法中关于股份结构规定的前提下，通过合资、特许经营等方式来降低国家风险。兴办合资企业是一种较为主动的策略，投资企业可以通过和东道国政府部门、私人企业创办合资企业或和其他国家的投资者在东道国合资经营，避免单个企业承担过大的国家风险。投资企业还可以通过逐步出售部分或全部股份给当地投资者，分阶段逐步撤出对外投资的所有权。

（3）人事策略

雇佣当地人员是跨国公司普遍采用的人事政策。使用当地人作高级管理人员可以利用他们在当地的活动能力和影响，降低政治风险，但如果他们缺乏足够的经营才能和对公司的忠诚，公司就会蒙受经营上的损失。因此公司在遴选高层人员时应慎重行事。此外，处理好与当地工会的关系，尽可能地争取其谅解和合作也十分重要。

3. 国家风险发生后的索赔策略

（1）遭到征用时的谈判对策

一旦公司得到即将被政府征用或国有化的消息，应立即同政府进行联络展开谈判。在谈判的最初阶段，公司应尽可能地做出各种友好的姿态，向东道国政府表明其给当地的经济带来的好处并许诺一些新的让步；若合理谈判没有产生效果，公司就应运用权力对东道国政府施加压力。

（2）寻求法律的保护

如果谈判破裂，政府正式实施其征用或国有化计划，公司就应诉诸法律解决。向东道国的法院起诉，或向国际仲裁法庭起诉。目前受理国际投资纠纷的仲裁机构有：设于巴黎的国际商会仲裁院、瑞典斯德哥尔摩高等仲裁院和设于华盛顿的解决投资争端国际中心。

（3）放弃资产所有权

如果公司感到东道国实行国有化的决心十分坚决而又不愿诉诸法律解决，可以考虑放弃对所有权的要求换取一些其他的好处。因为放弃资产所有权并不意味放弃一项有利可图的生意，公司做出的主动姿态会有助于其同东道国达成管理合同、技术服务合同或其他服务性合同，从长远来看，这些方式或许更有助于公司在该国继续开展业务。

二、利率风险管理

（一）利率风险的含义和内容

利率风险是指由于各国存贷款利率的变动给跨国投资者带来投资降低或收益发生损失的可能性。它主要出现在资本的筹集和运用的过程中，如借款利率风险和发行债券利率风险。利率风险的主要表现是利率水平的相对变动给债务的利息成本带来的可能性变化。具体有两种情况：

1）如果借款是固定利率，则借款所用货币的市场利率水平在借贷期限内下降，债务人仍需按原定的较高利率水平付息，那么债务人的实际利息支付就相对提高，则借款成本相对增加。如果在借款期内市场利率相对于借款利率上升了，则债务人就会获得相应的收益。

2）如果借款是采用浮动汇率，债务人支付的利息水平就随着市场利率水平变化经常调整，在这种情况下，市场利率水平的提高直接造成借款利息偿付的增加，债务人的借款成本提高。因此，进行债务的利率风险管理，选择良好的时机对债务人来说是十分关键的。

（二）利率风险管理的方法

在国际投资中，利率风险管理可以采用以下方法。

1. 对投资项目的盈利和利息偿还能力进行科学的分析和测算

反映项目盈利和清偿能力的评价指标主要包括内部收益率、净现值及贷款偿还期等。一般在项目收益评价中项目的清偿能力分析主要是考察项目计算期内各年的财务状况及偿债能力，需要计算借款偿还期、资产负债率、流动比率、速动比率等评价指标。

2. 合理安排资本结构

利用债务资本，可以获得财务杠杆利益，但也将面临财务风险。因此，企业要在财务杠杆利益和财务风险之间做出权衡，安排好企业自有资本和借入资本之间的比例。同时，各种借款的利率是不同的，企业需要对借款的品种在期限、使用条件等方面做合理的安排。再则，安排好固定利率与浮动利率之间的比例，降低利率风险。

3. 运用金融交易法

运用金融交易法即通过货币互换、利率互换、远期利率协议、利率期权等金融工具来管理利率风险，有以下几种情况。

（1）货币互换

货币互换是将一种货币的本金和固定利息与另一货币的等价本金和固定利息进行交换。货币互换的主要原因是双方在各自国家中的金融市场上具有比较优势。筹资者各自筹集等值的、期限相同的，但以不同货币计息的债务，通过计息货币的调换满足各自调整债务货币结构的需要，即可达到避免货币汇率风险的目的。

（2）利率互换

利率互换是指两个独立的筹资者分别借到币种、数量和期限相同，但计息方式不同的债务。如固定利率与浮动利率债务，可根据各自的筹资优势，通过中间人对利率部分进行调换，以各自获得较合适的利率种类。如果一个能以优惠条件获得固定利率资金却希望使用浮动利率资金的借款人，与另一个能获得较低浮动利率资金但需要借入固定利率资金的借款人进行利率调换，各自都能得到更满意的结果。

（3）远期利率协议

远期利率协议是买卖双方同意从未来某一商定的时期开始，在某一特定时期内，按协议利率借贷一笔数额确定的、以具体货币表示的名义本金的协议。远期利率协议的买方是名义借款人，其订立远期利率协议的目的主要是规避利率上升的风险。远期利率协议的卖方则是名义贷款人，其订立远期利率协议的目的主要是规避利率下降的风险。之所以成为"名义"，是因为借贷双方不必交换本金，只是在结算日根据协议利率和参考利率之间的差额以及名义本金额，由交易一方付给另一方结算金。

（4）利率期权

利率期权是一项与利率变化挂钩的期权。买方支付一定金额的期权费后，在到期日或期满前，获得以协定利率借入或贷出一定金额货币的权利。卖方收取期权费，负有相应的责任。利率期权有多种形式，常用的产品有利率封顶、利率封底以及利率两头封。

例如，某公司现有金额为1000万美元，期限六个月，以LIBOR（London Interbank Offered Rate，伦敦同业拆放利率）计息的浮动债务，公司既希望在市场利率降低时能享有低利率的好处，又想避免市场利率上涨时利率成本增加的风险。这时，公司支付一定的期权费，向银行买入6个月，协定利率为5%的利率封顶。6个月后，如果LIBOR上升为6%（利率大于等于5%），公司选择行使该期权，即银行向公司支付市场利率和协议利率的差价（6%-5%=1%），公司有效地固定了其债务利息；如果LIBOR利率低于5%，公司可选择不实施该权利，而以较低的市场利率支付债务利息。这样，对于买方，有效地控制了利率上升的风险，而卖方则收取一笔期权费。

三、外汇风险管理

（一）外汇风险的含义和分类

1. 外汇风险的含义

外汇风险是指一个金融的公司、企业组织、经济实体、国家或个人在一定时期内对外经济、贸易、金融、外汇储备的管理与营运等活动中，以外币表示的资产（债权、权益）与负债（债务、义务）因未预料的外汇汇率的变动而引起的价值的增加或减少的可能性。外汇风险可能具有两种结果，或是获得利益，或是遭受损失。

2. 外汇风险的分类

在一个国际企业组织的全部活动中，即在它的经营活动过程、结果、预期经营收益中，都存在着由于外汇汇率变化而引起的外汇风险。根据外汇风险的生成机制及其对企业影响的表现，企业在国际投资中遇到的外汇风险主要分为三种：交易风险、折算风险和经济风险。

（1）交易风险

交易风险是指由于汇率发生波动，使以外币进行计价的已经达成而尚未完成收付的经济交易可能发生损益的风险。

（2）折算风险

折算风险是指由于汇率变动，使分支子公司在将其以当地货币表示的资产价值折算成母公司所在国货币时，可能发生的账面损益。

（3）经济风险

经济风险是指由于汇率的意外变动而引起公司的预期现金流量的净现值发生变动而造成损失的可能性。

（二）外汇风险管理的方法

国际投资主体可以采用以下方法来管理外汇风险。

1. 合理选择计价货币

国际投资中应合理选择计价货币，要注意以下几点。首先，要选择在国际金融市场上可自由兑换的货币（如美元、英镑、日元、加拿大元、欧元等）。一旦某种货币出现了风险，可以立即兑换成其他货币以转移风险。在可自由兑换货币中，还要争取有利币种，如争取"收硬付软"。其次，采用复合货币计价可减少风险。当贸易双方为以何种货币计价相持不下时，可考虑软硬货币搭配计价，兼顾双方的利益。最后，选用本币计价结算可减少风险。用本币计价结算，不承担汇率变动的风险，可以减少经济损失。

2. 保值措施

（1）加价保值和压价保值

加价保值主要用于出口交易中，它是出口商接受软币成交时将汇价损失计入出口商品中，以转嫁外汇风险的方法，其公式为

$$加价后商品价格=原价\times(1+货币贬值率)$$

远期交易调价不仅要考虑货币预期贬值率，而且要考虑货币的时间价值。报价公式为

$$加价后商品价格=原价\times(1+货币预期贬值率+利率)^{期数}$$

压价保值法主要用于商品进口交易中，它是进口商接受硬币计价成交时将汇价损失从商品价格中剔除以转嫁外汇风险的方法。即期交易报价公式为

$$压价后单价=原价\times(1-升值率+利率)^{期数}$$

远期交易分期付款报价公式为

$$压价后单价=原价\times(1-升值率)$$

（2）合同中加列保值条款

保值条款是国际经贸交易中双方一致同意在合同中写进采用某种方式来分担外汇风险的条款。目前常用的方法是"一篮子"货币保值，即在合同中规定一种计价货币，

并用软硬搭配的篮子货币保值。具体做法是：首先确定篮子货币的构成，然后确定每种货币的比重及汇价，将计价货币折算为篮子货币，到期支付时再按汇价将篮子货币价格折算为计价货币。由于篮子货币中各种货币与计价货币的汇价有升有降，因此外汇风险由双方共同承担。

（3）硬币保值

硬币保值可在使用软币计价时采用，现举例说明。1993 年港币一度暴跌，中国内地对香港出口的部分产品，以港元计价估算的，在合同中曾加列保值条款。一旦港元对美元（当时的硬币）汇率上下浮动超过 3%，就以订合同时港元折合的美元价为标准；如果汇率波动不超过 3%，仍以港币为准。只要汇率波动超过 3%，双方都要承担汇率风险；汇率波动在 3%以内，双方承担少量的外汇风险。

3. 提前或推迟收付

提前或推迟收付是进出口商根据对外汇汇率变动趋势的预测，改变外汇的收付日期，以防范外汇风险的一种方法。一般的做法是：当计价货币看跌时，出口商争取在合同中加列提前付汇条款，反之，则推迟付汇；当计价货币汇率看涨时，进口商争取在合同中加列提前付汇条款，反之则加列推迟付汇条款。采用此法应比较提前或推迟收付汇的成本与汇率风险差异，使提前或推迟收付的成本低于避险后的收益。

4. 外币票据贴现

外币票据贴现是指进出口企业将所收到的外币票据出售给银行，扣除一定贴息后获得现金，将外汇风险转嫁给银行的一种防范外汇风险的方法，同时也有利于企业的资金周转。

5. 利用外汇贷款

利用外汇贷款防范外汇风险是指出口商签订了合同并收到对方开出的信用证后，即可向银行申请卖方信贷。申请的外汇贷款的币种、金额、期限与出口收汇相同。然后将这笔外汇贷款作为现汇卖出，收入本币，补充其流动资金。待出口收汇后，再用收入的外汇偿还银行的外汇贷款。在利用外汇贷款防范外汇风险中，贷款的净利息支出构成了避险成本。

在这种方式中，出口商实际上是通过一笔远期负债（外汇贷款）与远期期权（出口收汇）的平衡来轧平外汇头寸，从而达到避险的目的。

6. 自我平衡法

自我平衡法是指一个企业或地区，在进出口业务中，通过货币选择自我抵消或基本抵消汇差损失的方法。例如，某进出口公司在进行进出口贸易时，可以设法用同种外币进行计价结算，并调整出口收汇和进口付汇的期限，使之重合，直接以出口收入偿付进口支出。这样，可以基本避免或减轻外汇风险。如果是金额较小的贸易，可以先将众多的不同币种、不同期限的远期收汇、付汇数进行总轧抵，然后根据轧抵结果来确定进出口贸易或资产、负债活动的币种，采用合适的货币来减轻或避免外汇风险。自我平衡法也适用于同时出口多种商品的情况，此时应用不同币种计价来对冲汇价损失。

7. 对销贸易

对销贸易是一种把进出口贸易联系起来进行的贸易方式。浮动汇率实施以来，国际结算货币的波动幅度加大，加上各国贸易保护主义抬头，以及一些国家自由外汇紧张，支付困难等因素，使对销贸易发展很快。对销贸易的主要形式有易货贸易、清算账户贸易、转手贸易。

8. 利用外汇市场避险

利用外汇市场避险主要包括远期外汇交易、套期保值、掉期交易和货币互换等方法。远期外汇交易是指买卖双方签订外汇买卖合同后，规定用双方商定的价格在将来某一确定的交割时期进行实际交割的外汇交易活动。套期保值指的是卖出或买进价值相等的一笔外国资产或负债的外汇，使这笔外国资产或负债的价值不因汇率的变动而受到影响，从而达到保值的目的。掉期交易是在买进或卖出一笔即期外汇的同时，卖出或买进一笔同等金额的远期外汇。货币互换是指交易双方相互交换不同币种、相同期限、等值资金的债务或资产的货币及利率的一种预约业务。

第二节　国际投资经营战略管理

正确的投资经营战略是投资活动成功的关键，国际投资也不例外。国际投资的经营决策者面临更加复杂的外部投资环境，因此对自身投资经营目标、方向、方式的选择需要认真研究。所谓国际投资经营战略，是指从事国际化经营的企业通过系统评价自身资源和经营使命，确定企业战略任务和目标，并根据国际环境变化拟定行动方针，以求在国际环境中长期生存和发展所做的长远的总体的谋划。本节着重介绍国际直接投资的重要主体——跨国公司的经营战略管理。

经营战略管理是由一系列活动构成的动态过程，是指公司的高层管理人员根据公司的性质和宗旨，在分析外部经济环境变化趋势和本公司资源优势现状的基础上，确定未来一定时期内的战略目标及其实施计划，组织公司内部资源实施战略并适时加以必要的调整，最后对战略实施结果进行评价的动态过程。具体内容如下。

一、经营战略的制定

（一）进一步明确公司的宗旨

公司宗旨是公司存在、发展的根本意义和终极目的，体现了公司的根本追求，是公司价值观在公司总体目标和发展方向上的反映。公司宗旨为企业战略管理者确定企业战略目标、选择战略、制定政策，有效利用资源提供了方向性指导。面对新技术的出现、竞争对手的崛起和市场结构等外部因素的变化，跨国公司在面对新环境时可能需要调整其原有宗旨，即实行战略转折。例如，英特尔公司在成立之后的相当长一段时期内，以生产记忆芯片为主。到20世纪80年代中期，一些国内外竞争对手迅速发展壮大起来，该公司的市场份额大幅度下降。基于此，英特尔公司将其宗旨调整为以生产微处理器为主，并获得了巨大的成功。

（二）评估外部环境和自身状况

1. 外部环境评估

外部环境评估主要包括以下三个方面的内容。

1）国际政治经济格局评估。国际政治经济格局的重大变化是决定跨国公司战略模式选择的重要因素。例如，20世纪80年代末以来，在世界经济一体化趋势不断增强的大背景下，许多跨国公司实行联盟战略，以便在激烈的国际竞争中增强长期优势。

2）东道国经济环境。关于这一点，本书第三章做了全面阐述，这里不再赘述。

3）竞争对手评估。全面了解竞争对手的战略动向和竞争能力，并采取及时的战略行动，是跨国公司战略的重要组成部分。竞争对手评估包括的内容较广泛，主要有市场份额目标、竞争的领域、在国际竞争中的地位和选择的战略模式。对于大型跨国公司来讲，要对国际市场中的主要竞争对手进行评估；对于中小型跨国公司来讲，要对东道国市场中的主要竞争对手进行评估。

2. 跨国公司自身状况评估

跨国公司自身状况评估主要包括以下三个方面。

1）评估自身的竞争优势和劣势。

2）将自身的优势、劣势与竞争对手的优势、劣势加以比较；可以用SWOT［strength（优势）、weakness（劣势）、opportunity（机遇）和threat（威胁）］矩阵进行分析比较，给自身一个合理的定位。

3）提出公司实施战略需要解决的关键问题。

（三）确定战略目标

跨国公司的战略目标主要包括两类：第一类是财务目标，即实现利润的最大化，具体包括销售额的增长、销售利润率的提高、投资收益率的提高、股息率的提高、股票价格的上升和净现金流量的增加等；第二类是战略目标，即保持和增强未来的竞争优势，具体包括研究与开发能力的提升、市场份额的扩大、单位产品成本的降低、产品质量的提高、产品知名度的提高和跨国化程度的提高等。这两类目标是总体目标，又可细分为多个具体目标。在制定战略时，跨国公司决策人员应认真处理好这两类目标之间的关系，特别要防止因过分注重财务目标而影响未来的竞争能力。

（四）制订战略方案

1. 制订战略方案的准则

制订国际投资经营战略方案时应该按照一定的准则，常用的准则有以下几种。

（1）确定型决策准则

确定型决策是方案决策者在对未来发生的情况有充分和确定把握的条件下进行的决策，它的特点是自然状态的单一性或确定性。决策模型的结构是确定的，而各种条件和参数也是已知的，各种不同投资方案的损益值亦可以准确地计算出来。因此确定型决策是根据不同的决策内容、不同的决策目标，采用不同的计算方法，比较已经计算出的各种方案的损益值，选择收益最大或损失最小的方案作为最优方案，即优选决策法，但在国际投资中，基本上不存在确定型决策。

（2）风险型决策准则

风险型决策，即对决策目标的客观条件做一个基本而随机的估计，而这种随机估计是建立在客观条件的多样化和不确定性上的，由于是风险型决策，系统各种状态的发生概率是通过统计资料来求得的，或是凭决策者的经验统计出来的，所以无论决策者选择哪种投资方案，都有一定的风险。因此，风险型决策方案的选择，不能直接采用最优原则，而应从总体上或最大可能性角度进行评选。风险型决策常用的准则有期望值准则、最大可能准则、机会均等准则和决策树分析准则等。一般最常用的是决策树分析准则。

（3）不确定型决策准则

不确定型决策是指决策者在对未来将发生的情况完全没有把握的条件下进行的决策。它的特点是客观条件的多样性及不确定性，由于是不确定型决策，系统状态中哪一种会发生，哪一种不会发生，事先不能肯定，同时各种状态发生的概率也不清楚，所以不确定型决策很大程度上取决于决策者的意志、胆略和偏好，是风险型、保守性还是中间型。不确定型决策的准则主要有：悲观决策准则、乐观决策准则、最大最小化后悔准则和折中准则。

2. 制订战略方案的程序

国际投资决策人员根据一定的决策标准提出完整的具有可操作性的战略方案。将战略方案分解细化后，下达给各职能部门和国内外分支机构，作为经营管理活动的指导性文件。处于不同产业的跨国公司在不同时期制订的战略方案有较大差异，但大都要解决以下基本问题：确立总体战略目标和具体战略目标；根据战略的特点，选择战略模式；根据战略方案的要求，制订调整公司内部组织结构和国内外分支机构地区分布结构的方案；确定需要建立和增强的竞争优势；制订资源的获得与配置方案等。这里仅论述了跨国公司制订战略方案过程的主要环节，实际工作要复杂得多。有学者将跨国公司制订战略方案的程序划分为以下 14 个步骤。

1）确定战略的目标期；

2）评估公司在全球和某一国的竞争实力；

3）预测目标期内每年对公司生产的产品和提供的劳务的需求量；

4）确定竞争重点和总体战略；

5）确定目标期内每年公司对某一国的销售指标；

6）确定进行生产和其他经营活动的东道国，以保证目标期内销售指标的实现；

7）列出在生产区位上具有潜在优势的国家；

8）估算国外生产基地的投资总额和生产成本，并估算将产品运送到潜在市场的全部用；

9）编制公司目标期内最佳区域分布体系；

10）预测东道国风险；

11）为实现战略目标而每年需追加的投资额；

12）预测目标期内各年净现金流量和净现值；

13）预测目标期内可达到的最高和最低的投资额；

14）及时调整投资计划和销售计划。

二、经营战略的实施

经营战略的实施就是具体落实战略方案，将战略思想转化为战略行动。

（一）根据长期战略目标制定短期目标

短期目标是跨国公司内部各职能部门和国内外分支机构制定经营策略的主要依据。与长期目标相比，短期目标更注重定量化和操作方法。例如，长期目标确定在未来的 10 年内跨国公司某产品的市场占有率要达到 30%，并将这一指标分解下达到各国内外分支机构。作为某一家子公司，则要根据公司总部下达的销售指标，制订更为详细的年产品销售方案，如产品的销售增长率、产品的规格或型号、营销手段、运输方式和产品的市场分布结构等。

（二）调整公司内部各职能部门和国内外分支机构

为了实现长期战略目标，跨国公司高层决策人员要根据内外部情况的变化，对各职能部门和国内外分支机构加以必要的调整。根据公司长期战略目标，对于拟放弃的产品，需要撤销相应的职能部门和出售相应的国内外分支机构；对于拟重点发展的产品，则需要加强相应的职能部门和增设相应的国内外分支机构。

（三）获得与配置资源

战略目标的实现必须有资源的支持。跨国公司获得资源的来源有两条：一是内部产生。二是外部购入。跨国公司经济实力雄厚，拥有丰富的经营资源，内部产生是获得资源的主要途径。对于跨国公司缺乏的某些资源，则可通过外部购入的方式获得。资源配置的原则是满足实现战略目标的需要，特别是要满足关键部门和分支机构的需要。

在战略实施过程中，跨国公司总部要有专门机构进行控制，并根据内外部情况的变化及时调整。

三、经营战略的评价

在经营战略实施结束之后，跨国公司高层管理人员应对战略管理的全过程进行评价，将战略规划中的指标与实际完成的指标加以比较，分析战略制定、实施过程中存在的问题，为进一步提高战略管理水平积累经验。

四、经营风险管理

（一）经营风险的含义和构成

经营风险是指企业在进行跨国经营时，由于市场条件和生产技术等条件的变化而给企业带来的不确定性，一般由价格风险、销售风险、财务风险、人事风险和技术风险组成。

价格风险是指由于国际市场上行情变动引起的价格波动而给企业带来的不确定性。因为引起价格变动的因素很多，所以价格风险是经常性和普遍性的。

销售风险是指由于产品销售发生困难而给企业带来的风险。销售风险产生的原因主要有：市场预测失误，预测量与实际需求量差距过大；生产的产品品种、式样、质量不适应消费者需要；产品价格不合理或竞争对手低价倾销；广告宣传不好，影响购销双方的信息沟通；销售渠道不适应或不畅通，影响产品销售等。

财务风险是指整个企业经营中遇到入不敷出、现金周转不灵、债台高筑而不能按期偿还的风险。

人事风险是指企业在员工招聘、经理任命过程中存在的风险。它产生的原因有：任人唯亲，排挤贤良；提拔过头，难以胜任；环境变化，原有工作人员不能胜任等。

技术风险是指开发新技术的高昂费用。新技术与企业原有技术的相容性及新技术的实用性如何都可能给企业带来的一定的风险。

（二）经营风险管理的方法

对经营风险的管理可以采用风险规避、风险抑制、风险自留或风险转移等办法。

1. 风险规避

风险规避是指事先预料风险产生的可能性程度，判断导致其产生的条件和因素，在国际投资活动中尽可能地避免它或改变投资的流向。风险规避是控制风险最彻底的方法，采取有效的风险规避措施可以完全消除某一特定风险，而其他控制风险的手段仅在于通过减少风险概率和损失程度来削减风险的潜在影响力。但由于风险规避牵涉到放弃某种投资机会，从而相应失去与该投资相联系的利益，因而风险规避手段的实际运用要受到一定的限制。常用的规避风险的方式有以下四种。

1）改变生产流程或产品。例如，开发某项新产品，若花费的成本很高且成功的把握性很小，则可通过放弃新产品的研制或购买该产品技术专利来规避风险。

2）改变生产经营地点。例如，将企业由一国转移到另一国，或由一国内某一地区转移到另一地区，以规避地理位置缺陷的风险。

3）放弃对风险较大项目的投资。

4）闭关自守。坚持生产经营自成体系，不受任何国家政治、经济因素的干扰。

2. 风险抑制

风险抑制是指采取各种措施减少风险实现的概率及经济损失的程度。风险抑制不同于风险规避。风险抑制是国际投资者在分析风险的基础上，力图维持原有决策，减少风险所造成的损失而采取的积极措施；而风险规避虽可以完全消除风险，但企业要终止拟定的投资活动，放弃可能获得的收益。

风险抑制的措施很多。例如，在进行投资决策时，要做好灵敏度分析；开发新产品系列前，要做好充分的市场调查和预测；通过设备预防检修制度，减少设备事故所造成的生产中断；搞好安全教育，执行操作规程和提供各种安全设施以减少安全事故。

3. 风险自留

风险自留是指投资者对一些无法避免和转移的风险采取现实的态度，在不影响投资根本利益的前提下自行承担下来。风险自留是一种积极的风险控制手段，它会使投资者为承担风险损失而事先做好种种准备工作，修改自己的行为方式，努力将风险损失减小到最低程度。在国际经济活动中，所有的国家和企业事实上都承受着不同程度的风险，有意识地加以控制，可以增强自身的安全性。投资者自身承受风险的能力取决于它的经济实力。经济实力雄厚的大企业，可以承担较大的意外损失，而经济实力薄弱的小企业，则难以承担较大的风险损失。

风险自留的措施是，企业采用自我保险的方式将风险接受下来。采取这种措施，企业要定期提取一笔资金作为专项基金，以供将来发生意外灾害或事故时抵偿损失之用。

4. 风险转移

风险转移是指风险的承担者通过若干经济和技术手段将风险转移给他人承担。风险转移可分为保险转移或非保险转移两种。保险转移是指投资者向保险公司投保，以缴纳保险费为代价，将风险转移给保险公司承担。在承保风险发生后，其损失由保险公司按合同进行补偿。非保险转移则是指投资者不是向保险公司投保而是利用其他途径将风险转移给别人，如签合同、签订保证书等。例如，某承包者如果担心承包工程中基建项目所需的劳动力和原材料成本可能提高，就可以通过招标分包商承包基建项目，以转移这部分的风险。又如，在风险较大的国家投资时，投资者应要求当地信誉较高的银行、公司或政府为之担保，一旦发生损失后，就可以从担保者那里获得一定的补偿。

第三节　国际投资政策与法规管理

国际投资的目的是追求比在国内投资更大的利润，同时也意味着国际投资具有更大的风险性。对于投资国来说，国际投资关系到本国的国家利益及本国经济发展，有必要采取一系列的政策和法规来鼓励和保护私人对外投资。在这方面，发达国家对本国私人对外投资鼓励、保护措施较多，限制较少；发展中国家由于其经济实力弱、外汇资金有限等，对外投资有一套严格的审批制度，更注重对对外投资者利益的保护。

一、投资国的鼓励性政策和法规

对投资国而言，对外投资是推动本国企业进入国际市场、获得国际资源、树立形象和创造品牌、增强本国企业国际竞争力的重要手段。因此，几乎所有发达国家和发展中国家都制定了一系列鼓励性政策和法规来促进本国对外投资的发展。

（一）税收优惠

狭义的税收优惠是指法定的税收抵免、税收饶让、延期纳税和免税；广义的税收优惠还包括一切能使纳税人得到财务上的益处，如亏损的结转、固定资产加速折旧等。

1. 税收抵免

税收抵免是指对外投资者在东道国已纳税款，可以在本国应纳税额中相抵扣减的一种税收政策。投资国通常采用国内立法的方式规定外国税收的抵免方法。

2. 税收饶让

税收饶让是指投资国不仅对对外投资者已向东道国交纳的税额给予抵免，而且对对外投资者在海外的所得因东道国给予的税收优惠而未缴纳的税额视同已缴纳税额给予抵免的一种税收政策。

3. 延期纳税

延期纳税是指投资国对海外企业的投资收入，在汇回本国之前不予征税的一种税收政策。

4. 免税

免税是指投资国对海外企业的某些收益免于征税的一种税收政策。这是一种更为优惠的税收政策，主要是欧洲和拉丁美洲一些国家采用。免税政策在实施过程中往往带有一些限定的条件。例如，如荷兰在特定条件下对来自国外的股票所得免税；法国规定对外投资者必须把在东道国纳税后的全部所得汇回本国，并在股东之间分配后才可免税。

（二）财政支持和鼓励

1. 资金支持

很多发达国家和发展中国家设立了开发性的金融机构或金融公司，以优惠的贷款或股权投资或特别投资基金形式向对外投资者提供资金支持。例如，法国的国民信托银行和其他相关银行向本国的对外投资者发放三种主要贷款：对外工业发展贷款，主要为对外投资者提供投资资金；对外工业发展出口贷款，实际上是一种出口信贷；对外工业发展外汇贷款，即以固定利率向对外投资者提供长期的外汇贷款，实际上承担了对外投资者的汇率风险。

2. 其他财政支持

大多数国家还提供其他的财政支持，如有的国家为了鼓励中小企业对外投资，特别对一些中小投资者提供投资启动支持，为其寻找融资来源，准备法律文件，为投资企业培训技术人员等；还有的国家对对外投资者进行与投资有关的可行性研究或投资前期调查提供资助，资助额可相当于其投资前研究费用的50%～100%。

（三）信息、技术和人才支持

1. 信息服务

投资国政府为了鼓励对外投资，一般通过其行政机关、国内特别机构或驻外使领馆所在地设立的经济情报中心，向本国私人投资者提供东道国经济情况和投资机会等有关信息服务。这些信息服务主要包括介绍企业生产要素成本、投资环境和投资机会以及与外国投资相关的法律框架和管理程度等基本资料。

2. 技术和人才支持

大多数发达国家对其对外投资企业提供技术和人才上的支持和资助。例如，有些发达国家为了培训其对外投资企业的技术人员，对本国培训发展中国家技术人员的民间机构提供政府津贴；还有一些国家在政府的协助下成立了本国民间非营利团体，以训练在发展中国家执业的高级管理人员，如美国的国际高级管理人员服务队、日本的世界经营者协会等。另外，发展中国家政府也采取了许多措施培训国际投资的管理人才。

二、投资国的保护性政策和法规

投资国对对外投资者的保护主要是通过对外投资保险制度来对对外投资者投资中的政治风险及利益损失提供保障。各国有关海外保险制度的内容不尽相同，其中具有典型意义的是美国、日本和德国的对外投资保险制度。

海外保险制度是指投资国为了保护本国国民在外的投资安全，依照本国国内法的规定，对本国对外投资者因在国外遇到的政治风险而遭受的损失，给予事后补偿的一种制度。海外保险制度由美国首创，自20世纪60年代以来，为了鼓励本国对外投资，各发达国家纷纷效仿美国建立了对外投资保险制度。例如，日本和联邦德国于1956年和1959年分别建立了对外投资保险制度，其后法国、澳大利亚、英国等也先后建立了对外投资保险制度。

三、投资国的限制性政策和法规

对外投资在对投资国的发展起到积极作用的同时，还可能产生一些不良影响。例如，国际收支逆差严重会引起对外投资与政府的宏观目标发生直接或间接的冲突等。因此，为了维护国家利益，确保本国对外投资对本国的国际收支和经济发展有利，投资国需要制定一些限制性的政策和法规，使其对外投资符合其对外政治和经济的总目标。

1. 对外投资的规模和区域的限制

总的来讲，投资国对本国的对外投资持鼓励与保护的态度，但国际实践表明，投资国政府基于实现其总体目标的需要，在一定时期会对本国的对外投资规模与区域分布实行一定程度的限制与调整。发达国家在对外投资方面一般奉行自由主义的政策，对对外投资规模并不加以限制，除非在国际收支严重失衡等特别时期，才限制本国对外投资的规模。

发展中国家经济实力较弱、外汇存底薄，如果资本管制不严，极易因发生资本外逃而影响国内经济发展和政局稳定。因此，发展中国家对对外投资的管制比发达国家严格，但随着全球经济一体化的发展，越来越多的国家开始逐渐放宽对对外投资的管制。

2. 外汇管制

外汇管制是一些国家在认真总结墨西哥金融危机教训的基础上采取的一种对外投资管理措施，其要点是将对外投资管理的重点放在外汇管理上。智利是采取这种政策的典型国家。智利将对外投资分为两类：一类是通过官方外汇市场进行的投资；另一类是通过非正式外汇市场获得的外汇进行对外投资。1990 年以来，智利采取了重大措施，放宽了对对外投资的限制，如降低对对外投资的授权要求、延长利润和清算后股本汇回的时限，现在对外投资项目额度没有上限、投资融资也没有限制，但进入外汇市场进行与对外投资相关的经营仍需获得授权。

3. 高新技术输出的限制

在国际投资中，技术处于首要地位，对外投资所输出的技术是对外投资者所拥有的最重要的垄断优势，是其国际竞争力强的主要体现。大多数国家鼓励输出已标准化的中间技术，但对高新技术的输出限制较严。因此，加强政府对高新技术输出的监督和管制成了许多国家限制对外投资的一项重要措施。

本 章 小 结

国际投资风险是指在国际投资活动中，因各种因素的影响，投资者的期望目标与投资实际情况之间发生差异，从而给投资者利益造成损失的可能性。由于涉及生产要素的跨国界流动，国际投资的风险往往大于国内投资。国际投资风险主要包括国家、利率、外汇三个方面的风险。所谓国际投资经营战略，是指从事国际化经营的企业通过系统评价自身资源和经营使命，确定企业战略任务和目标，并根据国际环境变化拟定行动方针，以求在国际环境中长期生存和发展所做的长远的总体的谋划。国际投资法规是指世界各国以立法形式在国内法和国际法等方面对国际投资进行法律规定和管理。这些法规是整个国际投资运作的基础。

知识拓展

跨国公司国际风险管理的一般方法

跨国公司国际风险管理的一般方法有以下几种。①风险回避。风险回避是企业对付风险的最彻底的方法。有效的风险回避可以完全避免某一特定风险可能造成的损失，而其他方法仅在于通过减少损失概率与损失程度，或减少风险的财务后果，来减少企业所面临的各种风险的潜在影响。②风险控制。风险控制是指对企业不愿放弃也不愿转嫁的风险，设法降低损失概率或设法缩小损失幅度的控制技术。它包括两个方面的内容：一是控制风险因素，减少风险的发生；二是控制风险发生时的损失程度。③风险集合。风险集合是指将同类风险单位加以集合，以便于对未来损失进行预测并降低风险。④风险保留与承担。当某种风险不能避免，或因风险收入超过风险损失，能获得较大收益时，企业可采取风险保留与承担的方法进行风险管理。⑤风险保险。风险保险是跨国公司进行风险管理的另一个重要方法。

课后思考题

1. 国际投资管理主要包括哪几方面？
2. 国际投资风险管理包括哪些方面？分别该如何进行管理？
3. 如何进行国际投资过程中的经营风险管理？
4. 国际投资中有哪些政策和法规？该如何运用它们？

第七章　中国的国际投资

- 了解中国国际投资的发展情况和特点；
- 掌握中国国际投资的主要模式；
- 明白中国国际投资的发展趋势。

实施"走出去"战略是中国对外开放新阶段的重大举措。中国政府鼓励和支持有比较优势的各种所有制企业对外投资。经过改革开放 40 多年来的快速发展，中国综合实力明显增强，形成了一些具有比较优势的产业，对外投资取得一定的成效。本章将介绍中国对外投资的情况。

第一节　中国的国际投资概况

一、中国对外投资概述

1979 年，国务院明确提出了"允许出国办企业"的经济改革措施，从而拉开了中国对外投资的序幕。中国的对外直接投资的发展大致经历了如下四个阶段。

（一）1979—1986 年：尝试性起步，小规模投资

该阶段一般被称为尝试性起步阶段，这个阶段的投资项目较少，规模比较小。投资主体只有中央部委级的专业经贸公司和个别省、直辖市所属的国际经济技术合作公司，获得我国批准的对外投资企业仅有 277 家。投资领域仅仅限于航空服务、承包建筑工程、餐饮业和咨询服务业，后来扩大到运输和旅游等行业。该阶段经过审批的对外直接投资的额度只有 2.53 亿美元，投资范围局限于我国港、澳、台地区和发展中国家，对发达国家的直接投资很少。1979 年 11 月，北京友谊商业服务总公司和日本东京丸一商社联合创办了京和股份有限公司，该公司是我国在海外的第一家合资企业；1980 年 7 月，中国银行和华润集团与美国芝加哥第一国民银行、日本兴业银行联合出资，于中国香港建立了中芝兴财务有限公司，该公司是我国在境外的第一家合资金融公司。

（二）1987—1991 年：茁壮成长，投资数量增多

该阶段是中国企业对外投资和建立海外企业的快速成长阶段。对比前一阶段，投资项目增多，投资规模扩大，投资主体的种类和数量也有所增多，国家批准的对外投资企业共有 569 家。国内很多具有一定的国际经营、管理水平和技术基础的大中型企业，纷纷向海外扩展，进行规模较大的对外投资。投资领域在原有的基础上，进一步扩大到矿业开采和林业开发等资源开发领域、加工和生产装配领域以及技工贸结合领域。此阶段累计投资额度已达到 8.077 亿美元，投资范围比第一阶段广泛，对发达国家的直接投资

也有很大程度上的增加。

（三）1992—2000 年：加速成长，投资领域扩大

在这个阶段，中国的对外投资有了新的快速发展。这一阶段又可分为两个时期：第一个时期主要以设立一般贸易型企业为主；第二个时期则逐渐以工业（加工工业，特别是对外加工贸易）企业、资源开发企业为主。根据商务部统计，截至 2000 年年底，经其批准或备案的海外中资企业总计 6298 家，投资区域扩大到 160 多个国家和地区，协议投资总额为 113.6 亿美元，其中，中方协议投资总额为 76 亿美元。可以看到，自 20世纪 90 年代初以来，中国海外投资总额呈逐年上升趋势，投资区域也在不断拓宽，投资领域也扩大到加工装配、工程承包、生产加工、交通运输、医疗卫生、咨询服务和旅游等行业。其中，从投资行业来看，贸易型投资比重最高，达到 60% 左右；其次是资源开发型投资，占将近 20%；居第三位的是生产加工型投资，大约占 12%。

（四）2001 年至今：昂首阔步"走出去"

1. 2001—2016 年的快速发展时期

以 2001 年中国加入世界贸易组织为标志，中国与世界经济融合的进程加速，中国对外直接投资进入高速发展阶段。2001 年，推动企业"走出去"上升到国家战略层面，一系列鼓励企业对外投资的政策相继出台，2013 年"一带一路"倡议的提出，更助推了中国企业海外扩张的步伐，中国的跨国公司在这一阶段迅速成长。我国对外直接投资从2002 年的 25.18 亿美元迅速增长至 2016 年的 1961.49 亿美元，增长近 80 倍，中国成为全球第二大对外投资来源国。这期间中国企业对外投资经历了两次小的高潮：一是 2008年金融危机后低价收购海外资产；二是 2013 年"一带一路"倡议后开展的对外投资。

该阶段，中国跨国公司除了在传统的制造业、能源和金属开采、国际承包等领域进行对外投资外，还进军服务经济、数字经济等领域；对外投资主体日益多元化，除中央企业外，地方国有企业、大型民营企业逐步成为对外投资的重要力量。然而，该阶段对外投资热潮也存在一些隐患，主要是在房地产、酒店、文化娱乐等领域出现一些非理性对外投资，以及大额的非主业投资倾向等。

在中国政府"走出去"战略的推动下，该阶段中国企业的海外投资和跨国经营成绩斐然。自 2002 年中国建立对外直接投资统计制度以来，中国对外直接投资流量持续快速增长。2016 年，中国对外投资流量再创历史新高，达到 1961.5 亿美元，占全球的比重首超一成，成为国际投资大国。

2. 2017 年至今的平稳回落期

2017 年开始，全球化时局波动，逆全球化潮流频繁出现。中央全面深化改革领导小组发布了《关于改进境外企业和对外投资安全工作的若干意见》，加强了对外投资的政策指导、投资真实性和合规性的审查，项目审批和外汇管理政策相对收紧。此后，我国对外直接投资出现了连续下滑，2017 年下降 19.3%，2018 年下降 9.6%。该阶段，中国企业对外投资行业集中于租赁和商务服务业、制造业及批发和零售业，信息传输、软件

和信息技术服务业的投资也有所增加。值得注意的是，在通信、高端装备制造、能源等领域，中国跨国公司的扩张步伐受阻，国外频频发起针对中国公司的诉讼，一些企业的海外收购也被东道国政府以国家安全、环保等理由叫停，中国跨国公司面临前所未有的严峻挑战。

2017年，虽然中国加强了对企业对外直接投资的真实性和合规性审查，房地产、酒店、影院、娱乐和体育俱乐部等领域的对外直接投资受到限制，但对外投资行业结构更趋优化，中国对外直接投资总体呈现平稳健康发展态势。

2002—2018年，中国对外直接投资流量年均增长速度高达28.2%。从双向投资来看，2018年中国对外直接投资与吸引外国直接投资基本持平。2018年年末，中国对外直接投资存量为19 822.7亿美元，较2017年年末增加1732.3亿美元，是2002年年末存量的66.3倍，在全球中的占比由2002年的0.4%提升至6.4%，排名由第25位攀升至第三位。

2019年1—12月，中国全行业对外直接投资1106亿美元，同比下降8.2%。中国境内投资者共对全球166个国家和地区的5791家境外企业开展非金融类直接投资。

二、当前中国对外投资发展情况

经过改革开放40多年的快速发展，中国综合国力明显增强，形成了一些具有比较优势的产业，对外投资取得一定的成效。中国企业的对外投资不断增长。

2017年，中国双向直接投资项下流入量和流出量趋于平衡，中国对外直接投资存量全球占比再创历史新高，接近6%，对外直接投资流量位居全球第三。2002—2017年中国对外直接投资流量如图7.1所示。《2017年度中国对外直接投资统计公报》数据显示，2017年中国跨国并购投资1196.2亿美元，较2016年下降11.6%，合计实施完成并购431起，涉及全球56个国家（地区），其中直接投资1334.7亿美元，占并购总额的28%，占当年中国对外直接投资总额的21.1%；境外融资形成的对外投资创历史新高，达到861.5亿美元，较2016年高出70%，占并购总额的比重为72%。

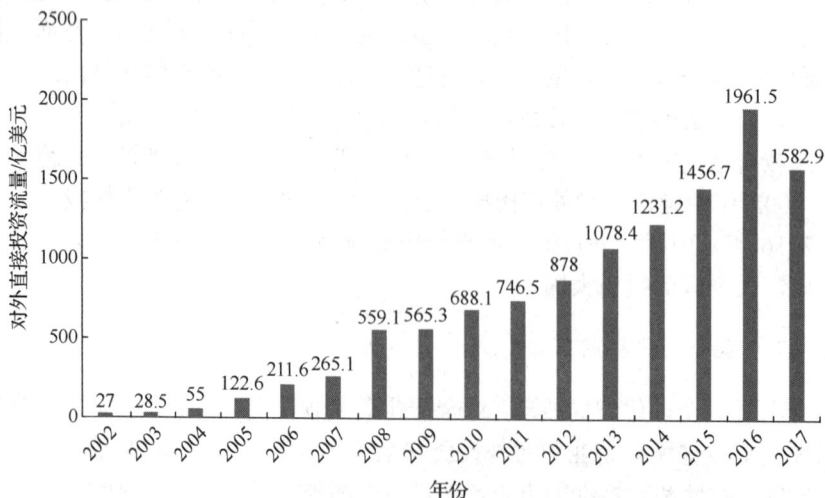

图7.1　2002—2017年中国对外直接投资流量

从中国对外直接投资流量地区分布看,2017 年欧洲和非洲是中国对外直接投资流量增长最快的地区,亚洲依然是中国对外直接投资最主要的流向目的地。2017 年,中国对亚洲、欧洲、拉丁美洲、北美洲、大洋洲和非洲的对外直接投资流量分别为 1100.4 亿美元、184.6 亿美元、140.8 亿美元、65.0 亿美元、51.1 亿美元和 41.1 亿美元,占当年中国对外直接投资流量整体的比例分别为 69.5%、11.7%、8.9%、4.1%、3.2%和 2.6%,中国对欧洲和非洲当年对外直接投资同比分别增长 72.7%和 71.1%;中国对北美洲、拉丁美洲、亚洲和大洋洲的对外直接投资同比均下降,分别下降 68.1%、48.3%、15.5%和 2.1%。受美国政府的保护主义政策影响,中国企业对美国的直接投资骤降了 62.2%。

2017 年,中国对外直接投资主要流向中国香港、东盟、欧盟、美国、澳大利亚和俄罗斯,共计 1277.5 亿美元,占当年中国对外直接投资整体流量的比例为 80.7%,流向上述国家(地区)的对外直接投资流量分别为 911.5 亿美元、141.2 亿美元、102.7 亿美元、64.3 亿美元、42.4 亿美元和 15.5 亿美元,占中国整体对外直接投资流量的比例分别为 57.6%、8.9%、6.5%、4.0%、2.7%和 1.0%。流向东盟、俄罗斯、欧盟、澳大利亚的投资较 2016 年上升,同比分别增加 37.4%、19.7%、2.7%和 1.3%,流向美国和中国香港的投资较 2016 年下降,同比分别减少 62.2%和 20.2%。2003—2018 年中国对外投资的区域分布如表 7.1 所示。

表 7.1　2003—2018 年中国对外投资的区域分布　　　　单位：%

洲名	2003 年	2005 年	2008 年	2010 年	2013 年	2015 年	2018 年
亚洲	53	36	78	65	70	74	74
拉丁美洲	36	52	7	15	13	9	10
欧洲	5	4	2	10	6	5	5
非洲	3	3	10	3	3	2	4
北美洲	2	3	1	4	5	7	6
大洋洲	1	2	4	3	3	3	2

从行业流向看,2017 年中国对外直接投资涉及国民经济的 18 个行业大类,流量超过百亿美元的包括租赁和商务服务业、制造业、批发和零售业、金融业等四个行业(表 7.2),相比 2016 年,减少了房地产业以及信息传输、软件和信息技术服务业。2017 年文化、体育和娱乐业以及房地产业两个行业的对外直接投资额分别为 2.6 亿美元和 68.0 亿美元,同比分别大幅减少 93.3%和 55.1%,是当年对外直接投资降幅第一大和第五大行业。与房地产业关联度较大的水利、环境和公共设施管理业以及居民服务、修理和其他服务业当年对外直接投资流量分别为 2.2 亿美元和 18.7 亿美元,同比分别下降 73.8%和 65.5%,是当年降幅第三大和第四大的行业。受发达国家对外商投资并购实施更趋严格的监管和限制等因素影响,2017 年信息传输、软件和信息技术服务业对外直接投资流量为 44.3 亿美元,同比大幅下降 76.3%。2017 年制造业对外直接投资流量为 295.1 亿美元,同比增长 1.6%,占当年流量总额的 18.6%,较 2016 年提升了 3.8 个百分点,主要流向化学原料和化学制品制造、汽车制造、计算机/通信及其他电子设备制造、医药制造、铁路/船舶、航空航天和其他运输设备制造等领域,实体经济和新兴产业对外投资表现进一步突出。

表 7.2   2017 年中国对外直接投资流量行业分布情况   单位：亿美元

行业	流量	同比/%	比例/%
租赁和商务服务业	542.7	-17.5	34.3
制造业	295.1	1.6	18.6
批发和零售业	263.1	25.9	16.6
金融业	187.9	25.9	11.9
房地产业	68.0	-55.1	4.3
建筑业	65.3	48.7	4.1
交通运输/仓储和邮政业	54.7	225.6	3.5
信息传输/软件和信息技术服务业	44.3	-76.3	2.8
农/林/牧/渔业	25.1	-23.7	1.6
科学研究和技术服务业	23.9	-43.6	1.5
电力/热力/燃气及水的生产和供应业	23.4	-33.9	1.5
居民服务/修理和其他服务业	18.7	-65.5	1.2
卫生和社会工作	3.5	-28.6	0.2
文化/体育和娱乐业	2.6	-93.3	0.2
水利/环境和公共设施管理业	2.2	-73.8	0.1
教育	1.3	-53.6	0.1
住宿和餐饮业	-1.9		-0.1
采矿业	-37.0		-2.3
合计	1582.9	-19.3	100

三、中国对外投资的特征

1. 对外投资主体日益多元化

随着对外投资总额的逐年递增，中国海外企业数量稳步增加，投资规模逐步扩大。近几年来，中国国内投资主体不断优化，一批行业排头兵和具有名牌商品的优秀企业逐步加入赴境外开办企业、开展跨国经营的行列，取得较好成效。过去我国对外投资主体是国有企业，大多数是贸易型企业，投资规模较小，一些企业成了办事处和接待站，经济效益难以保证。随着我国经济的发展以及国有工业企业和民营企业力量的增强，对外投资主体发生了很大的变化。从中国企业对外投资的现状看，目前从事跨国经营的企业基本分为四种类型：一是具有相当规模和实力的综合性国际化集团公司，它们以贸易或投资为主，同时从事生产、技术、服务、金融、咨询、信息等领域的活动；二是具有一定规模和实力的专业外经贸总公司，它们以贸易或经济合作业务为主，按照规定专营某类商品或某项经济合作业务，同时向综合性、多功能、国际化方向发展；三是在改革过程中走出来的一大批生产型企业或集团，这些企业既有国有也有民营，特别是民营企业已成为我国境外直接投资的"黑马"，由于产权清晰，机制灵活，民营企业对外直接投资成功率很高；四是以高新技术为后盾的部分企业集团，它们以多种综合方式开展国际化经营，拓展海外市场。

2. 对外投资的行业覆盖面逐步扩大

目前，中国对外投资行业逐渐趋于合理，盲目投资减少，以市场为导向、以贸易为先导、以效益为中心，正成为中国企业对外投资遵循的基本原则。投资行业从以贸易和餐饮业为主发展到涉及矿产资源开发、森林资源开发、家用电器、纺织服装生产、机电产品加工、农业种植业、渔业、工程承包、餐饮、旅游、商业零售、咨询服务等行业在内的全方位的投资。

3. 对外投资区域日益扩大

从投资区域分布情况看，从过去的亚洲、北美洲和大洋洲等较为发达的国家和地区逐步向广大的发展中国家扩展，近年来投向非洲、拉丁美洲、东欧、俄罗斯及亚洲国家的项目日益增加。目前，中国对外投资遍布世界五大洲，其中中国香港特别行政区和澳门特别行政区占了较大比重，其次是欧洲、亚洲、非洲、北美洲、拉丁美洲和大洋洲地区。很显然，中国对外投资的区域分布日益呈现出多元化趋势。

4. 对外投资方式多元化

中国企业对外投资方式不断创新，对外投资并购活跃，境外融资比例高。同时，实物投资、股权置换、联合投资、特许经营、投建营一体化等对外投资方式也呈现出良好的发展态势。境外经贸合作区建设取得积极进展，截至 2018 年年末，通过确认考核的合作区入区企业共计 933 家，累计投资 209.6 亿美元，上缴东道国税费 22.8 亿美元，创造就业岗位 14.7 万个，实现互利共赢。其中，2018 年新增投资 25 亿美元，上缴东道国税费 5.9 亿美元。此外，对外承包工程带动东道国经济社会发展，有效改善东道国基础设施条件，为当地创造就业岗位 84.2 万个，惠及东道国民生。

5. 对外投资质量提升

中国企业对外投资质量的提升反映在地域分布的多元化和平均并购项目规模减小两个变化上。从地域分布看，虽然亚洲一直是中国对外投资的重点区域，但其所占比重在近几年来有所下降，而欧洲、拉丁美洲的比例有所提高。在平均并购项目规模方面，从 2005 年开始，中国企业并购项目平均规模出现了下降的趋势。这说明资源类项目投资比重减少，因为这类项目的投资规模通常较大。参与海外投资的企业也不再仅仅是中央企业，中小企业和民营企业也在增多。

6. 促进了国民经济和对外关系发展

随着中国企业对外投资规模的不断扩大，对中国经济发展的作用日趋显著。目前中国企业在境外已建立若干个原油和矿产资源生产基地，获得了国民经济和社会发展所需的油气、矿产、木材和渔业资源，对缓解国内资源短缺发挥了重要作用。

中国对外直接投资涵盖国民经济的 18 个行业大类，近七成投资流向租赁和商务服务、制造、批发和零售、金融领域，四大行业流量均超过百亿美元。2020 年，境外中资企业向投资所在国家和地区缴纳各种税金总额合计 445 亿美元，雇用外方员工 218.8 万人，占境外企业员工总数的 60.6%。对外投资带动我国货物出口 1737 亿美元，占中国货物出口总值的 6.7%。境外中资企业当年实现销售收入 2.4 万亿美元，实现了互利共赢与共同发展。

通过对外投资建立研发机构和开展营销网络建设，一方面使我国企业得以追踪产品开发的世界前沿并开展具有国际竞争力的科技创新；另一方面能够主动控制产品价格形成环节，掌握产品销售市场并培育自身品牌商品的国际影响力。这些强化我国企业对产品价值链两端控制力的投资战略，对增强我国企业在国际市场的竞争能力和提高我国在世界经济中的地位都具有重要的推动作用。

中国企业在全球绝大多数国家和地区投资办企业，开展经济合作，有利于东道国发展经济、创造就业、增加税收等，实现互利共赢，促进共同发展，受到世界各国特别是广大发展中国家的普遍欢迎，增进了我国对外友好合作关系。

第二节　中国的国际投资模式

一、中国对外投资模式概况

（一）海外并购与新建企业模式：扩大市场份额

海外并购是指本国企业通过购买他国企业的股权，取得对该企业的所有权和经营管理权，把其直接纳入自己的经营组织系统的对外直接投资方式。从实践来看，海外并购已经成为跨国公司对外直接投资的主要方式。新建企业又称绿地投资，是指通过对外直接投资在国外目标市场创建新企业，形成新的生产经营单位和新的生产能力的对外直接投资方式，其特点是投资企业独立地直接进行项目的策划、建设和组织实施企业的经营、管理与运行。相对海外并购，新建企业可以利用机器、设备、技术、工业产权等作为资本投入，弥补外汇资金的不足。缺点是筹建工作量较大、投资周期长。

这种模式的投资追求的是其产品在国外相关市场份额的扩大，在国外，特别是在发达国家，建立自己产品的设计、生产和营销三位一体化网络，从而回避因国际市场波动造成的影响和风险。将工厂设在东道国，这种投资可以绕过关税，增加当地就业机会，产品可享受国民待遇，避免非关税壁垒。2014 年，小米手机首次打入印度市场，并很快在当地建立工厂、开设店铺，后来取得的成效也很显著，仅用三年时间就拿下印度第一的名号，如今小米手机已经是印度市场中绝对的霸主，市场份额稳居第一。

（二）国内生产、国外销售模式：追求低成本

跨国企业利润增长主要靠提高劳动生产率和降低成本两种因素来实现。技术更新可以提高生产率，降低成本，追求利润最大化是企业的宗旨，因此，跨国公司在发展中国家的投资多是寻求低成本型的。中国的优势在于丰富而廉价的劳动力资源，中国企业逐步出现一些来料加工或招商引资的合作形式。原材料来自国外，产品市场也在国外，如福耀玻璃，其生产汽车玻璃的主要原料 90% 以上从印度尼西亚、泰国等国进口，产品 60% 以上销售国际市场，它的制造、研发等基地均在国内，海外直接投资均为贸易型公司；而格兰仕的战略则是通过受让国际知名品牌生产线的方式实现扩张，即将国际知名

品牌的生产线搬到中国交由格兰仕组织生产，所生产的产品再按照比这些名牌企业自己在本国生产的成本价更低的售价卖给对方，由对方利用自己的品牌、销售网络在国外销售。目前，格兰仕与200多家跨国公司建立了合作关系，格兰仕制造的微波炉在国际上的占有率达45%。

（三）战略资源型投资模式：以资本换资源

这种海外投资的目的是在某种程度上获得被投资国的战略资源，以供应本国所缺乏的稀缺资源。战略资源不仅影响一个国家的经济结构和布局，也影响世界经济和国际投资的格局。典型的例子是跨国公司在海湾国家投资以控制石油的供应。

（四）战略联盟型投资模式：以控股方式获得利益

这种对外直接投资的方式不完全与企业的效益直接关联，一些企业可能放弃短期利益，以获取长期或其他方面的利益。对企业而言，由于目标、背景以及战略的不同，这种投资方式可分为收购国外上市公司或控股国外大型企业两种。例如，2018年12月6日，天齐锂业股份有限公司（以下简称天齐锂业）成功受让 Sociedad Quimicay Minerade Chile S.A.（智利化工矿业公司，SQM）23.77%股权，作价279.98亿元。SQM 是目前全球排行靠前的锂产品供应商之一，其位于智利阿塔卡玛（Salarde Atacama）的盐湖资产是全球范围内含锂浓度最高、储量最大、开采条件最成熟的锂盐湖。天齐锂业的主营业务是锂精矿及锂化工产品的生产与销售。此次收购有利于巩固天齐锂业的行业地位，促进行业的可持续发展。又如，TCL 集团下属子公司 TCL 华星光电技术有限公司（以下简称 TCL 华星）于2020年6月19日与 JOLED 公司签订投资协议，以300亿日元（约合20亿人民币）对 JOLED 公司进行投资。JOLED 公司主要从事 OLED 显示屏的研发、生产与销售，掌握全球领先的 OLED 材料印刷成膜技术、氧化物半导体技术以及柔性/可绕曲式等面板相关技术，收购完成后有助于降低在喷墨印刷 OLED 及柔性显示的关键技术和装备方面的研发和产业化风险，率先突破下一代显示技术，进一步增强 TCL 华星在全球半导体显示产业的竞争力。

二、当前中国对外投资模式情况

近年来中国对外投资方式创新显现，主要包括绿地投资、收购并购、联合投资、实物投资、股权置换、返程投资等形式，跨境并购依然是中国对外投资的主要手段。2016年，中国企业对外投资并购持续呈现活跃之势，并购范围和规模不断扩大，共在全球74个国家（地区）实施对外投资并购765起，实际交易总额为1353.3亿美元，均创历史新高。其中，直接投资865亿美元，占并购交易总额的63.9%，占当年中国对外直接投资总额的44.1%；境外融资488.3亿美元，占并购金额的36.1%。中国信达资产管理股份有限公司以88.8亿美元在中国香港收购南洋商业银行100%股份，是2016年中国企业"走出去"实施的最大海外并购项目。《世界投资报告2018》数据显示，2010—2017年中国跨境并购规模整体持续增长，跨境并购保持活跃状态。2017年，在全球对外直接投资额继续下降、全球跨境并购额大幅回落的背景下，中国跨境并购投资表现良好，占全球跨境并购总额比重较2016年进一步增大。2018年上半年，中国对全球41个国家和地区的 16 个行业大类实施了 140 起并购，实际交易总额为 261.1 亿美元，主要并购行业在制造业和采矿业。2018 年 4 月，汤森路透发布的《2018 跨境并购交易信心调查报告》显示，技术板块是 2018 年全球并购最吸引人的领域，有 75% 的受访企业表示技术并购极为必要。

此外，境外各类经贸合作园区经过多年的探索积累，正在稳健发展，必将成为中国推动"一带一路"建设、加快产能合作的产业集聚区，也将成为推动南南合作、促进发展中国家工业化的重要载体，成为构建人类命运共同体的物质基础。

第三节　中国的国际投资发展趋势

一、中国对外投资的优势

企业应充分利用东道国的资源、技术、资金、优惠政策，发挥比较优势，获取收益。企业对外直接投资的充分条件是：企业必须拥有竞争优势，以抵消在与当地企业竞争中的不利因素；不完全市场的存在，使企业拥有和保持这些优势，这是企业对外直接投资的基础。

（一）中国大中型公司具有所有权优势和内部化优势

改革开放以来，我国已经形成了一批有竞争力的大中型跨国公司，它们具有雄厚的资金和技术实力，引进国外先进的管理理念，在国际竞争中明显具备所有权优势和内部化优势，如中国国际信托投资公司、中国石油化工集团公司和首都钢铁总公司等，在境外市场竞争中处于比较有利的地位。英国著名的跨国公司问题研究专家邓宁提出了著名的"国际生产折衷理论"，该理论认为，一个企业如果具有所有权优势、内部化优势和区位优势，就完全具备了对外直接投资的条件。邓宁的国际生产折衷理论对中国企业的对外投资具有一定的借鉴作用。

（二）中国小型企业亦拥有比较优势

发展中国家欢迎外国资本的流入，但其能提供的投资环境并不完善，市场范围小，从客观上限制了国际大型跨国公司的进入。我国小型企业尚处于小规模阶段，可避免与大型跨国公司的激烈竞争，适合发展中国家投资环境的需要。另外，中国跨国公司派出人员的费用和出口零部件相对便宜，使中国境外加工的产品能以低价占领国外市场。发展中国家跨国公司具有的竞争优势不是绝对优势，而是相对优势。这个"相对"主要包括两个方面：一方面，相对于发达国家的跨国公司，发展中国家的跨国公司拥有更加适合当地市场条件的生产技术，因此，在同类型发展中国家市场中具有竞争优势；另一方面，相对于欠发达国家的当地企业，许多发展中国家的跨国公司又具有先进的生产技术，因而具有竞争优势。我国企业发展境外直接投资正是具备了这种相对优势。

（三）中国拥有自主知识产权的技术和产品

我国长期自主开发形成了某些传统专有技术和高精尖技术，如中药、园林、烹调、生物工程和航天技术等，较绝大多数发展中国家具有明显的竞争优势，可以在中国对外直接投资中一显身手。

（四）中国的特殊产品和特有渠道

中国特殊产品，如中式菜肴和中医等具有鲜明的特色，为特定消费者所钟爱。华人虽然居住他乡，但有相同的文化语言背景，互相之间容易沟通。依靠这种特有的华人渠道，在侨民集中的地区直接投资设厂，生产特殊产品，是中国跨国公司发展对外直接投资的一种特有优势。福建省是著名的侨乡，绝大多数福建海外企业是通过华侨牵线搭桥建立起来的。

二、中国对外投资存在的问题

我国跨国企业的国际投资经过多年的发展，取得了令人瞩目的成绩，然而，为了使其更快地发展，我们要看到其存在的问题。

（一）对外投资结构不尽合理，总体投资效益不高

我国的对外投资偏重初级产品产业，相对忽视高技术产业；偏重消费品投资，忽视生产性投资；偏重对国内连锁效应弱的产业的投资，忽视对国内连锁效应强的产业的投资。这种对外投资会产生不良后果：一方面使我国的投资结构更不合理；另一方面导致对外投资与国内生产企业的断档和分割，致使对外投资的风险加大，总体经济效益低下。

（二）对外投资的企业缺乏必要的融资权

当前，世界跨国公司均全力拓展资金来源，进行多层次、多渠道的国际融资，而我国对外投资的融资却因某些规定受到很大的限制。我国的资本市场正在起步，尚不完善，至今仍无完善的对外投资服务的融资机制，很多企业既没有对外担保权和对外融资权，也没有自己的财务公司。

（三）缺乏对投资目的地的深入了解

企业进行对外投资，面对的是与我国政治、法律、文化、风俗等有很大差异甚至完全不同的环境，涉及所在国法律的问题很多，处理不慎会给经营带来不少麻烦，必须进行深入细致的研究，制定相应的措施，才能使企业的投资顺利进行并获得预期的收益。由于在这些问题上的不到位，我国一些对外投资企业遭受了很大的损失，甚至不得不半途退出。例如，TCL 收购法国的汤姆逊彩电业务后，在对公司进行整顿时需要辞退 1000 多名员工，但受到当地政府的干预，因为违反了雇员方面的法律，TCL 为此付出了沉重的代价，不得不将其在中国大陆市场的电视机利润补贴到汤姆逊的业务中。

（四）不注意舆论和宣传工作

我国大企业到境外大规模投资建厂或并购，对当地的经济具有重大的影响，往往会受到当地政府和民众的较大关注，宣传和公关工作不可轻视。对外联络和宣传不到位极有可能形成外界对我国企业的误解和偏见，从而使企业形象大打折扣，在建厂和并购过

程中可能会遇到意想不到的困难。2011 年，华为在美国购买美国 3leaf Systems 公司专利技术最终以撤回申请告终。究其原因，一方面是美国整体政治气候并没有改善，保护主义泛滥间接导致了这次并购的失败。但另一方面，华为自身在此次并购中也存在诸多问题。首先，华为缺乏与美国联邦和州级政策制定者之间的沟通，导致其在美国商业议题的公共辩论中始终处于下风。其次，华为缺少对美国媒体和公众的宣传，在此前美国媒体的报道中，华为一直以负面形象出现，在舆论传播中处于劣势。

（五）缺少专业人才

企业对外投资能否成功，首要的条件是要有一批熟悉对外投资业务和法律、财会、资产管理、市场分析和营销、公关、生产运营管理等方面的专业人员。目前境内有国际投资经验的专业人才不多，不但中小企业，就是一些在对外投资取得很大成就的大企业也感到人才的缺乏。过多地依赖境外的人才是不可取的。

三、中国对外投资面临的挑战

当前世界政治、经济、安全领域依然存在诸多不确定、不稳定因素，给全球范围内的国际直接投资带来重重阻力。特别是美国实行《外国投资风险审查现代化法案》，挑起对中国等主要贸易伙伴的贸易战，全球价值链合作正在遭遇破坏。中国国内新旧动能转换，结构调整过程中产生的不利影响都给中国对外直接投资发展带来不小的挑战。

（一）世界范围的跨国投资阻碍增多

地缘政治风险、金融风险、气候风险和贸易紧张局势增加了全球前景的高度不确定性，贸易政策的不确定性对全球投资和出口造成了负面影响，劳动力短缺、供应链瓶颈、能源价格波动和通胀压力也将是跨境投资面临的重要风险。《2020 年世界经济形势与展望报告》特别强调，投资者低估了气候变化的风险，仍然做出短视的决定。疫情对国际直接投资造成供给冲击、需求冲击和政策冲击，投资不足正在影响生产率的提升。

近年来，全球跨国投资的整体形势不是太好，联合国贸发会议报告显示，全球国际直接投资总规模从 2015 年的 1.9 万亿美元降到 2018 年的 1.3 万亿美元，是金融危机以来的最低水平。全球国际直接投资流量 2018 年继续下滑，较 2017 年下降 13%，降至 1.3 万亿美元。2020 年，全球国际直接投资急剧下挫，在 2019 年 1.5 万亿美元的基础上下降 42%，至 8590 亿美元。2020 年结束时，国际直接投资的水平比 2009 年全球金融危机后的谷底还低 30% 以上，回落至 20 世纪 90 年代的水平。这是联合国贸发会议 2021 年 1 月发布的第 38 份《全球投资趋势监测》报告的主要结论。下降主要集中在发达国家，国际直接投资流量下降了 69%。与最新一波大流行有关的风险、疫苗接种计划和经济支持计划的推出速度、主要新兴市场脆弱的宏观经济形势，以及全球投资政策环境的不确定性，都将继续影响 2021 年的国际直接投资。

（二）发达国家投资审查措施趋严

2017 年以来，美国、英国、法国、德国、意大利、日本等发达国家对外商投资并购实施更趋严格的监管和限制，对中国企业在这些地区的直接投资形成诸多阻力。技术板块是近年全球对外直接投资的热门领域,《世界投资报告 2018》显示, 技术领域的投资是 2017 年和 2018 年全球最为活跃的领域。然而近年来, 中国在高科技领域的海外并购频频受阻, 更趋严格的投资管制措施正在给中国 "走出去" 企业带来时间和金钱上的巨大损失。美国《外国投资风险审查现代化法案》的推进使得中国企业对美国投资的结果难以预测, CFIUS (Committee on Foreign Investment in the United States, 美国外资投资委员会) 审核程序、出口管制、制裁制度等对中国 "走出去" 企业都形成了挑战。

(三) 国际直接投资回报率呈下降之势

2012 年以来, 国际直接投资回报率逐年下滑, 对中国企业境外直接投资带来一定影响。联合国贸易和发展会议《世界投资报告 2018》显示, 2017 年国际外商投资回报率从 2012 的 8.1% 下降到 2017 年的 6.7%, 国际外商投资回报率整体呈现下降态势。发展中经济体和转型经济体整体外商投资回报率高于世界平均值, 但也面临持续下行的压力。

(四) 中国经济结构调整带来新挑战

当前, 中国进入结构调整攻关期, 经济发展新旧动能接续转换过程中的各项不利影响依然存在, 经济下行压力在一些地区和领域依然存在, 企业经营困难增多, 对中国企业对外直接投资造成一定挑战。

四、中国国际投资的策略

为了促使我国国际投资进一步飞速发展, 带动经济快速稳定增长, 我国应该采取以下相应的策略。

(一) 政府要加强对企业对外投资的扶持和引导

1. 制定相关立法和政策

我国目前存在 "重引进投资轻对外投资" 的现象, 致使我国对对外投资的宏观管理上存在一些问题, 投资发展也受到了一定的阻碍。制定相关法律与政策势在必行, 如研究制定对外投资的指导政策, 加强对对外投资方向的政策引导, 研究制定对具备条件的对外投资主体在进口、税收等方面的政策扶持, 加强国家资金的支持力度, 落实资金来源, 并对可支持对外投资的各类资金进行有效合理的管理。

2. 健全资本市场

针对投资中存在的问题和资本市场的发展现状, 我国应积极培育和发展为对外投资服务的金融体系, 强化金融服务和政策支持。

首先, 适当放宽对企业的金融控制和外汇管制, 对符合条件的跨国企业赋予必要的国内外融资权, 并且国家给予必要的担保。允许这些企业在国际市场上发行股票和债券筹措资金, 从而获取较多的融资便利, 以扩大对外投资的金融实力, 减轻投资的资金密度负担。

其次, 允许从事对外投资的企业适时在国内外成立财务公司, 逐步强化企业的金融自我扶持功能。完善资本市场发展的宏观环境，加快利率市场化的改革步伐，取消上市公司规模控制和额度审批制，建立上市公司资格审查制，并使证券的收益充分反映其本身的流动性和风险性。进一步健全资本市场发展的微观基础，深化国企改革，增强国内需求，使国内储蓄较为顺利地转化为对外投资需求，促进跨国公司与银行协调发展。

3. 发展跨国银行

在主体选择上实现以中国银行为先导，四大国有商业银行（中国工商银行、中国建设银行、中国农业银行、中国银行）为核心，其他商业银行和金融机构为补充的主次分明、发散辐射型的投资主体战略。尽快建立现代企业制度，以银行业的国际化发展推动企业的对外投资，通过企业与金融的股权渗透，使金融业与企业相辅相成、协同发展，实现企业资本与金融资本的融合。

4. 完善对外投资法律体系

整合便利我国对外投资的法律框架体系，如《企业境外投资管理办法》《境内机构境外直接投资外汇管理规定》《个人外汇管理办法》《民营企业境外投资经营行为规范》《中华人民共和国公司法》《企业国有资产监督管理暂行条例》等。与此同时，应着手制定对外投资风险管理的方法，规定风险管理工作程序，使对外投资企业有法可依、有章可循。

5. 强化政府的服务功能

政府职能部门要从战略的高度来重视企业的对外投资，并从宏观上对企业的对外投资经营活动加以指导、协调、监督和扶持，使企业对外投资和经营能够得到顺利、平稳、持续的发展。

6. 加大民营企业对外投资力度

不仅要大力鼓励民营企业发展进出口贸易，还要大力鼓励民营企业进行对外投资。在政策鼓励和推动下，经过国际市场竞争的锤炼，一定会有大批民营企业跨出国门，成为我国对外经贸发展中新的亮点。

7. 大力培养从事对外投资的人才

实施跨国投资，迫切需要的是复合型人才，因此必须把大力培养适合对外投资需要的复合型人才作为一项重大战略措施来抓，建立人才培训、考核、奖惩制度，确保海外投资企业管理人员整体素质的提高。

对外投资并不是纯粹的企业行为，任何国家的对外投资与跨国公司经营都离不开政府的支持和管理，对于发展中的中国来讲尤其如此。政府职能部门要从战略的高度来重视企业的对外投资，对企业的对外投资经营活动从宏观上加以指导、协调、监督和扶持。

（二）中国企业对外投资应注意的问题

1. 深入了解东道国投资政策和各种有关的法律法规、风俗习惯、市场状况、消费特点、产业竞争力等

企业对外投资是为了利用东道国的资源和技术发展自己，因此，要知道对方的想法和利益所在，要清楚对方政府和民众对中国投资企业的态度和要求，要对对方的法律环境有充分的了解，要研究对方的产业和市场现状及发展趋势、本企业在哪些产业上占有比较优势、怎样介绍自己才能对对方政府和消费者有吸引力等，这是对外投资能否成功的根本问题。特别是要了解东道国的法律法规，一般国家对大规模的并购都有警惕的心理，主要是利用反垄断方面的立法对并购加以限制，而对外资投资建厂则采取欢迎的态度，甚至有优惠的政策。例如，美国对对外投资建立中小企业就有鼓励政策。中国企业要在美国注册设立公司很容易，可以委任会计师或律师办理。在美国注册公司无须注册资本额，基本注册资本一般默认为 5 万美元，属名义资本，无须实际到位，政府不进行验资。不同的州政策不同，注册资本不一样，成立费用、年检、税收也都有差异。

2. 选准投资的产业定位

不同的国家和地区对境外不同产业的投资持有不同的态度。中国企业应选取中国有优势而对方相对薄弱或对方欢迎投资的产业。例如，东盟和一些非洲、拉丁美洲国家及东欧的部分国家在需要投资量较大的石油天然气、金属矿产、森林和渔业等领域的开发力量比较薄弱，我国企业容易进入。目前，中国的家电、机械、纺织、电子、通信等行业在上述国家和地区都具有比较优势，支持和推动有条件的企业去投资办厂，开展境外加工装配，一般会取得较好的效果。我国农机行业先行的一批企业投资东南亚的实践经验表明，中国有比较适合东南亚的农业产品、技术和管理经验，而东南亚有丰富的资源和广阔的市场，双方互补性很强。中国企业可围绕农业经济活动，包括种植、养殖、加工、生产资料、农业机械生产等，增加对东盟国家的农业投资。发达国家在信息、电子、生物工程等朝阳产业方面具有比较优势，中国企业在这些国家投资或合资建立和收购产研结合的企业，利用当地的技术和专业人员共同开发和制造高科技产品，对提高中国企业的技术水平、增强竞争力、扩大市场都具有重要的意义。发达国家对容纳就业较多的中小企业一般是鼓励发展的，中国企业到这些国家投资建立生产当地进口较多的服装、玩具、家用电器等产品的中心企业，遇到的阻力也比较小。

3. 选择合适的合作伙伴

目前我国企业对外投资建厂或收购百分之百股份遇到的困难很大，合资和收购部分股权相对容易。如果采用合资方式建厂，必须做好可行性论证并精心选择好合作伙伴，以免掉入合资陷阱、上当受骗。选择到好的合作伙伴，不仅可以得到他们的帮助，防范各种风险，甚至还可能获得他们提供的权益资本，帮助中国对外投资企业从当地获取资金与技术，提高该企业在当地的声誉。选择好的合作伙伴共同并购可以帮助中国的收购企业弥补整合能力方面的差距。在过渡期内，与被收购方的管理层合作，仍保持企业运

营，使被收购方的资产逐渐从运作中剥离，有助于收购方平稳接管有关业务，最终获得控制权。部分收购时要搞好与被收购方的合作，可以订立一些额外条款保证联合资产的合理分配，达成双赢的交易。

4. 加强风险防范意识

企业对外投资，除了要在投资前进行深入的调查研究之外，还要预先对可能遇到的各种风险制定相应的防范措施。企业可能遇到的风险包括国家风险、利率风险、汇率风险、经营环境风险等，防范风险的方法很多，其中最主要的方法是办理投资保险与担保，将一部分可能出现的风险转移给其他机构。

五、对外直接投资战略调整与"一带一路"建设

中国提出的"一带一路"倡议，突破了以地理相对集中为特征的"区位"概念，综合了经济全球化与经济一体化的优势，是历史与现实的完美结合，由此也导致我国对外直接投资战略的重大调整。衡量对外投资地区选择的主要因素是投资的收益环境与风险环境。就我国企业拥有的比较优势而言，对发展中国家、发达国家和经济转轨国家的投资情况分别如下。

（一）扩大对发展中国家的投资

发展中国家为了加快发展经济，积极寻求建设资金和制造技术，同时也一改以往对外资相对排斥的态度，制定了许多招商引资的优惠政策。我国与大多数发展中国家建立了良好的双边关系，也有着广泛的技术经济合作的基础。加强对发展中国家的投资，对双方都有十分积极的作用。

在发展中国家投资，应尽量选择那些市场规模较大、对企业产品需求较多、欢迎外来投资、与中国保持良好经济关系且经济发展活跃、合作空间大或发展潜力大的国家，如印度、巴基斯坦、印度尼西亚、越南、泰国、巴西、阿根廷、墨西哥、俄罗斯、尼日利亚等，这些国家拥有众多的人口和庞大的消费群体，经济增长较快。通过对这些国家的投资，我国拥有的相对先进和实用的技术得以体现，从而不但能疏通企业的产品销路，还可以通过当地市场辐射到周边国家。

在产业选择上，我国当前应该逐步把劳动密集型和技术标准化的制造业，特别是在我国市场已经饱和的产业转移到其他发展中国家去；在投资项目上则应该以小规模制造业、资源开发、石化工业和轻工业为重点。这些产业比较适合发展中国家市场的需要，也是这些国家重点发展的行业。随着这些国家的经济不断发展，许多产品特别是一些机电产品和成套设备在投资国市场的需求量正迅速扩大，有广阔的发展前景。

（二）提升对发达国家的投资

在比较优势的前提下，要积极进入发达国家市场。美国、加拿大、日本、澳大利亚等工业发达国家，目前是世界上对跨国经营者极具吸引力的地区。这些国家收入水平高、购买力强、市场容量大、市场基础条件优越，同时也是世界上投资环境很好的地区。因而无论是发达国家还是发展中国家，对该市场都十分重视，使得这些国家的市场竞争十

分激烈。我国对发达国家的直接投资有待于进一步提升。一是提升具有核心竞争力的项目，即对具有知识产权的自主研发和自主品牌的投资；二是提升能与贸易相互促进的投资项目；三是提升通过跨国并购获取"逆向技术溢出"的项目；四是提升非国有企业的项目比重。对发达国家直接投资，主要是为了获取稀缺资源和先进技术以及避开贸易壁垒。因此，建立资源型、出口替代型、高新技术型和外贸型的跨国企业，便是我国对外投资的载体。我国对澳大利亚和新西兰等国家的投资主要是为了获得其资源。2016年来自中国的战略资金大量流向澳大利亚能源板块。据毕马威2017年报告，2016年中国对澳大利亚能源（油气）行业的投资首次超过了矿业，占比达到8%，总额为11.5亿澳元。据美国贝克•麦坚时律师事务所的数据显示，2018年上半年中国在境外的国际直接投资大幅向欧洲转移。中国在北美的外国直接投资2017大幅下降了92%，从240亿美元降至20亿美元。2018年上半年，中国企业在欧洲的并购为220亿美元，远高于在北美的25亿美元。与此同时，中国在欧洲已完成的投资是在北美的6倍，两者分别为120亿美元和20亿美元。

（三）拓展对转轨国家的投资

俄罗斯、东欧各国拥有许多先进的技术，尤其是在重工业和航天工业领域。同时，这些国家的国有企业私营化过程还在继续，这为我国通过收购、合资等方式对一些拥有先进技术的企业进行投资以获取需要的技术提供了便利条件。另外，这些国家各类商品特别是一些轻工产品严重短缺，市场供不应求，外国商品在这些国家市场上占据主导地位。我国企业的家电、服装、纺织、丝绸等轻工业产品在世界上都具有竞争力，并且很符合这些市场的需求，投资开发潜力巨大。再者，这些国家自然资源蕴藏丰富，是除西亚外石油储量最为丰富的地区，且距离我国较近，是我国可靠的石油来源地。不断拓展对这些国家的投资对我国的发展将有积极的作用。

（四）重点加强对"一带一路"沿线国家的投资

人们常说的"一带一路"是"丝绸之路经济带"和"21世纪海上丝绸之路"的简称。陆地上从中国西安经中亚到地中海以罗马为终点，全长近6500千米；海上则从中国东南沿海，经南海诸国，穿过印度洋，进入红海，抵达东非和欧洲。参与和支持"一带一路"倡议的沿线国家达到60多个，市场广阔，合作前景壮观。

近年来，"一带一路"沿线投资占中国对外投资总额的比重稳中有升。据官方数据，2019年占比为13.6%，2020年上升到16.2%。2013—2020年，中国对"一带一路"沿线国家累计直接投资流量为1398.5亿美元，年均增长8.6%，比同期中国对外直接投资年均增长率高出3.4个百分点。

中国积极参与对"一带一路"沿线国家和地区的投资，既体现了经济"一体化"的特征，又具有经济"全球化"效应。我国长期实施的是以"引进来"为主的开放经济政策，随着国内外经济发展的新阶段和我国"非缺口型外资"现象的形成，现已进入"引进外资"与"对外投资"并重格局的转折。对我国企业而言，可以通过新建与并购的途径和独资经营、合资经营及合作经营等多样化的投资方式，积极开拓新的投资市场，参与对外竞争与合作，以有利于产业结构的调整。为实施这一服务于亚洲及世界的国际经济领域的发展倡议，2015年12月25日正式成立了由中国倡议设立的多边金融机构——亚洲基础设施投资银行（Asian Infrastructure Investment Bank，AIIB），为"一带一路"的互联互通基础设施提供融资。意向创始成员国确定为57个，法定资本1000亿美元，总部设在北京。初期投资的重点领域主要包括能源、交通、农村发展、城市发展和物流五大方向。作为旨在支持基础设施发展的多边金融机构，AIIB的成立将有助于从亚洲域内及域外动员更多的亟需资金，缓解亚洲经济体面临的融资瓶颈，与现有多边开发银行形成互补，推进亚洲实现持续稳定增长。2020年7月，在AIIB第五届理事会年会视频会议开幕式上，习近平宣布，AIIB已经从57个创始成员发展到来自六大洲的102个成员。未来，AIIB将继续扩大投资，从核心的基础设施领域延伸到面向未来的基础设施，聚焦应对气候变化，加强亚洲地区互联互通，动员私营资本，缩小亚洲和其他地区的数字鸿沟。

需要指出的是，"一带一路"沿线国家的投资环境差别各异，投资者承担由战乱、政权无序变更带来国家风险的可能性相对较高，由此可能相应产生对外直接投资预期目标难以实现。收益下降或亏损，甚至投资无法回收的恶果。

六、中国国际投资未来发展趋势

中国对外直接投资迅猛发展，预示着中国对外直接投资进入新的发展阶段，根据中国对外直接投资现状以及竞争优势的分析，可以推测中国未来对外直接投资的发展趋势。

（一）中国有可能在未来几年的时间，进入较大规模对外投资阶段

随着国际市场日益开放以及国内促进企业海外投资优惠政策的推出与制度的不断完善，将有更多具备优势的中国企业走出国门，到海外寻求广阔的发展空间，这是中国企业发展的大趋势。国际金融危机的发生更给中国的对外投资带来了机遇，在世界许多国家经济不景气的情况下，未受到严重影响的中国可以大展身手，在国际上进行大规模投资。

（二）在行业选择上将更突出有利于中国产业结构调整的行业

首先，今后将加大对发达国家前瞻性高科技产业的学习型投资。其次，向境外转移成熟技术的过剩产业，扩大出口贸易量。扩大这些行业的投资不仅能优化国内产业、产品结构，促进劳务和设备产品出口，而且能扩大出口份额，为高科技产业对外直接投资积累和提供外汇资金。

（三）对外直接投资主体将进一步优化

目前中国对外直接投资的主体是国有企业，"三资"企业、民营企业的对外投资比例较少。随着中国加入世界贸易组织，将会有更多的中国企业走出国门。其中"三资"企业、民营企业对外投资将会增加，并进一步优化对外直接投资的主体结构。

（四）投资区域分布日益合理，发达国家将成为投资的重点地区

发达国家和地区市场容量大，现实购买力强，消费水平高，需求多种多样，金融环境优越，物质力量雄厚，科学技术发达，而且工业集群为寻求效率的企业提供了很好的直接环境。随着中国企业国际竞争力的不断提高，中国企业必然要向发达国家进行投资。

（五）投资方式的选择更加灵活多样

目前，中国企业的对外直接投资方式多采用合资与新建的方式，但随着我国对外直接投资的不断发展，我国将更多地采取购并的方式，尤其是对发达国家拥有先进技术的企业。另外，20世纪90年代在国际上兴起的国际战略联盟等非股权安排也将成为中国企业对外直接投资方式的一种。

本 章 小 结

中国的对外投资的发展大致经历了四个阶段：①尝试性起步，小规模投资；②茁壮成长，投资数量增多；③加速成长，投资领域扩大；④昂首阔步"走出去"。中国的对外投资呈现出投资主体多元化、投资行业多元化、投资规模扩大化、投资方式多样化和投资质量不断提高的特点。中国对外投资的模式主要有：①海外并购与新建企业模式；②国内生产、国外销售模式；③战略资源型投资模式；④战略联盟型投资模式。针对中国的对外投资目前存在的问题，我们应该采取一定的对策促使其更好更快地发展。

知识拓展

中国国际投资促进会的宗旨和职责

中国国际投资促进会是经国务院批准成立，由商务部主管，经中华人民共和国民政部核准登记成立的具有独立法人地位的全国性、非营利专业社会团体，2006年7月25日正式成立。中国国际投资促进会的宗旨和职责是：实施国家"引进来""走出去"投资促进战略；组建全国性投资促进工作平台和行业投资促进机制，设立多、双边投资促进合作机制，与相关国际组织建立合作伙伴关系；开展促进中国与其他国家、地区之间的投资贸易合作活动；推进"一带一路"倡议的实施；促进内地与香港、澳门特别行政区，祖国大陆与台湾地区的投资贸易合作；分析全球跨国投资新趋势、新模式，研究其他国家或地区投资政策法规，调研我国投资环境，编制报告，发布信息，建立信息库，推广多元化投资促进产品，举办多种形式的投资促进活动；为外商来华投资、中国企业海外投资、中外企业合作到第三方投资和我国东中西部地区投资合作提供有效服务和解决方案；为会员提供协调、咨询、信息、培训等服务；为政府、园区、企业、相关机构提供投资环境评估与改善方案、市场调研、专业培训、项目评估与推进、投资促进活动策划等服务；代表会员、企业向政府有关部门反映投资及运营中存在的问题，提出改善投资环境的建议；履行社会责任，维护会员的合法、正当权益；承办政府部门交办的任务，办理与本会宗旨有关的其他事项。

课后思考题

1. 中国的对外投资有哪些特点？
2. 中国的对外投资主要采取何种模式进行？
3. 近几年中国国际投资的趋势如何？
4. 中国企业在国际投资的过程中存在哪些问题？应该如何解决？

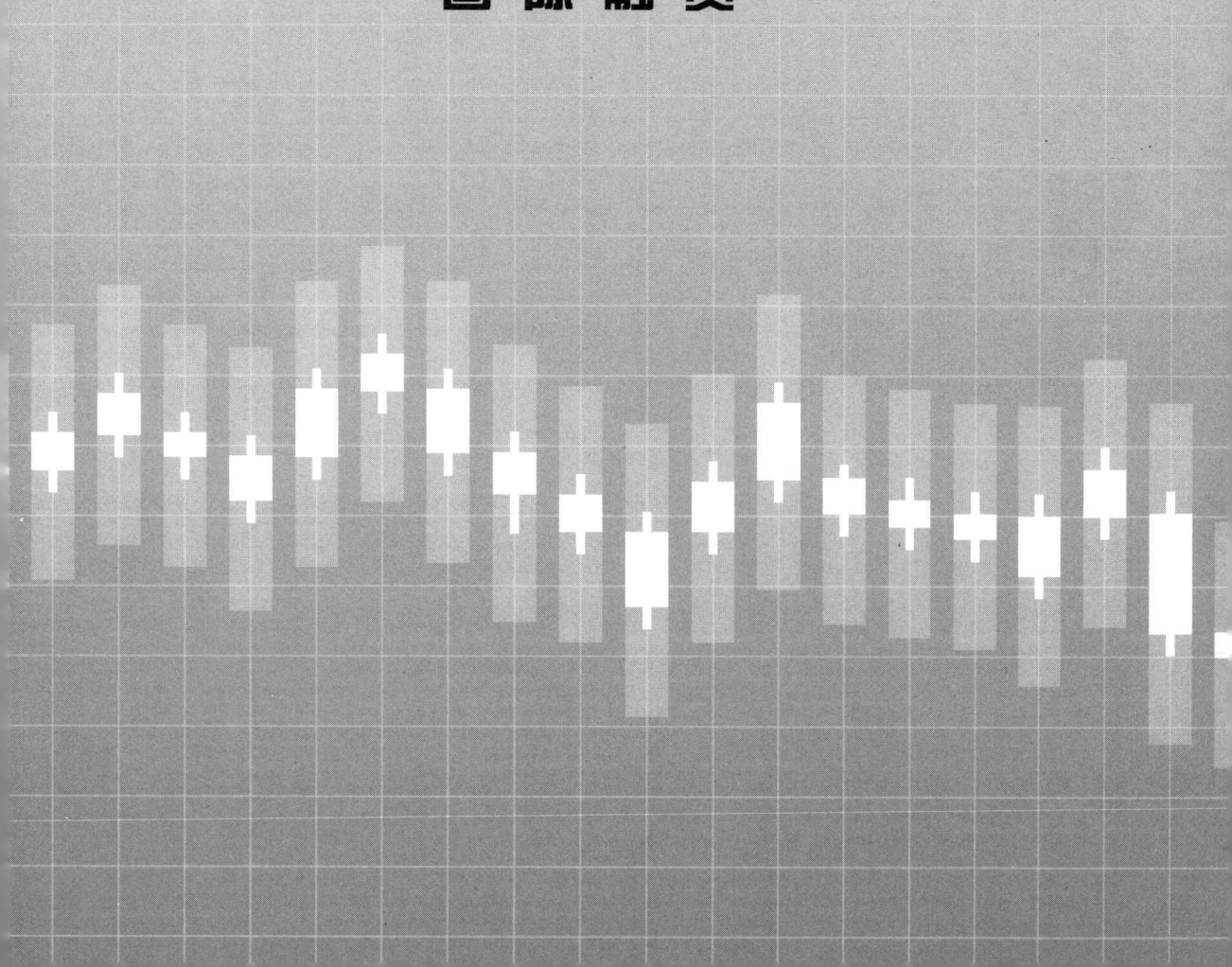

下 篇

国际融资

第八章　国际融资概论

📖 **学习目标**

- 了解国际融资的内涵;
- 了解国际融资的产生和发展过程;
- 理解国际融资的经济效应。

第一节　国际融资的内涵

一、融资的含义

所谓融资，顾名思义，就是融通资金，指资金在持有者之间的融通，以调剂余缺。融资包括货币资金持有者之间的融通、实物资金持有者和货币资金持有者之间的融通，甚至也有实物资金持有者之间的融通。如果资金的融通发生在本国资金持有者之间，而不涉及其他国家的资金持有者，就是国内融资；如果资金持有者涉及其他国家，超越了国境，则是国际融资。

资金的融通一般总是建立在一定的信用关系的基础之上。融资的信用关系主要包括：①银行信用，以借贷、贴现、拆借等方式融资；②商业信用，以赊销、预付、分期付款等方式融资；③租赁信用，以出租实物的方式融资，一般是实物资金持有者出租技术设备，以弥补承租人货币资金的短缺；④国家信用，以买卖国债的方式融资，在国际上，国家信用除表现为国家或政府发行国际债券外，还可以以债务人或债权人身份向国外借款或提供贷款；⑤债券信用，主要是通过发行债券社会集资的方式融通资金。

需要说明的是，有的融资方式并不是建立在信用关系基础之上的。例如，企业股票的发行和买卖是一种筹集资金的融资方式，但股票的性质与债券不同。股票是一种企业的所有权的凭证，对一个企业持有以面额表示的若干股票，就代表对该企业的资产净值占有若干份额，股票持有人称为股东，就是企业的主人。企业发行债券，自己就成为债务人，而债券持有人是企业的债权人。因此，债券的买卖是建立在债券信用基础上的融资方式，而发行股票作为一种融资方式，并不是建立在信用关系基础之上，股票的买卖并不产生资金的借贷关系。

二、国际融资的含义

国际融资是指在国际金融市场上，运用各种金融手段，通过各种相应的金融机构进行的资金融通。资金的融通包括两个方面：一个是从资金提供者角度讲的资金融出；另一个是从资金筹集者角度讲的资金融入。一般情况下，国际融资供给者主要是跨国公司、商业银行、投资银行、各国中央银行及各种类型的多边官方金融组织；国际融资需求者包括政府机构、跨国公司、商业银行、进出口商、证券经纪人和投机商。

（一）国际融资在一国资金供应者与另一国资金需求者之间进行

国际融资的当事人主要有资金供应者（通常表现为债权人）、资金需求者（主要表现为债务人）和金融中介人。具体地说，它主要包括：一国政府与别国政府之间，一国政府与别国银行之间，国际金融组织与一国政府、企业或银行之间，一国企业、银行与别国的企业、银行之间等。国际融资的资金供需双方中有一方是个人的情况较少，如个人在国际金融市场买卖证券属于这一类。

（二）国际融资多是采取货币资金形态或实物资金形态的国际资金转移

国际融资的具体组织形式多种多样，其中大多数采取货币资金形态，即无论供资者提供贷款，或筹资者偿还贷款本息时，均采取货币资金形态。但也有某些融资方式（如国际租赁融资）采取实物资金形态。

（三）国际融资围绕国际金融市场进行

国际金融市场是国际借贷关系产生和国际借贷资金移动的渠道和中介，它为这种国际资金移动服务。在国际金融市场上，资金供应者和资金需求者通过金融机构或自行直接接触，从事借贷交易或证券发行买卖活动，以实现国际资金的融通。国际金融市场由于具有庞大的资金吸引力和比较完善的组织力，因此能够大量集中国际上的可用资金，同时为国际范围的融资提供成熟的规则制裁和结算信贷等业务流程，促进国际融资的效率，带动融资的国际化进程。总体上，从国际融资的角度来看，比较重要的国际金融市场包括以下几个。

1. 国际货币市场

国际货币市场主要针对的是短期资金借贷的市场，短期是指一年之内的所有融资活动，包括短期信贷、贴现、短期票据等。其中欧洲货币市场是国际融资活动最活跃的市场，这个市场没有政府干预，不受任何一国政府或国际机构的法规政策的绝对约束，因而形成了较大的规模。欧洲货币市场的主要融资方式是银行间短期资金拆借，其中美元占了 50%，它可以迅速地把资金引到全球需求最旺盛的地方。

2. 国际资本市场

国际资本市场是指经营期限在一年以上的资金借贷市场，包括银行中长期贷款市场和证券市场。资金需求者通过发行证券（股票、长期债券、衍生证券等）在证券市场上得到融资。规模最大的证券市场是欧洲债券市场，它的市场容量大、发行费用低、程序简易、安全性流动性高、管制性低，因而是企业和政府进行长期融资的较好选择。

3. 国际外汇市场

国际外汇市场是各个外汇经营机构、企业和个人进行外汇买卖与调剂的市场，它不是融资市场，只通过银行系统从事不同货币的兑换和支付手段的交易，受国际货币制度和各国货币汇率的支配和制约。随着经济的发展，各国之间的贸易投资等活动对外汇需求的极大增长促成了这个市场的形成。虽然也有一些外汇市场是有形的交易所（如巴黎外汇市场），但大部分外汇市场还是以无形的形式存在，通过电话等通信方式来进行交易。其中，纽约外汇市场是最活跃的国际外汇市场，主要是因为美国没有外汇管制，且具有最大的进出口贸易量。

三、国际融资的分类

国际融资的种类现已很多，而且随着国际金融市场竞争的不断加剧、金融创新的日益发展，国际融资的方式还会不断推陈出新。根据不同的划分标准，国际融资一般分为以下几类。

（一）按融资方式划分

1. 国际直接融资

国际直接融资是指国际资金融通由资金供应者与资金需求者直接协商，或通过经纪人（只收取佣金）把双方结合起来进行的融资。直接协商的局限性较大，受融资的时间、地点、范围、融资双方信贷方向和财政数量的限制，主要发生在进出口贸易中的 T/T（telegraphic transfer，电汇）、最终借款人和最终贷款人之间的货币借贷等；通过经纪人联系主要通过证券公司发行或经销企业证券实现。

2. 国际间接融资

国际间接融资是指通过金融中介（银行或保险公司、投资公司等非银行金融机构等）进行的资金融通。金融中介主要通过吸收存款、保险金或信托投资金等方式从资金供给方汇集资金，同时通过发放贷款或购买原始有价证券等方式将所汇集的资金转移到资金需求方。金融中介尤其是银行，能够在很大程度上克服直接融资中产生的各种限制，突破资金在数量、时间、期限、信贷方向等方面的局限。

（二）按融资期限划分

1. 短期融资

短期融资是指期限在一年以内的资金融通，这种融资的周转期较短，如银行同业拆借、国际银行短期贷款、短期证券等。

2. 中期融资

中期融资是指期限为 1～5 年的资金融通，如国际商业银行贷款、政府贷款、国际租赁、出口信贷等。

3. 长期融资

长期融资是指期限为五年以上的资金融通，最长可达 50 年，如企业海外上市、外商直接投资等。

（三）按融资目的划分

1. 国际贸易融资

国际贸易融资是指与国际贸易有直接联系的融资，这种融资行为可以看作对国际贸易的金融支持，其短期行为表现为对进出口商的短期资金融通，如商业信用、银行信用；其长期行为表现为对进出口商的长期资金融通，时间一般在一年以上，最典型的是出口信贷。出口国银行向本国出口商、外国进口商或进口国银行提供利率较低的贷款，以支持外国进口商支付从贷款国进口机器设备、技术和劳务等款项，如出口商向本国银行申请获得买方信贷、进口商从出口方获得买方信贷等。

2. 国际项目融资

国际项目融资是指为特定的工程项目在国际市场上融通资金。国际项目融资的资金需求量大，风险也大，因此一般是中长期融资，且须成立一个国际项目公司，具有独立的法人资格，作为项目国际贷款的直接债务人。项目所需资金的大部分来自项目国际贷款，项目国际贷款的偿还资金来自项目收入和项目本身的资产。

3. 一般融资

一般融资是泛指既不与进出口贸易，又不与特定工程项目直接联系的融资。这种融资行为往往是为了克服资金短缺、调剂外汇资金、弥补国际收支逆差、维持货币汇率等，其主体可以是国家政府、国际金融机构或企业。

（四）按融通资金来源划分

1. 政府融资

政府融资是指融通的资金来自各国政府的财政预算，如某国政府利用本国财政预算资金向另一国政府提供长期优惠贷款。政府融资主要是发达国家向发展中国家提供贷款，在很大程度上受到两国之间政治关系的影响。

2. 国际金融机构融资

国际金融机构融资是指融通资金来自国际金融机构，如国际货币基金组织、世界银行、国际开发协会、亚洲开发银行等。它们向其成员提供贷款，促进成员经济的发展。

3. 国际商业银行融资

国际商业银行融资是指融资主体向国际商业银行申请贷款。这种贷款一般不指定贷款用途，期限比较灵活，贷款成本较高，多为浮动利率。

4. 国际租赁融资

国际租赁融资是指融通资金来自国际租赁公司，由它向承租人提供融资性租赁。

四、国际融资的特征

融资作为建立在信贷基础上的借贷行为，具有信贷的两个基本特征，即偿还性和增值性。国际融资作为一种特殊的借贷行为，除具有这两个性质以外，由于它的运作超越了国界，因此还体现出以下几方面特征。

（一）国际融资主客体比较复杂

国际融资的主体是融资双方的当事人，即筹资人（借款人）和供款人（贷款人）。而国际融资当事人的居住地和构成比较复杂：首先，可分为居民（指居住在本国的）和非居民（指不居住在本国的）两类；其次，居民和非居民又可再细分为金融机构和非金融机构两类。大体可归纳如下：①居民金融机构，包括本国的银行和非银行金融机构，如保险公司、投资公司等；②居民非金融机构，包括本国政府、政府机构、工商企业和个人等；③非居民金融机构，即外国银行、外国非银行金融机构以及国际金融组织等；④非居民非金融机构，即外国政府、政府机构、外国企业和个人等。国际融资的借贷双方至少有一方其居住地不在本国，也就是其中一方应属非居民金融机构或非居民非金融机构。

国际融资的客体是指国际融资所使用的货币，它可以是筹资人所在国货币，也可以是贷款人所在国货币，或第三国货币，但均须是可兑换货币。国际融资中通常选用一些关键性货币，如美元、英镑、马克、日元等。近些年来，国际融资还出现了使用国际性综合货币单位的现象，即由国际经济机构创立的、适用于成员方之间记账和支付的结算单元，如特别提款权、欧元等。融资当事人使用何种货币是一个复杂的问题，通常必须根据各种货币汇率变化和发展趋势，结合融资条件等因素加以综合考虑，做出决策。

（二）国际融资风险较大

国际融资与国内融资相比，其风险较大。国际融资除存在通常信贷交易中的商业风险（即偿债能力风险），如债务人经营管理不善，出现亏损，到期无力偿付贷款或延期偿付，还面临着它所特有的风险。

一方面是国家风险，指由于某一主权国家或某一特定国家的有主权的借款人（如财政部、中央银行或其他政府机构），或其他借款人，不能或不愿对外国贷款人履行其债务责任的可能性。借款人国家从其自身利益出发，实行国家管制，如资金冻结、外汇管制等，都会使国际融资的供给方蒙受巨大的损失。国家风险具有很大的随机性，一般很难估计到。虽然现在每年都会对各个国家进行风险评估，但是到目前为止，这个问题仍很难解决。

另一方面是外汇风险，指在国际经济、贸易和金融活动中，以外汇计价的收付款项、资产与负债业务，因汇率变动而蒙受损失或获得收益的可能性。无论是选择第三国货币还是相关国货币，总有至少一方是外汇风险承受方，一旦汇价发生波动，就会对借款人的偿债负担和能力及贷款人按期收回贷款和债券收益产生影响。

（三）国际融资具有被管制性

国际融资通常是分属不同国家的资金持有者之间跨国境的资金融通和转移，是国际资本流动的一个组成部分。国际融资当事人所在的国家政府，从本国政治、经济利益出发，会对本国居民（包括金融机构和非金融机构）对外从事融资行为施加种种干预和管制。各国政府普遍对国际融资实施不同程度的管制，主权国家对国际融资的管制一般是授权本国中央银行，对国际融资的主体、客体和融资信贷条件，实行法律的、行政性的各种限制性措施。其中，法律管制是指由国家立法机关制定并颁布法律，涉及国际融资的法律有外汇管理法、商业银行法、公司法、税法、民法，以及金融当局颁布的有关国际信贷的条例、规定等。行政性管制是指一国金融当局不经过正式的立法程序，而以行政手段对国际融资实施限制的措施，如发达国家实施的"汇率管制""君子协定"等行政手段。

（四）融资工具和方式发生了变化

20 世纪 80 年代以来，世界经济发生了深刻的变化，科技的高速进步、信息时代的到来，使得世界经济迅速向一体化、自由化的方向发展。经济的国际化要求国际融资机制的创新，追求更好的融资工具和融资服务。随着发达国家经济衰退导致信贷泡沫的产生，同时《巴塞尔资本协议》对银行信贷做出了间接的要求，国际信贷衰退，在国际融资中的比重逐渐降低。与之相反，国际证券融资却迅速崛起，成为一种主要的国际融资方式。新的融资工具和融资方式大量产生，并且逐渐替代传统的融资工具和方式。

国际证券融资包括债券融资和股票融资两大类型。国际证券化融资迅速发展的原因主要有三个方面：一是如上所述的新的融资工具和融资方式的产生，如零息债券、浮动利率票据等；二是全球的私有化浪潮，如国有企业私有化，导致了大量证券发行权的产生；三是发展中国家的经济有了很大的发展，其金融市场的国际化程度和自由化程度也有了很大的提高。国际融资证券化是国际融资方式的一个较大转变，这一变化对国际融资产生了深刻的影响，改变了原本的单一化格局，开创了证券买卖，加速了资金的周转，使资金流向更有利的方向，大大地提高了国际融资的效率和规模。

第二节　国际融资的产生、发展和近代国际融资的特征

国际融资作为国际金融市场的实务运作方式，形成了国际金融市场的微观的、有形的、具体的行为表现。因而，国际金融市场的微观演变过程，恰如其分地勾画出国际融资的发展历程。

一、国际融资的产生和发展

（一）早期国际贸易的发展诱发了对国际融资的需求

早在 12 世纪，国际融资与跨国银行几乎同时诞生。国际融资伴随着国际贸易的发展而发展。

在公元 7 世纪至 8 世纪，世界国际贸易的中心位于地中海东部。贸易民族阿拉伯贩运

非洲的象牙、中国的丝绸、远东的香料和宝石，成为欧洲、亚洲、非洲的贸易中间人。在11世纪以后，随着意大利北部和波罗的海沿岸城市的兴起，国际贸易的范围扩大到了地中海、北海、波罗的海和黑海的沿岸。在中世纪的欧洲，国际贸易中已经广泛使用汇票作为支付工具，当时的银行曾大量贴现汇票提供贸易融资。同时，由于资金雄厚、声誉较高，银行也从事承兑汇票业务。当时欧洲的主要银行是商人银行，同时，商人银行还向国外贷放大量贷款，并开始建立海外分行或代理处。这些可以视作国际融资和跨国银行的雏形。

从12世纪到15世纪，意大利银行在国际银行业中一直处于领先地位。例如，1171年设立的威尼斯银行和1407年设立的热那亚银行是最早的近代银行之一。当时意大利银行的业务包括接受存款、贸易融资、外汇兑换、中短期贷款以及工商业投资等，其机构网络已遍布欧洲主要经济中心，成为跨国银行。15世纪末，意大利及其他地中海沿岸的商人银行开始衰落，而德国、荷兰、法国、比利时和英国等国家的银行开始崛起。到16世纪，这些国家银行的实力进一步加强，它们当中德国银行以最强的实力占据领先地位，当时德国南部的繁荣使一些城市如纽伦堡等成为经济、商业和金融中心，带动了跨国银行的发展。新大陆的发现和南亚市场的开发使荷兰、卢森堡和比利时等国家成为重要的国际贸易中心，从而使安特卫普发展成为国际性金融中心。16世纪欧洲各国政府急需的大量战争资金很大部分是通过安特卫普等国际性金融中心筹集的。在这个阶段，国际融资得到较快发展。

17世纪和18世纪欧洲战争持续不断，导致欧洲国家的实力格局发生变化。在17世纪乃至18世纪的大部分时间里，阿姆斯特丹成为主要的国际性金融中心。17世纪末叶，英国终于取得了国际贸易的世界霸主地位，到了18世纪，英国成为世界无与伦比的经济大国。随着世界经济中心的转移，在18世纪后期，伦敦自然地取代阿姆斯特丹成为最主要的国际性金融中心，并从此一直统治到第一次世界大战。其间，英国除了原有商业银行的传统贸易融资业务以外，还开始了商人银行的新型贸易融资业务。由于贸易竞争加剧、海外贸易利润下降，商人和制造商已无力负担国际贸易中的财务风险。于是，大约自1825年起，伦敦迅速崛起了一批承兑商号，它们都是一些出色的商人，专门承担出口业务中的财务风险。

从17世纪末英国占据世界国际贸易统治地位以后，国际贸易的发展触发了对国际融资的需求。18世纪后期，伦敦成为国际性金融中心以后，英国的银行成为国际银行业的领导力量。在18世纪和19世纪上半叶，英国的佣金代理商和一般商人遍及全球，英国的海外公司比任何一个国家的海外公司都多，这又与伦敦提供的国际融资支持是密不可分的。

纵观从12世纪到18世纪国际银行业发展的初级阶段，国际贸易与跨国银行唇齿相依，携手共进，并共同培育和壮大了国际贸易融资这一当时国际融资的主要业务。

（二）国际资本的内在流动机制成为国际融资发展的根本动力

在资本主义自由竞争阶段，资本主义国家的对外贸易在本质上仅仅是商品对外交换和商品输出的表现形式。资本主义在发展壮大过程中，资本输出逐步成为带动商品输出、扩展世界市场的推进力量。从19世纪末到20世纪初，资本主义过渡到以垄断资本主义为特征的帝国主义阶段，资本输出成为这个阶段的突出标志，而资本流动的内在机制成为国际金融市场发展的内在动力，国际融资的发展也就成为其必然的结果。进入 21 世纪，国际市场向更广、更纵深领域发展，国际资本流动成为驱动国际化的特征，市场更加开放和透明，使得国际融资更加便利。

国际资本流动包括长期资本流动和短期资本流动。利益驱动是国际资本流动的最基本的内在动因。但在国际资本流动中，实现的条件和直接的动机又有所不同。

国际长期资本流动的直接动机是利润及其相应的生产要素驱动。世界生产力发展的不均衡造成各国相对优势和比较成本优势的存在，从而导致了国际分工的产生与发展。国际分工由一般分工、特殊分工到国际范围的专业化、协作化的个别分工的发展，不仅使国际经济的联系从传统的商品交换范围更为广泛地渗入生产领域，而且带动了国际资本流动的深化，从商品资本和生产资本的国际化进一步趋向于货币资本的国际化。在这样的经济环境下，各种直接的和间接的国际融资方式得以产生与发展，并被越来越多的国家用于发展资本的输出与输入。

国际短期资本流动的直接动机，除了贸易融资、利差驱动和风险防范的需求外，还有投机交易和抽逃资本等需求。并且，投机交易和抽逃资本需求造成的国际短期资本流动规模越来越大、频率越来越高。

简而言之，国际资本流动的根本动因、基本条件和直接动机，构成了国际融资方式的经济因素。同时，发达国家的经济政策与经济环境，为国际资本流动的实现提供了物质基础。

（三）金融机构网络的全球性扩张为国际融资的发展奠定了机构基础

国际融资的发展有赖于金融机构网络的全球性扩张。金融机构在世界范围内的筹资与融资活动，增加了国际融资规模。以美国银行为例，美国是第二次世界大战后跨国银行发展最早、规模最大的国家，但其大规模发展也是在 20 世纪 70 年代。如表 8.1 所示，1957 年美国银行的海外分行有 117 个，1969 年增加到 373 个，而 1979 年猛增至 802 个，1986 年增为 885 个。与此同时，美国的跨国银行总行从 1960 年的 8 家、1970 年的 79家、1980 年的 139 家增至 1985 年的 158 家。美国跨国银行的海外资产，从 1955 年的20 亿美元、1960 年的 35 亿美元发展至 1970 年的 526 亿美元、1980 年的 4005 亿美元、1987 年的 5100 亿美元。从 1960 年到 1984 年，美国银行海外分行资产增长了 128.2 倍，同期，美国国内商业银行资产增加了 5.5 倍，远低于海外资产的增长速度。1960 年海外分行资产占全部美国商业银行资产总额的 1.4%，1981 年上升到 28%的高峰。

表 8.1 美国银行海外情况

年份	1955	1957	1960	1969	1970	1979	1980	1985	1986	1987
美国银行海外分行个数		117		373		802			885	
美国的跨国银行总行个数			8		79		139	158		
美国跨国银行海外资产/亿美元	20		35		526		4005			5100

资料来源：刘金宝，1998. 国际融资运用与管理[M]. 北京：文汇出版社.

金融机构从其发展的历史顺序讲，主要分为银行金融机构和非银行金融机构两种类型，并且，一般以非银行金融机构的兴起作为一国金融市场成熟的标志。从规模角度讲，银行可分为大银行和中小银行。金融机构国际化网络的发展，为国际融资的大规模迅速发展奠定了坚实的机构基础。但不同类型的金融机构参与国际融资的形式，对国际融资发展的推动作用又有所不同。

1. 大商业银行国际化网络的建立是国际融资发展的最基本的机构基础

大型商业银行的国际化浪潮始于 20 世纪 70 年代。商业银行的国际化经营使其成为国际银行。以美国为例，到 80 年代后期，大约有 130 家美国银行设立了 800 家海外分支行，拥有资产至少达到 3000 亿美元。其中，大部分的业务是由美国最大的 15 家跨国银行进行的；从资产规模上讲，在跨国银行高速发展的 20 世纪七八十年代，美国 10 家最大的跨国银行吸收的国际存款，1976 年为 1129.6 亿美元，占存款总额的 45.2%，而到了 1980 年年底，相应数字分别增加到 2091.68 亿美元和 54.1%。1980 年年底，花旗银行的国外存款占其存款总额的 74.1%。这些跨国银行构成了国际信贷的垄断组织。再以日本为例，日本商业银行的国际化经营要比欧美跨国银行晚，1975 年日本第一大银行——第一劝业银行的海外资产仅占其资产总额的 14.6%，但发展却很迅速，到 1982 年，其海外资产占其资产总额的比例则陡升到 40.3%。到 1996 年，第一劝业银行的海外机构占总机构数的 16.3%，达 77 个分行、支行和代表处，分布在全球除日本以外的 31 个国家和 52 个城市，海外资产占总资产的比重更为可观。

上述例子表明，跨国银行从国外收的存款已经大于国内的存款，它们正是利用国际资金进行全球贷放，可见资本国际化不仅包括本国的资本输出，而且包括把外国的闲置资本运用于国际融资。

2. 中小银行通过银团贷款的形式参与国际融资的活动

中小银行在一定条件下也可追随跨国银行进行适量的国际信贷。在中国香港，有很多美国和欧洲中小银行的代表处，它们不但热衷于为银行联络参加在香港市场上的国际信贷大型项目融资，购买大银行牵头的项目融资份额，还以香港为据点，积极寻求在整个亚太地区的项目融资。在参加大型项目融资中，由几家跨国银行合资建立的银团（又称联合银行）成为国际金融市场上非常活跃的角色。银团就其资产规模来说，其本身并非大型跨国银行，只是各国跨国银行竞争与合作的产物，银团的主要资产业务是发放银团贷款。跨国银行组建贷款银团的目的是：第一，联合发放巨额中长期贷款；第二，分散风险；第三，西欧的一些跨国银行参与银团贷款是为了承办美国跨国银行的全能业务，而美国跨国银行则是为了利用西欧跨国银行的国际网络，扩展代理业务；第四，资本不足的较小银行不必建立自己的海外机构，也可通过参加贷款银团作为参与国际融资的快捷渠道。

3. 非银行金融机构的国际化经营使国际融资的方式日臻多样化

非银行金融中介机构的兴起，一般被认为是金融成熟的标志。在国际融资市场，除了传统的商业银行外，投资信托公司、财务公司、退休金和养老基金会等非银行金融机构也日益活跃，所占的市场份额逐渐扩大。

在金融创新中，西方一些直接从事国际融资业务的基金、存款组织等非银行金融机构，通过大量创新工具使处理和传递信息的成本日趋减少，降低了银行作为传统中介的成本优势，从而提高了这些非银行金融机构在国际融资中的比重。

（四）跨国公司的蓬勃发展丰富了国际融资的内涵

一方面，跨国公司的兴起对金融市场格局产生了影响。跨国公司的蓬勃兴起，使全球范围内的资源配置、生产组织形式、经营活动方式以及市场的规模都发生了巨大变化。金融业作为服务业，其运作特点受制于其服务对象的运作方式，并必须与之相适应。第一，跨国公司尤其是母公司，成为国际金融市场上新的投资主体，并推动了外国直接投资方式的发展。第二，由于跨国公司国际化的规模性生产，其对资金融通的规模增大，融资方式也趋于复杂、多样化。例如，跨国银行对于国际融资、贸易结算、项目投资、信托咨询金融业务，较之第二次世界大战之前均有一系列明显的变化。现在，跨国公司在选择银行时，已不会在意银行是否有豪华的营业大厅和巴洛克风格的廊柱，而是关心银行的全球网络规模和划拨资金的效率。第三，跨国公司的发展，使其母国与子公司所在的东道国的金融市场之间的联系更加紧密，宏观经济政策的相互影响也更密切。

另一方面，跨国公司国际化经营的战略目标丰富了国际融资方式的内涵。跨国公司的巨大成功与其庞大复杂的融资体系的有效运行密切相关。跨国公司的融资策略是其跨国经营总体战略中的一个重要组成部分。由于跨国公司的国际化经营的战略目标，在从事全球性经济活动时，其需要的资金不仅数量庞大，而且涉及众多国家和多种货币，成为国际金融市场上的活跃力量。例如，跨国公司的国际业务中需要借入短期资金融通——满足国际贸易、日常业务开支等方面的需要；借入中长期资本购买固定资产、用于跨国兼并等。从微观角度讲，跨国公司国际化融资策略的目标主要集中在两个方面：一是通过全球范围内的资金筹集与资金配置，实现筹资成本最低化和资本收益最大化；二是把融资风险水平控制在自身可以接受的程度内，这就要在外汇市场买卖外汇，以趋利避害。为实现上述目标，跨国公司往往采取以下三个具体对策：一是建造全球最佳资本与负债结构，二是进行积极有效的风险管理，三是充分运用内部转移机制。这样，跨国公司在实施这些对策的过程中，也丰富了国际融资方式的内涵。

二、近代国际融资的特征

（一）筹资结构上趋向证券化

在很长一段时间里，在国际金融市场上进行资金融通，一直以银团贷款为主，发行证券或票据只占辅助地位。进入 20 世纪 80 年代后，国际资金市场发生了结构性变化，国际银团贷款大幅度减少，而证券筹资却逐渐发达，一跃成为国际筹资的主要方式。债券等融资方式取得迅速发展是因为它们具有许多传统借贷方式所不具备的特点，如融资形式灵活便利、市场流通性较强、风险易于回避等。

（二）金融创新活跃

国际资金市场的金融工具，为适应借款人或投资人的不同需要，适应利率和汇率的走向而不断创新，金融创新或是为了逃避金融法规的限制，或是出于市场争夺的需要。金融创新是国际金融市场竞争压力的产物，但金融创新在促进融资交易丰富多彩的同时，又使金融市场的竞争更加激烈。

金融创新活动主要着重于以下几个方面。①融资与证券或票据相结合。长期债券的兴起及短期票据的流行即表达了这种趋势。②融资与风险转移相结合。典型的例子是货币互换和利率互换交易。③融资与选择权相结合。多种货币贷款使借款人拥有在筹资时选择货币的权利，而金融期权则赋予市场参与人一种选择权，使之可以在一定期限内，按照预定价格购买或出售一种金融工具，但没有义务一定要执行这种权利。④增加贷款的可转让性。例如，为银行信贷、公司应收账款等缺乏流通性的资产创造二级市场，使它们成为可以进行交易的资产。⑤增加贷款的可转换性，即债权与股权的转换。例如，参与股权贷款和可转换公司债券等就提供了这种机会，债权人收取较低利率，而以分享股权作为回报。

（三）金融中介职能相互渗透

融资证券化也是一个融资非中介化的过程。随着各种新型融资方式的开辟和拓展，商业银行作为主要贷款媒介的传统地位不断被削弱，但这并不意味着金融中介的弱化，而是金融中介的多元化。大量融资业务从商业银行转向投资银行，近年来，投资银行在股本收益、资本资产比率等指标上同商业银行相比占据上风。商业银行为了摆脱低质量、低收益的资产结构，亦利用其发达的业务网络、熟练的金融技能和服务深度，将业务触角伸入投资银行领域，成为证券买卖和金融咨询等方面的有力竞争者。

在西方一些国家，银行业和保险业的界限开始被打破。银行柜台上出售保险单，保险公司则提供非保险的金融服务。此外，工业公司也加入了向银行业务领域渗透的行列，开始经营起商业银行、投资银行和保险公司的业务。

（四）资产负债表外融资相继问世

所谓资产负债表外融资，是指借贷交易的债权债务不反映在资产负债表上。在国际融资结构和金融机构职能变革的过程中，一系列既用于融资又用于保值的金融工具相继问世，主要有金融期货、利率和货币互换业务以及利率和外汇期权买卖等。这些金融工具通常采取资产负债表外的交易方式。

（五）金融监管及其国际协调加强

在国际金融市场上，曾一度大兴自由主义风潮，但多次的金融危机使人们认识到，金融市场的不稳定，对于整个国际金融体系乃至整个世界经济都有重大的破坏作用。金融开放和自由不等于放任，金融创新与国际化进程不能听任市场力量的摆布。因此，近些年来，各国加强了对国际融资活动的监管，有关的国际协调亦方兴未艾。例如，2020年1月，中国人民银行行长易纲出席国际清算银行在瑞士巴塞尔召开的行长例会，与会央行行长们就全球经济金融形势、金融监管和宏观审慎政策对货币政策传导的影响、全球贸易放缓、房地产市场价格变动等进行了交流。易纲在 2021 年 10 月参加的国际清算银行监管大型科技公司国际会议上分享了中国对大型金融科技公司监管实践经验：一是金融作为特许行业，必须持牌经营；二是建立适当的防火墙，避免金融风险跨部门、跨行业传播；三是断开金融信息和商业信息之间的不当连接，防止"数据-网络效应-金融业务"的闭环效应产生垄断。

第三节　国际融资的经济效用

国际融资是当前世界各国重要的经济活动，它对调节资本在世界范围内的供求关系、合理疏导各种闲置资金、弥补各国建设资金不足、促进各国劳动生产率提高、引进先进技术、改善各国的债务结构、推动各国经济发展都具有重要作用。但同时它也会带来一些消极作用。以下从积极和消极两个方面来分析国际融资的经济效用。

一、积极的作用

（一）有利于推动国际贸易的发展

国际融资的重要内容是国际贸易融资。在国际贸易融资中，银行对进出口商融通资金，提供信贷担保，对国际贸易的发展起着极大的推动作用。尤其是大型资本货物的进出口贸易，需要的资金量大、期限长、风险大，一般必须借助国际融资才能顺利地进行。

（二）国际融资对资金输入国的经济发展起到了积极的促进作用

首先，输入资本弥补了国内建设资金的不足。国际融资对资金输入国来说，由于引进了资金，就扩大了进行经济建设的资金数量，从而会加快输入国经济建设的速度。其次，输入国通过国际融资，可以改善投资结构，调整不合理的产业结构，建立新工业，增加新产品生产，提供更多的就业机会，改善和提高人民的生活水平；输入资本也可扩大税源，增加国家的财政收入。再次，对资金输入国尤其是发展中国家来说，通过国际融资引进先进生产技术、先进设备和先进的管理经验来发展本国的经济，是赶上发达国家、实现经济腾飞的必由之路，也是各国经济得以起飞的重要条件。无论是从近代还是从现代经济的发展经验来看都是如此。例如，第二次世界大战后的德国、日本就是依靠大量地引进国外的资金和技术，迅速恢复了被战争破坏的经济，一跃而成为世界经济强国；中国台湾、中国香港、新加坡、韩国，以及巴西、印度尼西亚、马来西亚等国家和地区也都是通过国际融资的方式比较快地进入了经济高速发展阶段。

（三）有利于解决闲置资金的出路

世界各国的资金总是余缺不均的。一般来说，发展中国家大多资金短缺，而发达国家和石油生产国往往资金比较充裕。富余的资金需要寻求投资出路，否则会被闲置浪费，甚至会成为国际游资，冲击、扰乱国际金融市场。国际融资作为一种调剂资金余缺的手段，可以把国际的各种闲置资金，按照市场经济的规律，加以筹集运用、合理疏导，充分发挥资金的应有作用。通常来看，资金输出国大都是一些经济发达的国家，这些发达国家资金相对过剩，国内有利的投资场所相对饱和，使得其客观上必然要向资金短缺、劳动力相对过剩的国家投资、输出资本，使资本与廉价劳动力结合、与先进技术结合、与潜在的销售市场结合，以获得较高的投资回报。这样国内大量的过剩资本就找到了生息获利的机会和出路，稳定了国内经济。与此同时，资金输出也会带动商品输出，如出口成套机器设备、提供先进技术和服务等，这对扩大资金输出国的出口贸易、发展国内经济极为有利。

（四）便利全球资源的优化配置

国际融资对投资国来说，既可促进存量资产重组，合理配置资源，增强企业实力，又有利于进入他国市场，打开销售渠道，获取更大的收益；对筹资国来说，既可以得到来自不同渠道的海外融资，降低融资成本，又可以改善企业的股权结构和资产负债结构，提高公司的经营效率和国际知名度。这对企业自身发展及全球经济增长都可起到重要的推动作用。

（五）有利于促进世界各国经济的发展

国家和企业的发展都离不开资金。企业如果资金短缺，就无法扩大生产、改进技术、开发新产品、增强竞争力；如果国家财力有限，很多经济项目就会由于资金不足而无法上马，势必减缓经济建设的速度。国际融资是联系世界各国经济的重要纽带。国际融资活动不仅加强了世界各国的经济联系，而且有利于经济不发达、资金缺乏的国家和地区的经济发展。如前所述，资本是趋利而行的，经济落后国家的原材料价格低、工资低、生产成本低，资本流入这些国家后，会促进其经济发展、改善生活条件、提高人民生活水平，会缩小世界各国之间的贫富差距，也会增加世界国民生产总值和世界贸易总额。国际融资作为企业、金融机构、各国政府筹措资金的手段和途径，既可满足东道国企业及投资项目的资金需求，又可满足各国政府调节财政开支和国际收支的资金需求，从而促进世界各国的经济发展。同时，国际融资还会促进资源合理配置，使国际分工合作在世界范围内充分展开，从而促进世界经济进一步协调发展。

二、消极的作用

（一）对东道国的消极影响

对东道国来说，如果利用外资政策失误，或不能合理有效地利用引进的外资，会带来一系列的负面效应：一是外债负担过重，容易形成债务危机；二是冲击国内产业，造成对外资的过分依赖，甚至国民经济主要部门为外资所控制；三是引进外资结构不合理，造成国内产业结构畸形；四是对利润汇出控制不当，造成外汇大量流失；五是项目审批不严，引进高污染产业，加重环境污染。

（二）对投资国的消极影响

对投资国来说，如果对自身实力和风险认识不足，盲目扩大对外投资，也会造成严重的不利后果：一是挤占国内正常发展所需的资金，影响国内经济的发展，导致国际收支状况恶化；二是受东道国政治和经济波动影响，投资风险增大，导致收益减少甚至损失。由于资本向外输出，国内投资减少，国内就业机会减少、国家税收收入下降，一旦发生债务危机，作为债权人的资本输出国就会受到损失，这是输出资本对投资国不利的一面。

国际融资对经济增长的促进作用是有条件、有限度的，它是经济增长的重要因素或约束条件之一，但不是唯一的或决定性的因素。

本 章 小 结

国际融资是泛指在国际金融市场上，运用各种金融手段，通过各种相应的金融机构而进行的资金融通。根据不同的划分标准，国际融资一般有不同的分类方法。主要有：按融资目的可分为国际贸易融资、国际项目融资和一般融资；按融资方式可分为直接融资和间接融资；按融资期限可分为短期融资、中期融资和长期融资等。国际融资作为一种特殊的借贷行为，有一些新的特点：国际融资主客体比较复杂、风险较大、存在一定程度的被管制可能。国际融资对一国经济发展具有多方面的作用和影响，包括积极和消极两个方面。其中积极的作用有：有利于推动国际贸易的发展、有利于解决闲置资金的出路、便利全球资源的优化配置、有利于促进世界各国经济的发展。

知识拓展

企业融资模式

当今世界，各种融资模式千差万别，但在总体上仍可以划分为以下两种：①以英国和美国为代表的市场主导型（或称直接融资），即英美融资模式；②以德国和日本为代表的银行主导型（或称间接融资），即德日融资模式。英美融资模式并不是一个十分严密和确切的定义，它指的是一种企业与银行保持一定的距离的融资关系。根据这一模式，商业银行出于对资金"三性"的考虑，维持一个保持距离型融资，其不介入企业的经营控制与监督，不影响企业内部的治理结构，商业银行本身实施分业经营体制，即银行不涉及证券业务与投资业务。德日融资模式是指一种银行实行综合制经营，并通过银行对企业参股与持股而全面介入企业经营过程，企业的融资始终以银行融资为主，而以证券融资为辅的模式。当然，德日融资模式不是一个严密的定义，它只是对这一特殊银企关系的概括。针对这种银企关系过密的特点，有学者把它称为"关系型融资"。

课后思考题

1. 什么是国际融资？国际融资有哪些分类？
2. 国际融资是如何产生和发展起来的？
3. 国际融资现阶段发展的特点是什么？
4. 国际融资对经济有什么积极作用和消极作用？

第九章 国际融资理论

📖 **学习目标**

- 掌握政府国际融资的主要理论;
- 掌握企业国际融资的主要理论。

一般而言,国际融资的主体主要有政府、企业和个体(家庭),它们都有自己独特的经济特征和经济行为,因此,指导它们进行国际融资的融资理论也不尽相同。经济学中通常把个体(家庭)作为国民储蓄的来源,而家庭的经济行为也主要涉及储蓄、消费以及投资等方面,很少涉及融资。一般认为,个体(家庭)是政府和企业融资行为的资金提供者。因此,当前的国际融资理论主要是政府和企业的融资理论,其中,尤以企业的融资理论为重,以下分别进行阐述。

第一节 政府融资理论

政府投融资是 20 世纪 40 年代后期产生的一个新概念,是一个同财政、金融有着密切联系的经济范畴,受到世界各国政府的重视。目前,理论界对政府投融资的概念界定仍未达成共识。

在国内,有关政府投融资的概念表述主要有三种观点。观点一:政府投融资就是以国家(地方)财政为主体,按照信用的原则,以出资或融资的方式,有偿地筹集运用部门财政资金,并加以经营管理所形成的特定分配关系。观点二:政府投融资是政府利用财政和信用的手段筹集财力,融通社会资金,为政府实施社会发展战略提供资金保障,并以信贷方式为经济建设融通资金的一种形式。观点三:政府投融资是以信用方式,在资金市场上筹集民间资金,使之转化为政府资金,为政府双重目标服务。从这三种观点可以看出,政府投融资是政府以信用为手段,直接或间接地筹集资金并运用的行为。

政府国际融资是政府国际投融资的一个方面,是指政府在国际市场上以信用为手段,直接或间接地有偿筹集资金的资金融通活动。政府的资金来源主要有三个方面:一是税收,这是政府资金的主要来源;二是财政向中央银行借贷,这实际上是通过发行货币的方法来筹集政府资金,称为货币融资法;三是中央政府向公众发行债券,这种政策称为债务融资法。政府在融的过程中非常关注的一个问题是:不同的融资方法会对经济产生怎样的影响?

需要说明的是,政府的货币融资从本质上来讲并不是我们所定义的政府融资,它是依靠政府所掌握的发行货币的权力,增发货币获取收益,并无须偿还的一种融资方式。另外,税收本身也不是政府的一种融资行为,但它却是政府资金的主要来源。为了使读者能够比较全面、系统地了解政府融通资金的方式和理论,本节不仅介绍作为政府融资主要方式的公债理论,还将讨论的范围扩大到本质上并不是融资行为的政府货币融资理论和税收。

一、政府的公债融资理论

（一）早期的公债观

早期的公债观，主要是指亚当·斯密以前的经济学家关于公债的观点。这一阶段，关于公债的观点尚未形成一个较系统的理论。

在欧洲中世纪，随着公债的出现，反对公债的思想已经见诸文字。托马斯·阿奎那在他的著作中虽然没有系统介绍公债理论，但详尽地研究了财政问题。他反对国家发行公债，认为这种行为会削弱国家力量，降低国家威望。之后，法国财政学家吉思·博丹也提出了国家应该避免举借公债的观点，他认为，借入公债是国家财政崩溃的主要原因，并影响国民经济的发展，所以他主张国家在平时应该设置"准备金"以备不时之需。

大卫·休谟也是国家借债的反对者。他认为国家发行公债，带有纸币流通的弊病，必定会引起粮食和劳动价格的上升；支付公债利息要征收捐税，会增加劳动者的负担；公债债券如果为外国所有，会使国家受别国操控。因此，休谟提出了"国家如果不能消灭公债，公债必然消灭国家"的论点。他还主张，对于已发行的公债，国家应尽早全部予以偿还，否则最终会导致国家破产。

在一片反对声中，以詹姆斯·斯图亚特为代表的一些经济学家提出了公债无害论的观点。斯图亚特从公债与私债的关系上，论述了发行公债对国民经济可能产生的影响，并认为公债发行不会对经济造成危害；他还认为，由于政府可以不断向公债利息的领受者征税，因而政府的借款能力几乎无限。不过，斯图亚特的思想当时并没有得到应有的重视。

（二）古典学派的公债观

作为古典学派的代表人物，英国著名的经济学家亚当·斯密也持公债有害的观点。他反对把公债看作是一种特殊资本而有利于生产的观点。他认为，国家之所以要举债，是因为当权者不知道节俭；此外，公债是非生产性的，当国家的费用由举债来支付时，就是把该国一部分本可以用于维持生产性劳动的资本抽出来转用于非生产性的国家财政支出，这样必定会影响国家经济的发展，因此举债对于国民经济发展是不利的。亚当·斯密还对资本主义国家财政收入的两种主要形式，即税收和公债在国民经济中所起的作用进行了比较，得出的结论是：税收可能会阻碍新资本的形成，但是却不一定破坏现存资本；而公债的发行则会减少现存资本，妨碍再生产正常进行。亚当·斯密的上述观点在当时的时代背景下是正确的，指出了公债的非生产性，但没有认识到借贷资本在公债发行中所起的作用，因而有局限性。

法国经济学家让·巴蒂斯特·萨伊根据法国发行公债的经验，提出了与亚当·斯密相同的观点，即坚决反对政府举债和赤字财政。萨伊认为，政府发行公债会侵蚀资本。由于政府的支出将造成价值的毁灭和财富的损失，因此限制政府支出可以加大工商业资本积累；政府举债不但由于资本被消费而造成反生产的效果，而且因为以后每年都要还息，会给国家造成很大负担。萨伊对梅伦关于"公债只是右手欠左手的债，不会损伤身体"的说法进行了尖锐的批评。他指出，公共财富不会由于为公债付息而减少，这是因为债息不过是由纳税人手中转移到公债债权人手里的价值。该价值是由公债债权人还是由纳税人去积累或消费，对社会来说无关紧要，因为社会价值总量是不变的，但是公债的本金则已经化为乌有，随借债而来的消费把该资本消耗掉了，已不能再用来产生收入。因此，社会被剥夺的不是该笔利息，而是那笔被消耗了的资本的收入。这笔资本如果由借款给政府的人自己用来投入到生产事业上，就会同样为他提供一笔收入，但这笔收入是在生产事业中创造出来的，而不是一种转移。

英国古典学派的另一个主要代表人物大卫·李嘉图也对公债持反对态度，他在公债侵蚀资本这个问题上同萨伊的观点是一致的。他指出公债的重要负担不在于利息的转移，而在于原有资本被公债本金抽走后所产生的损害。李嘉图把英国公债比喻成一个"空前的无比的灾难"，他认为如果一个负债累累的国家不采取有效措施来减轻公债负担，该国必然陷入困境，因而主张已经发行公债的国家大力削减财政支出，同时征收两年至三年的财产税，以保证政府财政收入大于财政支出，用财政节约迅速偿还全部债务。

从亚当·斯密到李嘉图，他们在公债问题上所表现出的对公债非生产性用途的反对态度，是同他们所处的自由资本主义经济环境及他们的自由主义经济理论相一致的。因此，他们认识到了公债对生产资本的损害和不利于自由资本主义发展的一面，却没有看到公债在国民收入再分配方面的作用。尽管古典学派的公债学说，由于其时代和阶级的局限性而存在一些错误，但总体而言，古典学派的公债理论和它的整个经济理论一样，是为新型资产阶级利益服务的，为资本主义经济的迅速发展做出了贡献。

（三）凯恩斯学派的公债观

随着资本主义进入垄断阶段，尤其是 1929—1933 年世界经济危机的爆发，客观上要求资本主义国家放弃传统的平衡预算的财政政策，而采取积极措施对经济运行予以干预。在这种时代背景下，凯恩斯主义应运而生，为资本主义国家全面干预社会经济生活提出了一系列的政策主张和理论依据。其中，利用财政政策直接干预经济生活以实现社会总供给与总需求的均衡，克服资本主义经济的周期波动，则是凯恩斯学派理论的重要组成部分。

凯恩斯学派主张扩大政府的财政支出，反对传统的消极平衡财政收支的观点，认为扩大支出能够挽救危机，解决失业问题；主张实行赤字财政政策，反对传统的平衡预算的观点；认为通过赤字预算扩大财政支出，能够促使经济繁荣，从而逐步实现预算的平衡。对于在扩大支出中形成的赤字，凯恩斯学派主张通过发行公债来弥补，这使公债成为重要的政策手段，成为凯恩斯学派赤字财政政策的重要组成部分。总的来说，凯恩斯学派的公债理论可概括为以下几点。

1. 公债无害而有益

发行公债是一种无害而有益于社会的措施，如阿尔文·汉森就认为公债是一种积极的社会手段，因为借发行公债来扩大政府支出，可以创造追加的国民收入，扩大就业人数，造福社会。保罗·萨缪尔森指出，只有在公债的增加没有相应形成政府的资本或导致私人资本的减少，以及这种公债是由外国人借入而又不能形成足以还本付息的生产能力的情况下，公债才实际成为一种负担。

2. 公债非债

公债非债是就国内公债而言的。凯恩斯学派认为国外公债的借入与偿还表示资源在不同国家间的流入流出，而内债则不然，内债表示资源在国内不同使用项目之间的流动，是政府欠自己人民的钱，这些债务只保持在国内，收利息的权利和付利息的义务正好抵消，因而就国家整体而言，不存在债务负担。

3. 公债无须偿还

凯恩斯学派认为应将公债与私人债务加以区分。后者是一定要偿还的，但是前者则不必，事实上也很少有国家还清了自己的债务。国家可通过债务管理，不断地发行新债务去替换旧债务。

4. 公债可随着经济发展而不断增长

凯恩斯学派认为，尽管资本主义国家的公债绝对数有了巨大的增长，但同时表示着一个国家经济发展水平的国民生产总值也在不断上升。随着国民生产总值的增长，公债及其利息占 GDP 的比重会变得越来越小，因此不足为虑。

5. 公债不会造成下一代人的负担

有些经济学家认为，公债固然解决了当前的财政困难，但公债的偿还及利息支付却给当代人民甚至下一代带来了未来的负担。但凯恩斯学派不同意上述观点。他们认为，就内债来说，从物质内容上看是把资源从一种用途转到另一种用途，本期资源用途的改变是不会影响下一代的负担的。当代人留下债务的同时也留下了债券，后代继承债务负担的同时也继承了债务支付的利益。尤其是政府发行的公债由中央银行购买时，因为中央银行属于政府的一个机构，利息收入最终会流回政府手中，所以这种方式不会降低资本总量，政府也不会增加税收以满足支付利息的需要。

6. 国家的资产和负债可互相抵消

凯恩斯学派认为，人们在计算公债数额时，只看到国家的负债而没看到由于负债带来的资产，因而是错误的。国家财务与一般企业不同，它不计入政府的资产，也不区分资本预算和本期预算。实际上，虽然政府欠下了巨额债务，但政府又用债务收入添置了大量资产。对政府的资产和负债进行综合计算，也许会得出不同的结论。

（四）现代学派的公债观

进入 20 世纪 80 年代以后，凯恩斯学派的赤字财政政策开始受到抨击，主要是人们认为公债形成的国家投资消除了短期的萧条，但政府投资总是缺乏效率，影响经济的持续增长潜力；此外，人们认为公债使公共投资增加，容易引发垄断，不利于自由竞争。经济学家们在公债作为重要宏观调控手段这一问题上达成共识。

一些学者在批判凯恩斯学派公债理论过程中建立起了现代公债理论，主要代表人物有詹姆斯·M.布坎南、弗朗科·莫迪利亚尼和詹姆斯·爱德华·米德等。布坎南在《公债的公共原则》一书中，批判了公债有益论的"非负担"的观点，提出了自己的公债负担论。布坎南在公债有益还是有害这一问题上没有做出简单的回答，但是他反对公债有益论，认为对公债的经济效应需要做出具体分析；同时，公债负担论也反对公债有益论的"非负担"理论，认为公债的负担是转移给了后代，而不是由现代人负担公债。

莫迪利亚尼认为，公债发行会减少民间资本形成，从而减少将来的国民收入。在充分就业的前提下，公债融资会等额减少民间资本形成，而且在将来的时点上，这种民间资本的减少会使得资本的生产力下降，造成国民收入的损失。可是，征税与举债的情况不同，征税只是使消费减少，也就是说，征税比公债降低储蓄的程度小，对民间资本抑制程度小。这种对民间资本存量的影响差异引出了两个概念，即庇古效应和卡尔多效应，它们对未来国民收入的影响差异进而变为公债和税收负担的差异。

所谓庇古效应是指公债发行在经济不景气时具有扩大消费支出的作用，而在经济景气时具有抑制消费支出的效果。所谓卡尔多效应是指公债发行可能导致劳动意愿、投资意愿的下降以及资本积累的减少。米德认为，一方面，公债的发行因庇古效应而使消费降低，引起储蓄增加，同时，公债的发行造成流动性减退，抑制企业家的投资意愿；另一方面，因卡尔多效应而引起的民间部门扩充资产的愿望，刺激了企业家进一步扩充企业，将生产更多的商品和劳务。卡尔多效应此时是作为扩张效应起作用的，因而越发使投资需求增加。因此，政府在利用货币政策稳定价格水平定额情况下偿还公债，经济定额负担就会减少。

英国新剑桥学派的琼·罗宾逊也反对凯恩斯主张的赤字财政政策。她认为庞大公债的存在对经济是不利的，一切税收都会产生反常现象和不满情绪，发生有害的作用，假如为支付公债和利息而大量征税，就很难实现征税的其他目标。

总之，现代学派的公债理论认为，公债既有利也有弊，公债发行所获得的资金应用于生产性经济支出，公债对当代人来说不是负担，其实际负担被转移给了后代。

二、政府的货币融资理论

政府的货币融资是通过创造货币来实现的，布瑞西尼-特若尼和菲利普·卡甘提出，政府可从印发货币当中获取收益进行融资，即政府印发货币存在铸币税。他们认为，战争、逃税及政治上的问题等时常使政府预算赤字巨大，且投资者会对政府偿还债务的能力缺乏信心，从而不去购买债券。因此，他们认为政府唯一的融资方法是铸币税。此外，政府增发货币有可能引发通货膨胀，政府要慎重对待货币的增发。下面具体介绍铸币税和通货膨胀的关系。

（一）铸币税与通货膨胀

1. 数学模型

假设真实的货币需求与名义利率成反比，与真实收入成正比，即
$$M/P = L(i,Y) = L(r+\pi^e, Y) \qquad L_i < 0, \quad L_Y > 0 \qquad (9.1)$$
式中，M——高能货币（由政府发行的货币和储备）；

　　　P——价格水平；

i——名义利率；

r——实际利率；

Y——真实收入；

π^e——预期通货膨胀率；

$L(\cdot)$——高能货币需求；

L_i 和 L_Y——$L(\cdot)$ 对 i 和 Y 的导数。

由于我们要关注的是稳定状态下的情况，所以，人们对货币的需求是对真实货币余额的需求，假设实际利率与产出并不受货币增长率的影响，且实际通货膨胀和预期通货膨胀相同。为简化分析，我们还假定产出的增长是可以忽略不计的，那么在稳定的状态中，真实货币余额的数量不变，这意味着通货膨胀率等于货币增长率，因此，式（9.1）又可以写成

$$M/P = L(\bar{r} + M'/M, \bar{Y}) \tag{9.2}$$

式中，M——高能货币；

$\bar{r}$ 与 $\bar{Y}$——真实利率与产出；

M'——变化后的货币量。

政府由创造货币中所得到的融资收益（S）等于每单位时间名义货币存量的增加值与价格水平的商。

$$S = \frac{M'}{P} = \frac{M'}{M} \times \frac{M}{P} = g_M \times \frac{M}{P} \tag{9.3}$$

式（9.3）表明，在稳定状态中，真实铸币税等于货币存量的增长率与真实货币余额的乘积。货币增长率等于名义通货膨胀率 π。粗略地讲，铸币税等于对真实货币余额所征收的税率 π 与被征收数量 M/P 的乘积。因此，铸币税收益通常被称为通货膨胀税收益。将式（9.2）代入式（9.3），有

$$S = g_M L(\bar{r} + g_M, \bar{Y}) \tag{9.4}$$

式（9.4）表明：货币发行量增加，会增加政府的铸币税收入，但铸币税收入会随着实际货币持有量的减少而减少，即

$$dS/dg_M = L(\bar{r} + g_M, \bar{Y}) + g_M L_1(\bar{r} + g_M, \bar{Y}) \tag{9.5}$$

式中，$L_1(\bar{r} + g_M, \bar{Y})$——$L(\bar{r} + g_M, \bar{Y})$ 关于第一个自变量求导。

2. 关于该模型的说明

式（9.5）的第一项是正的，第二项是负的。随着 g_M 趋于 0，第二项趋于 0（除非随着 g_M 趋于 0，$L_1(\bar{r} + g_M, \bar{Y})$ 趋于负的无穷大）。由于 $L(\bar{r} + g_M, \bar{Y})$ 严格为正，因此，对于充分小的 g_M 值，dS/dg_M 为正。即在较低的税率水平上，铸币税关于税率是递增的。然而，也存在另一种情况，随着 g_M 变得较大，第二项的影响更为明显，即当税率变得极大时，税率的进一步增加会减少政府铸币收益，这样就形成所谓的"通货膨胀-税收拉弗"曲线，如图9.1所示。

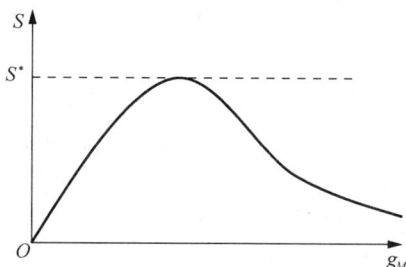

图 9.1　"通货膨胀-税收拉弗"曲线

　　现在讨论这样一种情况：一个政府进行一定数量（如 G）的购买行为，它通过铸币税来融资。设 G 小于铸币税的最大可行量为 S^*，那么如图 9.2 所示，存在两个可为政府购买融资的货币增长率。一个产生较低的通货膨胀率与较高的真实货币余额，另一个产生较高的通货膨胀率与较低的真实货币余额。高通货膨胀均衡有特别的比较静态学性质。例如，政府铸币税的下降需要提高通货膨胀，由于我们在实践中没有明显地观察到这样一种情形，因此，在这里主要关注低的通货膨胀，通货膨胀率（即货币增长率）为 g_1。这种分析提供了关于高通货膨胀的一种解释，它起源于政府的铸币税融资，也即政府的货币融资。

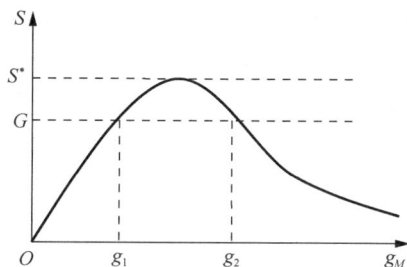

图 9.2　铸币税的需求如何决定通货膨胀

（二）铸币税与恶性通货膨胀

　　政府超额发行货币在很多时候会引起恶性通货膨胀，但以上分析并不能解释恶性通货膨胀。如果铸币税收益在百分之几百的通货膨胀率处被最大化，为什么政府仍让通货膨胀变得更高呢？

　　菲利普·卡甘做出了解释。他认为，先前我们的分析是建立在稳定的状态下的，如果公众并不立即随着经济环境的变化调整其货币持有量或者通货膨胀预期，也即公众调整货币持有量和预期是存在"时滞"的，那么在短期内，铸币税总是随着货币增长而递增的，且政府会获得比最大铸币税收益 S^* 更大的铸币税。由此，当政府的铸币税大于 S^* 时，恶性通货膨胀就会出现。

三、李嘉图等价定理及其争论

（一）李嘉图等价定理的内容和意义

　　英国古典政治经济学的代表人物大卫·李嘉图在《政治经济学及赋税原理》一书中

表述：政府征税和发行国债两种方式筹措资金，在逻辑上是相同的，这就是李嘉图等价定理。

这一定理可以通过下面的例子来说明。假定人口不随时间而变化，政府决定对每个人减少现行税收（一次性总付税）100元，由此造成的财政收入的减少，通过向每个人发行100元政府债券的形式来弥补（再假定债券期限为一年，年利息率为5%），以保证政府支出规模不会发生变化。减税后的第二年，为偿付国债本息，政府必须向每个人增课105元的税收。面对税赋在时间上的调整，纳税人可以用增加储蓄的方式来应付下一期增加的税收。实际上，完全可以将政府因减税而发行的100元的债券加上5%的利息，作为应付政府为偿付国债本息而增课税收105元的支出。这样，纳税人原有的消费方式并不会发生变化。如果政府债券的期限为N年，结果是一样的。因为政府债券的持有者可以一手从政府手中获得债券利息，另一手又将这些债券的本金和利息用以支付为偿还债券本息而征收的更高的税收。在这种情况下，用举债替代税收，不会影响即期和未来的消费，等价定理是成立的。

李嘉图等价定理的意义在于，公众是否将政府发行的债券视为财富的一部分，关系到国民收入水平的决定。唐·帕廷金在其1965年的著作《货币、利息与价格》中指出，公开发行并已出售的政府债券，有比重为K的部分被视为财富。按李嘉图等价定理的含义，即如果人们意识到，手中持有的政府债券要通过将来的税收来偿还，政府债券就不会被看作总财富的一部分。于是，举债同课税一样，不会引起人们消费水平的变化，即K=0；如果人们并不将手中的政府债券同未来的税收负担联系起来，政府债券就会被全部或部分地看作总财富的一部分，则0<K≤1。结果是，公众会因总财富的增加而增加当前和未来的消费。总之，如果政府以公债替代税收，公众将以K倍的速度增加即期的消费数量。由此可见，面对征税和发行公债，公众是否会采取不同的行为，对政府财政政策的制定具有重要意义。

（二）罗伯特·巴罗对李嘉图等价定理的坚持

从上面李嘉图等价定理的分析可知，无论用发行短期债券还是长期债券的方式来实现当前的减税，等价定理都能成立。然而，李嘉图等价定理却无法解释下面的现象：假如一些或全部消费者在政府偿还公债之前去世，这些人既享受了政府因举债替代征税而带来的减税的好处，又无须承担由此而发生的未来的税收，那么，他们生前的消费行为同样不会发生变化吗？这一问题的答案可能是，对于那些减税期间活着，却在政府偿还公债前已经死去的消费者来说，他们负担税款的现值下降了，由于他们不必用公债去支付政府为偿还公债而增加的税收，他们当前和未来的消费会随其可支配收入的增加而增加。假如消费者是完全利己的，则上述答案将使李嘉图等价定理失效。

1974年，罗伯特·巴罗在他的著名论文《政府债券是净财富吗？》中，坚持和发展了李嘉图等价定理。他提出了一个独创性的论点：具有利他动机的消费者会将其财产的一部分，以遗产的形式留给他的后代。原因在于，他不仅从自身的消费中获得效用，而且从他的后代的消费中获得效用，由于具有利他动机的消费者的效用不仅取决于他自己一生的消费，也取决于他的后代的效用，因而他会像关心自己的消费一样去关心他的后代的消费。

巴罗认为,具有代际关系的消费者比较关心自身及其后代的消费。当政府用发行100元债券来替代100元税收,由此使即期税负减少100元时,消费者知道这意味着未来的税收将增加100元,因而面对即期税负的减少,他的反应将不是增加自身的消费,而是将购买的100元政府债券保存起来。如果他在债券到期之前去世,这100元政府债券将作为遗产留给他的后代,以支付政府因债券本息负担的增加而增加的税收。假设在他的后代的有生之年政府债券仍未到期,便可以继续留给他们的后代,以便用以支付债券到期时的税收。

对于任何一个具有利他动机的消费者来说,政府为偿付新发行的国债本息而增课的税收,由他还是他的后代来偿付,是没有区别的。在巴罗看来,消费者是否死于债券到期之前,这对于他的即期消费不会产生影响。购买债券与缴纳税收一样,会减少即期的个人消费。巴罗的见解使李嘉图等价定理在具有利他动机的消费者即使在债券到期之前去世仍能成立。巴罗认为,消费者既然具有关心其后代效用的利他动机,就不会将政府为替代征税而发行的债券作为财富的增加,因而即期的消费不会改变。

巴罗对李嘉图等价定理的维护和发展,引起了经济学家们的关注。在当今世界,各国政府支出日益依赖公债的发行,因此,公众在面对政府采用举债还是征税的不同决策时,是否会对消费采取不同的行动,将会对国民收入的水平产生重要影响。

（三）等价定理失效的原因分析

征税和举债是否等效,引起了经济学家们的极大兴趣。詹姆士·托宾在其著作《财产积累与经济活动》(*Asset Accumulation and Economic Activity*)一书中,对李嘉图等价定理失效的原因做了深入的分析。他认为,李嘉图等价定理的失效,是由以下两方面的原因造成的。

首先,等价定理的成立,不但要求各代消费者具有利他动机,而且必须保证消费者遗留给后代的财产为正值,而实际生活中,我们常常看到具有利他动机的消费者遗留给后代的财富并不总是正值。例如,虽然消费者关心其后代的效用,但如果后代比他本人更富裕,他便会认为即使从后代那里获得财富,也不会影响后代的效用,这种情况下,消费者留给后代的财富就不一定会是正值,这并不改变消费者的利他属性。实际上,消费者也许并没有遗赠动机,因为可能他们没有子女,或许他们根本就不关心他人的福利。因而,当政府采用公债替代征税时,消费者便不会将债券留给后代,让其用于应付未来税负的增加。相反,由于偿还公债本息所需增加的税收要在他去世后才开征,因而他所要承担的税负的现值下降,财富会增加,因而消费者当期的消费支出完全可能会随之而增加。

其次,支撑等价定理的假设是政府对每个消费者减少税负的数额相同,并且每个消费者的边际消费倾向没有差异。这一假设很容易受到质疑,因为现实生活中一次性总付的人头税并不存在,政府的财政政策常常会造成社会财富的重新分配。对每个消费者来说,税收减少的数额不可能相同,并且消费者之间的边际消费倾向存在差异。为了方便说明,假定政府减税政策的受益者为消费者人数的一半,受益者当期税负减少200元。由于政府的财政支出规模要保持不变,因此,减税而引起的收入减少,政府将通过向所有的消费者发行100元的债券来筹措。假如政府债券利息为年息5%,人口不变,若政府在第二年偿还本息，采取向每个消费者征收 105 元的新税来实现。公债持有者与税负承担者范围的不一致性，以及同为公债持有者、税负承担者，其公债持有比例与税负承担比例的不一致性，使社会资源从税负不变的消费者转移到了税负减少的消费者手中。结果是，减税的受益者将会增加当期消费，受损者将会减少当期消费。消费结构的这一改变，是否会对总需求产生影响，取决于受益者和受损者之间边际消费倾向的对比。如果二者相等，不会影响社会总需求。如果二者不等，前者大于后者，社会总需求会增加；而前者小于后者，则社会总需求便会减少。消费者之间边际消费倾向存在的差异，使李嘉图等价定理不能成立。

四、对政府融资理论的评价

（一）李嘉图等价定理揭示了公债的本质

公债是一种税收，但又不同于税收。公债是税收，是因为公债归根到底仍是要通过向公众开征税收才能清偿的。另外，税收本来会使个人去借债，而公债无非是以政府的名义借债去代替私人借债，使公众在今后的税收负担替代了当期的税收负担。公债不同于税收，是由于公债毕竟引起税负在时间上发生了变化。政府发行公债替代税收之后，减轻了公众现在的税负，而增加了其未来的税负。

（二）发行公债成为弥补财政赤字的主要方式

财政政策在现代社会已成为各国政府进行宏观调控的重要手段，而发行公债则是弥补财政赤字的主要方式。如果一国陷入持续的实际赤字状态，该国政府是否可以持续地以新的公债发行来偿还旧债？这取决于一国的经济增长状况。如果一国经济没有增长，则任何关于债务融资来平衡持续的赤字的办法都是无效的；相反，如果一国经济处于增长状态，并且利率低于经济增长率，此时政府可以通过发行新债偿还旧债。

（三）小心运用政策杠杆

李嘉图等价定理告诫各国政府在运用政策杠杆尤其是财政政策手段去调控经济时必须小心谨慎，特别是应当注意维护政策在人们心目中的信誉，切不可滥用。因为如果政府发债无度，而且公众债务已经达到令人担忧的程度，那么继续奉行扩大公债的政策，很可能会引起人们对未来的理性预期，从而做出增加储蓄的决策，这时财政政策的扩张作用就会被抵消。

第二节　企业融资理论

融资决策是现代企业决策的一个重要组成部分，一个合理的融资结构不仅可以有效地提升企业市场价值，同时对企业降低融资成本、优化产权分配、完善治理结构等方面都具有良好的促进作用。经济学上的企业融资理论，也称为融资结构理论或资本结构理论，该理论自产生以来，一直受到学者及企业家的广泛关注。

企业融资理论的发展，大体可以分为三个阶段。①以大卫·杜兰特为主的早期企业融资理论。②以 MM 理论为中心的现代资本结构理论。MM 理论学派先继承了杜兰特等的观点，并演变成两个分支：一个是税差学派，主要研究企业所得税、个人所得税和资本利得税之间的税差与企业融资结构的关系；另一个是破产成本学派，主要研究企业破产成本对企业融资结构的影响。后来，这两个分支归结形成平衡理论，认为企业最优融资结构取决于各种税收收益与破产成本之间的平衡。③进入 20 世纪 70 年代以来，随着不对称信息理论的发展，许多学者开始从不对称信息的角度及公司治理结构等方面，对企业融资问题进行研究，目前主要的理论成果有新优序理论、激励理论、控制权理论、信号理论等。

一、早期的企业融资理论

1952 年，杜兰特发表了《企业债务和所有者权益成本：趋势和问题的度量》一文，系统地提出和总结了最早的三种资本结构理论：净收入理论、净营业收入理论和传统折衷理论。

（一）净收入理论

净收入理论是传统资本结构理论中的一个极端理论。该理论假设：投资者以一个固定的收益率 K_e 来估计企业的净收入，企业能以一个固定的利率 K_d 取得借款，且 $K_e > K_d$，则总资产成本率可表示为

$$K_a = \frac{D}{V}K_d + \frac{E}{V}K_e = K_e + \frac{D}{V}(K_d - K_e) \tag{9.6}$$

式中，D——企业负债的市值；

　　　 E——权益资本价值；

　　　 V——企业总价值。

从式（9.6）中可以看出，随着负债 D 的增加，总资产成本率 K_a 将下降，即增加负债比率，可降低总成本率，从而提高企业的市场价值。当 $D=V$ 时，即达到 100% 的负债，企业的市场价值将达到最大，此时资本结构最优。

由于该理论完全没有考虑资金成本的变化和风险因素的影响，缺乏实践经验，也就不具有可行性。因为在现实中，企业负债增加，债务成本也会增加，企业财务风险也随之增大，一旦出现债务危机，企业股票的市值会大为降低，债权人为补偿这种风险就会提出更高的利率要求。

（二）净营业收入理论

净营业收入理论是传统资本结构理论中的另一极端理论。该理论假设：投资者是以一个固定的总资本成本率 K_a 估计企业的息税前收益，而 K_d 也是固定的。由 $K_a = \frac{D}{V}K_d + \frac{E}{V}K_e$ 可得

$$K_e = \left(K_a - \frac{D}{V}K_d\right)\frac{V}{E} = K_a + \frac{D}{E}(K_a - K_d) \tag{9.7}$$

由于 K_a 与 K_d 固定，且一般情况下，$K_a > K_d$，随着负债比例的增加，K_e 也将不断

增加。也就是说，财务杠杆扩大所带来的负债好处被增加的权益成本所抵消，结果是，投资者仍以原来的固定的加权总成本率来衡量企业的净营业收入，故企业价值没有变化，即不存在最优资本结构决策的问题。

（三）传统折衷理论

传统折衷理论是介于净收入理论和净营业收入理论之间的一种理论。该理论认为，企业负债在一定限度时，股本和负债的风险都不会显著增加，K_d 和 K_e 相对稳定，适当的负债融资对企业是有利的，因为负债具有部分抵税效应；而负债一旦超过一定限度，融资风险便会加大，K_d 和 K_e 都将上升，企业的市场价值便会降低。由此可推断：某种负债低于 100% 的资本结构可使企业价值最大，即存在最佳资本结构。不过这种理论的不足之处在于它仅是一种理论上的假设和推断，并没有充分的经验基础和统计分析依据，不足以让人信服。

二、现代资本结构理论

现代资本结构理论始于 MM 理论，它是在对净收入理论进一步发展的基础上提出的，并通过严格的数学推导，证明了在一定条件下，企业的价值与其所采取的融资方式（发行债券或股票），即资本结构无关。

（一）MM 理论

最初的 MM 理论，即是美国的莫迪利亚尼和米勒教授于 1958 年 6 月份发表于《美国经济评论》的《资本结构、公司财务与资本》一文中所阐述的基本思想。

该理论的基本假设如下：第一，企业的经营风险用 EBIT（earnings before interest and tax，息税前利润）的标准差来表示，并据此将企业分组。若企业的经营风险程度相同，则它们的风险等级相同，属同一风险组；第二，投资者对企业的未来收益及风险的预期是相同的；第三，企业的盈利增长处于零增长状态，即息税前利润固定不变，财务杠杆收益全部支付给股东；第四，投资者个人的贷款利率与企业的债务利率是相同的，且均无负债风险；第五，无企业和个人所得税；第六，资本市场是完善的，发行债券不需要交易成本，企业的生产经营信息对内和对外是一致的。

该理论有如下三个重要结论。

1. 资本结构与资本成本无关

MM 理论认为，如果不考虑公司所得税和破产风险且资本市场充分发育并有效运行，则公司的资本结构与公司资本总成本无关，或者说，公司资本结构的变动，不会影响公司加权平均的资金总成本，也不会影响公司的市场价值。这是因为，尽管负债资金成本低，但随着负债比率的上升，投资者会要求较高的收益率，因而公司的股权资金成本也会上升。也就是说，负债增加所降低的资金成本，会由于股权资金成本的上升而抵消，更多的负债无助于降低资金总成本。

2. 资本结构与公司价值无关

MM 理论认为，对股票上市公司而言，在完善的资本市场条件下，资本向高收益公司自由地流动，最终会使不同资本结构的公司价值相等。例如，A 公司没有负债时，财务风险较低，投资收益率也较高，而 B 公司负债较多，财务风险较大，股价也较低，那么 B 公司的股东可能出售其股票，转而购买 A 公司的股票，以追求较高的投资回报。这种追求高收益的资本流动短期内看会造成 A 公司股价上涨、B 公司股票下跌，但从长期来看，当投资者发现以较高的股价投资 A 公司的收益还不及投资 B 公司的收益时，情况却会相反，从而导致 A 公司股票价值下跌而 B 公司股票价格上升。因此，MM 理论认为，若以股票市价总值来衡量公司价值，那么公司的资本结构与公司价值无关。

3. 如果筹资决策与投资决策分离，则公司的股利政策与公司价值无关

MM 理论认为，公司价值完全由公司资产的获利能力或投资组合决定，股息与保留盈余之间的分配比例不影响公司价值，因为股息支付虽能暂时提高股票市价，但公司必须为此而扩大筹资，这样会使企业资金成本提高和财务风险上升，从而引起公司股价下跌，两者将会相互抵消。因此，米勒认为，股息政策仅能反映目前收入与未来期望收入的关系，其本身并不能决定股票市价或公司价值，这一论断与传统财务理论也大相径庭。

（二）修正的 MM 理论（米勒模型）

MM 理论的前提是完善的资本市场和资本的自由流动，不考虑公司所得税，然而现实中不存在完善的资本市场，且还有许多阻碍资本流动的因素，尤其是所得税对各个公司而言都是存在的，因此，米勒等后来对 MM 理论进行了一定的修正，他们认为，考虑所得税因素后，尽管股权资金成本会随负债比率的提高而上升，但上升速度却会慢于负债比率的提高。因此，在考虑所得税后，公司使用的负债越高，其加权平均成本就越低，公司收益和价值就越高，这就是修正后的 MM 理论，又称资本结构与资本成本、公司价值的相关论。

按照修正后的 MM 理论，公司的最佳资本结构是 100%的负债，但这种情形在现代社会显然不合理，因此，后来有些学者引入市场均衡理论和代理成本、财务拮据成本（因偿债能力不足而导致的直接损失和间接损失）等因素，对 MM 理论进一步加以完善。

首先是约瑟夫·斯蒂格利兹等将市场均衡理论（market equilibrium）引入资本结构研究，他们认为，提高公司负债比率，会使公司财务风险上升，破产风险加大，从而迫使公司不会选择最大负债率（100%）的筹资方案而选择次优筹资方案。另外，随着公司负债比率的上升，债权人因承受更大的风险而要求更高的利率回报，从而导致负债成本上升，筹资难度加大，这样也会限制公司过度负债。

在此之后，又有一些学者将代理成本、财务拮据成本等理论引入资本结构研究，结论是：当公司负债比率达到某一界限之前（如 50%），举债的减税收益将大大超过股权资金成本上升的损失，随着负债比率的升高，举债的减税收益与股权资金成本的增加将呈现此消彼长的关系，超过此点后，财务拮据成本和代理成本会上升，在达到另一个峰值时（如 80%），举债减税的边际收益正好被负债提高的损失（包括股本成本、财务拮

据成本、代理成本的提高）所抵消，超过此峰值后，负债提高的损失将超过举债的减税收益。因此，资本结构与公司价值相关，但也不是负债越高越好，从而使资本结构理论更趋完善。

三、新企业融资理论

关于资本结构问题的研究，学术界一直遵循着旧的理论框架，即以莫迪利亚尼和米勒理论为中心。但是到了 20 世纪 70 年代后期，这一旧资本理论框架发生了重大变化，以信息不对称理论为中心的新资本结构理论，逐渐演变为一个重要的理论体系。

（一）不对称信息理论

20 世纪 70 年代不对称信息理论形成以后，美国经济学家埃尔文·罗斯首先将该理论引入企业融资结构理论分析中。该理论研究的是在不对称信息环境下，企业发行债券或股票的融资决策将为投资者提供评价企业经营状况的信号，投资者将据此选择投资方式。前面所述的 MM 理论是假设企业管理者和投资者双方都是在对企业未来收益流量有充分的信息的条件下做出自己的决策的，充分有效的资本市场正是依据这个假设来评价企业市场价值。但在实际中，这个假设很难实现，因为企业管理者比投资者更了解企业内部经营活动和状况，这是一个典型的不对称信息环境。

罗斯假定企业管理者对企业的未来收益和投资风险有内部信息，而投资者没有，但是投资者不知道对企业管理者的激励制度，因此投资者只能根据企业传输出来的信息间接评价其市场价值。企业负债比例或资产负债结构就是一种可以传递到市场上的内部信号。负债比例上升是积极信号，它表明管理者有信心，对企业未来收益抱较高期望，进而使投资者对企业前景也充满信心，所以发行债券可降低企业资金总成本，企业市场价值也会随之增加。企业外部投资者把较高的负债比例看作一个高质量的信号，即企业价值和债务比例正相关。

随后塔尔蒙、迈尔斯和麦吉勒夫发展了该理论。他们认为，通过发行股票来融资会使投资者认为企业发展前景不佳，致使新股发行时股价下跌。因此，在市场经济条件下，根据这一理论可得出企业融资顺序：内部融资→债券融资→股权融资。

不对称信息理论的主要观点是：企业市场价值与债务比例呈正相关，债券融资是一个高质量的积极的市场信号，股权融资是一个消极的市场信号，企业一发行股票，价格就会下降。

（二）代理成本理论

代理成本是指由委托和代理双方的利益冲突所引起的额外费用。与企业融资有关的代理成本有两类：一类是由权益资本融资产生的代理成本，另一类是由债务融资产生的代理成本。

1. 权益资本的代理成本

权益资本的代理成本是由股东和管理者之间的利益冲突引起的。股东与管理者之间存在利益冲突的原因如下：一是管理者作为代理人，其目标追求自身的效用最大化，而股东的目标是股东财富最大化；二是委托人与代理人之间存在严重的信息不对称，它来源于委托人对代理人的行为和禀赋观察的不可能性；三是他们在经营决策上存在各种分歧。

2. 债务的代理成本

债务的代理成本是由债权人与股东之间的利益冲突引起的。企业借款后，存在着利用各种方式从贷款人身上获利的可能性，表现为以下几点：一是企业为增加利润而增大财务杠杆，即进一步提高负债比例，这将减少先前旧债的价值，造成债权被侵蚀；二是企业借款后，用高风险的项目替代已与债权人约定好的低风险的项目；三是当债务比例很高时，为保护股东的利益，企业会通过次优决策，选择净现值较小甚至为负的项目或拒绝有利的投资；四是事后改变股利政策。为防止企业把财富转移到股东手里，债权人一般在贷款合同中设置若干保护性条款，但这样会降低企业的经营效率，增加额外的监督费用。也就是说，这种代理成本会提高负债成本，从而降低负债对企业市场价值的有利作用。

从所有者——管理者角度看，只要市场有效，权益和负债的定价就能无偏差地反映企业代理关系所产生的代理成本，那么，企业最优资本结构就应该是在给定内部资金水平下，使总代理成本最小的负债比例。

（三）激励理论

激励理论研究资本结构与管理者行为之间的关系。该理论认为资本结构会影响管理者工作的努力程度和其他行为选择，从而影响企业未来的现金收入和企业市场价值。当管理者作为内部股东而持有的股份下降时，其努力的成本会更多地由自己负担，而努力的收益更大比例地被股东所有，同时其在职消费的好处由自己享有，而消费成本更大比例地由股东负担。这样，管理者谋求私利的欲望会增加，使部分所有制企业的价值小于完全所有制下企业的价值，其差额是外部股权的代理成本，它是管理者持股的减函数。股权融资通过减少外部股权的代理成本而增加企业的价值。

该理论还认为，债权融资具有更强的激励作用，并将债务视为一种担保机制，这种机制能促使管理者努力工作，从而降低由于债权和股权分离而产生的代理成本。不发行债券，则企业不会有破产的风险，管理者也不会有追求最大利润的积极性，从而市场对企业的评价较低，企业融资成本较高；若发行债券，管理者为保证自己的在职好处，会努力使企业利润最大化，从而使市场对企业的评价较高，便于企业筹集资金。因此，最优的资本结构就是在债务融资对管理者激励的加强和融资成本之间求得平衡。

激励理论虽然把代理成本与企业融资方式联系在一起，提出自己的企业资本结构选择的标准，但该理论认为债权融资具有更强的激励作用这一观点是片面的，因为我们没有理由排除用股票融资与信贷配给的融资方式或扩大小股东权利的监督方式来约束管理者的行为。另外，它也没有解释企业债务作为一种担保机制到底是通过怎样的传导途径约束管理者的。

四、对企业资本结构理论的评价

MM 理论是西方资本结构的经典理论，它揭示了融资方式构成的意义及资本结构中负债的价值，但这一理论的高度抽象性和苛刻的假设条件使其失去了应用价值。后继学者们对其理论的发展则更为有用，特别是不对称信息理论、激励理论等，使之更接近实际情况，这对企业融资方式的选择是有一定参考价值的。例如，企业最优结构应当是在负债节税带来的好处与债务上升带来的财务危机成本、破产成本及代理成本之间选择最佳点；由于债务和股票对管理者提供了不同的激励，应该鼓励企业适度举债，以促使管理者努力工作以避免破产；债权融资是一个积极的市场信号，股权融资则相反，所以在市场经济条件下，企业应遵循"内部融资→债券融资→股权融资"融资次序。这些重要理论不光对西方国家企业融资决策有重要价值，对我国发展资本市场、建立现代企业制度、完善企业治理结构都有着重要的借鉴意义。

本 章 小 结

政府融资是政府投融资的一个方面，是以信用为手段直接或间接地有偿筹集资金的资金融通活动。政府融资理论包括政府的货币融资理论、公债融资理论和李嘉图等价定理。政府的货币融资理论是：政府可从印发货币当中获取收益进行融资，即政府印发货币存在铸币税；政府增发货币有可能引发通货膨胀，因此，政府要慎重对待货币的增发。现代学派的公债理论认为：公债既有利也有弊，公债发行所获得的资金应用于生产性经济支出，公债对当代人来说不是负担，其实际负担被转移给了后代。李嘉图等价定理认为政府征税和发行国债两种方式筹措资金，在逻辑上是相同的。企业融资理论的发展大体可以分为三个阶段：一是以杜兰特为主的早期企业融资理论学派；二是以 MM 理论为中心的现代资本结构理论；三是不对称信息理论提出以后的新企业融资理论。

知识拓展

英国地方政府主要投融资方式

英国作为新公共管理的发祥地，自 1992 年以来，一直积极推进鼓励私人财力参与甚至主导公共投资计划的公共管理理念，其核心是私人融资优先权（private finance initiative，PFI）。1997 年工党政府执政后，又围绕 PFI 创新发展出公私合伙制（public private partnership，PPP）操作方式，并提出了构建"合伙制的英国"政府工作目标，目的是通过公私合作提高公共投资的专业管理水平，拓宽公共融资渠道，延伸私人投资领域，确保公共投资项目按时实施并成功。2000 年英国政府对公私合伙制定义了三种类型。其一，通过各种可能的产权结构（如发起设立、引入战略合伙人等）把私人的产权引入国有企业，也可以直接出售企业股份给私人部门，将控制权转移。其二，私人融资优先权。公共部门通过签订标准的民事合同，向私人公司长期购买高质量的公共服务，以便充分利用私人部门的资金和管理技术。授予私人部门特许经营权，让私人部门去承担经营责任，提供包括维护、改善或建设必要的基础设施等在内的社会公共服务。其三，更广泛地向市场出售政府需要承担的公共服务，以及在私人部门专业知识和金融管理占优势的领域开展合伙制，从而充分发掘政府资产的商业价值和潜力。英国政府在引入 PFI 模式时，必须对每一个项目进行客观评估，保证所有项目满足政府在效率、公正和责任方面的要求，同时还会通过制定相关法案（如《雇员养老金公平缴纳案》《全国卫生系统 NHS 留守人员条例》等）以保障 PFI 项目相关雇员的工作条件及养老金等权利。在实际操作中：私人部门签署合同必须满足由政府提出的具体标准和要求；项目参与各方共同承担风险，以激励私人部门为公共部门保障资产价值；政府有权终止合同，更换劣质服务的提供商。

PFI 的优点就是吸引私人部门的资本共担风险，用最好的公共服务保证公众的利益。PFI 其实就是一种政府可用性付费的 PPP 项目。它适合投资规模较大以及建设期运营期一体的基础设施项目。自从推出以来至 2012 年，PFI 已经成为英国最常见的 PPP 类型，有超过 700 个项目完成融资，总投资额达 547 亿英镑。然而实际的情况表明，原来 PFI 的制度设计中存在许多需要进一步改进的不足之处。在 PFI 诸多的问题中，最为人所诟病的是社会资本的超额收益问题。PFI 项目的承包商（私人部门）在项目运营期可以获得高额的收益，一定程度上是由于英国政府对项目成本的监管与控制不足。一方面，政府更加强调项目产出的服务性，即服务效果如何，因此监管的侧重点是项目提供的服务质量，而不是成本；另一方面由于无法获取项目运营成本等相关数据，导致政府无法有效实施项目管理，PFI 项目处于弱监管状态。再加上 PFI 模式下，缺乏政府的超额收益共享机制，这就导致参与 PFI 项目的承包商可以获得高额的利润，因此 PFI 项目被一些英国人戏称为 "cash machine（提款机）" 和 "cash cow（摇钱树）"，换用中国的俗语来说，就是承包商 "薅了政府的羊毛"。2012 年，在充分考虑社会各界反馈意见的基础上，卡梅伦政府出台了新的 PF2 模式，取代之前的 PFI 模式，以适应经济环境变化并解决 PFI 之前受到的批评。相对于 PFI 模式，PF2 主要从以下几个方面进行了修改与完善：物有所值评价、股权融资、债务融资、风险分配、更高效的项目交付、更灵活的服务内容界定、债务融资、更高的透明度。尽管 PF2 针对 PFI 存在的一些缺陷与问题进行了一定程度上的调整与完善，但是自从推出 PF2 以来，截至 2018 年，只有六个 PF2 项目完成融资。2018 年 10 月 29 日，英国政府在官网上发布的《2018 年预算报告》（*Budget 2018*）中宣布，不再使用 PF2 模式进行基础设施和公共服务采购。

在 PPP 模式的实践上，英国给了我们很多的灵感和借鉴，而它在运作 PPP 项目时出现的问题和失败教训，也能为我们提供丰富的素材和养料。我国的经济体量、国土面积和人口规模远远大于英国，又处在经济高速发展的阶段。这些因素决定了我国的基础设施投资规模以及项目数量都要高于英国。庞大的市场和项目数量给了我们一个难得的实践和完善 PPP 模式的机遇。只要能够坚守 PPP 模式的初心，重视 PPP 项目的复杂度和专业性，逐步解决 PPP 项目实际操作过程中遇到的困难，不断完善 PPP 项目全生命周期各个环节的政策框架和操作指南，就一定能够实现适应我国国情的 PPP 模式创新，让这个强有力的工具发挥出更加重要的作用，提高我国公共服务的供给质量。

课后思考题

1. 政府融资理论有哪些？
2. 企业融资理论有哪些？如何理解这些理论？
3. 政府的货币融资与通货膨胀存在什么关系？
4. 从企业融资理论的角度解释企业为什么要进行国际融资活动。

第十章 国际融资环境

📖 **学习目标**

- 了解国际融资环境的含义、特征和分类；
- 掌握国际融资环境评估的原则要求；
- 熟悉国际融资环境的发展趋势。

第一节 国际融资环境概述

一、国际融资环境的含义和特征

环境是个相对的概念，它是相对于主体而言的客体，与主体相互依存、相互作用。国际融资环境是企业融资活动的主体所依存的国际环境，是指企业进行国际融资时，影响其融资的各种条件和因素的总和。国际融资活动都是在一定的社会环境和条件下进行的，国家政策、法律、市场、财政、税收和企业经营等多方面因素都将在不同程度上以不同的方式影响和限制融资。

（一）国际融资环境是一个复杂的系统

企业的国际融资环境不是由一些杂乱无章的事物构成，而是由众多不同种类的系统构成的。美国学者阿克夫认为：系统是由两个或两个以上的任何种类的要素所构成的集合。依照这一观点，企业的国际融资活动所处的或面临的环境是各种各样的、不同层次的系统。这要求我们在分析与利用这种环境因素时，必须同时考虑它同其他因素的相互影响，在对环境进行静态分析的基础上，还必须做好环境的动态预测分析。

（二）国际融资环境具有动态性和相对稳定性

国际融资环境的动态性是指从宏观或国家的角度看，可以对企业国际融资环境采取一定控制的措施，如利率、税率的升降，法律法规的改变，贷款条件的变化等都会改变企业国际融资的外部环境。国际融资环境的相对稳定性则是从企业内部来说的，经营者对风险的态度、企业的盈利水平、企业的财务管理水平等的改变会影响和改变企业融资的内部环境，在企业内部融资环境改变的同时，外部环境如利率、税率、法律法规等在较长的一段时间内是保持不变的。

国际融资环境的动态性和相对稳定性的特征要求我们在开展国际融资活动时，首先要用动态的观点来考察和分析环境因素的变动方式、趋势及程度，否则，融资主体会在复杂多变的环境前显得迟钝、被动。同时，企业也应努力地去认识、适应和利用环境。

二、研究国际融资环境的重要意义

改革开放以来，我国企业的融资环境从总体上发生了显著的变化。在高度集中的计划经济体制下，企业的融资环境基本上是封闭、稳定型的。例如，资金来源渠道单一、融资方式单一、银行利率很少变化、购销关系比较稳定、价格稳定、税种单一等，因而企业融资是在稳定不变的条件下按统一安排的计划来进行的，对融资环境很少进行研究。在社会主义市场经济体制下，企业的融资环境开始向开放、活跃型转变，国际融资成为我国企业融资中不可或缺的一个重要组成方式。错综复杂、迅速变化的国际融资环境对企业融资决策提出了严峻的挑战，迫使人们不得不重视国际融资环境的研究。

国际融资环境影响着企业的融资规模、融资渠道和融资方式，影响着企业的融资成本和资本结构，也影响着企业融资活动的效率。正确有效的融资决策，来源于对融资环境的周密而有计划的调查和估量。进行国际融资环境的研究，可以使融资决策有扎实的客观基础，保证融资决策的正确性；可以使企业敏锐地洞察环境的变化，保证融资决策的及时性；可以使财务人员具有远见，提高融资决策的稳定性。因此，进行国际融资环境的研究，有利于完善融资决策，协调各方面的关系，实现融资目标。

三、国际融资环境的分类

（一）从影响主体的范围大小划分

从影响主体的范围大小来划分，国际融资环境可分为宏观国际融资环境和微观国际融资环境。宏观国际融资环境是特定时期内的社会大环境，即对所有企业都有影响作用的各种客观条件和因素，主要包括政治法律因素、经济因素、社会教育因素和科技因素等。微观国际融资环境是指在特定时间和空间内，仅对某个、某类或某些特定企业具体产生影响的因素总和，其主要构成要素有市场状况、生产经营状况、企业管理体制、企业组织形式、内部管理水平、财务组织结构、领导素质等。

（二）从影响因素来源划分

从制约或影响企业国际融资活动的因素是来自企业外部还是来自内部划分，国际融资环境可分为企业外部国际融资环境和企业内部国际融资环境。前者是指独立存在于企业外部的影响国际融资活动的客观条件和因素，如利率、税率等；后者是指存在于企业内部的影响国际融资活动的条件和因素，如企业家对融资风险的偏好等。

（三）从环境因素的不同属性划分

从环境因素的不同属性划分，国际融资环境可划分为硬环境和软环境。硬环境是指企业国际融资的物质环境，它是由多种物质条件构成的系统，如基础设施、自然地理状况、资源条件等。软环境则是指企业国际融资的社会经济政治环境，它是由多种政策、法规、措施、规定及社会的观念、心理、文化等因素构成的非物质形态系统，如社会政治环境、社会经济环境、社会法律环境等。

第二节　国际融资环境的评估原则和方法

目前，国际上通用的评估融资环境和社会风险的原则是赤道原则。赤道原则是由世界主要金融机构根据国际金融公司和世界银行的政策和指南建立的，旨在决定、评估和管理项目融资中的环境与社会风险而确定的金融行业基准。它广泛运用于国际融资实践，并发展成为行业惯例。

赤道原则是 2002 年 10 月世界银行下属的国际金融公司和荷兰银行在伦敦召开的国际知名商业银行会议上提出的一项企业贷款准则。赤道原则已经成为国际项目融资的一个新标准，包括花旗、渣打在内的大型跨国银行已明确实行赤道原则，在贷款和项目资助中强调企业的环境和社会责任。赤道原则列举了赤道银行（实行赤道原则的金融机构）做出融资决定时需要依据的特别条款和条件，共有 9 条。在实践中，赤道原则虽不具备法律条文的效力，但却成为金融机构不得不遵守的行业准则，如果忽视它，就会在国际项目融资市场中步履维艰。赤道原则适用于全球 1000 万美元以上（含 1000 万美元）的新项目融资。截至 2017 年年底，全球有来自 37 个国家的 92 家金融机构宣布采纳赤道原则，项目融资额约占全球融资总额的 85%。

一、赤道原则形成与发展

2002 年 10 月，荷兰银行和国际金融公司在伦敦主持召开了一个由 9 家商业银行参加的会议，讨论项目融资中的环境和社会影响问题，并提到了它们对银行的声誉和利益的影响。随后由花旗银行建议，各银行同意成立一个任务工作组针对这些问题起草一个框架供其他金融机构参考。在此之后，工作组举行了多次电话会议，在这些会议中，花旗银行、荷兰银行、西德意志州立银行和巴克莱银行决定在世界银行和国际金融公司的政策，尤其是国际金融公司保障政策的基础之上创建一套项目融资中有关环境与社会风险的指南。

2003 年 6 月 4 日，7 个国家的 10 家主要国际领先银行承诺支付大约 145 亿美元的项目贷款，约占全球项目银团贷款的 30%，宣布采纳并实行赤道原则，这些银行便是最初的赤道银行。

2004 年 7 月 13 日，来自石油和天然气、采矿业、电力业等工业领域的 13 个非政府组织与 16 个赤道原则金融机构（equator principles financial institutions，EPFI）在伦敦召开会议，讨论赤道原则的执行与公开事宜。会议上赤道原则金融机构报告了各自的措施，包括员工培训、改善信用政策、调整内部稽核、开展业务外的环保行动等。此次会议在赤道原则的执行发展中起到了重要作用，它标志着其他非政府组织作为监督者的正式介入，之后建立起的 EPFI-IFC-BankTrack 系统使得赤道原则的实施监督步入成熟。

2006 年，赤道原则经历了一次较大的修订，这次修订广泛争取了各非政府组织、非赤道银行和出口信贷机构的意见，修订后的赤道原则于 2006 年 7 月开始施行。它适用于全球所有行业的新的项目融资和已有项目的扩建或改建，并且要求项目的财务顾问也执行赤道原则。新版的赤道原则扩大了项目的适用范围，由只适用于资本成本大于等于 5000 万美元的项目改为适用于资本成本大于等于 1000 万美元的项目，扩充了文本部分和展示部分。与旧版相比，新版强调社会问题和环境问题并重，而不是只重视环境问题，如改环境评估为社会和环境评估，并为利益相关者提供更好的协商机制。

应赤道原则金融机构和非政府组织对透明度的要求，文本中新添加了原则 10 和尾注 6，并于 2007 年由国际金融公司发布了有关该原则的指南。每家金融机构一年至少发布一次报告，介绍执行原则的过程和投入，并把合适的机密考虑进去。国际金融公司规定了最低交易数量并示例，赤道原则金融机构依此发展自己的报道构架，关注不同项目领域和地区。

二、主要内容

赤道原则的内容和结构比较简单，包括序言、适用范围、原则声明和免责声明四部分。其中，序言部分对赤道原则出台的动因、目的和采用赤道原则的意义进行了简要说明；适用范围部分规定赤道原则适用于全球各行业项目资金总成本超过 1000 万美元的所有新项目融资和因扩充、改建对环境或社会造成重大影响的原有项目。原则声明是赤道原则的核心部分，列举了赤道原则金融机构做出投资决策时需要依据的 10 条特别条款和原则，赤道银行承诺仅会为符合条件的项目提供贷款。

第一条规定了项目分类标准，即基于国际金融公司的环境和社会筛选准则，根据项目潜在影响和风险程度将项目分为 A 类、B 类或 C 类（即分别具有高、中、低级别的环境或社会风险）。

第二条规定了对 A 类和 B 类项目要进行社会和环境评估并给出评估报告应包含的主要内容。

第三条规定了适用的社会和环境标准，对位于非经济合作与发展组织国家或非高收入经济合作与发展组织国家的项目，除遵守所在国的法律外，还必须满足国际金融公司《绩效标准》和按行业细分的《环境、健康和安全指引》。

第四条规定了针对分类时发现的环境和社会问题，借款人要制订以减轻和监控环境社会风险为内容的行动计划和环境管理方案。

第五条和第六条规定了借款人应当建立公开征询意见和信息披露制度，并建立投诉机制征求当地受影响的利益相关方的意见。

第七条规定了对 A 类项目和 B 类项目（如适用）有关的环境评估报告等文件，应由独立的社会和环境专家审查。

第八条规定了借款人必须在融资文件中承诺的事项，包括承诺遵守东道国社会和环境方面的所有法律法规、在项目建设和运作周期内遵守行动计划要求以及定期向贷款银行提交项目报告等。

第九条规定了独立监测和报告制度，即贷款期间赤道银行应聘请或要求借款人聘请独立的社会和环境专家来核实项目监测信息。

第十条规定了赤道银行报告制度，应至少每年向公众披露其实施赤道原则的过程和经验。最后，免责声明部分规定了赤道原则的法律效力，即赤道银行自愿独立采用和实施赤道原则。

三、特别条款和条件细则

特别条款的主要内容由以下九条构成。

第一条规定了项目风险的分类依据，即根据国际金融公司的环境与社会审查标准而制定的内部指南。

第二条规定了 A 类项目和 B 类项目的环境评估要求，包括环境影响评估、社会影响评估和健康影响评估以及更深层次的要求。

第三条规定了环境评估报告应包括的主要内容，这是赤道原则的核心部分，共 17 项。这一条下面还有一个注释，规定环境评估要说明遵守东道国现行的法律、法规和项目要求的许可以及世界银行和国际金融公司预防和减少污染指南，对于坐落在低收入和中等收入国家的项目还需要进一步考虑国际金融公司的保全政策。

第四条规定了环境管理方案要求，适用对象是 A 类项目（在适当的情况下包括 B 类项目），内容是环境和社会风险的降低、行动方案、监控和管理以及计划表。

第五条规定了向公众征询意见制度，A 类项目（在适当的情况下包括 B 类项目）的借款人或第三方专家要用各种适当的方式向受项目影响的个人和团体，包括土著民族和当地的非政府组织，征求意见；环境评估报告或其摘要要在合理的最短时间内以当地语言和文化上合适的方式为公众所获得；环境评估和环境管理方案要考虑公众的意见，对于 A 类项目还需要独立的专家审查。

第六条规定了借款人的约定事项：遵守项目建设和运营过程中的环境管理方案；定期提供由本单位职员或第三方专家准备的有关环境管理方案遵守情况的报告；在适当的情况下，还需要定期提供根据商定的拆除方案拆除设施的报告。

第七条规定了补充监督和报告服务，由贷款人聘请的独立环境专家提供。

第八条规定了违约救济制度，如果借款人没有遵守环境和社会约定，赤道银行将会迫使借款人尽力寻求解决办法继续履行。

第九条规定了赤道原则的适用范围，即只适用于总融资 1000 万美元以上的项目。

四、赤道原则的意义与实践

赤道原则的重要意义在于它第一次把项目融资中模糊的环境和社会标准明确化、具体化，为银行评估和管理环境与社会风险提供了一个操作指南。截至 2018 年 12 月，遍布全球 37 个国家的 97 家金融机构采纳了赤道原则，这些金融机构大概占据了新兴市场 70% 以上的项目融资份额。2020 年 12 月，贵州银行宣布采纳赤道原则。随着贵州银行的加入，截至 2020 年年底，国内赤道银行扩容为 6 家，其余 5 家为兴业银行、江苏银行、湖州银行、重庆农商行和绵阳市商业银行。其中，重庆农商行和绵阳市商业银行都是 2020 年正式加入赤道银行的。成为遵守赤道原则的金融机构不需要签署任何协议，而只是宣布接受赤道原则即可。赤道原则虽不具备法律条文的效力，但随着其在国际项目融资市场中的广泛应用，赤道原则已经逐渐成为国际项目融资中的行业标准和国际惯例。

日本瑞穗实业银行作为亚洲首批采纳赤道原则的金融机构，对我国银行业有重要的借鉴意义。2003 年 10 月，瑞穗实业银行宣布采纳赤道原则，并着手制定包括内部 38 个行业的实施细则的操作手册并建立内部操作流程。2004 年 10 月，编制完成《瑞穗实业银行赤道原则实施手册》，并将其应用于全球的项目融资和财务顾问活动。采纳和实施赤道原则使瑞穗实业银行的声誉和经营绩效得到显著提升，据统计，该行在国际项目融资排名由 2003 年的第十八位上升至 2006 年第三位，已突破 7.72 亿美元。2013 年 7 月 1 日，瑞穗金融集团旗下的瑞穗银行与瑞穗实业银行正式合并，合并后诞生了全新的"瑞穗银行"。

第三节　国际融资环境分析

国际融资环境是国际融资中的重要问题，它所回答的是国际融资者的需求与资金的供给者能否达到应满足的条件，具体包括：是否有较好的国内外金融市场的沟通与联系；是否有经营自由，即资本的自由流动、货币的自由兑换等条件；是否有更优惠的利率、更低的费用、更高的效率和更低的风险等融资条件；是否有可供选择的多种融资方式；是否有健全的各种国际金融市场，如外汇市场、信贷市场、证券市场以及遍布全球、资金雄厚的国际资本供应组织机构和中介机构；是否有有效沟通全球，为投资、融资、结算服务的计算机、通信装备等以及这些条件的发展、规模和深度。从事国际融资的国家或机构不仅需要具备国际融资技术专业知识，还需要对国际融资环境有较透彻的认识和了解。这些是本节所要讨论的问题。

一、国际金融市场结构

国际分工、国际贸易、国际经营以及科学技术的发展，使世界各国尤其是发达国家传统的国内金融市场，不同程度地发展成为对外金融市场、国际金融市场。国际经济一体化与国际金融一体化互为促进，使国际金融市场从形式到内容、从结构到分工更加复杂、更加完备。

（一）国际金融市场

国际金融市场由国际资本市场、外汇市场和国际货币市场组成。外汇市场不是融资市场，只是通过银行系统从事不同货币的兑换、支付手段的交易，受国际货币制度和各国汇率的支配和制约。对外资本市场是国际资本市场的重要组成部分，它是本国资本市场的对外部分，是传统的国际金融市场。国际金融市场的特点主要有以下三个方面。

1. 融资对象国际化

国际金融市场的融资对象不限于国内，而是具有国际意义。大多数的发达国家不但在全球经济贸易活动中占有优势地位，将本国货币作为国际贸易与金融的支付货币，而且拥有一个强大而有效的国际金融市场，使得本国以外的企业与金融机构都从这些发达国家的金融市场上融通资金。

2. 融资中介全部由银行承担

在这些国家的金融市场上，资金的借贷都通过银行，期限一年或一年以内的称为货币市场，这种短期资金市场主要由商业银行承担；期限在一年以上的中长期资金市场称为资本市场，主要由投资银行承担。国内如此，传统的国际市场也如此。

3. 资金由国际金融市场所在国的货币支付

在发达国家的国际金融市场上所借贷的货币都以该国即市场所在国家的货币为限，

如在纽约国际金融市场上只能借贷美元，在苏黎世国际金融市场上只能借贷瑞士法郎，其他国际金融市场上也是如此。这就是一般的、传统的国际金融市场上的突出特点。在这些国际金融市场中，较大的有三个，即美国的纽约市场、英国的伦敦市场和日本的东京市场。

（二）欧洲货币市场

欧洲货币市场是 20 世纪 60 年代兴起的一种新兴的国际金融市场，是超越传统国际金融市场规模和功能的国际金融市场。所谓欧洲货币市场是指集中于伦敦和其他金融中心的境外美元与境外其他欧洲货币的国际借贷市场。更确切地说，欧洲货币市场是指在一国境外进行该国货币借贷的国际信贷市场。例如，在伦敦、卢森堡等金融中心，一些美元作为美国境外的美元而被借贷融通，这就构成了欧洲美元市场，欧洲美元在欧洲货币市场中占的比重最大。又如，德国马克流出德国，到了伦敦或卢森堡或其他金融中心而被借贷，就构成了欧洲马克市场业务；若在法兰克福借贷马克，就不是欧洲货币市场的欧洲马克业务了。美元流到境外，到达日本或新加坡借贷市场就成了亚洲美元，亚洲美元实质上是欧洲美元的延伸。加勒比海地区的巴哈马金融市场或中东的巴林金融市场上的美元借贷也属于欧洲美元市场系列，是广义的欧洲美元市场。欧洲货币市场的主要特点如下。

1. 管制较松

任何国家在纽约市场上借贷或发行美元，都会受到美国有关当局的严格审查，且很难获准。欧洲货币市场不受任何国家政府的干预和限制，借贷自由、手续简单，因而发展中国家政府、企业都乐于在此融资。

2. 调拨方便

在金融较发达的金融市场，尤其是伦敦的境外货币市场，欧洲货币种类多，金融机构林立，融资类型多，业务经验丰富，银行网络广阔，电信装备先进，因而资金调拨效率很高且十分方便。

3. 税收费用少

欧洲货币市场上税收较轻，收取服务费较低，这就降低了借贷和证券发行成本。

4. 存贷利差大

资金存贷利差较大，即存款利率相对较高，放款利率较低，因而调动了国际客户的存贷积极性。

5. 资金供应和资金需求旺盛

从供应看，美国持续对外军事开支使大量美元流入外国，存于欧洲各国，套取利息；产油国的石油收入获得石油美元；欧洲货币市场上银行间的国际存放活动导致派生存款的增加等都扩大了欧洲美元的供应量。另外，欧洲市场也因西方经济的发展，大型项目投资需求，石油涨价的资金需求，发展中国家举债和一些银行、企业为减少汇率波动的风险而增加了资金需求。

上述特点使欧洲货币市场的资金供求数额越发庞大，成为当之无愧的超越传统国际金融市场的金融市场。

（三）欧洲债券市场

欧洲市场的直接融资部分是欧洲债券市场。欧洲债券市场与传统的外国债券的区别在于：欧洲市场上交易的是境外债券，它不在面值货币国家的债券市场上发行，如面值为美元的债券不在美国发行而在美国之外的几个国家发行。这种欧洲债券市场也为国际融资者提供了极为广阔的融资途径。

（四）国际金融中心

国际金融中心是国际资本交易的发生场所，通常是指某个大都市的一个中心区域。在这个区域内，大量的国内外金融机构集中在这里开展业务，并获得互为专业化的服务，形成规模效益。2020 年，跻身全球前三的国际金融中心是纽约、伦敦和上海。

国际金融中心的主要特点如下。

首先，它们的共同之处是：具有特殊繁荣的经济环境；有充足的资金供应，是传统的资金集散地；政治稳定；政府给予经营自由政策；有大批熟练、经验丰富的金融专业人才和先进的通信和金融基础设施。这些国际金融中心是具有国内金融中心、对外金融中心和欧洲货币中心三重功能的现代国际金融中心。

另外，这些中心各自具备不同的特征和侧重点。有的国际金融中心是内外一体型，即境内外业务兼而有之，境外客户可参与国内的借贷活动，如伦敦和香港；有的是内外分离型，如纽约、东京和新加坡；有的是中转型，只有中转记账而没有多少实质性货币经营业务，主要是受低税收的吸引，如巴哈马等离岸市场。国际金融中心的经营业务也因其业务的侧重点不同而不同：有的成为大量欧洲货币存贷的批发市场，以伦敦为代表；有的成为巨大的资金净供应市场，以瑞士为代表；有的则经营国际贷款的中介或转口市场，以开曼、巴哈马为代表；有的则兼有多种业务。国际金融中心还可以从不同类型的国际借贷关系来理解：一种是国内贷款人向国外借款人放款；一种是国外贷款人向国内借款人放款；一种是国外贷款人向国外借款人放款，这种就是境外（external）或离岸（offshore）金融业务。

（五）国际银行

国际资本市场的借贷通过国际银行来实现。国际银行业大致分为两大系统，即国际商业银行和国际投资银行，无论是传统的国际融资还是欧洲货币融资都是如此。

国际商业银行以经营国际短期资金借贷为主，包括出口和进口融资、货币市场业务、外汇业务和为公司提供咨询服务等，尤其是出口和进口办理信用证业务、货币市场上的存款单、各种票据业务，各国之间的货币市场工具交易以及商业信贷、备用信贷，为工业公司购买设备的中期信贷和发展信贷以及欧洲货币贷款等，并有逐步延伸到投资银行的国际债券市场的趋势。

国际投资银行以经营中长期融资业务为主，主要是证券发售、股票发行、欧洲债券发行、大型融资如辛迪加贷款、项目融资，以及融资项目的咨询、评估、谈判服务等。

国际融资更需要的是投资银行的服务，尤其是大型跨国银行的介入，服务范围更加广阔。国际投资银行的突出职能是确定国际融资的可能范围和数额，参与超出一般专业知识和一般资金供给的项目融资，并出售可行性研究报告。这对于发展中国家的国际融资是非常需要的。

国际金融市场的结构大致如此，但仍处在发展变化之中，这是需要随时了解和掌握的。

二、金融国际化

金融市场的国际化是当今金融市场动态的总趋势和总潮流。对金融国际化的理解应从金融市场国际化的前提、特征和效果三方面来认识。

（一）金融市场国际化的前提

为了适应金融市场上的国际竞争，满足资本输出国和输入国的需要，发展本国经济，各国先后开放或进一步开放金融市场。尤其日本、德国、法国等一向金融管制较严的国家，在 20 世纪 80 年代先后开放了金融市场，以适应国际化的需要。日本在 1984 年和 1985 年间，允许外国借款人在日本发行外币债券和欧洲日元浮息债券，取消利息预扣税。1985 年，法国也允许境内外借款人发行法国法郎欧洲债券，境内居民购买欧洲债券不需要支付预扣税。联邦德国在 1986 年 5 月允许外国筹资者在本国发行马克债券，可发行浮动利率债券、互换性债券和双重货币债券等，还允许在联邦德国的银行作为管理马克外国债券的牵头人，筹建金融期货和期权市场，以扩大国际证券业务。

在欧洲货币市场上，一切金融交易都不受任何国家法律、法令、政策和税制的约束和管制；融资者和投资者可以自由选择任何通用货币以及存款和借款的方式、地点和条件，且存、贷利率之差小于货币发行国，并不受任何货币当局的限制。

国际金融机构的职能由于互相参与和交错已大为拓宽，旧法规及旧界限被冲破。国际商业银行和投资银行均参与证券投资，主办货币互换业务，同时开展证券发行与银行贷款的互换。间接融资与直接融资都互为业务，商业银行与投资银行的界限很难分清。这些都为金融业务的国际化奠定了基础。

（二）全球金融市场国际化的特征

发达国家的金融市场经历了由国内金融市场逐步走向国际化的过程，这是一种国际金融市场深化的表现。现代金融市场国际化主要有以下几方面特征。

1. 虚拟化

金融交易，包括融资者和投资者之间的交易和信息交换实行计算机化，延长了全球的经营时间，缩短了各国之间的地理距离等。

2. 金融环境宽松化

宽松的全球金融环境主要是指各国的政策、法律、法令、货币制度、税收制度、利率制度和对金融机构控制程度的放宽。在这种宽松的金融环境下，新的统一的管理和监督体系逐渐建立起来，进一步促进了各国金融市场的国际化。

3. 金融交易多样化

外资银行的引入程度、国际金融中心和离岸金融中心的普遍建立及职能国际化，使资金来源多样化和多向化（不仅是宗主国与殖民地之间、发达国家与非发达国家之间、资本过剩国家与资金短缺国家之间的单向流动）、货币多样化、融资技术多样化、融资方式多样化（不仅限于信贷），以及金融工具创新多样化。

4. 交易目的全球化

国际金融市场，尤其境外金融市场，其目的不是为一个国家的政治、经济战略和政策目标服务的，而是面向全球，为所有国家服务。尽管国际资本市场的资本大部分由发达国家所掌握和运用，但金融市场国际化的机制是面向全球的，对发展中国家有利。

（三）金融市场国际化的效果

实现金融市场国际化，能够给全球金融交易带来广泛而深刻的影响，带来比传统国际金融市场更良好的效果。这些变化和效果有利于全球各国进行有效、简便和低成本的金融交易。

1. 交易地区空前宽广

国际金融活动的现代化、计算机化，使交易可以在全球范围内进行，发达国家之间、发达国家与发展中国家之间、发展中国家之间都可以通过现代电信彼此进行资金融通或外汇交易，互相交叉。世界上最大的国际金融中心之一的纽约，可以直接与伦敦、日本、新加坡、澳大利亚开展金融交易，并实行昼夜连续交易。伦敦设立的自动报价系统每天都可将几百家国际性公司、几百种股票价格，通过先进电信系统传递到世界各地。各主要国家都可实现一按电钮就能得到不同信息，或结算或做成交易，从一国国内到全球性交易的空间空前广阔。

2. 成交速度加快，效率大大提高

现代化的国际金融交易，尤其是证券融资大多可以在很短的时间内实现，一笔交易一般可以在十几秒，甚至几秒内成交，效率极高。除计算机的运用外，全球电话网也使交往速度大大提高。美国投资者能够直接打电话到任何国家的金融中心、银行或办事处，打听所在国的信息行情。全球证券市场都可以不停地买进、卖出跨国公司的证券，速度很快。更重要的是各国交易商可以越过证券交易所经营美国或日本的证券买卖，十分方便。从国际协调上看，以往利率、价格和交易的国际变动要花几个月的时间联系、协商、调整，现在可以在几小时内用最快的速度完成一次性大调整。

3. 交易的内容和方式更趋复杂

由于交易对象和目的不同，国际交易方式越来越多样化和复杂化。就信贷融资而言，有出口信贷、租赁信贷、项目信贷、混合贷款、联合贷款等，直接融资有各国不同的币种、各种类型的债券股票，而且融资工具也在创新，如银行发行的大额存单、赎回协议及可兑换股票的金融票据。可转让的二级市场的拓宽和信贷融资与证券融资相结合，都变成可买卖的金融工具，这些对国际融资者和投资者更具吸引力。

4. 融资深度加深

由于利率变化的加剧和融资期限的延长，国际利率从固定利率逐步转向浮动利率，且创造了有上限和下限的浮动利率、对等式的浮动利率、加息式浮动利率等。金融工具运用于许多货币并相互转换，促使各种主要金融资产的价格和利率的差别缩小，发达工业国家的长期利率的相互关系更加密切，融资条件在西方国家和欧洲市场之间越来越接近。这些都表明了金融市场国际化程度的加深和发展。

5. 风险增加，防范加强

国际化金融的发展、金融创新的发展以及国际银行业资产负债表外交易的增加，引起了一系列风险扩大的可能性，即银行和投资者两方面的风险。表现在采用计算机技术之后自动报价、自动成交支付划账，必然造成监督金融中介更加困难。证券发行无约束必然存在无中央银行保险及证券发行人的资本保险。国际大银行、大证券公司的业务具有综合化的趋势，在全球开拓业务中，集银行信贷业、证券投资业、保险业、租赁业、货币互换业于一身，但各国的金融制度和法规不一致，往往形成矛盾，监督和协调不一致而使混乱加剧。过分的表外交易以及多种创新工具的运用不受金融监督机构报告制度的约束，也不必公开，这就增加了银行及其他金融机构经营的危险。有关国际银行业的国际协议又不健全，也很少协调，成为国际化发展中新的风险和危机，一旦世界经济不稳定或协调失灵，就必然会出现局部或全球性的大震荡。

第四节　当代国际融资环境现状及发展趋势

一、国际融资环境现状

（一）债券市场现状

债券和其他固定收益工具是目前新兴市场私人融资（即不包括外国直接融资在内）的主要来源，增长幅度迅猛。全球债券存量在 1998 年大幅下降，而在 1999 年后出现了大范围的复苏，根据世界清算银行的统计数据分类，全球各经济体国内债券和国际债券中金融机构债券和公司债券与政府债券并列。依据彭博巴克莱全球综合指数，截至 2018 年年底，全球债券余额超过 54 万亿美元；中国债券市场余额达 86.39 万亿元人民币，位居世界第三；人民币计价的中国债券成为继美元、欧元、日元之后的第四大计价货币债券。

（二）股票市场现状

总体来讲，股票市场是在曲折中不断发展壮大的。20 世纪 90 年代初期，股票市场表现出强劲的投资回报，但是自 1994 年到 1997 年的四年间，股票市场的表现却远远达不到投资者的投资预期，1998 年到 2000 年更是经历了非理性繁荣与泡沫破裂的市场转换。即使如此，股票市场依然在逐渐扩大市场规模，其在融资方面依然起着不可或缺的作用。表 10.1 显示了截至 2018 年年底世界主要资本市场市值及其排名。

表 10.1　2018 年年底世界主要资本市场市值及其排名　　单位：万亿美元

交易所名称及所在国	资本市值	排名
纽约证券交易所（美国）	24.2	1
纽约纳斯达克证券交易所（美国）	11.8	2
东京证券交易所（日本）	6.3	3
上海证券交易所（中国）	5.5	4
泛欧证券交易所（欧洲）	4.63	5
伦敦证券交易所（英国）	4.6	6
香港证券交易所（中国）	3.5	7
深圳证券交易所（中国）	3.5	8
孟买证券交易所（印度）	2.5	9
德国证券交易所（德国）	2.2	10

（三）国际银行体系现状

美国次贷危机所引发的国际金融危机使得市场风险迅速从美国传导至其他经济体，使全球银行间市场陷入低迷。国际银行间市场存在显著的波动性溢出效应，波动率不仅受到自身市场前期冲击和波动影响，还会受到其他市场干扰。金融危机和新冠肺炎疫情暴发期间，国际银行间市场波动性溢出效应均显著增强，并呈现动态特征。美国对其他经济体银行间市场波动性溢出最大，且在危机时期急剧上升。金融危机以美国为中心跨境扩散，对其他经济体的市场稳定造成强烈冲击。以新冠肺炎疫情为代表的全球性突发公共卫生事件在短期对国际市场的冲击不亚于金融危机期间，如果在对疫情的防控以及政策应对上不够及时，则有可能进一步加深国际银行体系的风险。疫情冲击可能导致贷款逾期率和不良率上升以及债券违约事件增加，导致流动性风险和信用违约风险积聚，企业破产风险急剧增高。为应对疫情，各国开始向市场注入"无限流动性"的做法无疑会导致资产进一步泡沫化，加剧银行系统的风险。在全球化视角下，从国际层面看，国际银行的流动性风险不会再仅局限于某一个国家或地区。

（四）国际金融资本规模不断扩大

主要工业化国家的金融市场已经融合为一个全球化的金融体系，使得可供配置的资本规模空前扩张。这些资本不仅被工业化国家运用到其经济中，而且被运用到发展中国家和转轨经济中。发展中国家的公司和工业化国家的公司一样，都从国际证券市场上筹集越来越多的资金。跨国公司将其股票在多个国家的股票市场上市，并从不同经济体的金融市场筹集资金。

（五）发展中国家资本流动更自由

自 20 世纪 90 年代以来，全球呈现出一个共同的趋势，就是汇率制度更为灵活、资本项目交易更加自由化。资本项目交易的自由化涉及对不同类型的私人资本流动的政策的变化，这些私人资本流动包括外国直接融资、外国债券与股票融资、短期对外借款等。亚洲和西半球的发展中国家，以及转轨经济，都转为采用单一化的汇率，而不是采用对资本项下使用一个汇率、对融资项下使用另外一个汇率的多元汇率制度。

二、国际融资环境发展趋势

随着信息时代的到来，国际融资环境也出现了新的变化，具体表现在以下几个方面。

（一）科技进入资本市场降低了交易费用

科技进入资本市场直接推动了交易过程和无票据交易的产生。电子交易网络（Electronic Communication Networks，ECNs）的自动交易系统大大降低了交易费用，提高了交易效率。如纳斯达克市场，纳斯达克在市场技术方面有很强的实力，它采用高效的电子交易系统，在全世界共装置了 50 万台计算机终端，向世界各个角落的交易商、基金经理和经纪人传送 5000 多种证券的全面报价和最新交易信息。由于采用计算机化交易系统，纳斯达克的管理与运作成本低、效率高，增加了市场的公开性、流动性与有效性。

（二）随着信息产业的发展，全球市场日益成为一个网络

正如麦卡菲定律所言，网络的价值随网络使用人数呈指数技术增加而上升，其中证券网和银行网连接形成本地网，本地的金融网也逐步和国际网接轨，进而形成一个全球性网络。在这个网络中，日益降低的交易成本也正孕育着全天候的交易市场。可是我们也应看到，网络的发展也给公司、融资者和交易带来了全球规模的价值。

（三）金融网络化使得市场的流动性增加

市场的流动性表现为四个方面：一是金融市场在价格上没有大的不连贯；二是进行交易时，价格不会有大的波动；三是即便交易价格发生了波动，市场的流动性也能使波动的价格迅速回到基本价格上来；四是不延误交易单据的处理。流动市场因此吸引了众多的债券发行者、融资者和中间人，流动市场的良性循环能使所有参与者受益。

（四）金融市场出现了大规模的整合

从供给方面看，银行、保险、资产管理和衍生产品服务提供者开始整合以提高竞争力，增加供给；从需求方面看，资产趋于向大的机构融资者集中，他们建立了各种标准引导资产流动。现在世界上资金融资排名靠前的金融市场主要是美国市场、欧洲市场和亚洲市场，全球标准也主要集中于会计和其他规则上。金融市场的整合主要表现在两个方面。

1．交易机构的整合

从纵向的整合看，交易所和结算机构的整合或合作扩大了固定融资经济规模；从横向的整合看，交易所会员间的整合，能够在地理和产品上扩大交易范围。据统计，欧洲交易所和结算及清算机构的合并集中了流动资产，每年可降低结算和清算费用约 10 亿美元。

2．市场的整合

交易的整合带动了市场的整合。美国是全球最大的 ETF 市场。2017 年年底，美国1832 只 ETF 的资产规模约为 3.4 万亿美元，相当于全球 ETF 市场总规模的 72%。在欧盟和欧元的引领下，欧洲金融市场也在迅速整合。相对于美国和欧洲来讲，亚洲是第三个时区，这里虽有巨大的储蓄资源，但金融市场仍处于一种分散状态。

由此，我们可以看到，在金融市场的流动性、金融产品的选择及金融市场的整合上，美国和欧洲市场都走在我们的前面，向我们提出了挑战。随着人民币国际化进程的加快以及上海全球金融中心的建立，世界金融中心正在逐渐向东转移，相信在不久的将来，中国一定会成为具有重要影响力的国际金融中心。

本 章 小 结

企业融资环境是企业融资活动的主体所依存的环境，是指企业融资时，影响其融资中的各种条件和因素的总和。企业融资环境从影响主体的范围大小来划分，可分为宏观融资环境和微观融资环境；从影响因素来源划分，可分为企业外部融资环境和企业内部融资环境；从融资环境因素的不同属性划分，可分为硬环境和软环境。国际融资环境分析主要是对国际金融市场结构和金融国际化的分析。国际融资环境的新变化主要表现在以下几个方面：科技进入资本市场降低了交易费用；随着信息产业的发展，全球市场日益成为一个网络；金融网络化也使市场的流动性增加了；网络越大，交易量越大，出现了机构整合的情况。

知识拓展

赤道原则在中国实施需要改善金融生态环境

金融生态环境从广义上讲，是指与金融业生存、发展具有互动关系的社会、自然因素的总和，包括政治、经济、文化、地理、人口等一切与金融业相互影响、相互作用的方面，是金融业生存、发展的基础；从狭义上讲，是指微观层面的金融环境，包括法律、社会信用体系、会计与审计准则、中介服务体系、企业改革的进展及银企关系等方面的内容。金融生态环境的改善、演变和发展，会通过改变金融业内部各种力量的对比状况而推动并决定金融业发展规律的形成。具体到赤道原则，它要在中国得到真正实施，并有所发展，就需要改善中国的金融生态环境，包括内部环境和外部环境。

课后思考题

1. 国际融资环境的含义以及特征是什么?
2. 国际融资环境有哪些?
3. 研究融资环境的意义是什么?
4. 国际融资环境的评估原则是什么?
5. 简述国际融资环境的现状及发展趋势。

第十一章　国际直接融资

📖 学习目标

- 掌握国际债券和国际股票的概念、分类和特征;
- 了解主要的国际债券市场和国际股票市场;
- 理解国外投资基金的概念和种类;
- 掌握项目融资的概念、特征和模式;
- 了解无形资产融资的概念和特征。

第一节　国际债券融资

一、国际债券及国际债券市场

国际债券是借款人为筹集外币资金在国外金融市场上发行的以外国货币标明面值的债券,它是一种证明债权债务关系的凭证,表明资金出借人对资金借入者有收回所贷资金的权利,资金借入者到期有偿还所借资金本息的义务。

国际债券市场包括国际债券的发行市场和流通市场,参与者包括发行者和投资者。国际债券发行市场进行新债券的发行和认购,而国际债券的流通市场则是已发行债券的交易场所。世界上重要的国际债券市场分布于伦敦、纽约、东京、法兰克福、瑞士、卢森堡等地。

二、国际债券融资的优点和缺点

（一）国际债券融资的优点

1. 有利于迅速筹集资金

国际债券市场上有众多的投资者,资金的来源相当广泛,市场融资潜力巨大。尤其是欧洲债券市场不受当地政府的金融法律管制,发行债券的速度比较快。

2. 筹资数额较大

企业进行大型或特大型工程项目建设时所需资金数额较大,很难通过其他融资途径筹措到所需资金。国际债券市场融资由于具有资金使用期限长、数额较大,且资金的使用不受投资者干预的特点,能最大限度地满足企业的要求。

3. 可以扩大发行者的知名度

通过国际债券市场融资,可以提高企业的信誉,强化企业的形象,增强产品的竞争力,为企业在国际市场融资创造有利条件。

4. 发行者选择性较大

国际债券通常使用固定利率，由于各国利率水平不同，可以有较大的选择余地；在欧洲债券发行上没有利息预扣税。此外，还可以选择多样化的货币。

（二）国际债券融资的缺点

1）初次借款人往往不易进入债券市场，债券投资者一般不会对陌生的借款人投资。
2）同贷款融资相比较，发行债券每次能融到的资金相对较少。初次借款人所融通的资金量通常不超过 5000 万美元。
3）在海外公开发行债券比正常借款要求更多地公开，且在通货膨胀率较高的时期，债券的长期利率也较高，与浮动利率长期贷款相比则处于弱势。

三、国际债券的分类

随着国际债券市场的发展，债券的种类也在不断地增加。目前，国际债券按照不同的分类标准可以分为以下几类。

（一）按照发行人和发行地区不同划分

1. 外国债券

外国债券是指发行人（主要指一国政府、公司企业、银行或非银行金融机构及国际性组织）在所在国以外的另一个国家的债券市场上发行的并且以发行地所在国货币标明面值的债券。即债券的发行者属于一个国家，而债券的发行地和面值货币同属另外一个国家。

2. 欧洲债券

欧洲债券是指发行人（主要指一国政府、金融机构及金融组织）在另一国金融市场上发行的债券，这种债券不是以发行地所在国的货币为面值，而是以另一种可以自由兑换的货币作为债券的面值。即它的发行者属于一个国家，发行地则属于另外一个国家，而面值货币又属于第三个国家。

对比两种债券融资方式，通过外国债券所筹资金偿还的期限较长，筹资者可自由使用。发行欧洲债券由于回避了许多限制，发行手续比较简单。目前，在国际债券市场上，利用欧洲债券筹资的比例远远大于利用外国债券筹资的比例。

（二）按照债券利率不同划分

1. 固定利率债券

固定利率债券是指利率固定的债券。这种债券可以按面值平价发行，也可以折价发行，并附有年息票。固定利率债券的期限一般为 3～7 年，也有个别长达 40 年。这种债券在利率和汇率相对稳定时较易销售。欧洲债券开始是固定利率，20 世纪 70 年代以后浮动利率的欧洲债券迅速发展，但固定利率债券至今仍然是国际债券发行的主要部分，具有极大的吸引力，发行量仍然显著增加。

2. 浮动利率债券

浮动利率债券是指息票率根据国际市场利率变化而变化的债券。利息在每个计息期期末时支付，并且按照当次利率对下一次利率进行调整。浮动利率债券属于中长期债券，期限为 5～15 年，其面值期初是 1000 美元，后来就逐步扩大到 10 万美元或 25 万美元。

3. 零息债券

零息债券是指没有息票的债券。这种债券发行时以低于票面的价格出售，到期时按票面价格收回，发行价格和票面价格之差就是投资人的收益。

4. 限定浮动债券

限定浮动债券是一种对债券利率上、下限做了限制的浮动利率债券。一旦市场利率上涨超过债券的浮动利率上限或者市场利率下跌超过债券的浮动利率下限，债券就按照固定利率支付利息，此时的利息率就是当初所设限值。所以当市场利率不断上升时对发行者有好处，可节省利息支出；当市场利率下降时，投资者仍按固定利率支取利息，不致扩大损失。

（三）按照发行对象不同划分

1. 公募债券

公募债券是指向社会广大公众发行的债券，可在证券上市后公开买卖。公募债券的发行必须经过国际公认的资信评级机构的评级，发行债券者需要将自己的情况公之于众。

2. 私募债券

私募债券是指私下向特定数量的投资人发行的债券，这种债券发行金额较小，期限较短，不能上市公开买卖，债券利率高，但发行价格低。私募债券一般不用经过资信评级机构的评级，也不要求发行人将自己的情况公之于众，发行手续较简便。

（四）按照债券所带附属特权划分

1. 普通债券

普通债券也称一般公司债券或不可转换债券。这种债券的利率和期限都是固定的，通常有在到期前可以提前偿还的选择性条款，其偿还价格随时间的延长而降低，开始时偿还价格高，临近到期日，其偿还价格降低到等于面值。

2. 可转换债券

可转换债券是一种兼有债权和股权双重性质的融资工具，通常是指根据持有者的选择，可以一定的比例或价格换成普通股票的债券。

公司发行可转换债券融资具有以下益处。

1）低成本融资。由于可转换债券的票面利率通常要比一般债券低 30%左右，因此可降低发行公司的筹资成本，实现低成本融资。

2）获得转换溢价。当公司股票价格上涨时，可转换债券的持有者就会将自己手中的可转换债券以一定的价格（高于股票发行价 30%左右）转换为公司的股票，实质上就相当于是公司在将来以高于当前市价的价格发行新股，从而可获得转换溢价，增加公司的资本总额。

3）可转换债券的发行能够扩大发行公司的股东数量以及公司的影响力，树立公司的国际地位，拓展公司业务，为公司进一步在海外市场融资打下良好基础。

3. 认股权债券

认股权债券是指持有者能够按照特定的价格，在特定的时间内购买一定数量的发行认股权证公司发行的股票的一种选择债券。由于公司股票或债券的市场价格通常要高于认股权证确定的特定买价，因此，认股权证本身就形成市场价格，公司通过发行认股权证就可以筹集到大笔资金。

（五）按照债券发行偿还币种的不同划分

1. 双重货币债券

双重货币债券是指在发行、付息时采用一种货币，但在还本时采用另外一种货币，两种货币的汇率在发行时即已确定。这种债券的利率介于两种货币利率之间，比较适中。对于发行者和投资者来讲，双方都能获益。

2. 选择权货币债券

选择权货币债券是指在利息支付之前，投资者可以在事先约定的两种货币中选择一种用于利息支付。例如，英镑、美元选择权债券中，投资者既可以选择英镑，也可以选择美元用来支付利息。

四、主要国际债券市场

（一）美国的外国债券市场

由外国发行人在美国国内市场发行的，吸收美国资金的外国债券称作扬基债券，其发行和流通的市场被称为扬基市场。扬基市场曾经是全球最大的外国债券市场。扬基债券虽然存在的时间很长，但是，从 1963 年至 1973 年，由于美国采取利率平衡税，扬基债券发行不是很好。1974 年以后外国机构重新进入美国市场发行扬基债券，但由于手续简便的欧洲美元债券的竞争，加上扬基债券的发行受到美国政府较为严格的限制，扬基债券的增长量并不大。20 世纪 80 年代，为了顺应金融改革的市场潮流，美国国会通过了《债券交易修正案》，简化了扬基债券发行的手续，使得扬基债券有了进一步的发展。但是，随着国际环境的变化，美国政府对外国公司的态度也处于动态变化之中，并不是所有在美外国企业都会轻松实现融资需求。2021 年 3 月，美国证券交易委员会通过《外国公司问责法案》最终修正案，法案适用于所有在美上市的外国公司，但其中多个条款明显针对中国赴美上市公司和已在美上市的中概股。因此，未来中国企业在美债券融资和退市将面临新的挑战。

要在美国发行扬基债券并取得成功，关键要取得评级机构的较好的评级。在美国，最主要的两家评级机构是穆迪投资者服务公司和标准普尔公司。一般来说，只有 AAA 级信誉的借款者才可以利用扬基债券市场。扬基债券市场对外国人的债息收入不征收预扣税，债息一般半年付一次。

扬基债券的特点如下。

1）发行规模较大。20 世纪 90 年代以来，平均每笔扬基债券的发行额大体都在 7500 万至 15 000 万美元之间，有的甚至高达几亿美元。虽然扬基债券的发行地在美国纽约证券交易所，但由于欧洲货币市场提供了扬基债券的转手流通，因此，扬基债券的实际交易遍及美国各地，能吸收美国各地的资金。

2）发行者中以外国政府、国际机构为主。

3）投资者中以机构投资者为主，主要是美国的商业银行、人寿保险公司、储蓄银行。

4）扬基债券期限较长。20 世纪 70 年代扬基债券的期限一般为 5~7 年。20 世纪 80 年代中期后，名声好的大机构发行扬基债券的期限多达 20~25 年。

（二）日本的外国债券市场

由外国发行人在日本发行的，吸收日本国资金的外国债券称为武士债券。1970 年 12 月，亚洲开发银行在日本市场上发行了 60 亿日元的债券，以后日元外国债券以惊人的速度发展起来。1970—1978 年，共有 59 种日元外国债券在日本市场上发行，到 1985 年为 63.8 亿美元，超过同期的扬基债券。到 1979 年，第一家外国公司——著名的美国希尔思公司进入日本市场发行武士债券。进入 20 世纪 90 年代以来，由于海湾战争、国际贸易摩擦、日本内需扩大等原因导致日本国内外资金有所紧张，市场利率上升，进而使日元外债发行速度又有所减慢。由于日本公募债券缺乏流动性和灵活性，不容易做美元互换业务，因此，发行者主要是三种机构：一是需要在东京市场融资的国际机构，二是一些发行期限在 10 年以上的长期筹资者，三是在欧洲市场上信用不佳的发展中国家的企业或机构。

（三）欧洲债券市场

欧洲债券市场是随着欧洲货币市场的形成出现的。第一笔欧洲债券于 1961 年 2 月在卢森堡发行，此后的欧洲债券市场发展缓慢，直到 20 世纪 80 年代才有了较快的发展。欧洲债券市场并不是一个地理上的概念，它实际上包括亚洲、中东地区的国际债券市场。因此，欧洲债券是指发行人在外国发行的并且不以发行地所在国货币，而以发行人、发行国以外的第三国货币标明面值的债券。即欧洲债券的发行人、发行地以及发行的面值货币分别属于三个不同的国家。

与其他两种债券市场相比，欧洲债券发行市场具有以下特征。

1. 债券安全性较高

欧洲债券市场主要筹资者都是大的公司、各国政府和国际组织，这些筹资者一般来说都有很高的信誉，且每次债券的发行都需要政府、大型企业或银行做担保，所以对投资者来说是比较安全可靠的。

2. 欧洲债券的发行手续自由、灵活

欧洲债券市场不受官方政府的控制和监督，被称为没有监督和限制机构的市场。发行者只需要根据各国交易所上市规定，编制发行说明书等书面资料。发行欧洲债券还可以根据自己的需要选择币种作为债券的面值货币，如美元、英镑、欧元等，也可选用综合的货币单位，如特别提款权等。

3. 发行量大

20 世纪 70 年代初，欧洲债券的平均发行规模为 2 亿～2.5 亿美元；20 世纪 70 年代以后，欧洲债券的发行规模呈不断扩大的趋势。1992 年债券发行量为 2761 亿美元，1996 年的发行量增至 5916 亿美元，2006 年的发行量更是接近 2 万亿美元。2008 年以后，由于欧债危机蔓延和欧洲整体经济疲软，直到 2018 年，发行量才恢复到接近 1.3 万亿美元左右。由于欧洲债券市场是一个自由的市场，无利率管制，无发行额的限制，并且筹集的是境外货币资金，因此不受面值货币所在国法律的约束，市场容量大而且自由灵活，能够满足筹资者的需求。

4. 发行成本低

欧洲债券的发行一般采用不经过官方批准的非正式方式，手续简单，费用较低。例如，面值货币为欧洲美元的欧洲债券的发行成本比在美国国内市场上发行债券的成本低 0.125%～0.25%。

第二节　国际股票融资

一、国际股票及国际股票市场

国际股票是指股票的发行和交易过程，不是只发生在一国内，而通常是跨国进行的，即股票的发行者和交易者、发行地和交易地、发行币种和发行者所属本币等至少有一种和其他的不属于同一国度。

国际股票市场包括国际股票的发行市场和流通市场。国际股票的发行市场又称为一级市场，主要进行新股票的发行和认购。国际股票的流通市场又称为二级市场，主要进行已发行的股票的买卖，一般在股票交易所进行。世界上重要的国际股票市场有纽约证券交易所、纳斯达克证券交易所、东京证券交易所、法兰克福证券交易所等。

（一）国际股票的类型

1）在外国发行的直接以当地货币为面值并在当地上市交易的股票。例如，我国在香港特别行政区发行上市交易的 H 股，在新加坡发行的 S 股，在纽约发行上市的 N 股。

2）以外国货币为面值发行的，但在国内上市流通的，以供境内国外投资者以外币交易买卖的股票。我国上市公司发行上市的 B 股就是这类股票。

3）在一国证券市场流通的代表外国公司有价证券的可转让凭证，即存托凭证（depository receipts，DR）。主要以美国存托凭证（american depository receipt，ADR）形式存在。

4）在股票面值货币所在国以外的国家发行上市交易的股票，如欧洲股票等。

（二）国际股票市场的功能

1. 积聚资本

上市公司通过股票市场发行股票来为公司筹集资本。

2. 转让资本

股市为股票的流通转让提供了场所，使股票的发行得以延续。股票市场为股票持有者提供了流动性。

3. 股票定价

股票市场具有价格发现的功能，依据个人为了买入或卖出不同物品而愿意支付的价格来决定股票的相对价值。

（三）国际主要股票市场

发达国家的股票市场经过 200 多年的发展，各个方面都日趋完善。目前，美国、日本和欧洲的股票市场是国际上最主要的股票市场。纽约、东京、伦敦、法兰克福、悉尼、新加坡、香港等地为国际股票市场发行和交易最活跃的地区，为各国公司股票发行上市的首选之地。2017 年全球股票市值达到 85 317.3 万亿美元，受英国脱欧、贸易保护抬头等多种因素影响，2018 年全球股市暴跌，各个主要股指跌幅平均达 13%以上，世界主要股票市场的市值和跌幅情况如表 11.1 所示。我国证券市场的筹资规模容量远远不能满足我国企业发展的资金需求，国际股票市场的巨大容量为我国企业筹集资金提供了机会。

表 11.1　2018 年世界主要股票市场的市值和跌幅

交易所名称	跌幅/%	市值/10 亿美元
纳斯达克	-2.81	9 757
纽约证券交易所	-6.35	20 680
伦敦证券交易所	-18.35	3 638
东京证券交易所	-14.88	5 297

续表

交易所名称	跌幅/%	市值/10 亿美元
上海证券交易所	-22.99	3 919
深圳证券交易所	-33.58	2 405
香港证券交易所	-12.21	3 819
全球市值	-13	74 306

二、国际股票融资的特征

1）根据多数国家的公司法和证券法，国际股票发行人仅限于资本业已股份化的特定类型的公司组织，通常为股份有限公司或特定类型的有限责任公司。

2）国际股票发行人与投资人分属于不同的国家或地区，其股票发行或上市交易行为受到不同国家法律的支配，由于其法律适用较为深入地涉及不同国家的公司法、财产法和证券法规则，故其法律冲突问题的解决较为复杂。

3）国际股票本质上是可自由流转的股东权利凭证，它具有权利无期限性，采取记名证券形式，其权利内容又具有复合性与复杂性，故国际股票的发行、交易与权利争议解决均不同于国际债券。

4）国际股票融资通常不以单纯的一次性股票发行为内容，发行人往往追求国际股票发行与股票上市的双重后果，其目的在于提高国际股票发行的效率，建立某种长期稳定的国际融资渠道，由此又造成实践中股票发行与股票上市概念混用的情况。

5）国际股票融资具有较强的技术性和复杂的程序性，多数国家的证券法或公司法对于股票发行与上市规定有条件规则、上市聆讯规则和程序规则，因而在现代社会中，凡提到股票发行与上市，通常意味着这一行为是在金融中介人和专业机构协助下进行的，是遵循公开和公正原则进行的，并且是在法律规定的条件规则和程序规则控制下进行的。

综上所述，国际股票融资不仅在性质上不同于传统的投资行为（如中外合资合同行为）、贷款行为或其他类似合同行为，而且不同于国际债券融资行为。可以说，现代各国证券法对于国际证券发行与交易的规则更主要是为控制股票融资行为而设置的。

三、中国企业国际股票融资的主要方式

中国企业进行国际股票融资的主要方式有：①发行 B 股在国内的证券交易所上市；②在境外直接发行股票并上市；③H 股；④红筹股；⑤利用存托凭证发行股票并上市；⑥寻求变通形式发行股票并上市。

（一）发行 B 股在国内的证券交易所上市

1. B 股的含义及 B 股市场简介

B 股是指只能由外国人购买的人民币特种股票，B 股的发行审批权在中国证券监督管理委员会（以下简称证监会），到国外募集资本是私募，因而不必经国外有关部门审批。但为了 B 股发行顺利，须经具有国际权威性的会计师事务所进行财务审批、资产评估并根据国际惯例将公司改组为股份有限公司。B股的主承销商一般为国内著名证券公司，副主承销商为国外大的证券公司。B股通常根据人民币的发行价格按一定汇率折算成外币进行发售。

20世纪90年代初，为扩大利用外资，又不引起外汇不平衡问题的出现，同时还要防止国外投资者对年轻的我国股市的冲击，我国参考国际经验发行了B股。多年来，发行B股对企业筹集资金、改善财务结构、促进企业转换机制、学习境外券商承销技巧等方面，都发挥了一定作用。但随着海外融资渠道的不断拓宽，时至今日，B股的功能属性已经逐步被其他金融市场所替代。B股市场本身也存在一些问题，如交投萎靡、融资功能衰竭、多年无新股入市等。做活B股市场需要解决降低投资者准入门槛、改变交易制度、吸引优质企业进入等几个核心问题。

2. 发行B股的审批机构

经证监会批准，股份有限公司可以发行B股。但是发行B股的面值总额超过3000万美元的，证监会应报国务院审批。

（二）在境外直接发行股票并上市

这是指我国企业在大陆注册，然后申请到境外发行股票并上市。

1. 在境外直接发行股票的要求及注意事项

1）首先要确定发行地点并选择主承销商，主承销商通常选择发行所在地的著名大证券公司，以利于股票的发行和上市。

2）根据发行所在地证券管理机构和证券交易所的发行和上市要求，同主承销商和双方律师一起讨论最佳发行和上市的途径，草拟有关文书。

3）按照发行所在地财务会计准则进行财务审计和资产评估，并根据发行条件和融资情况进行企业重组。

4）确定初步发行条件并将有关材料报请发行所在地管理机构审查或登记注册。

5）组织承销团并与证券交易所联系，确定财务代理机构、股票登记机构和股息支付机构。

6）获准发行或已注册后，确定发行价格，由承销团进行包销。

2. 在境外直接发行股票的国内审批程序

在境外直接发行股票（以下通称为境外外资股）的国内审批程序如下。

1）地方政府或者国务院有关产业部门推荐。申请发行境外上市外资股的企业，应首先向地方政府或国务院有关产业部门根据原国务院证券委员会《国务院关于股份有限公司境外募集股份及上市的特别规定》规定的条件进行初选并出具意见后，向证监会推荐。

2）证监会确定预选企业。证监会收到地方政府或国务院有关产业部门报送的推荐材料后，会商国务院有关产业部门确定预选企业名单，报国务院批准后，将结果通知有关地方政府或国务院有关产业部门。

3）证监会审批。企业在接到列为境外上市预选企业的通知后，应聘请中介机构按照境内外有关法规和规则的要求，制作并报送发行上市的材料。证监会根据《中华人民共和国公司法》《国务院关于股份有限公司境外募集股份及上市的特别规定》《到境外上市公司章程必备条款》及证监会与境外证券监管机构达成的监管合作谅解备忘录的有关规定，审核申报材料。对符合条件的，由证监会按程序正式行文，批准其在境外募集股份及上市。具体上市事宜由公司自行向境外有关证券监管机构的证券交易所提出，并履行相关责任和义务。

（三）H股

1. H股的含义

H股是指注册地在中国内地、上市地在香港的股票。关于H股的发行规模，内地法律和香港法律均有规定。内地法律规定，国有股本占总股本的比例一般为51%～75%，低于51%的，须经证监会等部委个案批准。香港法律规定，发行H股的公司若未发行A股（国内企业在深圳或者上海股票交易所上市的人民币股票），其H股不应少于总股本的25%。若公司市值超过40亿港元，该比例可酌情降至10%～25%。若发行H股的公司已发行A股，则H股最低应为总公司股本的10%，且H股和A股总和至少为发行总股本的25%。

2. H股的发行

H股的发行方式以间接发行为主，因为中国证券市场尚不健全，H股的发行又主要涉及境外投资者，因而一般要通过中介机构发行。中介机构可以是一家承销商，也可以是由多家证券公司组成的承销团。

H股的发行价格主要采用定价法和议价法两种方法。

3. H股上市的方式

1）公开招股。由申请上市的公司发行其股票，并按制定认购价格由公众人士认购，以这种方式招股要求上市公司向当局提交一份招募章程，且须承销商负责全面承销。公司招股上市的申请程序多，等候时间较长。

2）公开发售。公开发售是指由已发行或统一认购的证券的持有人向公众发售其股票的形式。公开发售与公开招股的主要区别是，公开招股发行的是新发行的股票，而公开发售出售的是发行的股票，一般为大股东进行出让供公众认购。

3）配售。配售是指由发行人或中间人将股票主要出售给经其选择或批准的人士或主要供该等人士认购的方式。

4）介绍。此种方式不涉及资金的筹措，仅申请将股票在交易所挂牌买卖的资格。以此种方式上市，要求准备上市的股票实现已有一定数量被广泛持有，以保证股票上市时市场会有适当的流通性。

（四）红筹股

1. 红筹股的含义

所谓红筹股是指母公司在香港注册，接受香港法律约束并在香港上市的中资企业，如中信泰富、粤海投资、华润创业、中旅国际、中国海外、海虹、越秀交通等。最近几年，红筹股在香港相当活跃。

2. 红筹股上市的方式

红筹股在香港上市的方法可分为两种：一是"买壳"（直接购买上市公司）上市，如中信泰富；二是"造壳"（先创建一个子公司，然后使子公司上市）上市，如上海实业和北京控股。中信泰富和粤海投资是最早在香港上市也是最著名的红筹股。1990 年香港中信收购上市公司泰富买壳上市，并更名为中信泰富。公司利用股市融资，收购香港和内地的好企业、好项目，几年来获得了成功，发展迅速。中信泰富和粤海投资还是香港恒生指数成分股（现有 50 只股票）中当时仅有的两只中资股票。

上海实业、北京控股两只红筹股分别是 1996 年和 1997 年先后在香港上市成功并引起轰动的。上海实业在香港上市成功后，首先注资于南洋兄弟烟草公司、永发印务公司、上海三维制药厂和上海家化联合股份有限公司。之后在 1996 年至 1997 年 4 月红筹股一路飙升的形势下，又分别注资于上海汇众汽车合营公司、上海实业交通电器、上海延安路高架道路、上海内环路和南北高架道路等项目。上海实业已经成为上海高架道路的最大业主。上海实业推出了"上海概念"，成了连接国内优质资产和香港资本市场的桥梁，被称为"上实模式"。

（五）利用存托凭证发行股票并上市

存托凭证又称存股凭证或存券凭证，是一种可转让凭证，它证明持有者拥有当地或该国股权市场以外的某公司的股票。利用存托凭证方式发行股票并到美国上市的公司遍及世界各地，这种方式已演化为全球存托凭证（global depository receipts，GDR）、欧洲存托凭证（European depository receipts，EDR）、新加坡存托凭证（singapore depository receipts，SDR），已推广到美国以外的市场。利用存托凭证发行股票，可以在国内对国外投资者发行，也可以到国外对国外投资者发行。

（六）寻求变通形式发行股票并上市

以上所述都是以企业名义在境外或香港发行股票并上市，此外还可以通过将企业转移到国外注册，然后发行股票和上市。

如何解决专业注册地点和进行资产重组是这种方式的重点，一般选择在香港或境外其他地区注册一家控股公司，将国内企业的股权转移给国外公司，或将公司总部转移到香港或境外注册地点，这样公司就成为主要业务在国内而注册地点在境外的公司。

借壳上市是国内企业收购一个已上市的空壳公司从而实现股票上市的办法。空壳公司是一家拥有极少甚至没有业务活动或很少资产的公司，其股票已经上市，但其交易很不活跃。空壳公司的主要股东股本最少在 60%。在收购空壳公司时，通常要与空壳公司的主要股东达成协议收购其所持有的股份，买方需要按支付给主要股东的收购价格收购全部其余股票。

第三节　国际投资基金融资

毫无疑义，投资基金作为 19 世纪资本输出时代的金融在制度上的创新，发展到今天成为发展国民经济、促进世界经济一体化的重要行业，在实力上毫不逊色于商业银行、保险公司。无论是传统的资本市场国家，还是新兴市场国家都有它的踪影。事实上，它已成为人们从事金融活动尤其是投资与筹资活动重要的媒介。在美国，基金业已融合于国民生活之中。基金的规模从 20 世纪 80 年代以 25%的速度增加，90 年代尽管美国经济相对滞涨，但投资基金仍以 15%的速度上升，1996 年投资基金的市值约为 2 万亿美元。21 世纪，基金业发展迅猛，2017 年，以股票和债券市值衡量，全球资本市场总规模 186.3 万亿美元。其中，开放式基金（不包含货币市场基金）规模为 43.4 万亿美元，在全球资本市场中的占比为 23%。货币市场基金方面，全球货币市场基金的新增规模由 2016 年的 820 亿美元迅速增至 2017 年的 5980 亿美元，主要缘于亚太地区新增规模 4040 亿美元，而亚太地区的货币市场基金销售又主要由中国投资者推动。截至 2017 年年底，中国的货币市场基金在亚太地区货币市场基金净资产中的占比接近 80%。

投资人根据其国内投资的经验，往往会利用投资基金的形式参与国际金融投资活动，而融资人也通过投资基金调剂资金的需求，这就使得投资基金的组成出现两种情况：第一种是由投资人根据法律及投资人之间的约定投资组建；第二种是由融资人为主组建。以融资人为主组建的投资基金的情况在谋求经济发展的国家中屡见不鲜，尤其是在引进外资进行建设的境外筹款活动中。这两种情况的产生与资金的供与需一致，与投资基金创立的目的相吻合。

由于境外投资基金业非常发达，故从国际融资的角度来看，境外投资基金也是我国企业可以积极吸引的资金来源之一。

一、国际投资基金

国际投资基金是指设立基金的公司或者从国内，或者从国外，或者同时从二者筹集资金，然后把资金投向非基金公司母国的国外市场的投资基金。境外的国际投资基金是我国企业国际融资的重要对象。

根据国际投资基金投向的不同，可将其分为下述三类。

（一）环球基金

环球基金主要是面向国内投资者发行基金股份或受益凭证，而把资金投资于全世界各个证券市场的投资基金。它既包括投资外国市场，也包括投资本国市场；既包括投资发达国家成熟的市场，也包括投资发展中国家的新兴高收益、高风险的市场，但必须保证把 2/3 的基金投资于本国以外的国际市场。如果面向国外投资者销售并投资于国外证券市场，叫海外基金或离岸基金；如果面向国内投资者销售但投向国外的则叫国际基金。环球基金又大致可以分为环球股票基金、环球债券基金和环球商品基金三类。

（二）区域基金

区域基金主要是面向国内外投资者发行基金股份或受益凭证，而把资金投资于某一地区各个不同国家的证券市场的投资基金，如欧洲基金、北美基金、太平洋基金、远东基金、东南亚基金、东盟基金等。该种基金通常选择经济增长比较快和政治稳定的地区进行投资，因而既能分散一定市场风险，又可避免回报率平均化削弱基金表现，成为一种追求成长而风险低于单一市场基金的投资工具。

（三）国家基金

国家基金是一种向国外投资者发行基金股份或受益凭证，而把资金专门投向某一特定国家市场的封闭型投资基金。这种特定国家市场既可以是某一发达国家市场，也可以是某一发展中国家的市场。

二、世界上主要的投资基金

（一）美国的投资基金

美国最具有现代意义的投资基金是 1924 年成立的马萨诸塞投资信托基金。经过多年的发展，从全球来看，截至 2018 年，美国的投资基金依旧占有绝对优势，其基金净资产规模高达 24.9 万亿美元，占全球的比例为 35.9%；欧洲紧随其后，规模为 17.7 万亿美元，占比 35.9%；亚太地区排在第三，规模为 6.5 万亿美元，占比 13.2%；其他地区净资产规模为 0.2 万亿美元，比例仅有 0.4%。

1. 开放型的投资基金为主流

从 20 世纪 30 年代经济大危机开始，美国成立了大量的投资基金，而且这些投资基金大多是开放型的。这主要是因为与封闭型投资基金相比，开放型的投资基金更有变现能力，安全、便捷，且投资灵活、方便。

2. 投资基金种类繁多

美国有 3000 多个投资基金，目标、方向、性质各不相同，风险程度也有区别。投资者可以按自己的个性、所能承担风险的程度及财务需要加以选择。

3. 保险业也参与投资基金业务

目前美国除投资机构大举开展投资基金业务外，其他产业也纷纷涉足该事业，其中规模最大、竞争力最强的是保险业。

4. 投资基金为投资者提供全面的服务

由于美国投资基金发展较为成熟，加上金融业和金融创新的促进，以及现代电信设备的使用，因此，美国投资基金为投资者提供服务的全面性也是领先于其他国家和地区的。

（二）日本的证券投资信托

在日本，证券投资信托就相当于投资基金。日本的证券投资信托最早出现于 20 世纪 30 年代，经过长期发展，现在也相当成熟。与其他国家和地区相比，日本的证券投资信托制度也有自己的特点。

1. 日本证券投资信托属于契约型

与美国的公司性投资信托不同，日本证券投资信托属于契约型。公司型的证券投资信托资金有法人资格，而契约型的基金财产无法人资格。

2. 日本证券投资信托属于开放型

日本证券投资信托与开放式基金类似，在设立证券投资信托时，发行信托单位的总份额不固定，可视投资者的需求追加发行。

3. 日本证券投资信托属于灵活型

从证券投资信托的管理及运用方面看，除信托条款另有约定外，日本基金公司可以根据自己的判断，对投资基金中原有的证券组合随时加以改变，以防止受益凭证价格下跌，因此称为灵活型。

随着日本进一步的国际化，外国投资信托基金投资也日益增长。从 1970 年 4 月起，日本的证券投资基金也可以投资于外国证券，并且其范围逐渐扩大，促成了国际投资基金的建立。

（三）亚洲发展中国家和地区的投资基金

自 20 世纪 60 年代开始，欧美各国投资基金市场的发展给发展中国家以启示，特别是有一定证券市场发展基础的亚洲发展中国家和地区纷纷效仿，积极推动本国、本地区投资基金事业的建立和发展。到 90 年代，各国和各地区投资基金市场正在不断缩小相互间的差距，从而逐步形成了一个初具规模的亚洲投资基金市场。

亚洲发展中国家和地区的投资基金市场的发展，对我国的投资基金业和国际融资有很大的借鉴意义。亚洲发展中国家和地区投资基金市场的发展主要表现在以下几个方面。

1）亚洲各国和地区近年来不断开拓和完善各自的金融体系，为投资基金发展创造了有利的金融环境。

2）亚洲各国和地区的投资者具有浓厚的证券投资意识。

3）亚洲各国和地区为发展自己的投资基金事业采取了一些优惠政策，如对基金投资所得的资本增值不征税，只收较低的利息税，基本投资所得利润可以汇出国外等。

4）亚洲各国和地区力图通过创办国际性基金，开辟利用外资的新途径。

（四）香港单位信托投资基金

受传统影响，投资基金在香港被称为"单位信托基金"。香港的第一个投资基金——海外投资基金出现于 1969 年。20 世纪 80 年代后，香港基金投资市场活跃起来。目前香港是亚洲最大的基金管理中心之一。据统计，2014—2016 年，香港基金管理业务合计资产分别为 17.68 万亿港元、17.39 万亿港元和 18.29 万亿港元，三年的变化幅度分别为10.5%、-1.6%和 5.2%。香港证监会数据显示，来自海外投资者的资金由 2015 年的 11.78万亿港元上升至 2016 年的 12.0 万亿港元，占管理业务总规模的 66.3%。香港的单位信托基金有如下几个显著特点。

1. 绝大部分是开放型基金

在香港注册成立的基金大多是开放式基金。基金单位发行数量不受限制，若市场反应良好，可随时追加发行量。由于开放式基金流动性大，变现性好，故很受境外投资者欢迎。

2. 多数是境外基金

香港的单位信托基金大多是欧美著名的投资公司或单位信托公司设立的。它的主要目的是吸引境外投资者的资金。所以，香港的多数基金是境外基金。

3. 投资对象遍布全球

香港的单位信托基金种类繁多，投资对象也非常广泛，包括各国的股票市场、债券市场、外汇市场和期权、期货、贵金属等市场。

第四节　国际项目融资

一、国际项目融资概述

（一）国际项目融资的定义

国际项目融资是指向一个特定工程项目提供贷款，贷款人依赖该项目所产生的收益作为还款的资金来源，并将经营该项目的资产作为贷款人的附属担保物的一种跨国融资方式。从定义可以看出，国际项目融资是以该项目为对象进行的融资，而且偿还所融资金的来源被限制在该项目的经济收益之内，一方面以项目未来的现金流量偿还所融资金，另一方面以项目的自身资产为抵押，作为所融资金的保障，原则上对项目发起人项目之外的资产没有追索权或仅有有限追索权。

（二）国际项目融资的基本结构

项目融资的基本结构是指项目融资的实施步骤和项目融资参与者之间的基本关系，其内容如图 11.1 所示。

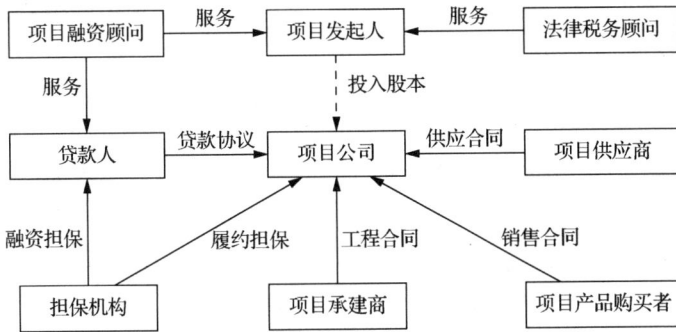

图 11.1 国际项目融资的基本结构

二、国际项目融资的特征

（一）项目导向

国际项目融资主要依据项目的效益、现金流量和资产而不是依赖项目的投资者或发起人的资信来安排融资。由于贷款银行在国际项目融资中的注意力在项目本身上面，因而项目发起人、参与者在通常情况下难以获得贷款的项目可以通过项目融资进行。而且，国际项目融资与传统融资方式相比可以获得较高的贷款比例，甚至可以做到 100% 的融资。在贷款期限上，国际项目融资往往比一般商业贷款期限长，接近项目的存续时间。

（二）有限追索

追索是指在借款人未按期偿还债务时，贷款人要求借款人用抵押资产外的其他资产偿还债务的权力。在国际项目融资下，贷款人可以在贷款的某个特定阶段，或者一个规定的范围内对项目借款人实行追索。有限追索融资的实质是由于项目本身的经济强度还不足以支撑一个"无追索"（即风险全由贷款人承担）的结构，因而还需要项目的借款人在项目的特定阶段（通常在项目的建设期内）提供除项目资产及项目现金流量之外的其他资产作抵押。像企业的有限责任制一样，这种追索有一定的限度。追索的限度主要根据贷款人的项目经验、信誉、管理能力，项目的性质、现金流量的强度和可预测性以及借贷双方对未来风险的分担方式等因素确定。

（三）风险分担

一个成功的国际项目融资结构应该是在项目中没有任何一方单独承担全部项目债务的潜在风险。在组织国际项目融资的过程中，项目借贷人应该学会如何去识别和分析项目的各种风险因素，确定自己、贷款人以及其他参与者所能承担风险的最大能力及可能性，充分利用与项目有关的一切可以利用的优势，最后设计出对投资者具有最低追索的融资结构。融资结构建立以后，任何一方都要准备承担任何未能预料到的风险。

（四）表外融资

项目的债务不表现在项目投资者（即实际借款人）的公司资产负债表中，最多以注释的方式反映。这就使得这些公司有可能以有限的财力从事很多的投资，不会过多地影响项目投资者基本业务的融资能力。

（五）信用灵活

在国际项目融资中，用于支持贷款信用结构的安排是灵活多样的。一个成功的国际项目融资，可以将贷款的信用支持分配到与项目有关的各个关键方面。例如，可以要求对项目产品感兴趣的购买者提供一种长期购买合同作为融资的信用支持，可以要求项目的原材料和能源供应商在保证供应的同时，在定价上根据项目产品的价格变化设计一定的浮动价格公式以确保项目的最低效益。

（六）成本较高

国际项目融资的组织时间长（一般为3～6个月），发生的前期费用多（一般约占贷款金额的1%～2%），项目贷款的利息成本一般要高出同等条件公司贷款的1%左右。

三、国际项目融资模式

项目融资模式是国际项目融资整体结构中的核心部分，是对国际项目融资的具体组合和构造。主要的国际项目融资模式有以下几种。

（一）直接融资模式

直接融资模式是由项目投资者以自己良好的资信名义作担保从金融机构贷款为项目的建设和运营提供资金的一种融资方式。直接融资模式适用于结构简单且投资人的财务结构和资信良好的项目。投资者直接安排项目融资的模式，在投资者直接拥有项目资产并控制项目现金流量的非公司型合资结构中比较常用。并且，这种融资模式有时也是为一个项目筹集追加资本时所能够使用的唯一的方法。

（二）设施使用协议项目融资模式

设施使用协议项目融资模式是指将某种设施（如工业设施、服务性设施等）的拥有者或提供者和使用者达成的具有"无论提货与否均需付款"或"无论使用与否均需付款"性质的协议及其他担保（如完工担保）所构成的信用保证结构作为一种保证，从金融机构贷款，从而实现项目融资的一种方式。此融资方式主要应用于一些基础性项目及服务性项目，如石油和天然气管道项目、发电设施、某种专门产品的运输系统以及港口、铁路设施、公路和机场等。在生产型工业项目中，以设施使用协议为基础的项目融资又称为委托加工协议，这是因为项目产品的拥有者直接组织和提供生产所需要的原材料，项目的生产设施的拥有者只负责将原材料加工成最终产品，然后由项目产品的拥有者在支付加工费后将产品取走。

（三）杠杆租赁项目融资模式

杠杆租赁项目融资模式是指在项目投资者的要求和安排下，由杠杆租赁结构中的资产出租人融资购买项目的资产，然后租赁给承租人的一种融资形式。资产出租人和融资贷款银行的收入以及信用保证主要来自该租赁项目的税务好处、租赁费用、项目的资产以及对项目现金流量的控制。

（四）生产支付项目融资模式

生产支付项目融资模式是指项目公司以项目生产的产品及销售收益的所有权作为担保，使项目获得所需资金的一种融资方式。以生产支付为基础的融资是早期项目融资的形式之一，起源于 20 世纪 50 年代美国石油天然气项目开发的融资安排。生产支付融资一般只适用于资源储藏量已经探明并且项目生产的现金流量能够比较准确地计算出来的项目。对于那些资源属于国家所有，项目公司只能获得资源开采权的国家和地区，产品支付还要通过购买项目未来生产的现金流量，加上资源开采权和项目资产的抵押来提供信用保证。

（五）黄金贷款项目融资模式

黄金贷款项目融资模式是指在项目建设初期由贷款银行将一定数量的黄金借给项目公司，以满足其项目建设的资金需要，在项目的生产期间，该公司再以生产出来的黄金分期偿还贷款的一种项目融资方式。以黄金贷款为基础的项目融资始于 20 世纪 70 年代末和 80 年代初世界性的黄金开采热，主要适用于已证实储量并完成最后可行性研究报告的项目。

（六）BOT 项目融资模式

BOT 代表着一个完整的项目融资过程。BOT 项目融资模式是指由项目所在国政府或所属机构为项目的建设和经营提供一种特许权协议作为项目融资的基础，由本国公司或者外国公司作为项目的投资者和经营者安排融资、承担风险、开发建设项目并在有限的时间内经营项目获取商业利润，最后根据协议将该项目转让给相应的政府机构的一种项目融资模式。BOT 是 20 世纪 80 年代逐渐兴起的一种基础设施建设的融资模式，是一种利用外资和民营资本兴建基础设施的有效的融资模式，其产生的原因是在一些国家，特别是发展中国家想建设一些公共的基础设施，但由于自己的财力所限又不能去建设开发，所以就利用在一定期限的特许权的转让来获得项目的建设。1995 年广西来宾电厂二期工程是中国引进 BOT 方式的一个里程碑，为中国利用 BOT 方式提供了宝贵的经验。此外，BOT 方式还在北京京通高速公路、上海黄浦延安东路隧道复线等许多项目上得以运用。

（七）ABS 项目融资模式

ABS 是英文单词 Asset Backed Securitization 的缩写，具体是指以目标项目所拥有的资产为基础，以该项目资产的未来收益为保证，通过在国际资本市场发行高级债券等金融产品来筹集资金的一种项目证券融资方式。ABS 项目融资模式的目的在于通过其特有的提高信用等级的方式，使原本信用等级较低的项目照样可以进入高级债券市场，并利用该市场信用等级高、债券安全性和流动性高、债券利率低的特点，大幅度降低发行债券和筹集资金的成本。

第五节　无形资产融资

一、无形资产概述

2009 年 7 月施行的《资产评估准则—基本准则》对无形资产的定义为："无形资产是指特定主体所控制的，不具有实物形态的，对生产经营长期发挥作用且能带来经济利益的资源。"或者说，无形资产是指所有符合"特定主体控制点，企业长期使用，不具备独立实体，对生产经营和服务能持续发挥作用并能带来经济收益"的一切经济资源。

这一定义给出了无形资产所包含范围的一般框架。然而各国由于经济发展水平、行业结构以及市场观念方面的差异，在处理无形资产的外延所包含的具体范围时的规定有所不同。例如，美国评估公司认为企业的无形资产应该包括营销型资产（如商标、广告资料、数据库、货架空位、经销商、特许权等）、金融型资产（如租赁权、核心存款、优惠融资条件等）和制造型资产（如治理、配方、技术秘诀、商业秘密、供货合同、新产品开发计划等）三大类。

我国现行的法律和政策将无形资产的外延界定为：专利申请权和实施权、非专利技术与专利技术的转让权、商标专用权、厂商字号与名称和原产地名称的使用权与转让权、商誉、版权中的计算机软件与集成电路布图设计等工业版权、租赁权、特许经营权、特许使用权、商业秘密、土地使用权等财产权。

二、无形资产融资模式与运作

由于无形资产是具有价值的可交易性的商品，是资本化的资产，因此，利用无形资产融资，从事资本经营，是现代企业经营发展的重要特征之一。

不同的企业根据其拥有无形资产的特点选择不同的融资模式。通常，无形资产融资模式大致包括以下三种：①无形资产的许可、转让与参股投资；③特许权融资；②利用声誉资产筹资。以下介绍前两种。

（一）无形资产的许可、转让与参股投资

这种融资模式大多用于知识产权类无形资产，特别是工业产权类无形资产，如专利权、商标权融资。

1. 专利权的许可与转让

（1）专利权的许可

专利权的许可是指专利权人通过签订许可合同或许可协议准许他人制造、使用、销售专利产品或者使用其专利方法，并通过许可权出售得到经济上的补偿。

专利权的许可协议，按其被许可的权限范围来讲，一般有下述几种类型：独占许可、独家许可、普通许可、分售许可、互惠许可等。

对于专利而言，实施专利许可有两方面的理由：一是专利权人实施发明创造的难度较大，成本高，依法许可他人实施专利可能更具有效益，这既有利于鼓励发明创造，又能给权利人带来实际的效益；二是当今科学技术日新月异，更新换代节奏加快，如果一项专利不尽快实施，就不能得到经济上的补偿。

（2）专利权的转让

专利权的转让是专利权人通过签订转让合同，转让其专利，并由他人享有该权利的使用权与专有权。转让的方式有买卖、交换、赠与以及继承等，较常见的形式是买卖。

专利权人转让专利，要注意以下两点。其一是转让合同要经专利局登记和公告后才有效。随着专利权的转让，专利权的主体也随之发生变更。其二是要处理好整体转让与部分转让的问题。一般来讲，一项专利权只能作为一个整体转让，不能部分转让。如果一项专利权为多人共有，则其中某人只能就自己所拥有的权利份额转让给专利权人以外的人。

2. 专有技术的转让

专有技术（非专利技术）的所有者或持有人将技术的所有权或使用权转移给他人，并通过这种转移获得报酬。

3. 商标权的转让与使用许可

（1）商标权的转让

商标权的转让是指注册商标所有人在法律允许的范围内，根据自己的意志和按一定的条件，将其注册商标转移给他人所有，并由其专用。

注册商标的转让有两种方式：合同转让与继承转让。合同转让即商标权买卖，指转让人和受让人之间通过签订合同进行商标转让，受让方向转让方支付转让费。继承转让即原商标注册人因死亡或年老失去经营能力，由法定继承人继承其商标。

企业进行商标转让要注意两个方面的问题：一是须按法律规定向商标注册机关办理有关转让手续，经核准后转让才有效；二是对联合商标、亲族商标的转让要特别慎重。由于商标转让是商标权的全部转移，对于联合商标，如果只转让其中某一个商标，若受让人不注意维护商标信誉，由此造成的不利影响会波及那些未转让的部分，因为各个联合商标相互近似，容易混淆且用在统一或类似的产品上。亲族商标由于依附于某一著名商标，一个商标声誉受损，必会累及主体商标。所以，亲族商标、联合商标中的某一商标一般不要单独转让，如果转让则整体全部转让。

（2）商标的使用许可

商标的使用许可是指注册商标所有人通过签订使用许可合同，许可他人使用其注册商标，被许可方要向许可方支付许可费。商标使用许可分为一般许可和独占许可。一般使用许可是商标所有人许可他人有偿使用其商标，并保留向其他人出售许可的权利。独占许可是许可方只允许被许可方一家独自使用其注册商标甚至在一定的时间和地理范围内，商标所有人也不能使用自己的注册商标（若商标所有人只许可一家使用其注册商标，自己仍然保留随时地使用自己商标的权利，这叫独家许可）。

商标使用许可，被许可方得到的是部分商标权，其商标使用权、商标所有权与禁止权仍属于原商标注册人。因此，在签订商标许可合同时，许可方有权要求被许可方保证其产品的质量，维护其商标信誉，并不得再许可他人使用该商标。由于商标的使用许可伴随着商誉的部分让渡，企业在选择被许可方时一定要注意对方的资信与技术质量能力，在许可合同有效期内要监督受让方的经营行为。

4. 专利权与商标参股投资

有些企业将自己的专利权与商标权作价，作为股份与他人合资、合作生产产品，这种形式既不丧失无形资产所有权，还能在长时期内获得投资报酬，是一种比较高级的无形资产融资模式。选择这一融资模式的关键是要做好无形资产的价值评估，对于投资者来讲要避免自己的资产价值被低估，对于这种方式吸引他人投资的筹资者来说，要避免他人的资产价值被高估。

5. 购入无形资产，扩大资产规模，实现资本经营

有时，中小企业可以从一些知名大公司获得经营某项业务的特许权，或从政府那里获得经营某种业务的特许权。例如，日本在第二次世界大战后的 25 年中，投资 100 亿美元引进 26 000 多项专利技术并加以吸收消化，获得 5000 亿美元的收益。具体方式见下述的特许权融资。

（二）特许权融资

特许权融资是把企业特有的知识、品牌、经营模式、技术标准等对广域空间内的企业进行出租、入优先股等方式经营，抽取特许金的融资方式。特许权可分为以下五大类：特种行业经营权、垄断经营权、实施许可证制度行业的经营权、资源性资产开采特许权和纯商业的特许经营权。

1. 特种行业经营权

特种行业，在我国是对旅馆业、旧货业、修理业、印铸刻字业、按摩业等行业的总称。因犯罪分子往往利用这些行业藏身落脚或进行销赃、伪造图章和证件等犯罪活动，故公安机关把它们列为特种行业严格管理，这样既能保障它们的合法经营，又能预防和打击利用它们进行犯罪活动。经营这类特种行业，一般来说获利情况是比较好的。

2. 垄断经营权

实施专卖的垄断性经营权，即国家对某种商品的生产、销售和进出口依法实行垄断经营。专卖的特征是国家垄断专卖品的经营权。专卖由法律确认，较专营更为规范，其目的是调节消费、稳定秩序、增加国家收入。当今，烟草专卖是专卖的一种重要形式，世界上已有近 70 个国家通过立法形式，建立烟草专卖制度。我国于 1983 年发布了《烟草专卖条例》（已失效），开始建立烟草专卖制度。1997 年 7 月颁布《中华人民共和国烟草专卖法实施条例》，并于 2016 年 2 月修订。

3. 实施许可证制度行业的经营权

实施许可证制度行业的经营权也有多种情况，如生产许可证。生产许可证是国家进行质量管理和行业管理的一种手段。它一方面限制那些落后的、应该淘汰的产品的生产，

另一方面对产品的质量进行宏观调控，所以生产许可证不仅是企业生产经营的条件，也是企业提高效益的有利条件，因而它可以成为评估对象。

4. 资源性资产开采特许权

资源性资产是指那些存在于自然界，能为人类带来物质财富，但由于其稀缺性，由特定主体所占有并具有排他性的自然资源。典型的资源性资产开采特许权是采矿权、土地使用权。采矿权是指具有相应资质条件的法人、公民或其他组织在法律允许的范围内，对国家所有的矿产资源享有的占有、开采和收益的一种特别法上的物权，在物权法概括性规定基础上由《中华人民共和国矿产资源法》予以具体明确化。土地使用权是指单位或者个人依法或依约定，对国有土地或集体土地所享有的占有、使用、收益和有限处分的权利。

5. 纯商业的特许经营权

纯商业的特许经营权是企业间通过特许（相对于一般许可而言）而建立的一种契约关系。特许方允许被特许方或称受让方有权在合同期间使用其经营方式。具体来讲，商业性的特许经营权的交易方式分三种：一是产品的特许经营，即厂商生产的产品在某一地区由某代理商全权负责销售，如皮尔·卡丹产品专卖，IBM 在某一地区的特别代理；二是生产经营特许权，即不仅让代理人销售而且让其生产该种产品，最典型的是可口可乐，它在全球各地出售特许权，既卖特许销售权又卖产品的生产技术，但配方除外，其特点是总公司给加盟分公司以特许生产权与销售权；三是组合型的特许经营，即将生产、销售权授予代理人的同时，还把管理的风格、质量控制的系统也一并授予，典型的是麦当劳。

特许权的交易允许受让方有权以许可方的名义和商标销售其产品或服务，并按照许可协议的规定去采用许可方的经营方式和方法，但受让方必须提供经营收入启动资本，在合同期间内许可方支付权利金（即权力使用费用）。这种特许费用有时是非常高的，特别是多国、多家许可。

对于许可方而言，使用许可是企业发展的一种方式。它使得许可方能够充分发挥本身所拥有的无形资产优势，利用他人的大量资本达到资本与经营扩张，还能够获得许可投资回报。所以，从一定程度上讲，被许可一方从其开拓许可经营业务起，就承担了许可方转移的成本与风险。

当然，许可经营方式能成为国际流行的经营方式，尤其是跨国公司大量将其应用在商业服务中，其中必然存在着相互利益，从被许可一方来讲，通过许可能享受以下好处。

1）在营销和广告方面获得一个全国甚至国际知名品牌的支持，减少广告宣传费用。

2）许可方通常在一个地区内只有一家许可，这样对竞争者是一个限制，被许可方获得相对的地区垄断优势。

3）获取连带服务好处，如贷款便利、技术服务、质量控制系统、会计与管理控制系统等，而且还能较容易获得总部或银行的财政帮助。

4）在企业经营与管理方面可享受到标准的服务，吸收先进的管理经验和技术，而又不丧失企业的所有权。

概括而言，特许经营权制使得很多缺乏资金、经营知识和技术技能的人能获得创业的条件。被许可方在许可方提供的专项技能、资源、经验的保护伞下享受优惠。

在高技术产业中实施特许权也是抢占市场、分散和转移风险的一个措施。因为高技术生命周期较短，实施特许经营让更多的企业进行有关产品的生产和营销，既分享利润也分担风险，所以特许权在许可方与被许可方之间还有利益与风险共同承担的特点。

在纯商业的特许经营权中，国家需要通过法律调整的内容，除了民法、合同法的规定外，主要集中在两个方面，即出卖特许经营权的过程及以后双方在商业上的合作，这两个层面是特许经营权独有的。

特许权融资与特许权经营的实践既丰富了企业融资与资本经营的内容，也促进了企业经营尤其是营销理论的发展。

为了避免特许权融资给企业自身带来的风险，许可方一方面要对被许可方提供长期的服务与指导，另一方面要严格监督被许可方的产品质量。

本 章 小 结

国际债券是借款人为筹集外币资金在国外金融市场上发行的以国外货币为面值的债券，它是一种证明债权债务关系的凭证，表明资金出借人对资金借入者有收回所贷资金的权利，资金借入者到期有偿还所借资金本息的义务。股票是股份有限公司签发的用以证明股东所持股份的凭证。股票的持有人称为股东。投资基金，也称为互助基金或共同基金，是通过公开发售基金份额募集资本，然后投资于证券的机构。投资基金由基金管理人管理，基金托管人托管，以资产组合方式进行证券投资活动，为基金份额持有人的利益服务。项目融资是指以一个特定的经济实体（项目）为融资对象，以项目的现金流量和收益为偿还所融资金的来源，以项目的资产作为融资的安全保障（抵押）的一种融资方式。无形资产融资方式大致包括以下三种：①无形资产的许可、转让与参股投资；③特许权融资；②利用声誉资产筹资。

知识拓展

项目融资风险表现类型

1. 信用风险

项目融资所面临的信用风险是指项目有关参与方不能履行协定责任和义务而出现的风险。像提供贷款资金的银行一样，项目发起人也非常关心各参与方的可靠性、专业能力和信用。

2. 完工风险

完工风险是指项目无法完工、延期完工或者完工后无法达到预期运行标准而带来的风险。项目的完工风险存在于项目建设阶段和试生产阶段，它是项目融资的核心风险之一。完工风险对项目公司而言意味着利息支出的增加、贷款偿还期限的延长和市场机会的错过。

3. 生产风险

生产风险是指在项目试生产阶段和生产运营阶段中存在的技术、资源储量、能源和原材料供应、生产经营、劳动力状况等风险因素的总称。它是项目融资的另一个核心风险。生产风险主要有技术风险、资源风险、能源和原材料供应风险、经营管理风险。

4. 市场风险

市场风险是指在一定的成本水平下能否按计划维持产品质量与产量，以及产品市场需求量与市场价格波动所带来的风险。市场风险主要有价格风险、竞争风险和需求风险，这三种风险之间相互联系，相互影响。

5. 金融风险

项目的金融风险主要表现在项目融资中的利率风险和汇率风险两个方面。汇率波动、利率上涨、通货膨胀、国际贸易政策的趋向等因素会引发项目的金融风险，项目发起人与贷款人必须对自身难以控制的金融市场上可能出现的变化加以认真分析和预测。

6. 政治风险

项目的政治风险可以分为两大类：一类是国家风险，如借款人所在国现存政治体制的崩溃，对项目产品实行禁运、联合抵制、终止债务的偿还等；另一类是国家政治、经济政策稳定性风险，如税收制度的变更、关税及非关税贸易壁垒的调整、外汇管理法规的变化等。在任何国际融资中，借款人和贷款人都承担政治风险，项目的政治风险涉及项目的各个方面和各个阶段。

7. 环境保护风险

环境保护风险是指由于满足环保法规要求而增加的新资产投入或迫使项目停产等风险。随着公众越来越关注工业化进程对自然环境的影响，许多国家颁布了日益严厉的法令来控制辐射、废弃物、有害物质的运输及低效使用能源和不可再生资源。"污染者承担环境债务"的原则已被广泛接受。因此，也应该重视项目融资期内有可能出现的任何环境保护方面的风险。

课后思考题

1. 国际债券的主要类别有哪些？
2. 国际股票融资的主要特征有哪些？
3. 国外的投资基金有哪些？它们各自有哪些特点？
4. 项目融资的模式主要有哪几种？各有何含义？
5. 无形资产融资主要有哪些方式？

第十二章 国际间接融资

📖 **学习目标**

- 掌握国际间接融资的主要方式；
- 了解国际间接融资的程序；
- 了解各种国际间接融资的特征。

第一节 国际信贷融资

国际信贷（international credit），也称国际信用，是两国或多国间官方或私人机构按约定利率、期限等条件进行的资本借出、借入的信用活动。按借贷资金的来源与性质划分，国际信贷可以分为国际商业银行贷款、国际银团贷款、外国政府贷款、国际金融机构贷款等。国际信贷融资就是指以国际信贷方式进行的融资。

一、国际商业银行贷款

（一）国际商业银行贷款的含义

国际商业银行贷款是指一国借款人在国际金融市场上向外国银行或国际银团借入货币资金的行为。它有以下三点含义：第一，该贷款是在国际金融市场上进行的，借贷双方是不同国家的法人和自然人；第二，该贷款在一国借款人和外国商业银行之间进行，债务人包括借款的银行、企业、政府机构和国际机构，债权人则是外国商业银行，主要是西方国家的大型跨国银行；第三，无论最初的发放还是最终的收回，都采用货币资本（借贷资本）的形态。

（二）国际商业银行贷款的分类

在国际金融市场上筹措资金，按贷款期限长短可分为短期信贷、中期信贷和长期信贷三种。

1. 短期信贷

短期信贷通常指借贷期限在 1 年以下的信贷。短期资金市场一般称为货币市场。借贷期限最短为 1 天，称为日贷。短期贷款多为 1～7 天及 1～3 个月，少数为 6 个月或 1 年。这种信贷可分为银行与银行间的信贷和银行对非银行客户（公司企业、政府机构等）的信贷，银行之间的信贷称为银行同业拆放。该种贷款完全凭银行间同业信用商借，不用签订货款协议。银行可通过电话、电传承交，事后以书面确认。同业拆放期限以 1 天到 6 个月为多，超过 6 个月的少。每笔交易额在 10 亿美元以下，典型的银行间的交易为每笔 1000 万美元左右。银行对非银行客户的交易很少。

2．中期信贷

中期信贷是指 1 年以上、5 年以下的贷款。这种贷款由借贷双方银行签订贷款协议。由于这种贷款期限长、金额大，有时贷款银行要求借款人所属国家的政府提供担保。中期贷款利率比短期贷款利率高，一般要在市场利率的基础上再加一定的附加利率。

3．长期信贷

长期信贷是指 5 年以上的贷款，这种贷款通常由数家银行组成银团共同贷给某一客户。银团贷款的当事人，一方面是借款人（如银行、政府、公司、企业等），另一方面是参加银团的各家银行（包括牵头行、经理行、代理行等）。

（三）国际商业银行贷款的特征

1．贷款可以自由使用，一般不受贷款银行的限制

其他贷款方式有多种限制，如政府贷款有时对采购的商品加以限制；出口信贷必须把贷款与购买出口设备项目紧密地结合在一起，项目借款与特定的项目相联系；国际金融机构贷款有专款专用的限制。国际银行贷款不受银行的任何限制，可由借款人根据自己的需要自由使用。

2．贷款方式灵活，手续简便

政府贷款不仅手续相当烦琐，而且每笔贷款金额有限；国际金融机构贷款，由于贷款多与工程项目相联系，借款手续也相当烦琐；出口信贷受许多条件限制。相比之下，国际银行贷款比较灵活，每笔贷款可多可少，借款手续相对简便。

3．资金供应充沛，允许借款人选用各种货币

在国际市场上有大量的闲散资金可供运用，只要借款人资信可靠，就可以筹措到自己所需要的大量资金。不像世界银行贷款和政府贷款那样只能满足工程项目的部分资金的需要。

4．贷款条件由市场自由决定，借款人的筹资负担较重

贷款的利率水平、贷款的偿还方式以及相应的贷款实际期限、由贷款货币选择而决定的贷款汇率风险等是决定借款人筹资成本高低的主要因素。与其他国际信贷形式相比，国际商业银行贷款在这些方面没有优势，这决定了借款人的筹资成本是比较高的。

二、国际银团贷款

（一）国际银团贷款的含义

国际银团贷款也称国际辛迪加贷款，就是由一家或多家银行牵头，多家分属于不同国家或地区的银行联合组成一个银行集团，各自按一定的比例，共同向借款人提供一笔中长期贷款。它是商业银行贷款中一种比较典型、普遍的贷款方式。

（二）国际银团贷款的特征

1. 贷款金额大，贷款期限长

国际银团贷款能满足借款人长期、大额资金的贷款需求。一般用于交通、石化、电信、电力等行业新建项目贷款、大型设备租赁、企业并购的融资等方面。

2. 筹资所花费的时间和精力少

借款人只需要与安排行商定贷款条件，由安排行负责银团的组建。

3. 贷款风险较小

由于银团是由多家银行按一定的贷款金额组成的，各贷款人承担的风险也是按贷款金额分摊的，同时，由于各家银行在风险分析及风险规避方面各有千秋，因此可以有效减少贷款人承担的风险。

4. 能给借款人带来管理上的方便

在贷款的执行阶段，借款人无须面对所有的银团成员行，相关的提款、还本付息等贷款管理工作由代理行完成。

5. 有利于借款人树立良好的市场形象

银团成功的组建是各个参与行对借款人财务和经营情况的认可，尤其是当贷款是由信誉卓著的银行提供时更是如此。因此，许多借款人希望通过公开宣传以扩大声誉。

6. 拓宽了借款人的金融服务渠道

银团的各个成员行能够为借款人提供更加全面和专业的金融服务，对借款人将来的业务发展、资金筹措大有好处。

（三）国际银团贷款的当事人

国际银团贷款的当事人有两方：一方是借款人；另一方是贷款人，即参加银团的贷款银行。贷款银行包括牵头行、副牵头行、代理行、参加行和安排行。

1. 牵头行

牵头行有时又称经理行、主干事行等，是银团贷款的组织者和领导者。牵头行通常是由借款人根据贷款需要物色的实力雄厚、在金融界享有较高威望、和其他行有广泛联系、和借款人自身关系密切的大银行或大银行的分支机构。在银团贷款的组织阶段，牵头行是沟通借贷双方的桥梁，并由此承担相应的权利和义务。

2. 副牵头行

在金额较大的银团贷款中，可设副牵头行，协助牵头行工作，并保证负责包销一定比例的银团贷款份额。

3. 代理行

代理行是全体银团贷款参加行的代理人，是代表银团负责与借款人的日常业务联系，担任贷款管理人角色的一家银行。在银团贷款协议签订后，代理行按照贷款协议的规定，负责对借款人发放和收回贷款，承担贷款的贷后管理工作；协调贷款人之间、贷款人和借款人之间的关系；负责违约事件的处理等。

4. 参加行

参加行是指参加银团并按各自的承诺份额提供贷款的银行。按照贷款协议规定，参加行有权通过代理行了解借款人的资信状况，有权通过代理行取得一切与贷款有关的文件，有权按照其参与贷款的份额取得贷款的利息及费用，有权独立地向借款人提出索赔的要求，有权建议撤换代理行。参加行在银团贷款中的义务是按照其承诺的贷款份额及贷款协议有关规定向借款人按期发放贷款。

5. 安排行

安排行须协助牵头行做一些事务性的工作。较小金额的银团贷款中则不设安排行。

三、外国政府贷款

（一）外国政府贷款的含义

外国政府贷款是一国政府利用财政资金向另一国政府提供的具有双边经济援助性质的长期低息优惠性贷款。政府贷款也是各类贷款中优惠程度最高的一种贷款，它是以国家政府的名义提供与接受而形成的，主要使用的是国家财政预算收入的资金，并通过列入国家财政预算支出的资金进行收付，一般要经过各国中央政府以完备的立法手续加以批准后才能提供。同时，政府贷款的形成，通常是建立在两国政治关系良好的基础上，配合外交活动而采用的一种经济手段。

政府贷款有无息的，也有有息的，一般年利率为 2%～3%，偿还期平均为 20～30 年，最长可达 50 年，并且其中含有 5～10 年的宽限期。按照国际惯例，政府贷款之所以具有优惠性，是因为在这种贷款中，一定含有至少 25% 的赠与成分。赠与成分即贷款中无须还本付息的成分，它是根据贷款的利率、偿还期、每年偿还次数、宽限期和综合贴现率等数据计算出的衡量贷款优惠程度的综合性指标。计算公式为

$$GE = 100 \times \left(1 - \frac{\frac{R}{A}}{D} \right) \left[1 - \frac{\frac{1}{(1+D)^{AG}} - \frac{1}{(1+D)^{AM}}}{D(AM - AG)} \right]$$

式中，GE——赠与成分；

　　　R——贷款的年利率；

　　　A——每年的偿还次数；

D——贷款期内每年的市场综合贴现率，一般按综合年率 10% 计算；

G——宽限期，即第一次贷款支付期至第一次还款期之间的间隔；

M——偿还期（以年计算），即贷款期。

在实际计算时，对于市场的综合贴现率 D 应以 10% 除以每年偿付次数 A。如果属于每半年偿还一次，则贴现率应按 D=10%÷2=5% 计算。

（二）外国政府贷款的特征

1. 利率低、附加费用少，含有一定的赠与成分

政府贷款分无息贷款和计息贷款。无息贷款即贷款免收利息，只收取一定的手续费。计息贷款即贷款要支付利息，年利率一般为 1%～3%。政府贷款的附加费用主要包括两种，即承诺费和手续费。承诺费是指贷款方因借款方没有按期使用贷款，造成贷款人资金闲置不能生息而向借款人收取的一种补偿性费用。手续费是指贷款人按贷款金额的一定比例向借款人收取的费用，其费率通常为 0.25%～0.5%，一般不超过 1%。

2. 还款期长，并有一定的宽限期

政府贷款属于中长期贷款，因此贷款期限较长，一般为 10 年、20 年，甚至长达 40 年。有关贷款的期限，贷款协议中均有明确的规定。从贷款协议规定开始提款之日起到规定截止提取之日止的期限为贷款的提取期，或称使用期，一般规定为 1 至 3 年或 5 年。从协议规定开始还款之日起到还清全部本息之日为止的整个时期为偿还期，或称还款期。政府贷款的偿还期较长，一般为 20～30 年。在政府贷款中，还有一个宽限期，也称为宽缓期，指自贷款协议生效到贷款偿还期开始的一段期限，在这段期限内借款人不必偿还本息或只付息而不必偿还贷款的本金。宽限期一般可为 3 年或 5 年，但最长不超过 10 年。贷款的本金在宽限期满后开始偿还，借款人可以一年偿还一次，也可以每半年偿还一次。

3. 贷款的程序比较复杂

借款国在确定备选项目的过程中要进行大量的调查研究工作，以保证可行性研究报告的科学性和可靠性，为此需要相当长的时间。借款国在可行性研究报告和项目实施计划拟订以后才能向贷款国提出申请，经贷款国政府审查认可并做出承诺后，两国政府才能就贷款条件进行双边会谈，直至达成协议，然后通过两国政府换文后签字生效。由于政府贷款程序复杂，所费时间一般较长。因此，对于一些急需资金、时间性强的建设项目，利用政府贷款不一定是适宜的筹资方式。

（三）影响外国政府贷款的因素

政府贷款既然是利用国家财政资金向外国政府提供的优惠性贷款，它就必然受到一些政治、经济因素的影响，具体包括以下几个方面。

1. 政局的稳定与外交关系的改善

提供贷款与借入贷款的国家的政局基本上处于稳定或趋于稳定的局面，是进行政府贷款的前提；同时，两国政府互相之间的外交关系和政治气氛良好与否，也是影响政府贷款的一个因素。

2. 贷款国政府的财政收支状况

国家财政收支状况良好时，该国政府可能会多提供一些政府贷款；反之，可能提供的贷款就会少一些。但是，实行赤字预算财政政策的国家，即使预算赤字很大，仍然对外提供一定数量的政府贷款。

3. 贷款国的国际收支状况

贷款国向外国提供优惠性的政府贷款，会影响本国的国际收支状况，表现为国际收支付方的增加；借款国接收贷款时，则表现为国际收支收方的增加。因此，当一国国际收支状况良好，国际收支顺差并拥有相当的外汇储备时，可能提供的贷款就会多一些；反之，提供的贷款就会少一些。

四、国际金融机构贷款

（一）国际金融机构贷款的含义

国际金融机构是指从事国际融资业务、协调国际金融关系、维持国际货币信用体系正常运作的超国家机构。目前主要的国际金融机构有两大类：一类是国际性金融机构，主要是国际货币基金组织、世界银行等；另一类是区域性泛区域性国际金融机构，主要有亚洲开发银行、非洲开发银行等。

国际金融机构贷款是国际金融机构根据机构章程和贷款条件向成员方或有关当事人提供的一种优惠性贷款。它一般限定用途、贷款额度和贷款使用条件，同时利率水平较低。其中，国际货币基金组织向发生国际收支逆差的会员国提供短期或中期贷款；世界银行和国际开发协会则向发展中国家提供长期贷款，这种贷款专门用于特定的开发建设项目，也就是项目融资。

（二）国际货币基金组织贷款

国际货币基金组织是 1945 年 12 月 27 日在华盛顿正式成立的，其宗旨是，促进成员国的国际经济合作，扩大对外贸易，稳定汇率，平衡国际收支，为成员国提供资金及技术援助等。

1. 国际货币基金组织贷款的特征

国际货币基金组织在其成员国出现国际收支严重不平衡时，可向该国提供贷款，以解决其国际收支暂时不平衡问题。贷款有以下几个特征。

1）贷款对象只限于成员国的政府机构，如中央银行、外汇平准基金组织等。

2）贷款用途只限于解决成员国国际收支暂时的不平衡、储备地位或货币储备变化的资金需要，因此期限较短。

3）贷款期限一般限于提供短期信贷。

4）贷款额度受成员国所缴份额的制约，一般不超过其份额的 5 倍。

2. 国际货币基金组织贷款的种类

1）储备份额贷款。成员国所缴份额中，外汇或特别提款权应占 25%，其余 75% 可用本国货币缴纳。这 25% 的外汇或特别提款权称为储备份额。当成员国国际收支发生逆差时，申请时只需说明平衡国际收支，即可提取这部分款项，故称为储备份额贷款，这种贷款不收费用，也不提出偿还要求。

2）信用部分贷款与备用安排。此为国际货币基金组织的基本贷款，分四档，每档相当于成员国所缴份额的 25%，第一档贷款称为低档贷款，掌握轻松，第二档以上称为高档贷款，掌握较严。信用部分贷款在获准后全部提取，也可以按照国际货币基金组织批准的备用安排陆续提取，一般宽限期为 1～3 年，5 年还清。

3）中期贷款。此为 1974 年 8 月新设的贷款项目。因当时石油涨价，价格结构失调，为解决成员国困难，提供贷款援助。宽限期一般为 3 年，10 年后全部还清。贷款金额最多为成员国所缴纳份额的 140%。

4）补偿贷款。补偿贷款也称波动补偿贷款，主要用于解决成员国出口物资因国际市场价格下跌，或因受自然灾害出口物资减产而造成的经济困难，重点是解决初级产品出口国的困难。提供这一贷款掌握较松，贷款额度最高为所缴份额的 125%，期限为 5 年。

5）缓冲库存贷款。主要用于帮助成员国建立适当的进出口商品库存，以缓和价格波动的冲击，从而消除影响外汇收入的因素。这种贷款的最高额为份额的 50%。

6）补充贷款。此项贷款于 1979 年 2 月设立，其额度一般根据所借普通信贷的金额而定，与第一档信贷的比例为 2∶1，与高档信贷的比例为 1∶1.2。因此，成员国在提取第一档信用贷款时，可使用的补充贷款相当于份额的 12.5%，在提第二档信贷时相当于份额的 30%。该贷款利率略高于普通贷款，贷款期限为 1～3 年。

7）扩大资金贷款。在面对补充贷款资金已经用完，而成员国的国际收支逆差仍需要弥补的情况下，于 1981 年 3 月 11 日经董事会通过设立扩大资金贷款。本项贷款结合普通信用贷款进行，最高为份额的 150%。这项贷款的资金供应者为阿拉伯货币局及发达国家的中央银行。偿还期到第 7 年末全部还清。

8）结构调整贷款。这项贷款设立于 1986 年，用于资助贫穷国家实施中期宏观经济调整规划。

（三）世界银行贷款

世界银行是由国际复兴开发银行（International Bank for Reconstruction and Development，IBRD）、国际开发协会（International Development Association，IDA）和国际金融公司组成的世界银行集团的简称，成立于 1945 年，总部设在华盛顿。这些机构联合向发展中国家提供低息贷款、无息信贷和赠款。它是一个国际组织，其一开始的使命是帮助在第二次世界大战中被破坏的国家的重建。今天它的任务是资助国家克服穷困，各机构在减轻贫困和提高生活水平的使命中发挥独特的作用。

目前，世界银行贷款主要有以下五类。

1）具体投资贷款（项目贷款）。世界银行的能源、交通、农业、工业、教育贷款等，均属于这类贷款。

2）部门贷款。该类贷款包括部门投资贷款、中间金融机构贷款、部门调整贷款。

3）结构调整贷款。这类贷款主要帮助借款国调整宏观经济、部门经济与体制改革，以克服经济上的困难。

4）技术援助贷款。这类贷款主要用于提高借款国的业务管理水平与实现贷款目标的能力。

5）紧急复兴贷款。这类贷款用于解决借款国内因自然灾害所造成的经济困难，如为有些国家遭受地震灾害提供重建资金等。

第二节　国际贸易融资

国际贸易融资是指外贸企业为开展国际贸易活动向银行取得资金融通便利的活动。作为促进进出口贸易的一种金融支持手段，它是国际融资活动中业务量最大、历史最悠久的一类，也是融资技术已经标准化的一类。如果没有国际贸易融资，世界贸易的规模必将大大缩减，并为世界各国的经济带来巨大的负面影响。

一、国际贸易融资概述

（一）国际贸易融资的功能

1. 融资的功能

贸易融资的融资对象、融资渠道和融资方式是多方面的。融资的对象既可以是出口商，也可以是进口商；既可以是大制造商、进出口公司，也可以是小企业；既可以是进出口商，也可以是国内外进出口银行。融资渠道既可以通过商业信用，也可以采用银行信用；既可以通过私人银行，也可以通过经纪人融资，官方银行也给予多方支持。融资方式也多样化，包括抵押性贷款、无抵押性贷款、汇票抵押贷款、承购应收账款业务、福费廷业务等。融资的项目更是繁多，从出口设备的生产、销售、运输、安装到商品的采购、打包、仓储、出运，以及与商品进、出口相关的制单、签约、申请开证、承兑、议付等各环节，都能获得银行的融资。国际贸易融资在这一功能方面的目的，主要在于支持进出口贸易。

2. 担保的功能

为了支持出口业务，各银行及金融机构，尤其是官方资金支持的银行和金融公司，几乎都制订了短期的、中期的和长期的贷款担保计划。美国受当局支持的美国进出口银行的四大业务中第二项计划就是对商业银行中期出口融资交易提供担保；对商业银行购买出口商的中期出口信用提供担保，使其能在对出口商无追索权基础上购买外国人欠美国出口商的债务，其业务范围涉及 140 多个国家。

3. 保险的功能

例如，美国进出口银行对 180 天短期贸易信贷不提供贷款，只提供保险。国外信贷保险协会则对超过商业风险损失部分，包括战争、动乱、没收以及货币不可兑换等，提供在担保基础上的再保险。法国官方建立的外贸保险公司、加拿大政府建立的出口信用保险和银行担保系统等，都是结合国际贸易信贷进行保险。这些都有力地支持了贸易信贷和出口业务。国际贸易信贷的功能，主要在于通过支持商品交易的进出口信贷和中、长期的出口信贷促进本国的出口，支持本国的出口设备物资的生产。特别是买方信贷，其功能在于既对进口商融资，又限定信贷资金只限于购买贷款国的商品或设备。贸易融资还可以支持商品的运输、打包等所需的资金，直到设备安装、试车、投产，服务到底，以及为企业提供各种信息。

（二）国际贸易融资的分类

1. 以融资的期限分

在各种国际贸易融资中，融资期限的浮动范围很大，短则几十天，长则数年。融资期限在 1 年以下的称为短期贸易融资，其主要类型有打包放款、进出口押汇、贴现、国际保理业务、预付款、信用证（或商品）抵押放款、透支等。融资期限在 1 年以上的称为中长期贸易融资，其主要类型有出口信贷、福费廷等。

2. 以货物的进出口方分

1）对出口方的融资。主要有进口方提供的预付款、保理商提供的国际保理业务、包买商提供的福费廷业务，以及银行提供的打包放款、进出口押汇、贴现、信用证抵押放款、凭信托收据等。

2）对进口方的融资。主要有出口方提供的赊账交易、托收结算方式下的承兑交单、银行提供的承兑信用、信用证开证额度、透支、商品抵押放款、凭信托收据等。

3. 以融资的资金来源分

1）一般性贸易融资。它是指资金来自商业银行。通常情况下，这种融资多与国际贸易结算紧密结合。贷款期限有短期、中期、长期三种，利率采用市场上固定或浮动利率。

2）政策性贸易融资。它是指由各国官方或半官方出口信贷机构利用政府财政预算资金向另一国银行、进口商、政府提供的贷款，或由各国官方或半官方出口信贷机构提供信贷担保，由商业银行利用其自由资金向另一国银行、进口商、政府提供的贷款。该贷款通常被限定用于购买贷款国的资本货物，以促进贷款国的出口。

4. 以融资的货币分

1）本币贸易融资。它是指利用贷款国的货币提供的融资。一般情况下，这种贷款的对象为本国外贸企业。

2）外币贸易融资。它是指利用非贷款国的货币提供的融资。此处所言的外币，可以是借款国的货币，也可以是第三国的货币，但必须是可自由兑换的货币。

5. 以融资有无抵押品分

1）无抵押品贷款融资，也称信用贷款融资。它是指银行无须企业提供任何抵押品，而是凭借企业自身信用做担保向其发放的贷款。一般情况下，该融资方式只适用于资信好、与该银行业务往来时间长、无不良记录的大中型外贸企业。

2）抵押贷款融资。它是指需要抵押品才发放贷款的融资方式。该融资方式通常适用于风险大、期限长的项目，或信用级别低的中、小外贸企业融资。

二、传统的国际贸易结算融资方式

国际贸易中使用的结算方式主要有四种，即预付款、托收、信用证和赊账。国际贸易融资形式往往伴随国际贸易不同结算方式而变化。

（一）对进口方的融资

对进口方而言，预付方式要占用资金，进口成本比较高，而赊账方式对进口方最有利。表 12.1 中列示了不同结算方式对进口方的贸易融资形式。

表 12.1 对进口方的贸易融资形式

结算方式	提供融资方	融资形式	融资阶段	
			货物收到前	收到货物至货物实现收益
赊账	出口方	商业信用	*	*
远期 D/P	银行	信托收据	*	*
D/A	银行	承兑信用	*	*
信用证	银行	开证额度	*	
	银行	进口押汇	*	*
	银行	提货担保		*

注：*表示该阶段发生了融资行为。

1）赊账一般是建立在出口方对进口方完全信任的基础上，出口方将货物所有权交给进口方后，只要求进口方在收到货物后的 1~3 个月内付款，相当于为进口方提供了该段时间内的资金融通。

2）托收在贸易上一般指跟单托收，跟单托收按交单的条件不同可分为付款交单（documents against payment，D/P）和承兑交单（documents against acceptance，D/A）。付款交单又可分为即期付款交单和远期付款交单两种。从付款交单的条件看，进口方得不到融资，但是在远期付款交单情况下，进口方可以向银行开立书面保证文件即信托收据借出提货单据，以便取得货物，趁有利的市场机会尽快出售，获得货款后偿还银行以换回信托收据。在这个过程中，进口方获得银行提供的融资。在承兑交单结算方式下，出口方通过银行向进口方出示一张远期汇票，进口方承兑后就可以从银行取得单据，将货物转售或用到生产和消费中去。若在付款日到期之前，进口方已将货物销售出去，进口方就可以利用出口方提供的短期资金融通做无本的生意。在承兑交单结算方式下，出口方为了保证安全收款，往往要求由银行承兑汇票，银行对汇票进行承兑后，进口方必须于汇票规定的付款日前将有关款项付给银行，从而银行可在付款日准时兑付出口方开出的汇票，这一过程中进口得到银行的融资。

3）信用证结算方式下，主要由银行向进口方提供资金融通，进口方得到的融资贯穿于信用证业务的整个过程。首先，进口方向开证行申请开证阶段，由于信用证是银行对出口方做出的付款承诺，一旦开证申请人（即进口方）丧失清偿能力，银行就要面临款项收不回来的风险，因此，银行一般要求进口方在开立信用证的同时交纳一定的保证金或其他抵押品。但是，银行为了提高自身的竞争力，往往根据进口方的经营能力、商业信誉和经营作风给予一定比例的保证金减免或授信额度；若进口方是开证行的存款户或与开证行有长期的业务往来关系，则往往可以获得减免全部保证金，从银行取得较大程度的资金融通。其次，出口方将所有单据交给银行要求进口方付款赎单阶段，若进口方无足够的资金向银行赎单，而由开证行替进口方垫付货款，这样进口方就可以从银行取得单据，获得银行融资，这种融资方式称进口押汇。最后，货物到达目的港阶段，当货物先于提单到达目的港口时，进口方为了抓住市场有利机会及早提货，可要求银行出具担保提货书，代替提单向船公司提货，待提单收到时，再将提单交给船公司以换回担保提货书，这种融资方式叫作担保提货。

（二）对出口方的融资

对出口方的贸易融资可归结为表 12.2。

表 12.2　对出口方的贸易融资形式

结算方式	提供融资方	融资形式	融资阶段	
			组织货物	货物出运后
预付	进口方	商业信用	*	*
D/A	银行	托收出口押汇		*
信用证	银行	打包放款	*	
	银行	信用证出口押汇		*
	银行	票据贴现		*

注：*表示该阶段发生了融资行为。

1. 打包放款

对出口方融资的打包放款通常是指出口方收到进口方开证行开来的信用证，在货物出运之前，将正本信用证作为抵押，向银行申请一定比例的款项（一般不超过信用证金额的 80%），以作准备组织货物之用。该项融资的期限一般不超过信用证的有效期，但有时银行还视情况规定一个最长融资期限，原则上不超过 6 个月，期限一到，银行无条件收回贷款。

2. 出口押汇

出口押汇即出口方银行以出口货运单据作抵押，向出口方融通资金，根据不同结算方式的融资需求可分为信用证出口押汇和托收出口押汇。

1）信用证出口押汇。出口方装运货物后，由于收到货款需要一段时间，如果出口方急需资金，则可按照信用证的规定，向议付行提交全套单据，议付行审核单证相符后以信用证项下的出口单据作抵押，先垫付给出口企业扣除利息及手续费后的货款，这种融资即是信用证出口押汇。

2）托收出口押汇。托收出口押汇是指托收行买入出口方交来的跟单汇票，从汇票中扣除预计的利息和手续费，将余额付给出口方，以解决出口方资金占用困难问题，其押汇利率的指定与信用证出口押汇一样。

3. 票据贴现

票据贴现是信用证项下的一种融资方式。如果进出口双方签订以远期信用证方式成交，那么出口方取得开证行承兑的远期汇票后，可向银行申请贴现以取得货款，银行扣除贴现利息后将汇票余额付给出口方，一旦开证行到期不能履行付款义务，付款行就有权要求出口方归还贷款。

三、创新的国际贸易结算融资方式

（一）福费廷业务

福费廷又称包买业务，名称源于法语，意指放弃某种权利。国际贸易中，福费廷是指出口方把经进口方承兑和进口方银行担保的期限在6个月到10年的远期汇票或本票，在无追索权的基础上出售给出口地银行或金融公司，提前取得现金的一种融资形式。福费廷业务中提供融资的银行或金融公司称为福费廷公司或包买商，常常是国际性大银行的附属银行。

1. 福费廷业务融资的特征

1）福费廷融资中的债权凭证，如汇票、本票等产生于合法的国际资本性贸易往来。
2）出口方把远期应收账款债权一次性卖给福费廷公司，同时也把进口方信用风险、担保风险、进口国国家风险、利率和汇率风险、应收账款账户管理和收款等事宜转移给福费廷公司。
3）福费廷公司对出口方的融资为无追索权融资，所以，福费廷公司要求购买的债权凭证须经进口国一家信誉卓著的银行或金融机构担保。
4）福费廷融资是一种中长期融资，融资期限一般在半年以上，最长可达10年。

2. 福费廷业务的程序

1）进出口双方业务洽谈的早期阶段。国际市场上，随着买方市场的形成，出口竞争越来越激烈，特别是在资本性货物交易中，交易金额较大，进口方往往要求出口方提供期限较长的融资。为了扩大出口，提高市场占有率，出口方不得不接受进口方的融资要求。这样，出口方面临出口货物资金占用和国际贸易融资风险，而福费廷业务是一个有效的解决办法，因而出口方本身或委托出口方银行主动与福费廷公司取得联系。

2）福费廷公司经过多方调查和比较后，提出报价。出口方或出口方银行与福费廷公司取得联系后，福费廷公司往往要求出口方提供下列材料：出口方的详细资料，包括名称、注册地址和办公地址、经营范围、经营业绩和资信状况等；需要融资的货币、金额和期限；进口方的详细资料；担保人的名称及注册地址、办公地址；提交债权凭证的形式，如汇票或本票，以及预计提交票据的时间；担保方式；贸易合同的初步条款，如出口商品的名称和类别，分期付款票据的面额、间隔和到期日，交货期，票据的付款地等。福费廷公司在出口方提供资料的基础上，结合本身的基本情况和对担保人的资信调查结果，往往在一两天内做出是否续做福费廷业务的决定，并提出相应的报价。

3）出口方分别与进口方和福费廷公司签订有关合同。出口方根据福费廷公司的报价，将融资费用全部或部分计入出口商品价格并向进口方报价，一旦对方同意，双方签订贸易合同。另外，出口方要向福费廷公司确认报价并签订融资合同。

4）提交单据。出口方按贸易合同要求向进口方提供货物后取得债权凭证，再向福费廷公司转交债权单据，并申请融资。

5）获得资金融通。福费廷公司收到约定的债权单据后，向出口方提供货款，并扣除相应的融资利息和其他费用。

6）到期票据清算。票据到期时，福费廷公司与进口方清算货款，若进口方拒绝支付，则担保人负责向福费廷公司还款。

3. 福费廷业务对进出口商的利弊

福费廷方式对出口商的好处比较多：可以减少资产负债表上的或有负债，并增强资金的流动性；以一个固定利率贴现，可以避免可能出现的损失，而且不会出现资金流动问题；没有信贷管理、托收问题及相关风险和费用。不利之处在于融资成本相对较高，出口商不仅要支付一般的市场利率和一个加息率，还要支付一定的承担费和选期费。

对进口商来说，通过福费廷业务可以获得贸易项 100%的延长付款融资便利，而且办理手续也比较简单。不利之处在于福费廷业务的利息和所有费用都要计算在货价之中，因此货价比较高。

（二）国际保理业务

国际保理业务（international factoring）又称保付代理。国际贸易中出口商以赊账或承兑交单等结算方式销售货物时，保理商买进供应商（出口方）以单据表示的对债务人（进口方）的应收账款，即无追索权贸易融资，并提供信用销售控制、销售分户账管理、债款回收和坏账担保等服务，这种综合性金融服务就是保理业务。

1. 国际保理业务的融资特征

1）手续方便，操作简单。它既不像银行贷款那样需要复杂的审批手续、可行性评估等；也不像抵押贷款那样需要办理抵押品的移交和过户手续。

2）有利于改善企业财务结构和财务指标。保理商提供的无追索权融资，出口方可以将这种预付款看作正常的销售收入，而不必像银行贷款或其他形式的融资那样记在资产负债表的负债栏，所以，表示企业清偿能力的财务指标（如流动比率等）会得到改善，能在一定程度上提高企业的资信等级和清偿能力。

2. 国际保理业务的类型

根据所涉及的保理商的情况，保理业务通常可以分为双保理和单保理两种，前者涉及进出口双方的保理商，而后者仅涉及一方保理商。其中，双保理模式是目前国际上最为流行的形式。

从出口商出卖单据是否可以立即得到现金的角度来划分，国际保理业务可分为到期国际保理业务和预支业务两种。

从是否公开保理组织的名称来划分，国际保理业务可分为公开国际保理组织名称保理业务和不公开国际保理组织名称保理业务两种。

3. 国际保理业务的程序

由于国际保理业务中一般采用的是双保理模式，本书主要对双保理业务的程序做简要介绍，如图 12.1 所示。

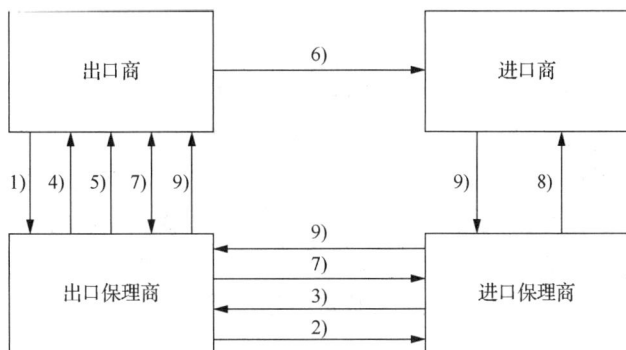

图 12.1 国际保理业务的程序

1）出口商为其某一个或数个进口商向出口保理商提出保理信用额度申请。

2）出口保理商机构将有关信息传递给进口商所在国的进口保理商。

3）进口保理商在评估了进口商的资信等级后回复出口保理商其审批结果，同时告知该笔业务适宜的费率。

4）出口保理商将审批结果通知出口商。

5）出口商的申请若得到批准，便可与出口保理商签订《出口保理协议》。

6）出口商在签订《出口保理协议》之后按销售合同向进口商发货。如果合同规定付款条件为赊销，出口商在发货后可以将全套单据自行寄给进口商；若付款条件为 D/P、D/A，则全套单据连同汇票交出口保理商。

7）出口商将债权转让给出口保理商，再由出口保理商转让给进口保理商。若出口商需要融资，出口保理商向其提供发票金额的 80% 的预付款。

8）进口保理商在到期日向进口商催收账款。

9）进口商向进口保理商付款，进口保理商付款通过出口保理商将款项付给出口商。若出口商已先期融资，出口保理商在扣除预付部分金额和利息后，再将余额结算给出口商。

（三）银行保函

在国际贸易中，有时进出口商需要的不是直接的贷款融资，而仅仅希望能借助银行的信用来促进商品交易，于是就出现了银行保函这一新型的金融信用工具。

1. 银行保函的含义

银行保函是指银行应某交易（贸易、合约等）一方当事人的要求向交易的另一方担保该交易项下某种责任或义务的履行所做出的书面承诺，保证在一定期限内承担一定金额的支付责任或经济赔偿责任。

保函有两个基本作用：其一，保证受益人在履行了合约义务后将肯定能得到所应得的合同价款的权力，如买卖合同下的付款保函、借贷合同下的还款保函等；其二，保证申请人履行某种合约的义务，并在违约时负责对受益人做出赔偿，如履约保函、投保保函等。

2. 银行保函的分类

银行保函按其用途的不同可以分为进出口贸易保函和借款保函两大类。进出口贸易保函是指银行代替进口方（或出口方）开立的，向受益人保证承担付款（或退款）、签约、履约等责任的书面文件。它具体又包括投标保函、履约保函、预付款保函、来料加工保函等。借款保函则是指银行应借款人的请求，向贷款人做出的一种旨在保证借款人依借贷合约按期向贷款方还本付息的付款保证承诺。一旦出现借款人因某些原因无力偿还或拒绝偿还的情况，将由担保银行来负责履行偿债的责任。

3. 银行保函的基本内容

银行保函虽然种类繁多，条款各异，但其基本内容是相同的，包括以下八个基本要素。

1）保函受益人的名称及地址。
2）保函申请人的名称及地址。
3）保函担保人的名称、国别及详细地址。
4）保函的种类及担保目的。
5）对开立保函背景交易的简略介绍和有关参考号，包括与保函相关的合同号、协议号、招标号及有关工程项目名称等。
6）保函的担保金额及所使用的货币，以表明保函项下支付或赔偿的责任限度。
7）保函的担保期限，即保函的有效期。
8）保函的赔付条件，即保函的付款承诺及有关索赔条件的具体规定。

四、出口信贷

（一）出口信贷的含义

出口信贷是指一国银行或非银行金融机构对本国出口商或外国进口方（或银行）提供利率优惠的贷款，以增强出口商品的竞争能力，支持本国大型机械和设备等资本性货物出口，从而达到扩大出口的目的。出口信贷是一种中长期的贸易融资形式，期限最长可达 10 年，这种融资形式既可解决本国出口商资本性货物输出时碰到的资金困难问题，又可满足国外进口方（特别是发展中国家）进口大型设备时的大额资金需求。

（二）出口信贷的主要类型

1. 买方信贷

买方信贷是指出口国银行直接向进口国银行或进口商提供的信贷。利用买方信贷成交，进口商要按合同金额的 15%～20% 预付货款，其余部分由出口国银行提供，并按贷款合同规定的期限偿还。

1）买方信贷的一般原则。①接受买方信贷的进口商只能以所得的货款向发放买方信贷国家的出口商、出口制造商或在该国注册的外国出口公司进行支付，不能用于第三国。②进口商利用买方信贷限于进口资本货物，一般不能用于进口原材料、消费品等。③提供买方信贷的国家出口额资本货物限于该国制造的资本货物。如果该资本货物的部件由多国产品组装，本国部件应占 50% 以上。个别国家规定外国部件不能超过 15%。④贷款只能提供贸易合同金额的 80%～85%，一般付足 15%～20% 的定金或部分货款后才能使用贷款。⑤贷款偿还均为分期偿还，一般规定半年还本付息一次。

2）买方信贷的程序。①进口商与出口商洽谈贸易，签订贸易合同。进出口商需要交付相当于货款 15% 的现汇定金。定金在合同签订时先付 10%，第一次交货时再付 5%。②贸易合同签订后至预付定金前，进口商或进口商银行与出口商所在地银行签订贷款协议。协议以贸易合同为基础。③贷款额按交货进程由出口方银行向进口商支付。具体分为两种情况：第一种是出口方银行直接向进口商支付；第二种是出口方银行通过进口方银行间接提供给进口商。④进口商或进口方银行于定购的设备全部交清的期限内，分期偿还出口方银行的贷款及利息，一般是每半年一次。

2. 卖方信贷

卖方信贷是指出口国银行为便于出口商以赊销或延期付款的方式出卖大型设备而向出口商提供的中长期信贷。利用卖方信贷成交，进口商在订货时要支付合同金额 15% 的现汇定金，其余 85% 由出口商利用银行贷款代进口商垫付，进口商再分期偿还。卖方信贷主要由出口商支付贷款利息，利息费用最后会加在货款上，故而卖方信贷的商品价格要高于用其他方式成交的商品价格。

发放卖方信贷的程序和做法如下。

1）在进出口商签订合同之后，进口商先支付 10%～15% 的定金，在分批交货验收和保证期满时，再分期付给 10%～15% 的货款，其余货款在全部交货后若干年内分期偿还，一般每半年偿还一次，并支付延期付款期间的利息。

2）出口商向其所在地的银行借款，签订贷款协议，以融通资金。

3）进口商随同利息、费用分期偿还贷款后，根据贷款协议，出口商再用以偿还银行的贷款。

3. 混合信贷

混合信贷是买方信贷和卖方信贷这两种形式的新发展。如前所述，无论是买方信贷还是卖方信贷，进口商都要向出口商支付占设备总贷款一定比例的现汇定金。由于近年来出口信贷利率不断调高，不利于某些发达国家设备的出口，因此一些发达国家为增强其出口产品的竞争力，在出口国银行发放买方信贷或卖方信贷的同时，出口国政府还从预算中拿出一笔资金，作为政府贷款或给予部分赠款，连同买方信贷或卖方信贷一起发放，以满足进口商或出口商支付设备货款与当地费用的需要。这种为满足设备项目融资需要，买方信贷或卖方信贷与政府贷款或赠款混合贷放的方式即为混合信贷。

（三）出口信贷的主要优势

不管是买方信贷还是卖方信贷，有了银行或非银行金融机构的融资，出口方基本上可以在货物售出后即取得资金，同时进口方又可以不必为进口资本性货物而在短期内筹措大量的资金。出口信贷对参与各方都有明显的好处。

1）对进口方而言，可以提高贸易谈判效率，争取有利的合同条款。进口方集中精力于自己熟悉的领域如货物的技术、质量等级、包装、价格和有关的贸易条件等，而将自己比较陌生的方面如信贷手续和有关费用交给银行处理，这样在谈判过程中必定有更充足的时间争取有利的贸易条件。另外，买方信贷费用由进口方银行和出口方银行双方商定，并由进口方银行支付给出口方银行，这笔费用往往少于卖方信贷下由出口方支付给出口方银行的费用。

2）对出口方而言，可以简化手续和改善财务报表。因为出口方出口货物时收入的是现汇，制定出口价格时无须考虑附加的信贷手续费等费用，只需参考同类商品的国际市场价格。另外，由于收入现汇，没有卖方信贷形式下的应收账款，可以在一定程度上改善年末财务报表情况。

3）对出口方银行而言，买方信贷是向进口方银行提供的，一般而言，银行信用大大高于商业信用（企业信用），出口方银行贷款的安全收回较为可靠。

4）对进口方银行而言，在金融业特别是银行业竞争越来越激烈的局势下，承做买方信贷可拓宽与企业联系的渠道，扩大业务量，增加收益。

第三节 国际租赁融资

贷款的发放与实物相结合是第二次世界大战以后国际金融创新的重要特征之一，国际租赁的产生与发展恰是一种具体体现这一特征的融资方式。

一、租赁融资概述

（一）租赁融资的含义

1. 英国设备租赁协会关于租赁的含义

所谓租赁，就是承租人从制造商或卖方处选择租用资产，而在出租人和承租人之间订立合同，根据该合同出租人保留该资产的所有权，承租人在一定期间内支付规定的租金以取得使用该资产的权利。

2. 国际统一私法协会关于租赁的含义

国际统一私法协会在"国际租赁融资统一规则初步草案"中并没有直接为租赁定义，但是该草案第一条对租赁的说明，则类似于定义了租赁，这条说明有两层意义。

1）本公约适用租赁融资交易，其中一方当事人（出租人）：①依照另一方当事人（承租人）的说明和经其同意的条件订立一项协议（供货协议），据此从第三方当事人（供货方）取得工厂、资本货物或设备；②订立一项协议（租赁协议）给承租人，有权为了商业或专业目的使用设备，并据此收取租金。

2）上述的租赁融资的主要特点是：①在说明设备和选择供货方面，承租人不是主要依靠出租人的技能和判断；②出租人所取得的设备是和一项租赁协议关联的，这项协议，据供货方所知，已经或将由出租人和承租人之间订立；③根据租赁协议应支付的租金是规定的，并考虑到摊提全部或部分设备成本。

3. 国际会计标准委员会关于租赁的定义

国际会计标准委员会在其制定的国际会计标准中对租赁的定义如下：租赁融资是指出租人在实质将属于资产所有权上的一切风险和报酬转移给承租人的一种租赁。至于所有权的名义，最终可以转移也可以不转移。

（二）租赁融资的特征

1）租赁融资涉及三方当事人，即承租方、出租方和供货方。承租方依据自己对租赁物件的要求，确定物件的品种、规格、数量及供货商（有时也委托出租方选择供货商）等，并要求出租方按照己方的要求购入设备，然后通过向出租方在一定期限内支付一定的租金为代价，取得对设备的使用权，并有义务合理使用、妥善保管和维修保养租赁物件，不得随意将租赁物件转让给第三者；出租方依据承租方确定的设备和供货商，利用自有资金或通过金融市场融资购买这些设备，并出租给承租方，取得一定的租金，出租方应确保租赁物件能正常使用，承担应租赁物件本身引起的一切负担；供货方依据承租方选定的设备，按时向出租方提供设备，并取得货款，一旦租赁物件交付、货款付清，双方的供需关系即自动结束，合同另有规定的除外。

2）租赁融资物件的使用权和所有权是分离的。在租赁融资中，出租方向承租方让渡的是物件的使用权，并没有将物件的所有权让渡给承租方；而承租方所取得的是物件的使用权，但没有所有权。承租方在租赁期间，必须承担维修、保养物件的义务。在租赁结束后，承租人可以根据自己的需要，通过留购或退租，取得所有权或放弃使用权。

3）租赁融资的期限较长，且在中途出租人和承租人任何一方不得解约。由于租赁融资的物件往往价值较大，承租人对物件的使用期限较长，一般为 3～5 年，长的可达 10 年以上，因此为了保障出租人和承租人双方的利益，在租赁合同的有效期内，任何一方不得中途解约，只有当设备毁坏或被证明为已经丧失使用效力的情况下才能中止合同。但是合同的中止不应使出租人受到损失为前提。

4）租赁融资是融资和融物相结合以达到融通资金的信用形式。出租人出租设备的目的是收取用租金形式表现的超过购买设备所需的机会成本的超额利润，是一种投资行为或贷款形式；承租人租赁设备以取得设备的使用权的目的是弥补本身资金不足但又可以取得预期的高额利润，因此这是一种筹资行为。

5）租赁融资往往涉及两个或两个以上的合同。租赁融资中，一般要涉及出租方和承租方的租赁合同、出租方和供货方的买卖合同，而出租方为了筹资还往往需要和金融机构签订融资合同。一般来说，出租方和承租方的租赁合同是另外两个合同的基础。

6）租期届满时，承租方可以采取不同的形式处理租赁物件。这种处理形式有续租、退还出租方、留购等三种。但目前大多数租赁融资采取留购形式，即承租方以象征性的价格购买租赁物件。

二、国际租赁融资的基本形式和特征

（一）国际租赁融资的基本形式

1. 直接租赁

直接租赁是指出租方根据承租方所选定的供货商和特定规格与数量的设备，利用自有资金或金融市场贷款向供货商购得设备，并根据租赁合同将设备出租给承租方使用。直接租赁一般涉及三方当事人、两个商务合同。目前国际租赁市场上大多采用此种租赁形式。

2. 杠杆租赁

杠杆租赁又称平衡租赁或借贷式租赁，是指出租方利用企业财务杠杆原理，将其根据承租人所选定的设备和承租方承诺支付的租金的受款权作为向银行贷款的抵押担保品，以取得购买此种设备的 60%～80%的资金，并将所购买的设备出租给承租方。在杠杆租赁中，出租方只要自筹少量的资金（一般为 20%～40%）就可以购得设备，由于出租方向金融机构取得的贷款是一种无追索权的抵押贷款，因此出租方只需承担其自筹资金部分的风险。在这种形式的租赁中，一般要涉及四个当事人，即出租方、承租方、供货方和贷款方。涉及的商务合同一般至少有三个，即租赁合同、购买合同和融资合同，有时贷款方尚需承租方出具保证支付租金的不可撤销的保证书。杠杆租赁一般只适用于大型设备租赁项目，如飞机、大型成套设备等。

3. 回租

回租是指承租人将已有的部分设备或其他动产或不动产出售给租赁公司，然后再将其租赁回来使用的一种租赁方式。这种租赁一般是在承租方资金较为紧缺的情况下，承租方通过向租赁公司让渡已有资产的所有权取得所需的资金，同时通过向租赁公司支付租金取得这部分资产的使用权以保证自身正常生产经营所需的设备。回租一般包括两个当事人，即出租方和承租方，其中承租方同时也是供货商，这种租赁对于资金短缺的承租者来说意义较大。

4. 转租赁

转租赁是接受承租方委托的出租方根据承租方所选定的设备，通过向制造商或其他的租赁公司租赁此项设备，并转租给承租方。这种租赁一般发生在租赁方自身实力较弱，缺乏融资能力的情况下。在转租赁中，一般涉及三个当事人，其中有一方既是承租方，也是出租方。

（二）国际租赁融资的基本特征

国际租赁融资作为租赁融资的一个分支，除了具备租赁融资的基本特征外，还具有以下特点。

1）国际租赁融资涉及的出租方、承租方、供货方三方当事人一般属于不同的国家或地区。在国际租赁融资中，出租方、承租方、供货方可以同时分属于三个不同的国家和地区，也可以出租方和承租方同属于一个国家或地区，而供货方属于第二国，还可以出租方和供货方同属于一个国家或地区，而承租方属于第二国。但一般不会出现承租方和供货方同属于一个国家或地区。

2）国际租赁融资涉及的商务合同至少有一个是涉外合同。由于国际租赁融资的三方当事人分属于不同的国家或地区，因此这三者之间所签订的合同也就具有涉外性。涉外合同可以是一个，也可以是全部。

3）国际租赁融资的最终资金往往来源于国际金融市场。资金的顺利融通是国际租赁融资得以顺利进行的前提条件。国际租赁融资的资金来源主要包括国际金融市场的短期贷款、中长期贷款、发行债券筹资等。

4）国际租赁融资的风险涉及的范围较一般的国内租赁融资的风险要广。在国际融资的风险中，除了一般的由承租方或出租方引起的经营风险、信用风险、政治风险、利率风险等外，还有一个更重要的风险，即汇率风险。由于国际租赁融资的当事人处于不同的国家或地区，以不同的货币作为本身记账的依据，在租金的支付、租赁物件购货款项的支付等方面都会面临不同货币的转换，因此这种风险就客观存在了。

三、国际租赁融资的租金

（一）租金的构成

国际租赁融资的租金是指出租方通过让渡设备的使用权而取得的向承租方按照约定的条件收取的报酬，或者说是承租方因取得设备的使用权而向出租方支付的费用。从实质上讲，租金是出租方抵扣其购买设备的成本及其实现利润的主要来源。对租金影响最直接的因素有以下几个。

1. 租赁物原价和租赁期满后设备的残值

很显然，租赁物原价和租赁期满后设备的残值之差，正是出租人实际向承租者提供的信贷总额。租金与这个差额成正比关系，即这个差额越大，租金越多，反之则相反。

2. 市场利息率的高低及对租赁业务给予的税收、信贷的优惠程度

设备出租者在向承租者提供相当于设备价款的信贷时，还要根据市场利息率收取利息，市场利息率较高，则收取利息也较多。在设备出租国对租赁业务提供税收及信贷优惠时，租赁公司或其他出租人会以较优惠的条件出租设备。

3. 租赁公司或其他出租人的预期利润率

出租者除要求在租期结束后收回设备投资及相应的利息外，还要求取得经营利润。因为出租者投资于设备租赁业务不是简单地提供融资信贷，还在融资过程中提供了一系列经营性服务。

4. 租赁期限的长短及租赁方式的不同

在租赁业务过程中发生的手续费的多少及租金支付方式的不同，也会对租金有一定影响。

（二）租金计算公式及租金支付方式

按照前述租金的构成要素，可以得到租金的计算公式为

$$租金 = \frac{租赁物原价 - 估计残值 + 利息 + 利润 + 手续费}{租期}$$

式中，残值是指租赁合同期满时租赁物的价值，一般由租赁物原价依据设备通常的折旧率加以扣除。

至于租金的支付办法，根据合同的期限，一般按每月、每季、每半年或每年支付一次。如果租期少于一个月，一般要求承租人在合同签署时支付全部租金。有些还采用预付租金的方式，即要求预先支付全部或部分租金。在不要求预付租金的租赁交易中，通常是在使用租赁设备取得利润后开始支付。

四、国际租赁的一般程序

国际租赁有多种形式，在各种租赁的具体业务中其程序也不完全相同。下面以进口租赁为例来介绍国际租赁业务的基本程序。

（一）承租人的租赁决策

国际租赁交易中的承租人多为生产型企业，其在决定进行项目投资时，可以通过多种形式寻找资金来源。然而，不同的筹集资金形式，对筹资人要求的条件也不相同。一般而言，对于承租人需要进口的设备投资，比较适宜采用国际租赁形式。

承租人在做出租赁决策后，首先根据自己的需要选定拟租赁物件和供应厂商，确定

租赁物件的名称、规格、数量、技术指标及售后服务和品质保证的要求。然后，准备好各项应向出租人提供的文件，主要有项目立项书及上级单位的批准文件、项目可行性研究报告、承租人所在地外汇管理局同意承租人采用国际租赁方式的批文、机电设备进口的有关批文等。最后，在对各租赁公司进行综合考察后，选定出租人并向其提出租赁申请。

（二）出租人对承租人及项目的审查与受理

出租人在接到承租人的租赁申请后，参考其提交的项目可行性报告及有关承租人的其他文件，对承租人的资信状况及项目的市场前景进行综合分析，做出是否接受申请的决定。

（三）合同的洽谈与签订

一项国际租赁交易至少包括两个合同，国际贸易合同与国际租赁合同。

1. 国际贸易合同的洽谈与签订

国际租赁业务中的国际贸易合同的内容和性质与一般国际贸易合同雷同，仅增加了一些与租赁有关的条款，主要有：卖方（供货人）要在买卖合同中确认本合同货物是作为买方（出租人）和用户（承租人）之间签订的租赁合同中的标的物件，由买方向承租人出租；卖方要对买方和承租人同时保证合同规定货物的规格、式样、质量、性能及其他全部条件均符合承租人的使用要求，并保证卖方应对买方提供的服务和应承担的义务，均由卖方直接向承租人负责。

2. 国际租赁合同的洽谈与签订

出租人与承租人在洽谈租赁合同时，应注意明确以下事项：①租期的确定；②租金的支付币种、构成与金额的确定及有关支付的问题；③租赁设备的维修与保养及其费用负担问题；④明确规定承租人不得中途解约；⑤期末租赁设备所有权的处置方式。

第四节 国际风险投资

一、风险投资的含义

风险投资有广义与狭义之分。广义的风险投资是指"venture capital investment"，这种风险投资是一种普通的商业投资模式，即投资者寻找有潜力的成长型企业，投资并拥有这些被投资企业的股份，并在恰当的时候增值套现；商业性的风险投资可以泛指一切具有高风险、高潜在收益的投资。本节讨论的是狭义的风险投资，也称创业投资，它是指由职业投资人或金融家将风险资本投向新兴的、迅速成长的并有巨大竞争潜力的未上市公司（主要是高科技公司），在承担很大风险的基础上为融资人提供长期股权资本和增值服务，培育企业快速成长，经过一段时间后通过上市、并购或其他股权转让方式撤出投资并取得高额投资回报的一种投资方式。风险投资的对象主要是新兴、快速成长、有巨大竞争潜力的项目（或成果），风险资本属于权益资本，投资的目的是追求高额回报。

关于风险投资的定义，目前比较有影响的主要有以下几种：①美国全美风险投资协会的定义，风险投资是由职业金融家投入到新兴的、迅速发展的、具有巨大竞争潜力的企业中的一种权益资本；②欧洲风险投资协会认为，风险投资是一种由专门的投资公司向具有巨大发展潜力的成长型、扩张型或重组型的未上市企业提供资金支持并辅之以管理参与的投资行为；③联合国经济与发展组织 24 个工业发达国家在 1983 年召开的第二次投资方式研讨会上提出，凡是以高科技与知识为基础、生产与经营技术密集的创新产品或服务的投资，都可以视为风险投资。

风险投资在现代经济发展中起着举足轻重的作用。它通过加速科技成果向生产力的转化推动高科技企业从小到大、从弱到强地长足发展，从而带动整个经济的蓬勃与兴旺。风险投资的这种重要作用已为越来越多的人所认识。人们把风险投资称为"经济增长的发动机"。

二、风险投资的要素和特征

（一）风险投资的要素

狭义的风险投资（venture capital，VC）是投资于高科技领域的资本，它之所以能迅速发展，其内在动力主要是由此而带来的高收益性。与任何一种投资一样，风险投资在进入之前也要做投资环境分析研究。风险资本、风险投资人、投资目的、投资期限、投资对象和投资方式构成了风险投资的六要素。

1. 风险资本

风险资本是指由专业投资人提供的快速成长并且具有很大升值潜力的新兴公司的一种资本。风险资本通过购买股权、提供贷款或既购买股权又提供贷款的方式进入这些企业。

按投资方式分，风险资本分为直接投资资金和担保资金两类。前者以购买股权的方式进入被投资企业，多为私人资本；而后者以提供融资担保的方式对被投资企业进行扶助，并且多为政府资金。

2. 风险投资人

风险投资人大体可以分为以下四类。

1）风险资本家。他们是向其他企业家投资的企业家，与其他风险投资人一样，他们通过投资来获得利润。但不同的是风险资本家所投出的资本全部归其自身所有，而不是受托管理的资本。

2）风险投资公司。风险投资公司的种类有很多，但是大部分公司通过风险投资基金来进行投资，这些基金一般以有限合伙制为组织形式。

3）产业附属投资公司。这类投资公司往往是一些非金融性实业公司下属的独立风险投资机构，他们代表母公司的利益进行投资。这类投资人通常主要将资金投向一些特定的行业。和传统风险投资一样，产业附属投资公司也同样要对被投资企业递交的投资建议书进行评估，深入企业进行尽职调查并期待得到较高的回报。

4）天使投资人。这类投资人通常投资于非常年轻的公司以帮助这些公司迅速启动。在风险投资领域，"天使投资人"这个词指的是企业家的第一批投资人，这些投资人在公司产品和业务成型之前就把资金投入进来。

3. 投资目的

风险投资虽然是一种股权投资，但投资的目的并不是获得企业的所有权，不是控股，更不是经营企业，而是通过投资和提供增值服务把投资企业做大，然后通过公开上市（initial public offerings，IPO）、兼并收购或其他方式退出，在产权流动中实现投资回报。

4. 投资期限

风险投资人帮助企业成长，但他们最终寻求渠道将投资撤出，以实现增值。风险资本从投入被投资企业起到撤出投资为止所间隔的时间长短就称为风险投资的投资期限。作为股权投资的一种，风险投资的期限一般较长。其中，创业期风险投资通常在 7 至 10 年内进入成熟期，而后续投资大多只有几年的期限。

5. 投资对象

风险投资的产业领域主要是高新技术产业。以美国为例，根据 CB insights 与普华永道联合发布的 2018 年度风险投资行业报告，美国创业企业风险投资融资总额高达 995 亿美元，比 2017 年增加 30%，占据全球金额近 50%。2018 年，美国的人工智能赛道获得 93 亿美元融资，相比 2017 年的 54.2 亿美元增长 72%，但融资笔数从 2017 年的 533 笔降到 466 笔。健康科技融资金额从 2017 年开始进入快速增长期，2017 年融资金额从 54.8 亿美元增长到 71 亿美元，2018 年再度增长到 86.03 亿美元，年度增幅 21%。与此同时，融资笔数的波动幅度很小，2017 年为 476 笔，2018 年则是 477 笔。金融科技自 2016 年起，连续三年融资金额、融资笔数双增长，其中 2018 年融资金额从 2017 年的 79.83 亿美元增长到 109.88 亿美元，增长幅度为 38%，融资笔数也从 571 笔增长到 627 笔。

6. 投资方式

从投资性质看，风险投资的方式有三种：一是直接投资，二是提供贷款或贷款担保，三是提供一部分贷款或担保资金的同时投入一部分风险资本购买被投资企业的股权。但不管是哪种投资方式，风险投资人一般附带提供增值服务。风险投资还有两种不同的进入方式：第一种是将风险资本分期分批投入被投资企业，这种情况比较常见，既可以降低投资风险，又有利于加速资金周转；第二种是一次性投入，这种方式不常见，一般风险资本家和天使投资人可能采取这种方式，一次投入后，很难也不愿提供后续资金支持。

（二）风险投资的特征

1. 风险投资是高风险与高收益相结合的投资

1）从高风险角度看：第一，风险投资所选择的主要投资对象是处于早期发展阶段的中小型高科技企业，这些企业存在较多风险因素；第二，风险投资是一种长期的（平均投资期为 5～7 年）、流动性差的权益资本；第三，风险投资是一种连续投资，风险投资家一般不会将风险资本一次全部投入风险企业，而是随着企业的成长不断地分期分批地注入资金，在投资初期对最终的投资数量往往很难准确估计。

2）从高收益角度看：第一，风险投资项目都是由非常专业化的风险投资家经过严格的程序选择而获得的，投资对象都是一些市场潜在规模大、高风险、高成长、高收益的新创事业或投资计划，这些对象一旦成功，就会为投资者带来少则几倍、多则几百倍甚至上千倍的投资收益；第二，风险投资会及时利用退出机制，如通过企业上市的方式，从成功的投资中退出，从而获得超额的资本利得收益。

2. 风险投资大都投向高新技术领域

风险投资是以冒高风险为代价来追求高收益的投资，投资的对象多为处于创业期的中小企业，而且多为高新技术企业。传统产业无论是劳动密集型的轻纺工业还是资金密集型的重工业，由于其技术、工艺的成熟性和产品、市场的相对稳定性，风险相对较小，是常规资本大量聚集的领域，因而收益也就相对稳定和平均。这显然不是风险投资的领域。高新技术产业由于风险较大，因而产品附加值收益也较高，顺应了风险投资的特点，也就当然地成为风险投资青睐的重点。

3. 风险投资家具有很强的参与性

风险投资家既是投资者又是经营者。风险投资家与银行家不同，他们不仅是金融家，而且是企业家，他们既是投资者，又是经营者。风险投资家在向风险企业投资后，便加入企业的经营管理。也就是说，风险投资家为风险企业提供的不仅仅是资金，更重要的是专业特长和管理经验。风险投资家在风险企业持有约 30% 的股份，他们的利益与风险企业的利益紧密相连。风险投资家不仅参与企业的长期或短期的发展规划、企业生产目标的测定、企业营销方案的建立，还参与企业的资本运营过程，为企业追加投资或创造资金渠道，甚至参与企业重要人员的雇用、解聘。

4. 风险投资是一种高专业化的组合投资

风险投资不是一种借贷资本，而是一种高专业化的组合投资和权益投资，其着眼点不在于投资对象当前的盈亏，而在于他们的发展前景和资产的增值，以便通过上市或出售达到撤资并取得高额回报的目的。所以，产权关系清晰是风险资本介入的必要前提。在风险投资领域有一句名言，即"不能把鸡蛋放在一个篮子里"，风险投资家的着眼点是权益的增长而不是短期的利润。风险企业的创始阶段现金流基本为负，属于亏损，投资家着眼的是将来的收益。

5. 风险投资是一种无担保、高风险和流动性小的投资

风险投资主要用于支持刚刚起步或尚未起步的高技术企业或高技术产品，是一种流动性较小的中长期投资。风险投资一方面没有固定资产或资金作为贷款的抵押和担保，因此无法从传统融资渠道获得资金，只能开辟新的渠道；另一方面，技术、管理、市场、政策等风险都非常大，即使在发达国家，高技术企业的成功率也只有 20%～30%，但由于成功项目的回报率很高，故仍能吸引一批投资人进行投资。风险投资往往是在风险企业初创时就投入资金，一般需经 3～7 年才能通过撤资取得收益，而且在此期间还要不断地对有成功希望的企业进行增资。由于其流动性较小，因此有人称之为"呆滞资金"。

6. 风险资本具有再循环性

风险资本通常是以"投入—回收—再投入"的资金营运方式为特征，而不是以时断时续的间断方式进行投资。风险投资家在企业的创业阶段投入资金，由于其投资目的是追求超额回报，一旦企业成功、资本增值，风险投资家就会在资本市场通过上市、收购兼并或其他股权转让方式撤出资本，实现增值和获得高额利润。风险资本退出企业后，并不会就此罢休，而是带着更大的投资能力和更大的雄心去寻找新的风险投资机会，使高新技术企业不断涌现，从而推进高新技术产业化的发展进程。

三、风险投资的发展阶段

每个新创企业都有其发展阶段，相应地，创业也分为不同的发展阶段。根据国际风险投资的惯例，新创企业的发展可以划分为五个阶段，相应地，风险投资也可以分为五个阶段。

1. 种子期

种子期又称筹建期。这时企业尚未真正建立，基本上处于技术研发阶段的后期，没有产品，只有实验室成果。除了创业企业家的自有资金以外，其余资金大都依靠个人储蓄、家庭或朋友资助。进入这一阶段的创业投资通常是所谓的种子基金，投资者主要是政府或富有且敢于冒险的个人投资者，亦即"天使投资者"。

2. 起步期

起步期又称初创期。这时有了初始产品并开始进入开发阶段，但只有创业家和粗线条的经营计划，没有管理团队和任何收入，开销也很低。创业投资家开始参与企业筹建或提供资金，以作为新产品或劳务的正式设计书。技术风险虽有所下降，但仍比较大。这个阶段对于创业投资家来说是最冒险和最困难的阶段，但因为已有初始产品，所以已经能够对详细的技术和商业计划做出评估。如果项目以后能获得成功，则在这一阶段的投资含金量比较高。因此，有经验的创业家通常乐于在这一阶段投资创业企业。

3. 成长期

成长期又称发展期。这时产品已进入开发阶段，技术风险大大下降，并拥有数量有

限的顾客试用产品，但费用在增加，市场风险在增大，企业能否营运成功仍然前途未卜。资金需求量增加，内部融资已经远远不能满足要求，迫切需要外部股权性融资。创业资本一般在这一阶段大批进入创业企业。

4. 扩张期

扩张期又称产品销售期或上市筹备期。这时企业开始出售商品或劳务，并拥有一定的销售量和利润。由于需要进一步提高生产能力、开拓市场，因此需要大量资金，一般需要几个创业投资家共同投资。因为技术和市场风险已经大大降低，并有了一定的经营业绩，风险投资家愿意在这一阶段投资。如果接近公开上市水平，创业投资将会帮助企业实现这一飞跃，以便获利退出。

5. 获利期

获利期又称成熟期、上市期。这时企业逐渐在本行特定的市场上站稳脚跟，销售收入高于支出，但仍然需要创业资本的最后投入。随着成熟期的推进，企业开始由新创企业转变为成熟企业，企业股票已经可以在场外市场或创业板市场上市。这一阶段的投资一般用于对企业上市前的最后包装，因此常被称为"美化基金"。

四、风险投资的营运过程

1. 搜寻投资机会

投资机会可以来源于风险投资企业自行寻找、企业家自荐或第三人推荐。

2. 初步筛选

风险投资企业根据企业家交来的投资建议书，对项目进行初次审查，并挑选出少数感兴趣者做进一步考察。

3. 调查评估

风险资本家会花 6～8 周的时间对投资建议进行十分广泛、深入和细致的调查，以检验企业家所提交材料的准确性，并发掘可能遗漏的重要信息；在从各个方面了解投资项目的同时，根据所掌握的各种情报对投资项目的管理、产品与技术、市场、财务等方面进行分析，以做出投资决定。

4. 寻求共同出资者

风险资本家一般会寻求其他投资者共同投资，这样，既可以增大投资总额，又能够分散风险。此外，通过辛迪加还能分享其他风险资本家在相关领域的经验，互惠互利。

5. 协商谈判投资条件

一旦投、融资双方对项目的关键投资条件达成共识，作为牵头投资者的风险资本家就会起草一份"投资条款清单"，向企业家做出初步投资承诺。

6. 最终交易

只要事实清楚，一致同意交易条件与细节，双方就可以签署最终交易文件，投资生效。

7. 投资退出

风险投资从风险企业退出有三种方式：首次公开发行；被其他企业兼并收购或股本回购；破产清算。显然，能使风险企业达到首次公开上市发行是风险投资家的奋斗目标，破产清算则意味着风险投资可能一部分或全部损失。

本 章 小 结

国际信贷也称国际信用，是指国际上的资金借贷关系，即由一国、多国的政府、银行或国际金融组织向第三国政府、银行及其他自然人或法人提供资金融通，其实质是以偿还为条件的价值运动。它主要是由国际商业银行贷款、银团贷款、外国政府贷款、国际金融机构贷款等构成。国际信贷融资是指以国际信贷方式进行的融资。国际贸易融资是指银行为外贸企业办理国际贸易业务而提供的资金融通便利。传统的国际贸易中使用的结算方式主要有四种：预付款、托收、信用证和赊账。创新的国际贸易结算融资方式有三种：福费廷、国际保理、银行保函。租赁融资是指出租人在实质将属于资产所有权上的一切风险和报酬转移给承租人的一种租赁。国际融资租赁的基本形式有直接租赁、杠杆租赁、回租、转租赁。风险投资，也称创业投资，它是指由职业投资人或金融家将风险资本投向新兴的、迅速成长的并有巨大竞争潜力的未上市公司（主要是高科技公司），在承担很大风险的基础上为融资人提供长期股权资本和增值服务，培育企业快速成长，经过一段时间后通过上市、并购或其他股权转让方式撤出投资并取得高额投资回报的一种投资方式。

知识拓展

风险投资的退出方式与二板市场

风险投资的退出方式分为公开上市、出售和破产清算三种。①公开上市是最便捷、最理想的退出方式，因为，股票公开发行是金融市场对该公司生产业绩的一种确认。公司的管理层很欢迎公开上市，因为这种方式保持了公司的独立性。同时，首次公开发行的公司还能获得在证券市场上持续筹资的渠道，是风险投资机构的投资从原有公司退出以便进入新一轮高科技项目投资的重要保障。所以说，二板市场不仅给中小企业提供了一种融资的渠道，也为风险投资的顺利退出提供了保障。②出售包括两种形式：售出和股票回购。售出又包括一般收购和第二期收购。一般收购主要是指公司间的收购与兼并。第二期收购是指由一家风险投资公司收购，接手第二期投资。最重要的是一般收购。股票回购对于大多数投资者来说，是一个备用的退出方法，当投资不是很成功的时候就采用这种方式。股票回购有两种方法：一是给普通股的持股人以股票赎回的卖方期权；二是优先股的强制赎回。普通股的卖方期权要提前约定估价的方法。股票回购是对投资收益的一项重要保证措施。③破产清算。有相当多的风险投资不是很成功，风险投资的巨大风险反映在高比例的投资失败上。越是处于早期阶段的风险投资，失败的比例越高。因此，对于风险投资公司来说，一旦确认风险企业失去了发展的可能性或者成长太慢，不能给予预期的回报，就要果断地撤出，将能收回的资金用于下一个投资循环，不可犹豫，否则承担的机会成本将是巨大的。

课后思考题

1. 简述国际商业银行贷款的特点。
2. 简述福费廷业务的程序。
3. 简述国际融资租赁的基本形式。
4. 国际租赁的一般程序是什么？
5. 风险投资的要素有哪些？

第十三章　国际融资管理

📖 学习目标

- 熟悉国际融资的主要风险以及风险防范路径；
- 掌握国际融资战略管理的程序；
- 了解各种国际融资的主要政策法规。

第一节　国际融资风险管理

一、国际融资风险管理概述

国际融资风险是指筹资人在向国外或国际金融机构的多种筹资方式中，因各种因素造成的融资成本变动、融资财务变动和融资信用丧失所导致的债务偿还的不确定性。国际融资的各种方式，包括国际商业贷款、国际债券融资、国际股本融资、国际租赁融资和国际金融机构融资等，都可能遇到由于各种因素变动所造成的债务偿还的不确定性风险。这种风险极大地影响到国际融资的顺利进行，对筹资者与投资者都会造成损失。因此，充分认识国际融资中的风险，采取可行的防范措施，便成为国际融资中的重要问题。

国际融资中的风险主要指经济风险，即因各种经济因素的变动造成的风险。

（一）经济风险分类

从筹集资金的角度看，经济风险主要包括筹资成本变动风险和筹资财务风险。

1. 筹资成本变动风险

筹资成本变动风险，是指借款期内由于汇率、利率等经济指标的变动造成筹资成本增加，给融资企业带来的债务偿还困难。如果因汇率或利率变动的预测和防范不力，使融资项目综合资金成本超过利润率，则筹资成本风险产生。

2. 筹资财务风险

筹资财务风险是指筹资企业的资金结构给企业经营利润的好坏带来的影响。利用借入资金提高自有资金的收益率，是一种有效的财务手段，在国外称为财务杠杆。通常情况下，借入资金越多，比例越大，则财务杠杆系数越高，自有资金利润率也越高。但是，如果融资企业生产经营情况不良，息税前资金利润率下降，就会出现相反的结果。可见，在企业资金总额中，借入资金比例越大，财务杠杆利益越大，但财务风险也越大。

（二）国际融资经济风险管理

在国际融资风险管理中，一般采用的是利率调换法、货币互换法，以及最佳资金来源结构法。

1. 利率调换法

利率调换是指两个独立的筹资者分别借到币种、数量和期限相同，但计息方式不同的债务。如固定利率与浮动利率债务，可根据各自的筹资优势，通过中间人对利率部分进行调换，以各自获得较合适的利率种类。如果一个能以优惠条件获得固定利率资金却希望使用浮动利率资金的借款人，与另一个能获得较低浮动利率资金但需要借入固定利率资金的借款人进行利率调换，则各自都能得到更满意的结果。

2. 货币互换法

货币互换是将一种货币的本金和固定利息与另一货币的等价本金和固定利息进行交换。货币互换的主要原因是双方在各自国家中的金融市场上具有比较优势。筹资者各自筹集等值的、期限相同的，但以不同货币计息的债务，通过计息货币的互换满足各自调整债务货币结构的需要，即可达到避免货币汇率风险的目的。

3. 最佳资金来源结构法

最佳资金来源结构法的核心在于融资企业要在财务杠杆利益和财务风险之间做出权衡，正确安排企业自有资金和借入资金的比例。通常情况下，若产品销售好，利润率超过借款利率较多，则可以适当多借入资金以提高财务杠杆系数；反之，则应尽量少地借入资金，提高自有资金比率，降低财务杠杆系数，减少财务风险。

二、国际融资中的汇率风险及其管理与防范

（一）汇率风险的种类

汇率风险主要表现在外汇买卖风险、交易结算风险和评价风险三个方面，此外还有外汇储备风险和汇率经济风险等。国际融资的目的多是用于项目的开发，必然产生购进设备原材料和技术劳务的支付，从借款、使用到借款的偿还，无一不涉及这三方面的风险。企业和主办项目单位首当其冲。

1. 外汇买卖风险

具体到企业或主办项目单位，其外汇买卖风险存在三种情况：一是外币借款，二是以外币计价向海外投资，三是以外币计价向海外贷款。以借款为例，如某企业从国外商业银行以年利率10%借款100万美元，借款期限为1年，用于购买进口设备和原材料。如果当时的美元对人民币汇率为1∶8，一年后还款就可能出现三种情况。

1）汇率不变。还款日汇率为\$1=RMB¥8，本利和为110万美元，合人民币880万元，买卖损益为零，总借款成本为80万元。

2）汇率上升。美元对人民币汇率\$1=RMB¥9，则本利和为110万美元，合人民币990万元，买卖亏损110万元人民币，借款总成本为190万元。

3）汇率下降。美元对人民币汇率\$1=RMB¥7，则本利和为110万美元，合人民币

770 万元，买卖赢利 110 万元人民币，借款总成本盈利 30 万元人民币。

从以上情况看，若人民币汇率下跌，突破 8 元人民币（直接标价法），就会出现外汇买卖损失，借款成本大于利息；如果人民币汇率上升，达到 7 元人民币（直接标价法），则此笔借款不仅没有损失，还会有额外的收益。对企业来说，必须把握这种外币债权、债务金额的受险部分，制定避免风险的对策。

2. 交易结算风险

交易结算风险是指以外币计价进行贸易及非贸易业务的一般企业所承担的汇率风险，是伴随物资及劳务买卖的外汇交易而发生的。它不是因外汇的买或卖而发生的风险，而是在以外币约定交易时发生的风险。也就是说，交易结算风险是基于将来进行外汇交易而将本国货币与外币进行兑换，由于将来进行交易所适用的汇率没有确定，因而存在风险。例如，某企业借用国外项目贷款 100 万美元购买设备，借用时汇率为 $1=RMB¥8，结算时，若汇率不动，则结算支付 100 万美元，合人民币 800 万元；若汇率上升为 $1=RMB¥8.1，则结算时 110 万美元应支付人民币 810 万元，交易结算风险使成本增加了 10 万元人民币。在分期付款的情况下，第一次交付 50 万美元，汇率为 1∶8.1，第二次交付 50 万美元，汇率为 1∶8.2，则进口额合计为人民币 815 万元，设备进口成本因汇率变动增加了 15 万元人民币。这就是因汇率变动带来的交易结算风险。

3. 评价风险

评价风险是指一个经济实体在进行会计处理和进行债权、债务结算时，对外币交易用本国货币进行评价而产生账面损益的差异。由于经济实体会计处理是以本国货币表示一定时期的营业成绩和财务状况的，因此，在结算时必须将外币计价的资产和负债换算成本国货币，其换算方法因适用的汇率不同，资产、负债的评价各异，损益状况也不一样。尽管这种换算不是实际交割时的实际损益，却会影响到企业的决策和向股东、社会公开营业报告书的结果。

4. 外汇储备风险

外汇储备风险是指国家、企业和个人为平衡其外币债务而持有的外汇储备额因储备货币的汇率变动所带来的储备价值变动的风险。在浮动汇率制度下，外汇储备以什么货币构成、比重各多少，进行怎样的操作才能既满足清偿债务的需要，又避免汇率风险，甚至使储备增值，这是国家、企业和个人外汇储备者应当重视和分析，并采取有效措施进行精心操作以防范风险、争取增值的重要课题。

5. 汇率经济风险

汇率经济风险是指由于意料不到的汇率波动，引起在未来一定时间内收益发生变化的潜在性风险。它取决于汇率变动对产品成本价格及生产数量的影响和程度。经济风险不是来自会计程序，而是来源于对未来的经济分析及未来企业现金流量的预测是否准确。国外贷款不及时支取，国外订货不及时支付货款，合同定价未按照汇率变化和通货膨胀率变化及时做出调整造成的损失，汇率调整后，通货膨胀率上升而形成的已有资产和未来现金流量的损失等，都在分析预测之列，因为这些都将直接影响企业的经营效益。分析预测是否准确，也影响企业的生产、销售和融资等方面的战略决策。

（二）汇率风险的管理与防范

企业参与国际经济、贸易和金融业务活动，其汇率风险及表现形式与银行不同，因为企业对市场的情况不甚了解，处于被动地位，不能主动变动汇率，外汇交易成本也高，而且常常面对每一笔交易具体地、慎重地采取对策，因此，企业需要比银行更灵活的弥补风险的方法和策略。企业又是综合性地面对各种风险，不像专业的贸易公司以及自己进行贸易的制造商。企业必须具体迎接各种复杂的风险的挑战，采取更多、更灵活的防范风险的措施和方法。在国际经济活动中，国内外企业弥补汇率风险的方法大致如下。

1. 准确预测货币汇率变化趋势

企业的汇率风险预测是为了正确采取各种汇率风险的防范方法，积极采取保值措施以使风险损失达到最低限度，而不是通过预测以赚取更多的投机利润，这必须是企业风险预测的基本出发点。企业风险预测必须有一批专业人才，且其具备两个方面的基础知识：一是影响汇率变动的因素的知识；二是预测汇率的技术方法。影响汇率变动的因素主要有三个方面：①国际收支方面，即某一国家的国际收支中经常项目的变动情况和短期资本项目的变动情况；②国际经济金融方面，包括一国的经济发展动向、失业率、货币供应量、通货膨胀率、利率和证券延期履行的债务、货币购买力等计算出来的基础汇率和其他国家的情况及变动方向强度的比较；③国际政治、军事方面的动态以及外汇持有人的预期心理动态，外汇市场上的供求关系动态等。通过对影响汇率变动的因素进行定性的、定量的以及趋势的分析，预测企业的汇率风险，从而采取防范措施。

2. 货币选择条款

货币选择条款是指在国际融资合同中加列一项专门条款，规定若干国家的货币，供债权人在规定的到期日选择其中的一种货币作为偿还贷款的货币。在有的贬值和有的不贬值货币中，自然选择不贬值的货币，在都贬值的货币中，债权人自然选择贬值最少的货币。对于债务人，在国际借款中的货币选择，一般要考虑利率高低和汇率变动趋势两个因素的对比关系。一般情况下，借入硬货币利率低，借入软货币利率高。若难以把握，则以借入多种货币共同构成一笔综合借款，以分散风险，当然还要考虑借款的费用是否过高。在购进所需设备时，如果出口国坚持用硬货币计价结算，也需考虑接受。为防止在实际支付时升值，可在远期外汇市场上预约买进此种硬货币，卖出软货币，在实际支付时，按事先约定的汇率交割后，拿到硬货币支付货款，从而避免汇率上升的风险。也可通过与出口国协商，采取软、硬货币各半的妥协方式。还可在合同中，对成交货币加保值条款，加一个汇率风险保险系数。若双方是经常性互为进出口的企业，经批准可采用计账结算方式，使汇率变动互相抵消，但要注意账户的收支平衡。

3. 远期外汇交易

远期外汇交易是企业在外汇市场上运用远期外汇买卖进行货币保值，以避免汇率风险的一种方法。具体做法是：将国际融资用于设备进口的企业把用外币计价结算的应付货款，在进行实际结算之前，即在进口合同签订后，立即同外汇银行签订远期以本币买进外币应付货款的远期外汇交易合同，合同交割日为贸易结算日。到贸易结算日，进口方企业用本币按约定汇率交割所需外币，支付进口货款。这样，此时无论外汇市场计价外币的汇率如何变动，总是一得一失互为抵消，进口企业就避免了外汇风险。

4. 货币调换交易

货币调换是相反方向的一笔即期交易与一笔远期交易的一组平行交易，即用远期交易逆转即期交易，或是一定量外币在未来两个不同到期日的远期出售和同时购买的复远期调换平行交易。还可以采取配对的办法，即一种风险货币的资金流动可以用一种外币的相同数量、相同时间但方向相反的资金流动来抵销。

5. 金融期货和外汇期权保值措施

金融期货和外汇期权保值措施，这两种交易都可以套取汇率有利变化的收益。金融期货可以将借款固定于较低成本，将投资固定于较高的收益上。外汇期权在付出一定保险金之后，可灵活执行，也可不执行合约。若不执行合约，则至多损失保险金，可避免较大损失。若汇率向有利方向变动，则执行合同不但可以起到避免风险的作用，还可以套取较大的额外收益。

三、国际融资中的利率风险及其防范

（一）影响利率变动的因素及利率风险

作为资金价格的利率，当今世界各国多以市场价值规律决定为主，政府调控为辅。我国的利率体系是从产品经济遗传下来的，还不能适应社会主义市场经济的需要，也还不能与国际市场的利率制度相适应，这就增加了利率变化的复杂性，也增加了国际融资和国际贸易交往的复杂性。因此，影响利率变动的因素，以及造成利率风险的原因则是我们需要探讨和掌握的。利率波动及利率风险的形成原因主要有以下几点。

1. 国家宏观经济政策的变化

在国际市场上，某些发达国家常常由于干预宏观经济而不断提高或降低利率，引起利率风险，而且常常波及其他国家竞相调整利率，从而导致国际交易和国际融资的风险。

2. 关于资金的需求变化

资金需求也影响利率的变动。某些国家的企业为了缓和资金的需求，通过提高利率的办法来吸收资金，往往使筹资成本迅速上升而形成利率风险。

3. 通货膨胀对利率变化的影响

物价水平上涨会引起货币贬值，实际利率下降。降低利率又必然会鼓励增加货币和信贷供应，导致通货膨胀。这种互相影响形成了利率的波动和风险。

4. 经济结构的调整也影响利率的变化

在经济结构调整中，国家对重点发展的行业给予优先扶植和利率优惠。不同的国家，优化资金投向的措施不同，从而造成各国利率变动频繁的风险。

（二）国际融资中的利率风险防范

国际融资中的利率风险防范包括两个方面：银行的利率风险防范和国际融资机构或企业的利率风险防范。

1. 银行在国际借贷中的利率风险防范

银行防范利率风险的方法和控制措施，像控制外汇风险一样，首先是限制过分的交易活动，控制与顾客全部未偿的外币合同，包括购买或销售及对即期和远期等的合同总金额的限制；其次是限制包括银行全部未抵补的、未结清的外汇头寸；最后是限制时间长短不同的不对称头寸的交易限额。一般期间短的不对称头寸限额可分配多一些，期间长的限额少一些。此外，还应对每日允许的风险价值，即信贷额度做出限额规定，除总限额外，要通过控制和分配，对每家客户都分别规定总信贷限额。

2. 国际融资机构或企业的利率风险防范

1）选择最优的借款结构。国际融资中借款国的计划主管部门及代理银行，每年度都要按照借款对象的特点，尤其是利率高低不同的特点，安排好国际融资的结构。①尽力争取世界银行、国际开发协会、亚洲开发银行或地区性开发基金的低息、无息贷款和捐赠；②属于中等利率的外国出口信贷，和其他属于比市场利率低的优惠贷款也要充分利用；③对于利率和费用较高的商业银行贷款和国际银团贷款，根据其优点的一面（满足国内大额资金的要求，与世界银行等国际金融机构配合贷款等），也可以作为借款对象。

2）选择适当的固定利率与浮动利率比例结构。在固定利率与浮动利率同时存在的过渡时期，固定利率借款因市场利率波动较大甚至大起大落需要承担利率较大的风险，要适当地、尽可能多地利用浮动利率贷款。浮动利率贷款的好处是不论市场利率波动幅度有多大，贷款都要按市场利率升降定期调整，使市场利率的波动风险较合理地由借贷双方共同负担，这样可以减轻双方的利率风险。

第二节　国际融资经营战略管理

各个国家的各个企业面对日益激烈的国际市场竞争，必须编制实施其全局运筹与长期计划，使自己能够在残酷的环境中生存并发展壮大。现在，企业要在全球范围内尽量利用母国与东道国以及产品购销市场所在国的有利条件，有意地合理安排本企业的融资、生产、销售以及研究开发活动等业务，并使一切业务围绕企业的经营战略目标运转。

一、国际融资经营战略概述

国际融资经营战略是指为实现企业目标，确保企业再生产顺利进行，围绕企业融资方面所进行的运筹谋划，其主要表现在对企业重要财务活动的战略决策，也就是从财务（资金筹措、使用的方向与效果）角度对企业各种经营战略方案的评价与选择。国际融资战略的制定、执行必须与经营战略的制定、执行同时同步进行，前者服务于后者，且由后者来主导。

（一）国际融资经营战略的地位

融资经营战略在公司整个企业管理中居于中心地位，这主要表现在以下两个方面。

1. 融资经营战略管理处于企业经营管理的中心地位

经营管理的核心是经营战略的选择，而融资经营战略则是企业经营战略选择的一个重要组成部分。因为凡是涉及花钱的国际经营活动，都存在着融资经营战略选择的问题。融资经营战略选择所解决的问题是关于资金（资本）与赢利的问题，因此，它具有综合性。在这里，企业的其他经营战略都必然从价值（或资金）角度汇总于融资经营战略，因而融资经营战略对其他经营战略必然起着导向、促进或制约等作用。融资经营战略选择在企业经营管理战略中处于中心地位，起着三大特别作用：一是综合平衡作用；二是资源分配作用；三是评价、选择作用。

2. 融资经营战略管理是公司财务管理的重要内容与首要环节

公司的财务管理是对公司资金（资本）的管理。它以公司资金运动的规律为依据，以提高公司资金营运效益（或增值）为目标，正确地处理各种财务关系，并科学地组织公司全部财务活动。从财务管理的工作过程看，它包括财务决策、财务计划与财务监督、核算、控制等内容。其中，财务决策首先表现为资金筹措决策、投资决策，进而是资金运用、资金分配、分红决策。这里，财务决策是制订与选择财务活动方案、规定企业资金的使用方向与企业处理各种财务关系的原则，确定企业各种财务活动的目标与实现目标的方针、方法。公司的一切财务管理工作都要以财务决策为依据来进行，特别要以融资决策为依据来进行。

（二）国际融资经营战略的原则

在公司的经营战略中，融资经营战略的基本原则是：争取利润最大，实现税负最低，各种成本最低，各种风险最小。

1. 稳定性原则

稳定性包括：第一，借入资金要能保持一定的稳定性；第二，融资方式要能保持相对稳定；第三，具有业务往来关系的国际金融机构要能相对稳定。

2. 低成本原则

低成本包括：第一，对同等期限、同等方式的资金来源进行比较，或对不同融资方式进行比较，从中选取成本最低的借款方式与借款对象；第二，在银根紧缩、融资困难、利率上升之时，借款成本相对很高，应考虑此时借款是否合算。

3. 适用性原则

适用性原则又称合理性原则，具体包括：第一，融资数额要适用；第二，融资期限要适用；第三，融资方式要适用。企业一定要根据自身具体情况与资金使用的要求，做出合适的选择。一般综合考虑下列两点：一是根据各种融资方式所能筹到资金的数量、期限等因素进行选择；二是根据不同融资方式所办理的手续的繁简程度来进行选择。

二、国际融资经营战略决策的过程

国际融资经营战略决策的过程是指企业融资时一般要经过的阶段与步骤。一般来说，主要有以下三个阶段：一是融资的可行性研究阶段；二是融资的决策阶段；三是融资的实施阶段。在具体进行融资经营战略决策时，各步骤的详略程度应该根据当时的条件做出决定。

融资决策过程虽没有固定不变的模式，但却是一个科学体系，组成决策过程的每一个环节都有科学含义，各环节之间都存在有机联系。融资决策的过程具体包括以下六个方面。

1. 发现问题

发现问题是融资决策的起点。融资过程中出现的问题较多，这就要求企业应根据实际情况，确定主要问题，抓住主要矛盾。

2. 确定融资决策目标

确定融资决策目标是融资决策的前提。融资决策目标有三个特征，即成果的可计量性、完成的期限性及相关责任性。决策目标应能够完成、具体明确。

3. 拟订多种可行决策方案

拟订多种可行决策方案是在定性、定量、定时三项分析中，寻找达到既定目标的各种途径。

4. 决策方案优选

决策方案优选是整个融资决策的关键。通过方案优选，最终确定融资决策，从而基本确定决策的经济效益。在多种方案选择中，应全面权衡，择优筛选。

5. 组织最优决策方案的实施

这个阶段是执行阶段。执行效果取决于前期决策过程的科学性和合理性，也决定了决策方案的成效，因而这个阶段是否能够严格执行，将很大程度上决定目标能否有效实现。

6. 反馈调整

这是融资决策的终点。针对决策方案在实施过程中发现的问题，无论是前提条件、目标还是方案，都要及时总结调整。因而这个环节能使后续融资决策更加科学合理，也能使整个决策过程实现闭环。

三、国际融资经营战略管理的内容

从操作程序与内容来分类，国际融资经营战略可分为资本预算、全球融资战略、现金管理战略、外汇暴露的处理，以及国际会计五个战略。

（一）资本预算

资本预算也称投资分析，其职能是分析与评估投资计划的可行性，也就是计算投资项目的未来现金流量或投资收益率，以对各种潜在的投资机会进行比较与决策。从原理上看，公司国际资本预算与纯粹公司国内的资本预算没有质的差别，只存在量的不同，主要表现在前者涉及的要素比后者更广泛、更复杂。其中，公司国际资本预算中的许多问题是纯粹国内公司所未有的。

（二）全球融资战略

一旦资本预算论证的结果表明，投资项目是可行的，下一步工作便是制定全球融资战略。融资战略是公司财务战略的重要组成部分。因为，不仅融资成本的高低会直接增加或降低国外生产经营成本，进而波及公司的竞争地位，而且融资篮子的各种结构（如股本债务结构和债务的货币结构）还会影响到公司的风险地位以及公司总体的融资能力。公司融资战略具有全球性这一特征，它要从世界范围内考虑、权衡与选择各种可以利用的资金来源，并从世界范围内实现其融资战略的三大目标，即寻求融资成本最低化、降低或避免各种经营风险、建立公司总体最佳的财务结构，借以保证公司的融资能力。

（三）现金管理战略

公司现金管理战略的主要目标有两个：一是要在全球范围内迅速而有效地控制公司的全部资金，二是要使这些资金的保存与运用达到最优化状态。为实现这两个目标，就必须满足两项要求：一是在组织上要求公司建立一个准确、及时的报告系统，借以加速现金托收，降低公司内部资金调度成本；二是要求在全球范围将公司内部需要保存的现金余额降至最低水平，做到既能提高剩余资金的风险调整后收益，又能保证公司内部随时随地的现金需要。

（四）外汇暴露的处理

自20世纪70年代初国际汇率制度由固定汇率制转向浮动汇率制以来，外汇暴露管理在公司的国际金融微观管理与财务计划中的地位日渐重要，大多数公司适时地从组织上增强和集中了外汇暴露管理能力，探索降低外汇净暴露的处理方式与新的技巧。外汇暴露的类型有三种：换算暴露、交易暴露与经营暴露。换算暴露与交易暴露的处理方式有五种：提前错后收付法、货币市场保值、远期市场保值、货币选择、平行贷款与货币互换。经营暴露的处理方式有两种：一是营销战略调整，二是生产战略调整。

（五）国际会计

会计报告系统是公司的中枢神经系统，它的主要目标是准确、及时地为公司计划、控制与预算提供信息，其最主要的责任是定期报告公司在某一时点的资产负债状况（即编制资产负债表）和在某一时期内的收入状况（即编制损益表）。会计报告系统的运作与公司的战略、策略实施息息相关。同纯粹公司国内融资相比，公司国际融资的会计报告系统更加复杂、难度更大，经常遇到货币换算与价格调整等众多问题。

第三节　国际融资政策法规管理

随着国际融资活动在世界范围内日趋活跃，为了保证国际融资的控制和管理，各国都十分注重制定融资法律，通过立法手段确保本国利用外资的合法性，维护国外投资者的合法权益，保障他们的利益不受侵犯。

国际融资的政策法规包括国内法律政策和国际法律政策。前者包括资本输入国法律政策和资本输出国法律政策，后者包括双边融资条约和多边融资条约。当今国际资金融通全球一体、规模巨大、方式多样、风险较高，这就要求各国通过法律对国际融资进行相互协调的、有效充分的监督规制；也要求各个企业在开展国际融资业务时遵守相关的法律、习惯、惯例和惯行做法，增强法律意识，加强自律管理，以便更安全高效地发挥国际融资的作用。

一、国际融资法规

国际融资法规就是调整国际上各经济主体之间的资金融通关系的法律规范的总和。它的主要组成部分包含发展中国家和发达国家的涉外融资法，涉及跨国融资问题的各类双边性国际条约、区域性国际条约、全球性国际条约，以及政府间机构制定的有关跨国融资活动的规范性文件等。

对发展中国家而言，它们往往希望通过立法逐步排除外国资本对本国国民经济命脉的操纵和控制，对境内外国资本的活动实行必要的管理和监督，加以适当限制和约束。但外国资本的输入毕竟能带来国内经济建设急需的大量资金、先进的生产技术和科学的管理经验，扩大本国的就业机会，从而有利于发展本国的社会生产力，有利于增强综合国力，有利于提高本国人民的生活水平。因此，众多发展中国家在全面权衡利弊的基础上，通过立法对适应本国经济发展需要的各类外国资本的输入加以必要的保护，予以适当的鼓励，实行正确的引导。

与此相对应，大多数发达国家一般采取"国民待遇"原则调整境内的外国融资活动。同时，为了增强本国在国际经济竞争中的地位，发达国家又往往通过各种措施鼓励本国资本向外输出，特别是向发展中国家输出，发达国家相互之间以及发展中国家相互之间也存在一些有关跨国融资活动的双边协定或条约。

此外，某一区域的一些国家为了避免竞争，协同步调，采取共同立场，往往以区域性多边协定或条约的形式制定用以调整涉及本区域的资本跨国流动行为规范或行动准则。同时，为了促进全世界经济的共同繁荣，一些专门以调整资本跨国流动所产生的普遍性矛盾为主题，以解决或协调这个主题上的南北矛盾、提倡南北合作为主旨的国际条约应运而生。服务于同一目的，某些国际政府间机构或国际民间机构也陆续制定或拟定了若干有关跨国融资活动的规范性文件或建设性文件，作为国际条约的补充或作为未来相关国际条约谈判的基础或雏形。

二、国际融资法规的特征

（一）主体的广泛性

国际融资法规的主体范围非常广泛，国家、国际经济组织、法人、非法人团体以及自然人都可以参与融资活动，成为融资法律关系的当事人，享有一定的权利并承担一定的义务。

（二）调整对象的多样性

融资法规的调整对象是由于融资关系主体之间进行资金融通活动而发生的各种关系。由于融资关系的主体非常广泛，融资法规的调整对象也显现出复杂多样的特点：既有国家与国家之间发生的融资关系，如政府贷款，也有国家与国际经济组织之间发生的融资关系，如世界银行的贷款；既有法人与法人之间发生的融资关系，如国际商业贷款，也有法人与自然人之间发生的融资关系，如外汇存放款。国际融资活动可以发生在各种主体之间，也不受国界的限制，因而融资关系是相当多样化的。

此外，随着金融创新的迅猛发展，融资方式也日益多样化，不断推陈出新。每一种新的融资方式的出现，往往就意味着形成了一类新的融资关系，也就相应地需要有一类法律规范来调整。现实中，融资关系日益复杂多样，新的金融工具不断推出，使现有的融资法律制度经常落后于金融实践的需要。

（三）渊源的复杂性

国际融资法规具有复杂的法律渊源，这是其本身最为显著的一个特点。所谓法律渊源，一般是指法律规范的存在和表现形式，常见的有制定法、判例法、习惯和法理等。国际融资法规的渊源可以分为法律、习惯、惯例及惯行做法三个层次，包括国际法和国内法两个方面。

1. 调整国际融资关系的法律

目前国际上尚没有专门调整国际融资关系的统一制定法，但是各国关于建立国际金融组织的国际条约和协议中往往含有调整国际融资关系的法律规范，这是国际融资法律的重要构成部分。现代国际金融制度以 1944 年布雷顿森林会议所建立的国际货币基金组织和世界银行为基石，因此《国际货币基金组织协定》和《国际复兴开发银行协定》是国际金融领域内非常重要的国际条约。另外，国际货币基金组织等金融组织与其成员国之间或各国之间签订的正式协议（如各国相互之间签订的借贷协议），也是具有约束力的法律文件。在这些正式协议或者国际金融组织的协定（对所有成员国具有约束力）中一般都对融资的基本政策、原则以及融资对象进行了规定，对法人或个人之间的国际融资活动具有直接的影响，所以说它们是国际上调整融资关系的法律。

在国内法上，各国制定的含有调整国际融资关系规定的成文法律、法规，如借贷法、证券法、信托法和投资基金法等，都是国际融资法的国内法渊源。另外，进行融资活动一般也应遵守各国民商法中所确立的基本原则。目前，我国并未制定专门的"融资法"，而是采取针对某种融资方式制定单行法规或条例来调整。值得指出的是，西方主要发达国家的调整国际融资关系的国内法对国际融资具有类似示范法的明显影响，这是由其金融实力和历史因素所决定的。

2. 调整国际融资关系的习惯

习惯是国际融资法上一种重要的法律渊源。在一定意义上，国际习惯甚至可以说是最重要的国际法渊源，因为尽管有很多的国际条约，但在一般国际法的内容中，国际习惯还是占较大的部分，即便国际条约往往也要以国际习惯为背景来加以解释和理解。

实践中，"习惯"经常与"惯例"相混用。其实，国际惯例有广义与狭义之分：狭义的国际惯例就是指国际习惯，即《国际法院规约》上所指的"作为通例之证明而经接受为法律者"。国际习惯必须是各国认为具有法律约束力的国际惯例，因此具有习惯法的效力。广义的国际惯例则既包括具有法律约束力的国际习惯，也包括尚没有法律约束力的一般惯例。

第二次世界大战后，对国际商务惯例的整理总结工作取得了很大的成果。这些经过整理归纳的惯例影响日渐扩大，作用日渐显著，因而逐渐为各国普遍接受，认为具有类似习惯法的约束力，这种惯例就逐渐转变为习惯。在国际金融领域，像国际商会的《跟单信用证统一惯例》和《托收统一规则》，对于调整商业银行的国际结算具有重大作用，得到了世界范围内的普遍承认。可以说，这种国际惯例已经上升为国际习惯。

3. 调整国际融资关系的国际惯例和惯行做法

在国际经贸领域，惯例和惯行做法也是重要的法律渊源。国际惯例和惯行做法并没有作为习惯法而被各国普遍接受，因而它们不具有国际习惯那样明确的效力，需要经当事人做出约定方能确立其法律约束力。可以说，国际习惯和惯行做法的效力，来源于当事人的共同协议和自愿选择。没有当事人的合意采用，它们的约束力就很难成立。

在国际融资活动中，当事人除了要遵守相关的国际融资法律和习惯以外，一般也都遵守有关融资的国际惯例。由于调整国际融资关系的国际惯例是对长期以来国际融资活动中形成的约定俗成的做法的总结概括，因此只要当事人认可，即对当事人有法律约束力。惯行做法是指在长期的普遍实践中形成的习惯做法。与惯例相比，惯行做法往往还未经过归纳整理，上升为成文的惯例，因此其影响力较惯例为弱。但是，只要双方当事人同意将惯行做法约定在合约中，也对双方产生约束力，故惯行做法也可成为一种法律渊源。

在国际融资实践活动中，国际惯例和惯行做法往往大量地被当事人所采用，其根本原因是它们能够便利交易，减少和避免国际经济交往中的误会和纷争，缩短缔约过程，提高国际融资活动的效率，便于解决争议。因此，各国当事人在国际融资中一般愿意选择采用已有的惯例和惯行做法，特别是那些经过归纳整理、具有较大影响的国际惯例。

综上，各国关于建立国际金融组织的条约和协议，国际货币基金组织、世界银行、区域性开发银行（如亚洲开发银行）等国际金融组织的规则和决议，国际金融组织和国家间或各国之间关于融资活动而签订的协议，各国关于国际融资的法律规定，调整国际融资的国际习惯，国际融资实践中形成的相关惯例和惯行做法等，所有这一切构成了一套对国家和当事人双方具有约束力的国际融资法律制度。必须强调的是，在国际融资法上，法典形式的成文法律并不多，即便有也往往只做一些政策性、原则性规定。在国际融资实践中，真正起到具体规范作用的是大量的国际习惯、惯例和惯行做法。在国际融资活动中，那些颇具影响的国际习惯、惯例、不成文的协议或惯行做法，甚至当事人之间通过磋商达成的"君子协议"式的默契往往具有重要的意义和很大的效力，这正如有人所说，为取得在经济问题上的谅解可以不必诉诸严格的游戏规则。

三、对国际融资的依法规制和依法自律

国际融资是一个发展很快、复杂多样、风险较高但又缺乏明确、完善的法律规制的领域。由于科技和金融创新的推动，国际融资也不断推陈出新，带来许多新的法律问题，法典形式的国际融资法律往往跟不上实践发展，也不可能对很具体的实际问题做出预见和规定。所以，国际习惯、惯例和惯行做法事实上成为国际融资法的主体部分，在很大程度上发挥规制国际融资实践活动的重要作用。在国际融资活动中采用这些国际习惯、惯例和惯行做法，无疑有利于便利交易，提高安全，降低和避免风险。但是，这些国际习惯、惯例和惯行做法往往又非常复杂，专业性很强，必须经过专门学习和训练才能比较好地掌握。而且由于历史和现实的原因，非发达国家的金融从业人员对这些有关国际融资的习惯、惯例和惯行做法的了解更是基础薄弱。因此，鉴于国际习惯、惯例和惯行做法在实务中的重要性、复杂性和专业性，我国商业企业从业人员学习国际融资法和从事国际业务时，必须对它们给予充分的重视和注意。

各国政府或国际组织通过制定法律、缔结条约和编纂整理国际习惯、惯例不断完善对国际融资活动的有效规制，这只是一方面。另一方面，国际融资活动的当事人，尤其是各商业银行，在开展国际融资时一定要增强法律意识，加强依法自律，这样才能更加有效安全地发挥国际融资的作用，预防和避免金融风险的发生。因为，在国际融资法中，大量的规范是以国际惯例和惯行做法的形式存在的，需要当事人通过在合约中的约定才能确立其效力。"有约必守"，这是一条民商法的基本原则。各国法律一般规定：依法订立的契约（合同），对当事人具有法律上的约束力；当事人违反合同的，应当承担违约责任。我国法律也有这样的规定。因此，当事人在合同中对适用的惯例和惯行做法做出明确的约定，具有非常重要的意义。毕竟，如果当事人自己没有法律意识，毫不自律，将很难防范风险的发生，即便有完善的法律制度，恐怕能做到的也只有事后补救了。

本 章 小 结

国际融资风险是指筹资人在向国外或国际金融机构的多种筹资方式中，因各种因素造成的融资成本变动、融资财务变动和融资信用丧失所导致的债务偿还的不确定性。国际融资的各种方式，包括国际商业贷款、国际债券融资、国际股本融资、国际租赁融资和国际金融机构融资等，都可能遇到由于各种因素变动所造成的债务偿还的不确定性风险。国际融资中的风险主要有汇率风险和利率风险，应注意它们的风险防范。国际融资经营战略是指为实现企业目标，确保企业再生产顺利进行，围绕企业融资方面所进行的运筹谋划，其主要表现在对企业重要财务活动的战略决策，也就是从财务（资金筹措、使用的方向与效果）角度对企业各种经营战略方案的评价与选择。从操作程序与内容来分类，国际融资经营战略可分为资本预算、全球融资战略、现金管理战略、外汇暴露的处理，以及国际会计。国际融资的政策法规包括国内法律政策和国际法律政策。前者包括资本输入国法律政策和资本输出国法律政策，后者包括双边融资条约和多边融资条约。国际融资政策法规的特点包括主体的广泛性、调整对象的多样性、渊源的复杂性。

知识拓展

国际融资中的银行风险

在国际融资中，银行自身的风险基本上分两大类：全面风险和清算风险。全面风险是指银行在与外国顾客往来中可能遇到和承担的种种风险，主要有银行外汇买卖风险、外汇借贷风险、银行外汇信用风险。银行还有许多其他风险，如外汇储备风险、银行投机业务的风险、银行的利率风险等。银行清算风险主要是在交割日清算中出现的风险。

课后思考题

1. 国际融资经济风险管理的一般方法有哪些？
2. 防范汇率风险的措施有哪些？
3. 国际融资经营战略的原则是什么？
4. 国际融资经营战略管理有哪些类型？
5. 国际融资政策法规管理的特点是什么？

第十四章　中国国际融资

📖 **学习目标**

● 掌握中国国际融资的主要方式；
● 了解中国国际融资的发展历程及趋势。

第一节　中国国际融资概况

自中华人民共和国成立至改革开放前，中国处于高度集中的计划管理体系下，经济运行以"国家本位"展开。作为社会基层经济单位的企业，也以行政层级关系隶属于政府，日常活动完全由上级计划安排，在产、供、销、人、财、物等方面都无权自主筹划，因而当时的中国企业并没有真正经营意义上的融资，更不用说国际融资。后来在经济体制改革的推动下，中国企业逐渐开始通过市场在资源配置过程中发挥微观主体的主导和能动作用。基于当时中国经济建设急需资金和技术，以及中国企业竞争力较弱的实际国情，党的十一届三中全会确立了以积极发展对外经济技术合作、交流和往来，吸引和利用国外资金和先进技术，发展生产力，加速中国特色社会主义建设进程为宗旨的对外开放政策，从而使中国企业的国际融资进入了一个新的发展阶段。

一、中国国际融资来源

自20世纪80年代以来，我国的国际融资有了很大提高，资金的来源逐渐多样化，大大改善了我国的国际融资状况。

（一）国际金融机构资金

国际金融机构资金有全球性和区域性之分，前者主要有国际货币基金组织、世界银行集团，包括国际复兴与开发银行、国际开发协会和国际金融公司三大组织。后者包括亚洲开发银行、非洲开发银行、泛美开发银行、国际投资银行等。国际金融机构的资金主要来源于会员国认股金、借款、留成收益、资金回流等形式，其筹资条件优惠、利率低、期限长并伴有技术指导，但贷款申请条件苛刻，手续烦琐，并限定用途。

（二）各国政府资金

政府资金主要来自各国的财政拨款，并通过财政预算进行资金收付。一般要由各国的中央政府经过完备的立法手续加以批准后才能提供。这类资金通常为专项贷款，只能用于采购国外设备、技术和支付由贷款国提供的技术服务和培训等；绝大多数是约束性贷款；筹资条件比较优惠、利率低、期限长、附加费用少并且伴有赠款；形式为政府贷款、政府混合贷款和政府赠款。

（三）欧洲货币资金

欧洲货币是存放于发行国境外银行中的该国货币资金的通称，如存放在伦敦银行中的美元资金称为欧洲美元。这一市场具有筹资灵活、数量大、用途不指定，以及贷款业务不受所在国货币当局的控制等优点，是一个很好的融资途径。

（四）各国国内经济、团体组织资金

各国国内经济、团体组织资金主要是各发达国家国内的企业、跨国公司、商业银行等。这些机构存有大量游资，需要寻找出路，进行投资。可以说，这是境外筹资的主战场。

（五）各国民间资金

民间资金主要来自发达国家的民间个人的资金。这些国家的经济发达，人民生活水平高，有大量的剩余货币，又有投资的环境和习惯，是一个非常有潜力的资金来源渠道。

二、中国国际融资发展历程

20 世纪 70 年代后期，我国将国家工作的重点转向了经济建设。由于当时经济建设和技术引进所需要的外汇极度缺乏，国内虽有大量的国际投资机会，但投资能力明显不足，因而政府提出了在保持公有制为主的前提下，引进外资，弥补国内资金的不足。对应于微观层面的企业，其国际融资活动在最初也主要表现为国内企业的国际融资。融资的方式和途径主要有三种：利用国际直接投资、对外借款和对外证券融资。以下介绍前两种。

（一）利用国际直接投资

改革开放以来，我国利用国际直接投资取得了很大进展，大致可以分为四个阶段。

1. 1979—1986 年：起步阶段

从 1979 年我国颁布《中华人民共和国中外合资经营企业法》开始，中央不断调整吸引外商投资政策，先后开放了深圳、珠海、汕头、厦门四个经济特区和一些沿海港口城市及沿海经济开放区，对这些城市和地区在外资方面实行优惠政策，并通过完善立法、制定扩大地方外商投资审批权限等一系列措施，初步改善了投资环境，使我国在利用外国直接投资方面有了一定发展。

从 1979 年到 1986 年，全国利用外商投资合同（协议）金额为 191.8 亿美元，每年平均 24 亿美元；实际使用外资 65.9 亿美元，每年平均约 8.2 亿美元。这一阶段，我国吸引的外商投资主要来自我国港澳地区，以劳动密集型的加工项目和宾馆、服务设施等第三产业项目居多。这些企业大部分集中在广东、福建两省以及其他沿海省市，内地吸引外资则刚刚起步。

2. 1987—1991年：稳步发展阶段

1986年10月，国务院颁布了《国务院关于鼓励外商投资的规定》，对外商投资于先进技术企业和产品出口企业在税收等方面给予更多的优惠。1987年12月，国家有关部门制定了指导外商投资方向的有关规定，以促进外商投资产业结构的改善；1988年，中共中央和国务院又决定将沿海经济开放区扩展到北方沿海的辽东半岛、山东半岛等地，并于当年批准海南建省和设立了海南经济特区；1990年，决定开放上海浦东新区。上述规定和举措进一步改善了我国利用外国直接投资的环境，促进了吸收外商投资的发展。

从1987年到1991年，全国利用外资投资的结构有了较大改善，生产性项目及产品出口企业大幅增加，旅游服务项目的比重降低较多，外商投资的区域和行业有所扩大，台湾厂商开始对大陆投资，投资金额逐年增加。

3. 1992—1995年：高速发展阶段

以邓小平1992年南方谈话为标志，对外开放出现了崭新的局面。国务院决定进一步开放6个沿江城市、13个内陆边境城市和18个内陆省会，在全国范围内全面推进对外开放，利用外国直接投资在广度和深度上都有了新的大的发展。

1992年批准的外商投资项目数超过了前13年的总和（前13年共批准4.2万多个），达到4.8万个；1993年所批项目数达8.3万多个。这两年全国利用外商投资合同金额为1695.6亿美元，每年平均847.8亿美元；实际使用外商资金为385.2亿美元，每年平均192.6亿美元。从1992年开始，我国吸引外商直接投资数额首次超过了对外借款，外商直接投资成了我国利用外资最主要的形式（表14.1）。1993年我国吸引外商直接投资的实际金额在发展中国家跃居第一位，在世界各国中仅次于美国，居第二位。这一阶段利用外资的特征除了利用外商投资的金额大幅度增长外，还有平均项目规模扩大、房地产业发展迅速、新的投资领域增加以及中西部地区利用外资步伐加快等。

表14.1 1979—2001年中国实际利用外资概况

年份	总计/亿美元	对外借款/亿美元	外商直接投资/亿美元	外商其他投资/亿美元
1979—1983	144.38	117.55	18.02	8.81
1984	27.03	12.86	12.56	1.61
1985	44.62	25.06	16.58	2.98
1986	72.58	50.14	18.74	3.70
1987	84.52	58.05	23.14	3.33
1988	102.26	64.87	31.94	5.45
1989	100.59	62.86	33.92	3.81
1990	102.89	65.34	34.87	2.68
1991	115.54	68.88	43.66	3.00
1992	192.02	79.11	110.07	2.84
1993	389.60	111.89	275.15	2.56
1994	428.13	92.67	333.67	1.79
1995	481.33	103.27	375.21	2.85

年份	总计/亿美元	对外借款/亿美元	外商直接投资/亿美元	外商其他投资/亿美元
1996	548.04	126.69	417.25	4.10
1997	644.08	120.21	452.57	71.30
1998	585.57	110.00	454.63	20.94
1999	526.59	102.12	403.19	21.28
2000	593.56	100.00	407.15	86.41
2001	496.72	—	468.78	27.94
合计	5684.07	1471.57	3935.12	277.38

资料来源：贺铿，2002. 中国对外经济统计年鉴[M]. 北京：中国统计出版社.

4. 1996 年至今：调整发展阶段

1996—1999 年，我国利用外国直接投资达到 1725 亿美元，连续多年成为世界第二大利用外商直接投资的国家，这段时期也成为利用外资的高峰时期。后来受亚洲金融危机的影响，1999 年我国实际利用外资比 1998 年下降 12.8%，出现多年来首次负增长。进入 2000 年，由于加入 WTO 效应和国内经济形势的好转，新批外资项目和合同外资数迅猛回升。2001 年全年共新批外商投资企业 22 532 家，比 2000 年同期增长 31.76%；合同外资金额 626.57 亿美元，同比增长 50.84%；外商实际投资 407.72 亿美元，同比增长 0.93%。自我国加入 WTO 以来，吸引外商直接投资又取得了新的飞跃。2002 年，我国吸引外资 527 亿美元，首次超过美国，跃居全球第一。2003 年，由于"非典"影响以及 2002 年吸收外资额基数较高等因素，全年利用外资 535.05 亿美元，同比增长只有 1.44%。截至 2003 年 12 月底，全国累计批准设立外商投资企业 465 277 个，实际使用外资金额 5041.71 亿美元，外商直接投资和外商投资企业在中国经济中已经占据重要地位。2017 年，实际利用外资 1310.35 亿美元，全国新设立外商投资企业 35 652 家，同比增长 27.8%。2018 年全年，中国利用外商直接投资金额达到 1349.7 亿美元，2019 年前 11 个月达到 1243.9 亿美元，连续 5 年达到 1200 亿美元以上。这些数据预示着我国直接利用外资呈现稳步提质的趋势，外商直接投资对我国经济发展将起到越来越大的促进作用。

这一阶段，外商投资的结构发生了较大变化，利用外国直接投资的重点也由注重数量转向注重质量和结构优化。主要表现为：越来越多的西方大型跨国企业进入中国；外商投资企业的资源结构和技术结构进一步改善；资金与技术密集型大型项目和基础设施项目增加，外商投资平均项目规模不断扩大；外商投资领域进一步拓宽，许多第三产业企业开始利用外商投资，外商投资的产业结构日趋合理；中西部地区利用外商投资的增速快于东部沿海地区。

（二）对外借款

中国借用外资始于 20 世纪 50 年代，以政府贷款方式从苏联借入长期贷款，到 20 世纪六七十年代开始从西方国家借入商业贷款，再到改革开放之后多年的发展，对外借款无论在规模、渠道和结构上都发生了很大变化。虽然相比于直接利用外资，借用外资的地位已近退居第二，但它作为对外直接引进外资的一种有力补充，仍在中国利用外资中起着举足轻重的作用。

1. 借款规模增长稳定

我国在 1979 年只有几亿美元的债务,此后对外借款的发展非常迅速。1979—1983 年,我国处于对外借债的起步阶段,外债金额增长较慢,年均 8 亿美元左右;1984—1987 年,我国的借债比较集中,特别是 1985 年,增长率为 94.87%;1989 年之后,我国对外借款进入了均衡增长阶段。截至 2020 年年末,我国全口径(含本外币)外债余额为 24 008.1 亿美元,较 2019 年增加 3300 亿美元,同比增长 15.9%。

2. 借款渠道多元化

改革开放之前我国多使用政府借款和商业贷款的形式,改革开放之后对外借款渠道大大扩宽,包括外国政府贷款、国家金融组织(包括区域性金融组织)贷款、国际商业银行贷款及其他形式的贷款(表 14.2)。在外国政府贷款和国际商业贷款中,我国从原来的主要来自我国香港地区和日本等少数几个地区和国家到现在来源于我国港澳地区、日本、美国、英国和其他欧洲国家,呈多样化分布,极大地分散了债务风险。

表 14.2 2005—2014 年中国外债余额

年份	总计/亿美元	外国政府贷款/亿美元	国际金融组织贷款/亿美元	国际商业贷款/亿美元	其他/亿美元
2005	2 965.50	272.00	267.90	1 362.60	1 063.00
2006	3 385.90	276.70	278.10	1 635.10	1 196.00
2007	3 892.20	300.57	283.71	1 820.90	1 487.02
2008	3 901.60	324.73	270.54	2 010.34	1 295.99
2009	4 286.47	349.23	333.75	1 986.49	1 617.00
2010	5 489.38	320.84	355.46	2 701.08	2 112.00
2011	6 849.97	333.00	350.00	3 774.97	2 392.00
2012	7 369.90	310.45	340.98	3 803.43	2 915.04
2013	8 631.67	265.15	332.80	4 668.72	3 365.00
2014	17 799.00	232.20	332.80	4 957.00	12 277.00

3. 借款风险控制合理化

随着我国国内经济的发展以及我国对外债管理经验的不断积累,我国外债期限结构、利率结构和币种结构都趋于合理。但是,在期限结构上,我国的短期债务比例还是远超国际公认的 25% 警戒线,短期债务占绝大部分,且借款余额不断增加。国际上认为,短期外债与外汇储备的比重安全线是 100%。我国的短期外债大部分与贸易有关,从经验来看,贸易引起的债权债务,一般不会构成债务风险。2018 年年末,我国外汇储备为 30 727 亿美元,外债负债率为 14.4%,债务率为 74.1%,偿债率为 5.5%,短期外债与外汇储备的比例为 41.4%,上述指标均在国际公认的安全线以内,我国外债风险总体可控(表 14.3)。

表 14.3　2010—2018 年中国外债余额

年份	总计/亿美元	中长期外债余额		短期外债余额	
		金额/亿美元	比例/%	金额/亿美元	比例/%
2010	5 489.38	1 732.43	31.56	3 756.95	68.44
2011	6 849.97	1 940.96	28.34	5 009.01	71.66
2012	7 369.86	1 960.57	26.60	5 409.29	73.40
2013	8 631.67	1 865.42	21.61	6 766.25	78.39
2014	17 799.00	4 817.00	27.06	12 982.00	72.94
2015	13 829.80	4 955.70	35.83	8 874.10	64.17
2016	14 206.60	5 497.60	38.70	8 709.00	61.30
2017	17 106.20	6 115.80	35.75	10 990.40	64.25
2018	19 652.00	6 936.00	35.29	12 716.00	64.71

三、中国国际融资中应注意的几个问题

（一）充分考虑境外筹资的风险性

国际筹资的风险除了与在国内筹资中有相同的风险外，还有汇率风险和利率风险。汇率变动是一个极其错综复杂的问题，给国际融资带来的风险巨大。它包括外汇买卖风险、交易结算风险、评价风险和经济风险。利率则受社会平均利润水平、通货膨胀、国际货币市场利率变化等因素影响。因此，为了降低和规避这些风险，企业在筹资时就要充分预测汇率变动的趋势，选择合适的币种，并根据国际汇率市场的变化，采取相应措施规避风险，如运用远期外汇交易、货币期权交易、货币互换等。另外，对利率风险要充分根据投资项目的效益，确定其借款的年限，合理安排融资中的利率结构比例，并采取利率互换等措施进行风险规避。

（二）要增强企业的实力

实力主要表现为业绩，即表现为企业的获利能力。筹资实际上是向境外投资者推销企业的金融产品。要使人来购买，前提是要有好的业绩，并有广泛的发展前景，投资者才愿意投资，如果企业的业绩不是很好，仅靠包装是无济于事的。此外，企业还要关注行业情况，目前境外资本市场上的金融投资者，对通信、航空、运输、食品饮料、餐饮、制药、建筑等行业表现出特别的兴趣。因此，上述行业的企业去境外融资相对比较容易，基础设施中的公路、桥梁、火电项目虽然不那么诱人，但因其收入稳定，资金投入量大，也会有相当多的投资者对这类项目感兴趣。相比之下，房地产、化工、纺织、机械等行业中的企业在境外融资时，可能会遇到更多的困难。

（三）要有一个高素质、善经营而又稳定的管理层

国外投资者很关注企业的管理层，投资从某种意义上来说，是投资管理层。如果没有一个高素质、善经营而又稳定的管理层，就会使投资者丧失投资信心。同时，要积极地进行自我推销，加强对外沟通，让国外投资者了解企业，正确地披露企业应披露的各

种信息，树立良好的企业形象，着眼于长远，积极参与国际大循环。

（四）选择一个合适的中介机构

境外融资其实不是一件很容易的事，企业没有在国内融资那样得心应手，比较好的办法是委托给一家金融、财务顾问公司，由其进行融资的策划，对企业进行整体、适当的包装；选择境外的承销商、投资银行以及相关的会计师事务所和律师事务所等机构，选择适当的时机、适当的市场、适当的方式把企业推销给投资者，从而进行有效的筹资。企业虽然可能为此多花一些费用，却能达到事半功倍的效果。

第二节　中国国际融资方式

当今世界经济发展的重要特征是互相合作、互为依存、平等互利和共同发展。随着我国经济改革的不断深化，市场经济的确立和企业的改制，为现代企业的发展提供了广阔的空间。现代企业为了参与国际经营，需要不断扩大经营规模，现有的国内市场融资已满足不了需要，迫切需要在国际金融市场上进行资金的融通。它不仅可以弥补国内资金的不足，而且对提高企业经营管理水平、加快企业技术装备的改进与提高、增强企业国际竞争能力，从而融入国际经营大循环，都具有十分重要的意义。

中国的国际融资方式是指中国筹集资本所采取的具体方式，它体现着我国筹资性质。对于各种渠道的资本可以采取不同的方式予以筹集。充分认识筹资方式的种类以及每种筹资方式的资本属性，有利于现代企业选择适宜的筹资方式，以较低的成本、较快捷的时间和较优惠的条件筹集到所需资金。中国目前主要的国际融资方式有以下十种。

一、发行股票融资

（一）在国内发行 B 股

1992 年 2 月 21 日和 2 月 28 日，上海真空电子器件股份有限公司和中国南方玻璃股份有限公司分别在上海证券交易所、深圳证券交易所上市，标志着我国 B 股融资由此拉开了序幕。

此外，B 股还可在新加坡上市。国内 B 股在新加坡上市，实际上是以 SDR（Singapore depository receipts，新加坡存托凭证）方式在新加坡上市。1995 年 7 月 6 日，中国蛇口招商港务股份有限公司首家获准在新加坡上市，共发售 2660 万股股票，第一天即出售告罄。新加坡股票交易所中央存券处还与深圳证券登记公司在新加坡签订了谅解备忘录，根据两地登记公司的协议，在新加坡挂牌的深圳 B 股可以自由转换，在深圳和新加坡买卖。它们之间的转换，有助于增强投资者的信心和兴趣，刺激两地市场的交易，便于投资者投资和企业融资。

（二）在香港发行 H 股

1993 年 7 月 15 日，青岛啤酒股份有限公司成为中国第一家在 H 股上市的内地企业，由此揭开了中国企业在海外上市的序幕。香港联合交易所在 1999 年开设创业板第二股票市场。创业板第二股票市场是指主板市场之外专为中小企业和新兴公司提供筹资途径的一个新市场，其上市要求相对主板市场来说具有限制较少、发行灵活和发行起点低等特点，是国内高科技企业、民营企业和中小企业融资的一种好方式。

（三）在美国发行存托凭证

由于在美国发行普通股股票和定向募集股票要受到美国证券委员会规定程序的严格监管，发行成本高、时间长，而美国存托凭证（american depositary receipt，ADR）方式则具有信誉高、流动性强、费用低、手续简便等优点。因此 ADR 是我国现代企业在美国上市筹资的一种比较理想的方式。此外，为了便于企业回收投资、分散风险、提高国际声誉和活跃股票交易。还可以把现有的 B 股和 H 股转换成 ADR 上市。

此外，还可以在加拿大、英国、澳大利亚、新加坡和日本等国发行上市。其中，在加拿大上市花钱少、耗时短和方式多，很适合中小企业。

二、发行国际债券

发行国际债券是通过国际资本市场发行债券来融资的一种方式。在国际资本市场上通过发行债券来筹集资金是潜力极大的一种方式。随着债务证券化的发展，债券筹资将发挥越来越大的作用。国际债券的发行条件、成本、品种、手续、时间、流动性等优于银团贷款，所以能在较短的时间、更广泛的范围内，更有效地运用社会信用筹集到利率相宜的长期资金。但国际债券发行费用较高，手续复杂，需要经过评估才能发行。国际债券一般可在外国债券市场上发行上市。国际债券的募集方式有公募和私募两种。我国首次于 1982 年 1 月 29 日由中国国际信托投资公司在日本东京国际债券市场以私募形式发行了 3100 亿日元的 12 年期、年利率 8.7% 的债券。

此外，有 B 股或 H 股等股票发行的企业，还可以发行可转换债券。可转换债券具有筹资成本低、筹资效率高，能改善公司财务价值以及转换股票时的溢价收入等优点。当然，可转换债券也存在风险，债券的市值受到股价的影响。当转换期临近时，股票的市价低于换股价时会影响债券的转换。可转换债券的发行市场一般在欧洲市场和瑞士市场。1993 年 11 月，中国纺织机械股份有限公司在瑞士成功地以私募方式发行了总额为 3500 万瑞士法郎的 B 股可转换债券，年息为 1%，转换期为 1994 年 1 月 1 日至 1998 年 12 月 11 日。这是中国在瑞士市场发行可转换债券的第一例。

三、海外投资基金融资

海外投资基金融资是指通过设立中外合资的基金管理公司，然后在海外募集设立投资基金，并在海外申请上市，从而利用投资基金实现融资目的的一种融资方式。目前主要是境外中国产业投资基金，包括中国置业基金、国泰财富基金、中国投资发展基金、中银中国基金、上海发展基金、中国轻工业基金和中国航空基金等。这些中国产业投资基金主要投资于国内未上市企业和建设项目。这种融资方式的特点通常是采用中外合作的方式，发挥中方在项目选择上的优势和主动权，并得到地方或行业主管部门的支持，其财务负担低，不影响中方控制权。但投资基金从自身收益性、安全性和流动性考虑，对投资项目需要进行全面考察，其投资标准和限制条件都很严格。

四、国际贷款融资

国际贷款融资主要包括国际商业银行贷款、国际金融机构贷款和政府贷款。

国际商业银行贷款具体包括银团贷款、联合贷款和双边贷款等，其贷款一般不与出口项目联系，借款人可以自由运用贷款，用来向第三国购买设备和支付劳务。国际商业银行贷款具有手续简便、选币灵活等优点，但利率较高、筹资费高，同时由于采用浮动利率，需要承担汇率风险、国际风险和利率风险，还需要国际政府、国际银行担保。

国际金融机构贷款，其中国际复兴开发银行主要向发展中国家提供中长期贷款，一般利率低于市场利率，国家开发协会只向低收入的发展中国家提供长期低息优惠贷款，但是两者资金一般企业不易贷到。国际金融公司负责向发展中国家私营企业提供贷款或参与投资，利率一般高于前两者，但非常适合非国有企业（或国有股份小于50%的企业）、民营股份公司和三资企业的融资。

政府贷款是一国政府根据其政治、经济战略的需要或出于人道主义，向另一国政府提供的双边贷款。这种贷款多数用于建设项目，具有援助性质，所以贷款条件比较优惠，甚至还有25%以上的赠与成分，但由于政府贷款的资金属于政府财政预算。因此，贷款数额受到限制，数量不可能很大，一般只占该国国民生产总值的1%左右，甚至还要少一些。主要适用于国家重点基础设施项目的建设。

五、合资经营融资

合资经营融资是由外国公司和其他经济组织或个人与我国的公司、企业或其他经济组织在境内共同投资举办企业的一种融资方式，其基本特点是合资各方投资，共同经营，按各自的出资比例共担风险、共负盈亏。合资各方可以以货币出资，也可以以建筑物、机电设备、土地使用权、工业产权和专有技术出资。这种方式有利于迅速引进先进设备、技术和科学管理水平，是我国实行改革开放后对外融资最早的一种方式。早期主要是以创建中外合资企业的方式引入资金，20世纪90年代以来，主要是采用嫁接的方式，即由外资企业收购现有国内企业50%以上的股权，从而达到控制企业的目的。其中最典型的是"中策"现象。所谓"中策"是以著名华裔企业家黄鸿年先生为董事长的香港"中国策略投资公司"，它收购内地大批国有企业，并在短期内使大多数企业转变机制，扭亏为盈。这一现象即被称为"中策"现象。这种利用外资改造国有企业的方式被称为"嫁接"外资。

六、国际项目融资

项目融资是为某一工程项目而发放的贷款。它是以项目所产生的现金流形式的收益直接用于偿还项目贷款并且以项目资产作为贷款抵押的一种融资方式。这种融资方式是国际银行界在总结20世纪70年代贷款过程中的经验教训而总结出来的一种新型的融资方式。特点是项目融资的主要担保是该工程项目产生预期的经济收益以及其他参与人对工程停建、不能营运、收益不足以及还债风险所承担的义务；而主办单位的财力与信誉不是贷款的主要担保对象。通俗地说，项目融资直接与项目的效益联系在一起。项目融资的方式有无追索权项目融资和有限追索权项目融资两种。但国际上目前普遍采用后一种形式。在此情况下，贷款人除依赖项目收益作为偿债来源外，还可在项目单位的资产上设定担保物权利，并要求与项目完工有利害关系的第三方当事人提供各种担保。第三方当事人包括设备供应人、项目产品的买主或设施的用户和承包商等。当项目不能完工或经营失败，从而项目本身资产或收益不足以清偿债务时，贷款机构有权向上述各担保人追索。但各担保人对项目所负责任仅以各自所提供的担保金额为限。项目融资方式具有分散风险、提高项目信用度和不降低借贷能力等优点，但也有交易复杂、合同文本多、所进行的谈判时间较长、前期费用大等缺点。

七、国际贸易融资

国际贸易融资是指通过银行对有进出口经营权的企业办理国际贸易业务而提供的资金融通便利的一种融资方式。它包括对外贸易信贷和结算融资两大业务种类。国际贸易融资是我国企业采用最多、历史最长的一种方式，其融资的形式随着国际贸易和金融业的发展不断推陈出新，目前主要有两种：一是国际贸易短期融资（通常在 1 年以内），包括贷款和透支、打包贷款、进出口押汇、票据贴现和信用证开证额度等；二是中长期国际贸易融资，即期限为 1～5 年（中期）或 5 年以上（长期）的进出口贸易融资，主要适用于企业为改善其资本结构、弥补资金不足的需求，包括福费廷、出口信贷，即出口买方信贷和出口卖方信贷等融资方式。此外，还有一种结构性贸易融资，它是集项目融资、贸易融资、商品融资及价格避险和利率避险于一体的复合性融资。随着我国经济改革的不断深化，将有更多现代企业拥有进出口经营权，而利用国际贸易融资则是一种简便快捷的融资方式。

八、国际租赁融资

国际租赁是国际租赁公司根据承租人要求，出资购买设备，在约定时间内租赁给承租人使用，承租人依据租赁合同，按期支付租赁费的一种融资业务。在租赁期内，设备所有权归租赁公司拥有，租赁期满，承租人可以续租或购买。国际租赁的种类主要有融资租赁和经营租赁两种。国际租赁是现代工商业和银行业务相结合发展起来的一种融资业务。租赁业务自 20 世纪 80 年代初进入我国，至今已得到迅速的发展。我国开展的租赁业务大多是融资性租赁。国际租赁融资的优点在于能够取得 100%的资金，具有使用期限长、迅速促进新技术的使用和不降低企业的再筹资能力等优点，但也有租赁成本高、风险大等缺点。

九、补偿贸易融资

补偿贸易是指企业从国外厂商引进设备、技术等，然后以回销产品或劳务所得价款，分期偿还外商提供设备和技术的价款，具体包括直接产品补偿、其他产品补偿、产品收入补偿和混合补偿等形式。这种融资方式既可以解决资金短缺的问题，又可以提高企业产品竞争能力，带动产品出口，还有利于企业拓展销售渠道，进军国际市场，但需要企业选好项目。

十、BOT 融资

BOT 融资是通过契约的方式将政府部门或国有单位承担的某一重大基础设施建设

项目（或公共工程项目）交由国外企业或国际财团融资施工，项目建成后出资者在特许期内对其拥有所有权和经营权，负责偿还项目贷款并获取该项目的投资回报，特许期满，该项目则无偿转让给当地政府部门或委托单位。BOT 方式的实质是一种债权和股权相结合的产物，这种融资方式为私营机构参与基础设施和公共工程的开发建设提供了可能。

第三节　中国国际融资发展趋势及中长期战略的政策措施

利用外资是发展中国家加速完成其工业化进程、实现赶超战略的重要手段。改革开放以来，中国在经济发展方面取得了世界公认的成绩，这是与充分有效地利用外资密不可分的。根据联合国的统计数据，中国现在已经建立起全球最完备的工业体系和门类。目前，中国面临着如何进一步利用外资、提高资源配置效率的战略抉择。如何有效地利用国际融资，是中国利用外资战略的重要组成部分。国家发展和改革委员会总结改革开放以来中国利用国际融资发展变动的特点及其深层原因，分析目前中国利用国际融资所面临的一系列新形势、新问题，对实施"十四五"规划乃至 2035 年中国利用国际融资中长期战略，具有极其重要的理论及现实意义。

一、中国国际融资的发展趋势

（一）国际贸易融资的发展趋势

为适应我国对外贸易的发展，满足外贸企业的融资需求，我国的国际贸易融资应在有效落实风险防范的措施的基础上，尽快同国际接轨，向多元化方向发展。

1. 大力推广福费廷

对出口银行来说，福费廷不仅可以规避国际贸易融资中的各种风险，而且，由于它能够提供卖方信贷，因此能增强出口商的竞争能力，提高贸易交易的成功率。更为重要的是，采用福费廷进行融资可以使出口商即期收汇，改善其资金流动状况。另外，这种无追索权的融资，不改变出口商的资产负债状况，不会因为应收账款、银行借贷、或有负债的影响而出现负债，从而能使企业保持较强的融资能力。当然，融资手续简单、快捷对出口商来说也是不能忽视的因素。福费廷鲜明的优势，恰恰满足了我国外贸企业的融资需要，对解决它们目前在信贷融资过程中所面临的资产负债率高、融资能力差、寻找担保难、贷款手续复杂等困难，无疑是一个福音。这就决定了福费廷将是我国国际贸易融资的一个发展趋势。

2. 国际保理在我国具有广阔的前景

国际保理是科技生产力发展、卖方市场向买方市场转变的结果。现代国际贸易竞争日趋激烈，这种竞争既是商品价格、质量的竞争，也是支付条件和结算方式的竞争。传统的信用证结算方式的使用比率在一定范围内呈下降趋势，非信用证结算方式的使用呈上升趋势，赊销贸易是对进口商最为有利的、最具有吸引力的贸易结算方式。为了加强自身产品的竞争力，越来越多的出口商采用赊销方式结算，以提高自己的竞争实力，争取客户，扩大销售。

赊销主要依靠的是贸易双方的商业信用，对出口商是很不利的，容易造成大量的应收账款逾期。据调查，大多数中国外贸企业的逾期应收账款约为贸易额的 5%，这也就意味着每年有近 180 亿美元的逾期应收账款产生。在美国，一般外贸企业被拖欠应收账款或变成坏账的发生比例是销售额的 0.25%～0.5%。如果能使我国的被拖欠款发生率降低到 1%，那么每年可以为国家减少大量资产流失。国际保理就正是为这种赊销贸易而设计的一种综合性金融工具，它是有效解决逾期应收账款问题的重要手段。对出口商来讲，利用国际保理，一方面可以增强其自身的市场竞争能力，另一方面可以加大现金流量，改善流动比率，以提高公司资信等级和清偿能力。

可见，国际保理对我国外贸企业提高出口竞争力、改善财务状况十分有利。虽然该项业务在我国处于初级阶段，但自 1993 年中国银行率先加入国际保理商联合会以来，也取得了一定的发展。目前，我国国际保理业务的规模、水平、技术与经验同发达国家差距很大，但相信随着该项业务宣传力度的加大、知名度的提高，银行专业人员数量的增多，以及技术设备的增强，国际保理业务在我国将会有更加广阔的前景。

3. 积极开展贸易性融资

各种融资方式都有一定的局限性。单一的贸易融资方式仅能满足外贸企业在某一特定时期资金不足而产生的融资需求，无法解决外贸企业整体资金缺乏的问题。这一点可以从下面的出口卖方信贷和福费廷的例子中明显看出来。

在出口卖方信贷融资模式下，一笔大型资本货物采购贸易合同的最终签订通常是以出口商能够向进口商提供远期延付信用为前提的，并且商务合同中有关定金的比例、延期付款的期限、偿还的次数以及每次偿还的金额，一般有利于进口商，即定金比例低、延付期限长等。出口商虽获得了出口卖方信贷的支持，解决了发货前生产资金的需要，但是，由于它向进口商提供了较长时间的延付期，因此，发货后相当长的一段时间内出口商没有资金流入，这无疑会严重影响其生产的连续性。

但如果出口商同进口商达成贸易合同后，申请使用福费廷来解决发货后资金周转的困难，那么，发货前的生产、采购、备货资金又出现了缺口。在这种情况下，许多外贸企业只能再单独申请一般性商业贷款。由于商业贷款期限短、金额小，贷款条件严格，很难满足企业进一步扩大资本货物出口的需要。这势必会影响企业出口产品的竞争力。

面对我国外贸企业资金捉襟见肘的现状，我国的贸易融资方式必须向组合和结构型发展，提供结构性贸易融资，即以一揽子资金，满足企业出口生产全过程的资金需求。具体可以有以下几种方式。

1）出口卖方信贷加福费廷。这种结构性贸易融资就是用出口卖方信贷来解决出口商的前期生产资金，当出口商发货完毕，取得全套物权凭证后，将该全套物权凭证的票据通过福费廷方式卖断给银行，并将所得款项优先偿还银行的出口卖方信贷。这种方式既减轻了出口企业的债务负担，又消除了企业的远期汇率风险、利率风险和收汇风险。

2）出口买方信贷加福费廷。根据国际惯例，出口买方信贷，一般都要求进口商支付 15% 的预付定金，这对资金短缺的进口商来说无疑是一个很重的负担。但是，为了使项目进行下去，我们可以引入福费廷融资方式来解决前期的 15% 预付定金的问题，即由进口商出具银行远期承兑汇票给出口商，出口商随即卖断给出口银行，从而得到现汇支付的预付定金。

3）出口卖方信贷加出口买方信贷。这种结构贸易融资是用出口卖方信贷解决出口企业前期生产资金，用出口买方信贷来支持出口企业发货后的即期收汇，加速企业资金运转，形成银行对出口企业资金需求的一条龙服务。它的优势在于融资手续的简化和融资成本的降低。由于进口商将以买方信贷即期支付货款，因此对于卖方信贷来说，还款来源也就有了保证，故出口商无须再提供抵押、担保，还款担保的免除还可以降低其融资成本。

由上述可以看出，结构性贸易融资方式，满足了外贸企业对出口生产全过程的资金需求，使它们可以无须动用自有资金就能够完成贸易合同的执行；同时，这种方式也有利于银行的贷款回收。从信贷管理角度上看，上面介绍的福费廷加出口卖方信贷和出口买方信贷加出口卖方信贷两种方式基本实现了贷款的封闭运行。另外，采用结构性贸易融资方式可以充分利用国外资源优势。在出口买方、出口卖方信贷结合的模式下，实现了用买方信贷项下借款人提供的银行担保或国家主权担保，为卖方信贷项下出口商的还款提供保障，由商业风险向银行信用、国家信用的转移。在银行担保加境外融资的模式下，达到利用外资支持本国出口的目的。

当然，融资方式的复杂化必然会导致潜在风险增多。但对于我国这样一个资金不富足的大国来说，在认真落实风险防范措施的前提下，努力探讨利用和扩大利用外资的途径是有积极意义的。

（二）项目融资在国内将得到大力发展

项目融资在 20 世纪 80 年代中期被引入我国，较早使用有限追索权融资方式的项目是深圳沙角火力发电厂，它标志中国利用项目融资方式进行建设的开始。20 世纪 90 年代之前，由于多方面原因，项目融资在我国发展较为缓慢。进入 20 世纪 90 年代，我国陆续出现了一些类似 BOT 方式进行建设的项目，如广州至深圳高速公路、三亚凤凰机场、重庆地铁、深圳地铁、北京京通高速公路、广西来宾电厂等。这些项目虽然相继采用 BOT 模式进行建设，但只有重庆地铁、深圳地铁、北京京通高速公路等项目被国家正式认定为采用 BOT 模式的基础设施项目。广西来宾电厂 BOT 项目是经过国家批准的第一个 BOT 试点项目，经过各方的多年努力，该项目已取得了全面成功，被国际上很有影响的金融杂志评为最佳项目融资案例，在国内被誉为来宾模式。

目前，项目融资在中国的发展面临着相当大的空间。新的投资领域和投资机会的出现，为项目融资的大发展提供了有利时机。随着我国社会和经济的迅速发展，城市化的进程不断加快，城市基础设施建设需要的巨大投资，完全依靠政府的公共财政是不可能解决的，在这方面项目融资将大有可为；并且，项目融资由于其有限追索的特点，受到越来越多企业的关注。从项目融资的发展历程可以看出，项目融资正在从能源融资、基础设施融资向多行业扩展，项目融资也逐步从一个国际金融的概念转为一个普通的融资概念。随着我国城市化进程的加快，对基础设施等方面的资金需求日益增长，研究项目融资的发展与现状，对于拓展融资渠道、促进我国现代化进程将发挥重要作用。

（三）证券融资必将是我国国际融资的主导方式

1）从国际资本市场上的重大变化来看，20世纪90年代以来，以各类投资基金为主体的国际直接融资在国际融资市场上的比重上升，而以对外借款为主的国际间接融资的比重逐渐下降，国际融资证券化趋势日渐明显。这种变化是基于以下几个方面的原因：第一，证券融资本身流动性强；第二，二级市场发达，融资条件较为简单；第三，有关国家经济的发展速度加快，金融市场化和国际化的步伐加快；第四，科学技术的进步引起通信技术的改善，导致市场信息传递速度以及国际融资市场上本身金融创新的发展。目前，就全球范围而言，资本市场开展的证券投资和国际信贷已经超过了国际直接投资规模，成为国际投资商对外投资的基本方式。因此，今后我们要努力适应这一国际经济发展潮流，把国际资本市场作为利用外资的主要渠道之一。

回顾外资流入的历史情况，外资流入仍是长期趋势。由股票市场先行开放到债券市场，由缓步推进到加速开放，外资流入在不同阶段呈现出了截然不同的特点，一方面是流入资金的逐步增大，而另一方面波动性也在逐步增强。截至2018年年末，外资持有的A股与人民币债券存量已分别达1.15万亿元、1.71万亿元，在相应市场中已分别占6.7%、8.1%，外资已经成为国内市场中难以被忽视的一股力量。

2）国际直接投资转向，流入中国的外资平稳增长。20世纪90年代，国际资本流动有2/3是以购并方式实现的，而且多集中于电信、金融、石化、航空等领域，而在这些敏感的领域，发展中国家对外资购并尚未开放，因此，大多数外国直接投资集中在少数发达国家。与此同时，流入中国等发展中国家的国际直接投资呈下降趋势。1993年以前，我国引进外商直接投资的增长幅度逐年增加，1993年达到高峰，为1114.36亿美元，此后我国实际引进外商直接投资的增长幅度呈减少趋势。依据《2018世界投资报告（中文版）》，2017年中国外商直接投资流量达到历史最高水平，继续蝉联发展中国家最大外商直接投资接受地，同时也是世界第二大外商直接投资接受地，仅次于美国。2017年，全球外商直接投资流量下降了23%，由2016年的1.87万亿美元降至1.43万亿美元。但是，中国2017年吸引了1360亿美元外商直接投资，再创新的历史纪录。从地理区位划分来看，中国吸引外资再创新高符合外商直接投资全球流向。2017年，流入发达经济体的外商直接投资下降了1/3，降至7120亿美元；流入发展中经济体的外商直接投资保持平稳，为6710亿美元；流向转型经济体的外商直接投资下降了27%，降至470亿美元，为2005年以来的第二低水平。其中，亚洲发展中经济体重新成为最大的外商直接投资接受地，在全球外商直接投资下降的情况下，其在全球外商直接投资流入中的比例从2016年的25%升至2017年的33%。

3）中国工业化进程正向纵深发展，沿海地区已确立外向型经济，中西部地区也已基本实现进口替代，正在向出口导向型经济推进，整个经济的国际化水平大为提高，尤其是资本市场国际化加快了金融体制改革的步伐，促使证券市场进一步完善和开放，从而为引进外资方式的证券化奠定了扎实的基础。

4）利用证券融资有利于规范国有企业制度，并向现代化制度靠拢。国有企业目前主要的问题是制度不规范、产权不明确、机制缺乏效率、企业内部控制执行不力、缺乏有效监督、缺乏科学的评价和激励机制。经验表明，开放证券市场，扩大产权交易，引进外资，搞好企业的资产重组和经营，是企业重组资产结构、改革产权制度、建立现代企业制度的推动力。

5）利用证券融资有利于扶持和推动我国高新技术产业发展。在这方面，北大方正（2020 年 2 月被北京银行申请调整）是成功的范例。如北大方正启动时，北京大学仅提供了 40 万元人民币，但在香港联合交易所上市后，很快募集了大量资金，企业产品的研究与开发在充裕资金支持下取得了飞速发展，企业极具竞争力，到 2014 年，其市值超过了 1800 亿元人民币。

总体来讲，与国外发达的市场经济相比，我国还是一个处于市场改革初期的发展中国家，经济体制尚不完善，企业的融资环境尚不宽松，证券市场尚不发达，并且我国政府实行的是一种渐进的经济改革，应根据中国的实际情况，进行制度创新。要构建市场经济条件下的微观经济主体，实施国有银行商业化、股份化和国有企业的公司化改造，大力发展非银行金融机构和民营金融机构，进一步规范和发展证券市场，努力提高证券融资比重。同时，还要吸取东南亚金融危机中日本和韩国的经验教训，防止政府通过银行对企业的过度保护和政府对银行行为的过度干预。在此基础上，随着市场经济体制的完善和成熟，我国企业的融资模式将逐步发展到未来的目标模式：根据有关现代企业的融资理论的分析，今后中国企业融资模式的发展方向是以内源融资为主，外源融资为辅，债券融资要高于股票融资，在形式上既有国内融资又有国外融资，形成多元化的企业融资结构。

（四）中国企业境外上市

在中国证券市场建立之初，中国就在积极探索证券市场国际化之路。1992 年年初，上海证券交易所上市了中国第一只人民币特种股——电真空 B 股，允许境外投资者直接购买中国企业的股份，从而打开了中国企业融通外资的渠道。这是中国证券市场向国际化迈进的第一步，到 2010 年 2 月，已有 108 家企业在深沪两地发行 B 股，市场总价值达 1740 亿元。截至 2018 年年底，B 股企业数量为 97 家，流通市值接近 700 亿元。随着境内上市 B 股获得成功，中国政府积极筹划将中国企业推向国际证券市场，到境外特定的交易所发行上市。1993 年 6 月，第一家国有企业——青岛啤酒股份有限公司在香港上市成功，揭开了中国企业境外上市的序幕。1994 年 8 月和 10 月，山东华能电子开发股份有限公司和华能国际电力股份有限公司分别成功地在纽约证券交易所上市，共筹集资金 9.6 亿美元，开辟了国有企业境外上市的新市场。此后，越来越多的境内企业在境外成功上市，仅 2009 年就有 77 家境内企业在境外发行股票上市，其中 53 家在香港上市，5 家在纽约证券交易所上市，8 家在纳斯达克市场上市，5 家在新加坡上市，4 家在韩国上市，2 家在其他国家和地区的证券交易市场上市。

中国企业境外上市的模式包括境内通过 B 股上市、境外直接上市、在境外通过存托凭证间接上市、境外买壳间接上市以及利用控股公司间接上市。境外上市能给中国企业带来不少益处，包括为企业发展筹集到所需资金、进一步完善公司法人治理结构和现代企业制度、扩大企业在国际上的知名度等。但同时也不可忽视它的不足之处，海外上市可能会造成企业控制权分散、企业信息的公开以及跨国界带来的经营风险。企业在进行融资决策时，必须全面权衡比较，才能做出最佳决策。

二、实施中国国际融资中长期战略的政策措施

为保证中国国际融资中长期战略目标的实现，应采取以下几个方面的政策措施，合理、审慎、有效地开展国际融资。

（一）积极引导国际商业融资用于有利于提高国际竞争力的项目

一般来说，国际商业融资的贷款人以营利为目的，注重的是借款人的资信状况和还本付息能力，使用方向基本不受限制，不像国际金融组织贷款和外国政府贷款那样对贷款的投向有较严格的规定，因而借款人用款自主权较大，使用灵活。但是，对于借款人所在国家来说，则要加强投向引导和管理，引进国外先进技术、管理经验和高素质人才，切实把利用国际商业融资与带动国内产业优化升级和技术水平提升结合起来。根据中国产业政策和外资产业指导目录，严格控制高污染、高能耗、低技术水平、低附加值的外资项目。鼓励具有良好经济效益和社会效益的产业，利用国际商业融资方式引进先进的管理经验和技术，培养大批与国际接轨的项目管理人才，提高中国企业的国际竞争能力。为了更好地统筹国内产业结构升级和承接国际制造业转移，推动中国经济由工业化中期向工业化后期平稳过渡，要在项目管理上重点鼓励高新技术产业、先进制造业、基础原材料工业、基础设施、环境保护建设等领域利用国际融资，适当发展飞机融资租赁业务。

（二）调整国际融资期限结构，合理控制短期借款规模

目前中国国际融资期限结构不合理，短期借款规模过大，增加了中国外债的风险。因此，要及时调整国际商业融资期限结构。由于贸易信贷、向国外出口商、企业或私人借款、延期付款等属于自主商业活动，因此调整国际商业融资期限结构应主要通过调整中长期借款的政策来减少短期借款规模，降低短期借款在国际融资总额中的相对比重。对短期国际商业贷款可继续实行余额管理，短期对外借款只能用于金融机构头寸周转或用于企业所需的短期流动资金。

（三）引导境内机构加强成本控制，提高抗风险能力

国际融资成本较高，风险较大。国际融资的利率由国际金融市场资金供求状况等多种因素决定，一般来说要高于国际金融组织和外国政府贷款的利率。此外，借款人若委托金融机构筹融资，还要负担相当比例的各种费用。国际融资条款对宽限期、还本付息等要求更为严格，加之国际金融市场上常常有不可预知因素，使得贷款风险较大。因此，借用商业贷款要综合考虑贷款期限、利率条件，以及币种、市场、方式。要选择适当的时机进入市场，选择适当的借款人和资金组织者，贷款期限要合理，长短期借款比例适当，避免出现偿债高峰期。利率结构要均衡，注意控制浮动利率借款的比重。选择借款货币时，要将借款货币、使用货币和收益货币统一起来考虑。贷借款后，要抓住时机，调整债务币种结构，进行风险管理，企业可以运用远期外汇买卖、债务掉期等金融衍生工具对债务币种、利率、期限结构进行调整，防范汇率、利率风险，使本企业的内外债比例及币种、利率、期限等结构保持合理。进一步鼓励借款单位进行债务重整，降低外债风险。

另外，如果外债币种过度集中，在遇到汇率大幅波动的情况下，外债风险将随之增

大。因此，要采取措施鼓励所借国际商贷资金的币种多元化，增加欧元债务币种。

（四）加速中国信用体系建设，提高中国融资主体的市场信誉

降低中国利用国际融资的成本。项目融资是企业负债并负偿还责任，没有政府机构或金融机构担保，对项目的可行性要求严格；必须有可靠的信用支持；经济可行性必须具备关于项目现金流量的可信方案；整个建设过程和设备的可靠性、项目的技术可行性、商业可行性应有可靠证明；项目施工期及运行阶段应有相应保险计划。通过国际金融市场融资，借款金额和借款条件等均由借贷双方商定，贷款期限、还款方式及全套机制十分灵活，成本很难估计，风险较大，因此，国际金融市场十分重视国家信誉和筹资的金融机构的信誉。信用级别直接关系到可筹到的贷款金额和借款成本。发行国际债券，对发行人的资信要求很高。因此，中国要加快信用体系建设力度，提高中国企业或其他借款人的信用级别，降低融资成本。

本 章 小 结

中国利用国际直接投资大致可以分为四个阶段：起步阶段、稳步发展阶段、高速发展阶段、调整发展阶段。中国对外借款的特点主要有借款规模增长稳定、借款渠道多元化、借款条件合理化。中国对外证券融资的方式主要有对外发行债券、中国企业在境外上市、中国企业通过国内 B 股上市融资。中国的国际融资方式有发行股票融资、发行国际债券、海外投资基金融资、国际贷款融资、合资经营融资、国际项目融资、国际贸易融资、国际租赁融资、补偿贸易融资、BOT 融资。

知识拓展

国际融资租赁

国际融资租赁，也称为金融租赁或购买性租赁，它是目前国际上使用最为普遍、最基本的形式。根据国际统一私法协会《融资租赁公约》的定义，融资租赁是指出租人根据承租人的请求及提供的规格，与第三方（供货商）订立一项供货合同，根据此合同，出租人按照承租人在与其利益有关的范围内所同意的条款取得工厂、资本货物或其他设备。并且，出租人与承租人（用户）订立一项租赁合同，以承租人支付租金为条件授予承租人使用设备的权利。

课后思考题

1. 中国利用国际直接投资大致可以分为几个阶段？
2. 中国对外借款的特点是什么？
3. 中国国际融资方式有哪些？分别有什么特点？
4. 中国国际融资的发展趋势是什么？

参 考 文 献

保罗·萨谬尔森，威廉·诺德豪斯，1996．经济学：下[M]．胡代光，等译．北京：北京经济学院出版社．

陈宝森，2000．新世纪跨国公司的走势及其全球影响[J]．世界经济与政治（8）：5-10．

陈波，2018．"一带一路"背景下我国对外直接投资的风险与防范[J]．行政管理改革（7）：61-66．

陈菲琼，2006．国际投资[M]．杭州：浙江大学出版社．

陈继勇，等，2004．国际直接投资的新发展与外商对华直接投资研究[M]．北京：人民出版社．

陈松男，2002．投资学[M]．上海：复旦大学出版社．

陈雨露，1996．国际融资实务[M]．北京：北京经济学院出版社．

陈雨露，2000．现代金融理论[M]．北京：中国金融出版社．

陈湛匀，2008．国际投资学[M]．上海：复旦大学出版社．

成思危，刘骏民，2002．虚拟经济的理论与实践[M]．天津：南开大学出版社．

杜格尔，等，1989．投资学[M]．王北海，等译．西安：陕西人民出版社．

杜奇华，2009．国际投资[M]．北京：对外经济贸易大学出版社．

鄂志寰，2003．波动性持续上升：从国际资本流动规律看2003年国际金融市场趋势[J]．国际贸易（1）：55-57．

范爱军，1996．国际投资学[M]．济南：山东大学出版社．

冯彬，2004．企业投融资[M]．上海：上海财经大学出版社．

符亚明，2007．中国国际投资理论研究[M]．保定：原子能出版社．

葛亮，梁蓓，1994．国际投资学[M]．北京：对外经济贸易大学出版社．

宫汝凯，2019．转型背景下的政策不确定性与中国对外直接投资[J]．财经研究，45（8）：98-111．

龚晓莺，2006．国际贸易与国际直接投资的关系及政策选择[M]．北京：经济管理出版社．

何孝星，2004．证券投资理论与实务[M]．北京：清华大学出版社．

胡曙光，刘毅，2005．国际投资[M]．北京：中国人民大学出版社．

胡朝霞，张明志，2005．国际投资[M]．北京：高等教育出版社．

黄梅波，李泽政，2018．中国对外直接投资40年：动因及模式[J]．东南学术（4）：80-92．

黄庆波，陈双喜，2004．国际投资学[M]．北京：中国商务出版社．

江慧，彭程，2021．国际生产折衷理论的研究评述[J]．经济研究导刊（30）：53-56．

姜金娟，2007．外商对华投资独资化趋势分析[J]．价值工程（8）：129-131．

蒋国庆，焦方，熊军，1997．国际投资[M]．成都：四川大学出版社．

蒋瑛，1995．国际投资[M]．成都：四川大学出版社．

金德环，1992．投资经济学[M]．上海：复旦大学出版社．

孔淑红，梁明，2001．国际投资学[M]．北京：对外经济贸易大学出版社．

李东阳，2002．国际直接投资与经济发展[M]．北京：经济科学出版社．

李东阳，2003．国际投资学教程[M]．大连：东北财经大学出版社．

李东阳，祖砚馥，1992．国际投资学概论[M]．北京：中国财政经济出版社．

李尔华，2001．跨国公司经营与管理[M]．北京：首都经济贸易大学出版社．

李焜文，2001．国际投资学[M]．武汉：华中科技大学出版社．

李文瑛，2006．跨国公司在华直接投资独资化研究[J]．经济问题探索（4）：40-50．

李小北，王珽玖，2003．国际投资学[M]．北京：经济管理出版社．

刘红杰，2002．国际投资学教程[M]．上海：立信会计出版社．

刘廉生，1996．现代国际投融资理论与实务[M]．西安：陕西人民出版社．

刘乃郁，韩一军，刘邦凡，2018．国际直接投资理论前沿进展：基于企业行为的视角[J]．华南理工大学学报（社会科学版），20（1）：40-52．

刘舒年，2003．国际金融[M]．北京：对外经济贸易大学出版社．

刘文勇，2020．对外直接投资研究新进展[J]．经济学动态（8）：146-160．

刘晓华，2020．评《国际直接投资的贸易理论研究》[J]．统计与决策，36（4）：2，189．

刘秀玲，2003．国际之间投资与技术转移[M]．北京：经济科学出版社．

卢汉林，2005．国际投资学[M]．武汉：武汉大学出版社．

卢进勇，2005．国际投资与跨国公司案例库[M]．北京：对外经济贸易大学出版社．

卢进勇，杜奇华，2004．国际投资理论与实务[M]．北京：中国时代经济出版社．

马克思，1975. 资本论：第三卷[M]. 北京：人民大学出版社.

玛乔里·谢泼德·特纳，1991. 琼·罗宾逊与两个剑桥之争[M]. 南昌：江西人民出版社.

米什金，1998. 货币金融学[M]. 李扬，等译. 北京：中国人民大学出版社.

慕刘伟，2005. 国际投融资理论与实务[M]. 成都：西南财经大学出版社.

彭有轩，2003. 国际直接投资理论与政策研究[M]. 北京：中国财政经济出版社.

綦建红，2005. 国际投资学教程[M]. 北京：清华大学出版社.

任承彝，1998. 国际投资理论与实务[M]. 重庆：西南财经大学出版社.

任淮秀，1993. 国际投资学[M]. 北京：中国人民大学出版社.

任淮秀，汪昌云，2005. 国际投资学[M]. 北京：中国人民大学出版社.

桑百川，李玉梅，2008. 国际直接投资[M]. 北京：北京师范大学出版社.

商务部编写组，2007. 国际投资[M]. 北京：中国商务出版社.

斯拉法，2013. 大卫·李嘉图全集第1卷：政治经济学及赋税原理[M]. 郭大力，王亚南，译. 北京：商务印书馆.

孙淑红，曾铮，2019. 国际投资学[M]. 北京：对外经济贸易大学出版社.

唐小我，刘星，1997. 国际投资学[M]. 成都：电子科技大学出版社.

陶田，2003. 国际投资学[M]. 山西：山西经济出版社.

田素华，李筱妍，王弟海，2021. 人口老龄化、资本供求与国际直接投资流动[J]. 国际经贸探索，299（11）：52-67.

王东京，1993. 国际投资论[M]. 北京：中国经济出版社.

王红岩，2007. 国际投资学教程[M]. 上海：立信会计出版社.

王林生，1994. 跨国经验理论与实务[M]. 北京：对外教育出版社.

文显武，1997. 国际投资[M]. 武汉：武汉大学出版社.

吴靖喆，2008. 外商在华直接投资独资化趋势的影响及对策[J]. 贸易（6）：60-61.

吴开祺，1990. 国际投资学[M]. 北京：中国对外经济贸易出版社.

吴晓东，2005. 国际投资学[M]. 成都：西南财经大学出版社.

吴晓求，季冬生，2004. 证券投资学[M]. 北京：中国金融出版社.

武洪玲，2008. 外商在华直接投资独资化趋势研究[J]. 滁州职业技术学院学报，7（3）：21-23.

谢康，2007. 国际投资[M]. 北京：电子工业出版社.

徐昱东，2015. 俄罗斯各地区投资环境评价及投资区位选择分析[J]. 俄罗斯研究（1）：149-196.

杨大楷，2003. 国际投资学[M]. 上海：上海财经大学出版社.

杨大楷，2006. 投融资学[M]. 上海：上海财经大学出版社.

杨大楷，刘庆生，刘伟，2002. 中级国际投资学[M]. 上海：上海财经大学出版社.

于谨凯，苏芳，2008. 外资引入中的产业安全效应分析[J]. 中共青岛市委党校青岛行政学院学报（6）：32-35.

袁东安，2003. 国际投资学[M]. 上海：立信会计出版社.

约翰·梅纳德·凯恩斯，1999. 就业、利息和货币通论 [M]. 重译本，北京：商务印书馆.

约翰·伊特维尔，等，1996. 新帕尔格雷夫经济学大辞典[M]. 北京：经济科学出版社.

曾小龙，蒋瑛，2006. 国际投资学[M]. 北京：中国商务出版社.

张宏伟，2002. 国际贸易融资研究[M]. 北京：中国社会科学出版社.

张纪康，2004. 跨国公司与直接投资[M]. 上海：复旦大学出版社.

张陶伟，2004. 国际金融原理[M]. 北京：清华大学出版社.

张蔚，徐晨，陈宇玲，2002. 国际投资学[M]. 北京：北京大学出版社.

张晓虹，郭波，施小蕾，2005. 新编国际投资学[M]. 大连：东北财经大学出版社.

章昌裕，2007. 国际直接投融资[M]. 北京：中国人民大学出版社.

章昌裕，梁蓓，2003. 国际投资学[M]. 北京：中国对外经济贸易出版社.

赵蓓文，2017. 国际投资学理论前沿[M]. 上海：上海社会科学院出版社.

郑若伯，等，1998. 国际融资运用与管理[M]. 上海：文汇出版社.

中国大百科全书出版社，美国不列颠百科全书公司，1985. 大不列颠百科全书：第7卷[M]. 北京：中国大百科全书出
　　版社.

周建华，2007. 国际投资学概论[M]. 北京：清华大学出版社.

朱邦富，2009. 国际直接投资新趋势及我国企业对外投资策略[J]. 商业时代（11）：42-43.

朱宝宪，2002. 投资学[M]. 北京：清华大学出版社.

邹昭晞，2004. 跨国公司战略管理[M]. 北京：首都经济贸易大学出版社.

RAJNEESH N, GRAZIA S, 2012. Location and collocation advantages in international innovation[J]. Multinational business review(1): 6-25.

TENG B S, 2004. The WTO and entry modes in China[J]. Thunderbird international business review (4): 381-400.

VERNON R, 1966. International investment and international trade in the product cycle[J]. Quarterly journal of economics (5): 190-207.

ZENG J, KHAN Z, SILVA M D, 2019. The emergence of multi-sided platform MNEs: itermalization theory and networks[J]. International business review, 28(6): 12-23.